中国农产品地理标志

华东地区篇（上）

农业部农产品质量安全中心 编

中国农业科学技术出版社

图书在版编目（CIP）数据

中国农产品地理标志.华东地区篇.上/农业部农产品质量安全中心编.—北京：中国农业科学技术出版社，2017.11
ISBN 978-7-5116-3120-6

Ⅰ.①中… Ⅱ.①农… Ⅲ.①农产品—地理—标志—华东地区 Ⅳ.①F762.05

中国版本图书馆CIP数据核字（2017）第137768号

责任编辑　史咏竹　李　雪
责任校对　李向荣

出 版 者	中国农业科学技术出版社
	北京市中关村南大街12号　邮编：100081
电　　话	（010）82105169（编辑室）（010）82109702（发行部）
	（010）82109709（读者服务部）
传　　真	（010）82109707
网　　址	http://www.castp.cn
发　　行	全国各地新华书店
印 刷 者	北京科信印刷有限公司
开　　本	710 mm×1 000 mm　1/16
印　　张	33.25
字　　数	652千字
版　　次	2017年11月第1版　2017年11月第1次印刷
定　　价	120.00元

版权所有·侵权必究

《中国农产品地理标志·华东地区篇（上）》
编委会

主　　任	张华荣
副 主 任	高　光　李　雪　董洪岩　薛志红　孙志永
成　　员	陈　思　黄玉萍　高　芳　史咏竹　王　南
	邱兆义　张建军　方丽槐　张松柏　斯烈钢
	任旭东　周乐峰　雷召云
主　　编	黄玉萍　高　芳　史咏竹
副 主 编	孙志永　陈　思　李　雪
参编人员	董永华　陈艳芬　邱兆义　曹爱兵　唐晓燕
	姚　蕾　董晓平　张永江　朱海平　王小玫
	黄苏庆　马永军　吴愉萍　连　瑛　斯烈钢
	申屠基康　卓华龙　王和平　杨　骏　赵时端
	曾晓勇　罗维禄　熊　晨　肖秀兰　王思翌

  我国是传统农业大国,自然生态和资源禀赋多样,具有悠久的农耕文明历史和深厚的饮食文化,形成了大量具有地域特色的农产品。农产品地理标志是指标示农产品来源于特定地域,产品品质和相关特征主要取决于自然生态环境和历史人文因素,并以地域名称冠名的特有农产品标志。农产品地理标志具有农业物质和非物质文化遗产属性,也是农业知识产权的重要体现。自2008年农业部(中华人民共和国农业部,简称农业部)启动农产品地理标志登记保护工作以来,在各级地方人民政府和农业部门的积极推动下,截至2017年4月底,全国已登记农产品地理标志2 117个,备案特色资源6 839个,涉及果品、蔬菜、粮食、茶叶、畜产品、水产品等20余个类别。农产品地理标志在发展区域经济、打造特色品牌、增加农民收入等方面的作用日益明显,对于推进农业供给侧结构性改革、脱贫富农、农业"走出去"等具有重要意义。

  随着我国经济发展进入新阶段,居民生活水平和消费层次不断提高,现在人们不仅要求吃得饱、吃得好、吃得安全,更讲究吃特色、吃文化。2017年中共中央"一号文件"《关于深入推进农业供给侧结构性改革加快培育农业农村发展新动能的若干意见》明确提出要建设一批地理标志农产品和原产地保护基地,推进区域农产品公用品牌建设。农产品地理标志这个重要的区域特色农产品资源和公用品牌，也越来越受到各级地方政府和社会各界的高度重视和广泛关注。

为更好地宣传打造农产品地理标志品牌，提高农产品地理标志知名度和影响力，满足管理者、生产经营者、消费者等各方面需求，农业部农产品质量安全中心联合中国农业科学技术出版社，编纂了《中国农产品地理标志》丛书。本套丛书中文版和英文版各7本，包括东北地区篇、华北地区篇、华东地区篇（上）、华东地区篇（下）、中南地区篇、西南地区篇、西北地区篇，内容涉及31个省、自治区、直辖市，3个计划单列市，以及新疆生产建设兵团，未包含香港特别行政区、澳门特别行政区和台湾省。本套丛书涵盖了2008—2015年获《农产品地理标志登记证书》的1 791个农产品地理标志，详细介绍了每一件农产品地理标志的地域范围、品质特色、人文历史、生产特点，并配以精美图片。编写本套丛书的第一手资料，一方面来自农产品地理标志的申报与登记材料，产品名称及登记证书编号以农业部下发的《农产品地理标志登记证书》为准，另一方面是由各省级农产品地理标志工作机构及登记证书持有人从产地收集，从而确保了本套丛书内容的准确与严谨。本书在编写过程中得到了各省级农产品地理标志工作机构及登记证书持有人的大力支持，在此表示感谢。

农业部农产品质量安全中心
2017年6月

目 录
CONTENTS

 上海市 / 001

崇明白山羊···002

枫泾猪···004

金山蟠桃···006

三林崩瓜···008

崇明沙乌头猪···010

嘉定梅山猪··012

崇明金瓜···014

马陆葡萄···016

亭林雪瓜···018

崇明水仙···020

庄行蜜梨···022

奉贤黄桃···024

目录 CONTENTS

江苏省 / 027

金山翠芽	028
兴化大青虾	030
兴化大闸蟹	032
吴江香青菜	034
裕华大蒜	036
沙塘韭黄	038
沛县狗肉	040
泗洪大米	042
焦溪二花脸猪	044
阳羡雪芽	046
天目湖白茶	048
淮安黑猪	050
溧阳白芹	052
泰兴花生	054
邵伯菱	056
建昌红香芋	058
贾汪大洞山石榴	060
宝应慈姑	062
滨海白何首乌	064
仪征绿杨春茶	066
淮安黄瓜	068
谢湖大樱桃	070
白马黑莓	072
八集小花生	074
海门山羊	076
靖江香沙芋	078
海门黄鸡	080
溧阳鸡	082
南京盐水鸭	084
宝应核桃乌青菜	086
如皋黄鸡	088
白马湖青虾	090
白马湖大闸蟹	092
邵店板栗	094
建湖青虾	096
泰兴荞麦	098
淮安蒲菜	100
海门香芋	102
阜宁西瓜	104
阳山水蜜桃	106
泰兴元麦	108
镇江江蟹	110

目录 CONTENTS

启东青皮长茄 …………………… 112
如东狼山鸡 ……………………… 114
洪泽湖河蚬 ……………………… 116
洪泽湖青虾 ……………………… 118

浙江省 / 121

长兴紫笋茶 ……………………… 122
千岛银珍 ………………………… 124
缙云麻鸭 ………………………… 126
路桥枇杷 ………………………… 128
泰顺三杯香茶 …………………… 130
桐乡槜李 ………………………… 132
舟山晚稻杨梅 …………………… 134
秀洲槜李 ………………………… 136
同康竹笋 ………………………… 138
建德草莓 ………………………… 140
温岭高橙 ………………………… 142
武义铁皮石斛 …………………… 144
桐庐雪水云绿茶 ………………… 146
普陀佛茶 ………………………… 148
天目青顶 ………………………… 150

义乌红糖 ………………………… 152
浦江葡萄 ………………………… 154
临海西兰花 ……………………… 156
湖州太湖鹅 ……………………… 158
金华两头乌猪 …………………… 160
缙云米仁 ………………………… 162
平阳黄汤茶 ……………………… 164
里叶白莲 ………………………… 166
龙泉金观音 ……………………… 168
庆元灰树花 ……………………… 170
金华佛手 ………………………… 172
湖州湖羊 ………………………… 174
永康方山柿 ……………………… 176
兰溪小萝卜 ……………………… 178
常山猴头菇 ……………………… 180
绍兴兰花 ………………………… 182

宁波市 / 185
（计划单列市）

奉化水蜜桃 ……………………… 186
鄞州雪菜 ………………………… 188
慈溪葡萄 ………………………… 190

目录 CONTENTS

余姚瀑布仙茗 …………… 192
象山红柑桔 ……………… 194
慈溪杨梅 ………………… 196
长街蛏子 ………………… 198
宁波岱衢族大黄鱼 ……… 200
余姚甲鱼 ………………… 202

安徽省 / 205

宁前胡 …………………… 206
金山时雨 ………………… 208
宣木瓜 …………………… 210
霄坑绿茶 ………………… 212
霍山黄大茶 ……………… 214
鸦山瑞草魁 ……………… 216
南陵大米 ………………… 218
绩溪燕笋干 ……………… 220
绩溪山核桃 ……………… 222
石台香芽 ………………… 224
涌溪火青 ………………… 226
陶辛青虾 ………………… 228
南陵紫云英弋江籽 ……… 230

大圩葡萄 ………………… 232
巢湖白虾 ………………… 234
巢湖银鱼 ………………… 236
马店糯米 ………………… 238
苏岭山药 ………………… 240
金坝芹芽 ………………… 242
湾沚山芋 ………………… 244
广德毛腿鸡 ……………… 246
金寨红茶 ………………… 248
枣树行玉铃铛枣 ………… 250
亳　菊 …………………… 252
南陵圩猪 ………………… 254
中埠番茄 ………………… 256
无为螃蟹 ………………… 258
三十岗西瓜 ……………… 260
舒城小兰花 ……………… 262

福建省 / 265

青山龙眼 ………………… 266
永安黄椒 ………………… 268
漳平水仙茶 ……………… 270

目　录 CONTENTS

顺昌竹荪……………………… 272	福州茉莉花……………………… 318
顺昌芦柑……………………… 274	三明翠碧一号烤烟……………… 320
东山芦笋……………………… 276	大田高山茶……………………… 322
明溪淮山……………………… 278	福州福桔……………………… 324
福州茉莉花茶………………… 280	北苑贡茶……………………… 326
东璧龙眼……………………… 282	武平西郊盘菜…………………… 328
桐江鲈鱼……………………… 284	德化淮山……………………… 330
顺昌红肉脐橙………………… 286	宁化米仁……………………… 332
德化黄花菜…………………… 288	明溪金线莲……………………… 334
罗源秀珍菇…………………… 290	穆阳水蜜桃……………………… 336
朱口小籽花生………………… 292	福安巨峰葡萄…………………… 338
和溪巴戟天…………………… 294	漳平青仁乌豆…………………… 340
福州橄榄……………………… 296	清流雪薯……………………… 342
漳浦穿心莲…………………… 298	永定六月红早熟芋……………… 344
坂里龙柚……………………… 300	武平仙草……………………… 346
文亨红衣花生………………… 302	冠豸山铁皮石斛………………… 348
宣和雪薯……………………… 304	福安芙蓉李……………………… 350
福鼎槟榔芋…………………… 306	福安刺葡萄……………………… 352
涂坊槟榔芋…………………… 308	永定红柿……………………… 354
霞浦榨菜……………………… 310	顺昌海鲜菇……………………… 356
霞浦晚熟荔枝………………… 312	寿宁高山茶……………………… 358
永定巴戟天…………………… 314	七境茶………………………… 360
金湖乌凤鸡…………………… 316	泉州龙眼……………………… 362

目录 CONTENTS

将乐竹荪 …………………… 364	瑞昌山药 …………………… 404
南平烤烟 …………………… 366	三湖红桔 …………………… 406
赖坊花生 …………………… 368	井冈红米 …………………… 408
平和白芽奇兰 ……………… 370	萍乡红鲫 …………………… 410
石铭芋 ……………………… 372	南丰蜜橘 …………………… 412
长泰砂仁 …………………… 374	奉新大米 …………………… 414
永泰绿茶 …………………… 376	生米藠头 …………………… 416
	南城麻姑仙枣 ……………… 418

江西省 / 379

弋阳大禾谷 ………………… 380	黎川茶树菇 ………………… 420
德兴红花茶油 ……………… 382	东乡绿壳蛋鸡 ……………… 422
婺源绿茶 …………………… 384	兴国红鲤 …………………… 424
上饶白眉 …………………… 386	彭泽鲫 ……………………… 426
吉安红毛鸭 ………………… 388	广丰白耳黄鸡 ……………… 428
泰和乌鸡 …………………… 390	广昌白莲 …………………… 430
乐平花猪 …………………… 392	广丰马家柚 ………………… 432
修水杭猪 …………………… 394	新余蜜桔 …………………… 434
宁都黄鸡 …………………… 396	浮梁茶 ……………………… 436
兴国灰鹅 …………………… 398	三清山白茶 ………………… 438
崇仁麻鸡 …………………… 400	上饶山茶油 ………………… 440
军山湖大闸蟹 ……………… 402	德兴覆盆子 ………………… 442
	南城淮山 …………………… 444
	临川虎奶菇 ………………… 446
	金溪蜜梨 …………………… 448

目录 CONTENTS

乐安竹笋…………………………… 450
铁山杨梅…………………………… 452
井冈竹笋…………………………… 454
上饶青丝豆………………………… 456
登龙粉芋…………………………… 458
临湖大蒜…………………………… 460
余干辣椒…………………………… 462
修水宁红茶………………………… 464
洪门鳙鱼…………………………… 466
广昌泽泻…………………………… 468
怀玉山马铃薯……………………… 470
黄岗山玉绿………………………… 472
铅山河红茶………………………… 474
玉山黑猪…………………………… 476
上饶蜂蜜…………………………… 478
抚州西瓜…………………………… 480
上饶早梨…………………………… 482
铅山红芽芋………………………… 484
上高紫皮大蒜……………………… 486
安义瓦灰鸡………………………… 488
三清山山茶油……………………… 490
余干鄱阳湖藜蒿…………………… 492
宜丰竹笋…………………………… 494
洪门鸡蛋…………………………… 496
上高蒙山猪………………………… 498
黎川香榧…………………………… 500
乐安花猪…………………………… 502
临川金银花………………………… 504
高安大米…………………………… 506
东乡白花蛇舌草…………………… 508
庐山云雾茶………………………… 510
奉新猕猴桃………………………… 512
抚州水蕹…………………………… 514
宜春苎麻…………………………… 516

上海市

崇明白山羊

登记证书编号：AGI00663

地域范围

崇明白山羊农产品地理标志地域保护范围为上海市崇明区，包括崇明岛、长兴岛和横沙岛，地理坐标为东经121°09′30″~121°54′00″，北纬31°27′00″~31°51′15″。崇明区是上海市养羊大区，每年白山羊的饲养存栏量均超过30万头，年出栏肉羊25万头左右。

品质特色

崇明白山羊闻名于大江南北，是在崇明岛特定水土条件下孕育而成的特产。其体型中等偏小，头较长直，颌下有长须，部分有肉垂，被毛纯白，公羊角粗长、向后外倾斜、呈八字形，母羊角细短，耳直立灵活，鼻梁平直。崇明白山羊属皮毛肉兼用型品种，具有适应性强、繁殖率高、肉质特别鲜美等特点，其体型不大，但肌肉丰满，浑身雪白，毛质柔软而富有弹性，具有很高的经济价值。

崇明白山羊全身是宝，其羊毛洁白而富有弹性，未经阉割的幼龄公羊颈背部的领鬃毛称为"细光峰"，毛长、直、尖，弹性始终如一，是制造高级毛笔及机密仪器刷子的特种原料，被列为世界笔料

毛的珍品，其羊肠又是制作医疗手术用缝合和乐器弦线的上佳原料。

人文历史

嘉靖四十年（1561年）崇明知县范性所修的《崇明州志》，最早记载了崇明白山羊养殖情况。民国时期，养羊已经成为崇明地区农民普遍从事的家庭副业。据《崇明县志（1949—1988年）》记载，崇明白山羊属长江三角洲地方羊种之一，是在崇明特定水土条件下孕育而成的特有地方良种，是崇明传统特产之一和优质农产品。崇明白山羊具有适应性强、繁殖率高、肉质鲜美、营养丰富等特点，系全国重点保护和发展的家畜品种，列为我国重要出口商品，1978年崇明县（崇明区当时为崇明县）被定为长江三角洲白山羊生产基地。

生产特点

崇明区地处中国最大河流长江入海口，是全世界最大的河口冲积岛，有"长江门户""东海瀛洲"之称。崇明岛上土壤有水稻土、潮土、盐土三大类型，适宜多种作物种植，但土壤有机质、全氮和速效磷含量均低于标准。崇明岛位于长江入海口，境内河道纵横，水网繁密，受海潮上溯影响，水质偏咸，含盐量较高。崇明岛地处北亚热带，具有效显著的季风气候特征。四季分明，气候温和，日照充足，降水充沛，年平均气温15.7℃，年总降水量1 168.0毫米，年际变化较大，季节性变化较为明显，年日照时数为1 982.7小时，气候条件较为优越。

羊舍设计建造应适合羊生长习性有利于疫病防控，羊舍地面应建坚固耐用横向安放的条形竹或木结构的离地高架羊床，同时建造与羊床相连的运动场地，地面和墙壁应便于消毒。崇明白山羊的饲料品种多样，并合理搭配，以满足山羊生长繁殖需要，日粮组成以青绿（青储）饲料、粗饲料为主，并适度补充配合饲料等。育肥羊按照饲养工艺转群时，按性别、体重大小分群，分别进行饲养，群体大小、饲养密度要适宜。

枫泾猪

登记证书编号：AGI00889

地域范围

枫泾猪农产品地理标志地域保护范围为上海市金山区的枫泾、朱泾、吕巷、张堰4个镇，下辖53个行政村，地理坐标为东经120°59′00″~121°19′30″，北纬30°46′03″~30°57′11″，保护区域面积263.66平方千米。

品质特色

枫泾猪毛色全黑、稀毛，皮肤黑色或紫红。耳大下垂、耳基部较厚不贴脸，嘴筒略凹、额有皱纹、鼻镜少有玉鼻。体型中等、粗壮结实，成年公猪体重150千克以上，成年母猪体重125千克以上。少数有四白脚、腰背微凹，乳房发育良好，奶头8~9对，呈盅状。枫泾猪遗传性能较稳定，与瘦肉型猪种结合杂交优势强，最宜作杂交母体，杜长枫或约长枫等三元杂交组合保持了亲本产仔数多、瘦肉率高、生长速度快等特点。

枫泾猪吃口粗、母性温顺、产仔多、易管理，其高产性能蜚声世界，最高产仔纪录达42头。育肥猪在体重75~80千克屠宰时，屠宰率65%，胴体瘦肉率46.02%左右，蛋白质含量23.77%左右，肌内脂肪3.28%左右，系水力13.4%左右，眼肌面积18.38平方厘米。

人文历史

枫泾猪属于太湖猪优良品种，已列入《国家级畜禽遗传资源保护名录》。枫泾镇是江南富庶之地，物华天宝，土壤肥沃，水源丰富，农作物产量高，副产品多，饲料来源充沛。枫泾镇以米行街风行江南，粮食深加工行业发达，粮坊、粉坊、糟坊、豆腐坊兴盛。《嘉善概况·枫泾》

记载"商业以北镇繁盛，以麸皮巨擘"，这为枫泾猪的饲养提供了充足的饲料，再加上枫泾的苗猪行早在明清时期就已盛行，辐射江浙福建一带，年成交20多万头，为枫泾猪的繁育创造了有利条件。

枫泾猪肉质鲜美，著名的枫泾丁蹄就是利用枫泾猪的蹄髈为制作原料，猪肉纤维柔韧有嚼口，肉质软糯，富有营养价值，猪皮胶质厚。枫泾丁蹄创始于咸丰二年（1852年），制作工艺经过150多年历史传承，其独特的原料，配方制作工艺都具有保护价值，更具有商业价值和科研价值，也为枫泾猪的保种和杂交利用提供了保证。

生产特点

金山区处于太湖流域蝶形洼地的南部，地势低平，耕地的土体的经过自然潜育与长期耕作而形成的水稻土，高度熟化，有机质和全氮含量较高，农业生产水平高，出产丰富，非常适宜生猪生产养殖。金山地区年平均降水量1 127.3毫米，地表水和地下水资源丰富，水质优良。金山区属季风气候区，受冬夏季风交替影响，四季分明，降水充沛，日照较多，无霜期较长，宜于稻、麦、棉、油菜等农作物生长，农业生产发达，畜牧业资源丰富，利于枫泾猪的养殖生产。

饲养枫泾猪要勤添少换饲料，防止饲料污染、腐败。转群时要按体重大小、强弱分群饲养，饲养密度适宜。注意清洁卫生消毒工作，观察猪群健康状态，养殖场内定期灭鼠、驱虫，经常保持充足饮水。在猪的不同阶段，根据营养要求，配制不同配合饲料。

金山蟠桃

登记证书编号：AGI01086

地域范围

金山蟠桃农产品地理标志地域保护范围包括上海市金山区吕巷镇、廊下镇、金山卫镇、张堰镇、亭林镇所辖的 21 个行政村，地理坐标为东经 121°07′~121°17′，北纬 30°45′~30°53′。

品质特色

金山蟠桃果实扁圆，果核小，外观艳丽，肉质柔软，纤维少，皮薄汁多，味浓香甜，且富含人体所需的多种氨基酸、维生素和矿物质微量元素，具有很高的营养和药用价值。

金山蟠桃果实底色为乳白色或稍带浅绿色，粉红至鲜红着色度达 50% 以上，可食率达到 92% 以上，单果重 175 克以上，无软果。

人文历史

据《汉武帝内传》记载，元封六年（公元前105年），西王母曾与汉武帝相会，送给汉武帝4个蟠桃，汉武帝吃后只觉通体舒泰，齿根生香，便想在皇宫花园栽种。西王母告知："中夏地薄，蟠桃种之不生。"此后，汉武帝贪恋蟠桃美味，曾3次派大臣东方朔长途跋涉，西上昆仑，偷来蟠桃。汉武帝还把吃过的桃核，一个个谨慎地收藏起来，一直传到明代。据明代《宛委余编》记载："元洪武时，元代内库所藏蟠桃核，长五寸，广四寸七分①，上刻'西王母赐食武帝蟠桃于承华殿'十四字。"

1934年，原干巷镇西北4里②多的三家村（现为吕巷和平村）农民杨译同，在一片30亩③的三环溪土地上种植包括蟠桃在内的桃树1 000多株，后称"和平桃园"。2001年5月，当地正式启动蟠桃产业化工程。

生产特点

金山区处于太湖流域蝶形洼地的南部，地势低平，耕地的土体经过自然潜育与长期耕作而形成的水稻土，高度熟化，有机质和全氮含量较高，农业生产水平高，出产丰富，非常适宜金山蟠桃的生产。金山地区年平均降水量1 127.3毫米，区域地表水、地下水资源丰富，水量丰盈，水质优良。金山区位于北亚热带，属季风气候区，四季分明，降水充沛，日照较多，无霜期较长，平均温度相差不大，宜于农作物和果树的生长。

金山蟠桃选择玉露蟠桃为主栽品种，生产以有机肥为主，以毛桃为砧木，采用嫁接方法繁殖苗木。栽植时间为12月上旬至翌年3月上旬，每公顷栽植600株以下，盛花后45~60天内完成套袋，果实采收前10天不得灌溉。

---

① 1寸 ≈ 3.3厘米；1分 ≈ 0.33厘米，全书同
② 1里 =500米，全书同
③ 1亩 ≈ 667平方米，全书同

三林崩瓜

登记证书编号：AGI01284

地域范围

三林崩瓜农产品地理标志地域保护范围包括上海市三林镇等12个镇所辖的归泾村等267个行政村，地理坐标为东经121°59′80″~121°86′10″，北纬31°16′49″~31°30′76″，区域内生产面积9 500公顷。

品质特色

三林崩瓜果型呈蚕茧形，果皮底色浅绿，果肉为橙黄色，覆有绿色不规则细网纹；皮厚0.2~0.5厘米，易崩裂；单果重1.5~2.5千克。肉质细，纤维少，多汁爽口、口感鲜美，具独特奶香味，风味独特。

三林崩瓜可溶性固形物达到8%~11%，中边梯度小；可溶性蛋白质含量达到1.0~1.1毫克/克，维生素C含量达到7.1~7.3毫克/千克，糖酸比达到6.0~6.5，含水量为91%~93%。

人文历史

据清同治年间（1862—1875年）《上海县志》载，沪郊西瓜最有名的还数三林塘崩瓜，形状与圆形的一般西瓜不同，呈长椭圆形，中部略粗，皮呈淡碧色有网络状花纹，单枚不大，二三斤①左右，极脆薄，瓜熟时弹指可破，传说每当雷雨过后或在瓜田埂上走路，脚步稍重，该瓜常迸裂满地，故名崩瓜。三林崩瓜皮薄瓤黄，籽红，甜度高，食之爽口，食后余味不尽。

① 1斤=500克，全书同

三林崩瓜原多栽于三林乡东南部同济、荻山、金光、南阜等村，清末民初产量最盛。抗战时期侵华日军曾掠夺其种子至日本改称"嘉宝"。新中国成立后，实行计划种植，在"以粮为纲"年代，瓜田面积越种越小，渐趋衰弱。20世纪70年代，上海市农业科学院从日本引回崩瓜原种"嘉宝"种子300粒，交三林公社种子站，由老瓜农试种，瓜瓤组织细腻，瓜汁含糖量高，因而保持"三林塘崩瓜"的盛名而不坠。

2007年，浦东新区正式将三林崩瓜列入抢救性传统品牌项目，三林镇政府在川沙新镇临空农业区创建了三林崩瓜特色农业基地，对崩瓜种子进行提纯复壮、品种筛选和改良。三林崩瓜现已进入批量种植，并保持了原有的优良特征。

生产特点

浦东新区地层为长江冲积层，境内地势起伏不大，土壤分为水稻土、盐土和潮土三大类，高度熟化，有机质含量较高，土壤肥沃，农业生产水平高，适宜三林崩瓜的生产。产区为平原河网感潮区，河流纵横交错，水系发达，水资源较丰富，灌溉便利。浦东新区处于北亚热带南缘，东亚季风盛行的滨海地带，既有海洋性气候特点，又有亚热带气候特色，全年四季分明，由于受季风影响，降水量比较适中，年平均日照数为2 068.6小时，地表年平均温度19.0℃，气候条件较为适宜。

三林崩瓜种植选择三林崩瓜为栽培品种，采用常规营养钵育苗，栽植时间为2月上旬至3月上旬。施肥以有机肥为主；果实膨大时以水调肥，以滴灌方式施入，采收前10天停止灌溉。

崇明沙乌头猪

登记证书编号：AGI01285

地域范围

崇明岛是中国第三大岛，也是世界上最大的河口冲积岛屿，位于长江入海口。崇明沙乌头猪农产品地理标志地域保护范围为上海市崇明区的崇明岛、长兴岛和横沙岛，地理坐标为东经121°09′30″~121°54′00″，北纬31°27′00″~31°51′15″。

品质特色

崇明沙乌头猪毛色黑、体型紧凑、体质结实、行动灵活；头中等大、面长短适中、额部皱纹较浅、玉鼻、耳大下垂略短于嘴筒、耳根微硬；背腰平直或微凹，腹

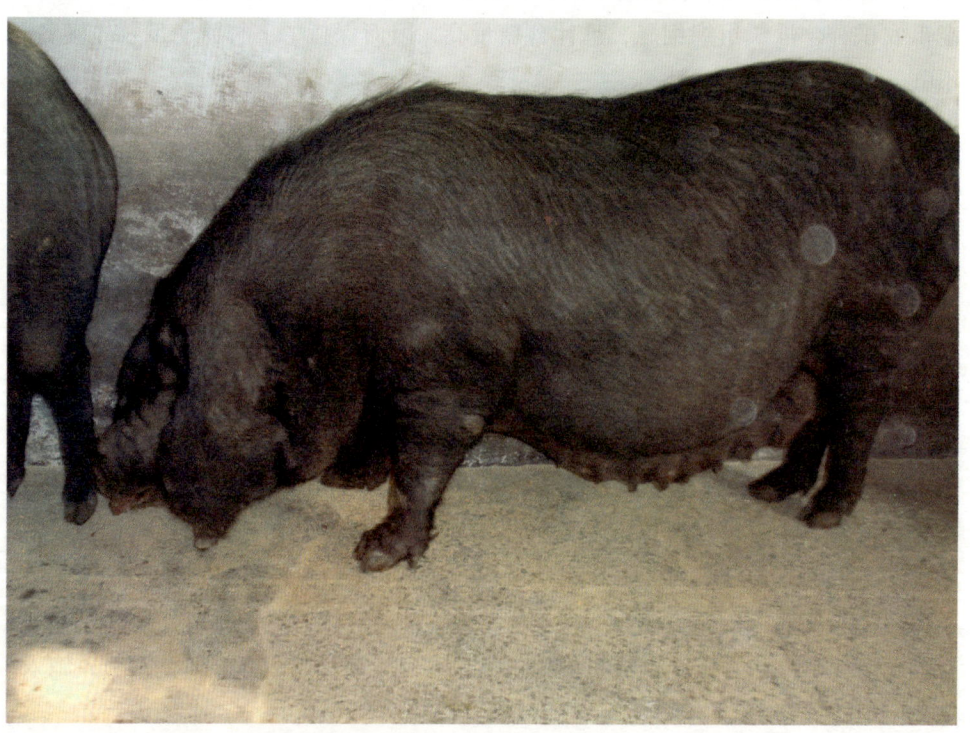

大下垂不拖地,腿部有皱褶,四脚有白毛,卧系,乳头8对以上;具有性成熟早、繁殖力高、耐粗饲、泌乳力强等优良特性,而且尤以肉质鲜美、嫩而多汁而闻名,特别对低温潮湿的海岛地理气候条件有较强的适应能力。

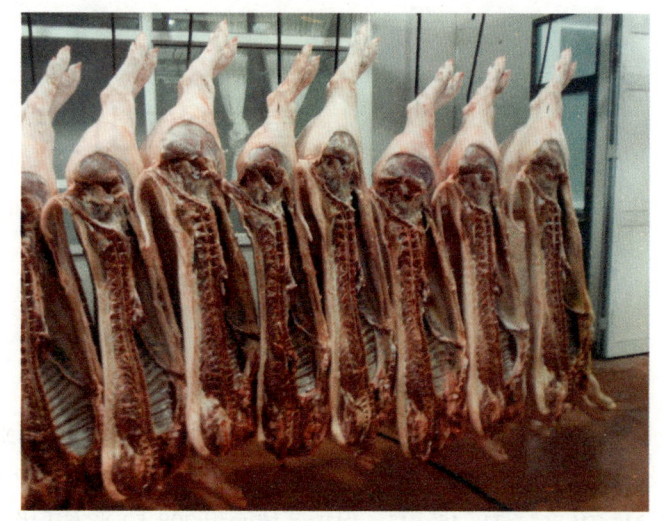

崇明沙乌头猪的肉色3.0左右,肌肉pH值3.75~4.80,肌肉失水率10.0%,肌肉大理石纹较好,肌间脂肪的数量和分布适度,肌肉含水量占70%左右,蛋白质含量22.24%左右,肌内脂肪1.75%~4.98%。

人文历史

沙乌头猪是太湖流域著名的地方猪种之一,以产仔数多、繁殖力高而著称,属于江海型猪种,产于长江口的崇明岛。沙乌头猪在崇明岛有着悠久的饲养历史,早在唐武德元年(618年)崇明岛居民便开始饲养。经过长期的自然、社会选择,明清时期岛上已形成了沙乌头猪品种,为上海独具特色的地方品种猪之一。

生产特点

崇明区地处我国最大河流长江入海口,是全世界最大的河口冲积岛,有"长江门户""东海瀛洲"之称。崇明岛上土壤有水稻土、潮土、盐土三大类型,适宜多种作物种植,但土壤有机质、全氮和速效磷含量均低于标准。崇明岛位于长江入海口,境内河道纵横,水网繁密,受海潮上溯影响,水质偏咸,含盐量较高。崇明岛地处北亚热带,具有效显著的季风气候特征,四季分明,气候温和,日照充足,降水充沛,年平均气温15.7℃,年总降水量1 168.0毫米,年际变化较大,季节性变化较为明显,年日照时数为1 982.7小时,气候条件较为优越。

崇明沙乌头猪饲喂时饲料每次添加量要适当,少喂勤添,防止饲料污染腐败;根据饲养工艺进行转群时,按体重大小强弱分群饲养,饲养密度要适宜,保证猪只有充足的躺卧空间;每天打扫猪舍卫生,保持料槽、水槽用具干净,地面清洁。

嘉定梅山猪

登记证书编号：AGI01286

地域范围

嘉定梅山猪主要分布于上海市嘉定区的 4 个镇（工业区）65 个行政村，包括工业区、徐行镇、华亭镇、外冈镇，地理坐标为东经 121°14′33″~121°33′18″，北纬 31°31′36″~31°45′61″，保护区域面积 208.52 平方千米。

品质特色

嘉定梅山猪属于太湖猪优良品种，毛稀浅黑色，皮肤黑色或紫红，面部有深的皱纹，耳大下垂，腹部下垂，四脚有白毛（俗称四白脚），有少量白肚和玉鼻，耳大下垂，乳房发达，乳头 8 对以上，体型中等偏大，粗壮结实，成年公猪 160 千克以上，成年母猪 150 千克以上。梅山猪早熟易肥，耐粗饲，抗逆性强，产仔率高，肉质鲜美，肌间脂肪的数量和分布适度。梅山猪杂交优势强，二元杂交母猪保持了产仔数多、瘦肉率高、生长速度快等特点。

嘉定梅山育肥猪在体重 75~80 千克屠宰时，屠宰率 68.02%，胴体瘦肉率 45.46% 左右，肌肉大理石纹较好，肌间脂肪的数量和分布适度，肌肉含水量为 74.35% 左右，蛋白质含量约为 23.05%，天门冬氨酸、谷氨酸、丝氨酸、蛋氨酸及苏氨酸等氨基酸含量比外来品种高，粗脂肪含量约为 4.48%。

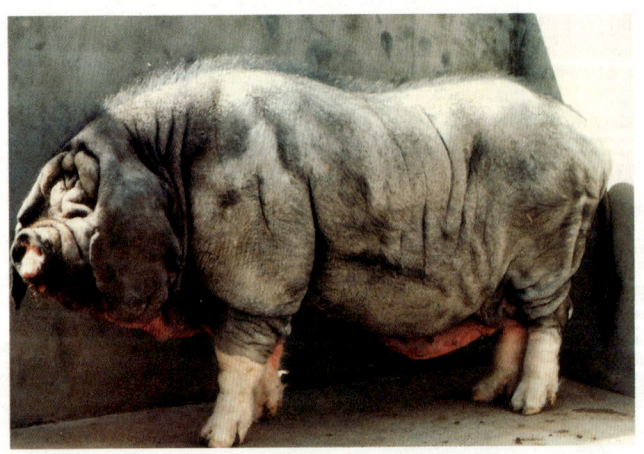

人文历史

梅山猪是世界上产仔数最多的猪种，高产性能蜚声世界，最高纪录产仔 33 头，享有"国宝"之誉。

嘉定位于太湖流域地处长江三角洲平原的东部，地势平坦，河流纵横，土地肥沃，水源丰富，得天独厚的地理环境，为饲养梅山猪提供优越的条件。据明嘉靖三十六年（1557年）《嘉定县志》记载"每岁土物之贡，其中有肥猪"，说明嘉定早在400多年前已饲养梅山猪，经过千百年的选育，逐步育成现在的优良地方猪种。

生产特点

嘉定区全境地势平坦，海拔高度由西向东3.4~4.2米不等，土壤类型丰富，因地势而不同，土地肥沃，盛产大米、蔬菜、小麦、大豆、玉米等农作物，得天独厚的地理环境，为饲养嘉定梅山猪提供优越的条件。嘉定区属太湖区黄浦江水系，河网密度大，地表水和地下水资源丰富。嘉定区地处北亚热带北缘，为东南季风盛行地区，雨热同季，降水充沛，气候暖湿，光温适中，日照充足，无霜期223天，得天独厚的地理环境，为饲养嘉定梅山猪提供了优越的条件。

嘉定梅山猪饲喂时饲料每次添加量要适当，少喂勤添，防止饲料污染腐败；根据饲养工艺进行转群时，按体重大小强弱分群饲养，饲养密度要适宜，保证猪只有充足的躺卧空间；每天打扫猪舍卫生，保持料槽、水槽用具干净，地面清洁。

崇明金瓜

登记证书编号：AGI01387

地域范围

崇明金瓜农产品地理标志地域保护范围为上海市崇明区所辖三星镇、绿华镇、庙镇、港西镇、城桥镇、建设镇、新河镇、竖新镇、堡镇、港沿镇、向化镇、中兴镇、陈家镇、新海镇、东平镇、新村乡，共15个镇1个乡，涉及267个行政村，保护区域面积1 411平方千米，地理坐标为东经121°09′30″~121°54′00″，北纬31°27′00″~31°51′15″。

品质特色

金瓜又名金丝瓜、搅瓜、茭瓜等，为葫芦科南瓜属美洲南瓜中的一个变种，一年生草本植物。金瓜以食用老熟瓜为主，成熟瓜皮金黄色，故名金瓜。又因其瓜肉经搅拌自然形成晶莹透明的金黄色细丝而称为金丝瓜。瓜丝味形似海蜇，因此又有"植物海蜇""素海蜇"的美称。

崇明金瓜茎较细，果形卵形，果皮金黄色，有10条棱，纵径15~32厘米，横径10~25厘米，单瓜重0.5~3千克。崇明金瓜果肉金黄色，能自然成丝，瓜肉由瓜丝彼此镶嵌排列环绕而成，瓜丝与瓜丝之间由一层薄壁细胞相连。瓜肉经蒸煮、盐渍或冷冻后，瓜丝之间相连接的薄壁细胞破裂解体，分离而成面条状的瓜丝，成丝率在30%以上，瓜丝色泽金黄，味清香，口感较脆。

崇明金瓜营养丰富，瓜肉干物质中含有蛋白质0.5%~0.9%、脂肪0.17%~0.57%，富含钙、磷、铁、烟酸、维生素C等，金瓜还含有丰富的瓜氨酸、天门冬氨酸、精氨酸等多种氨基酸。

人文历史

上海地区金瓜栽培历史悠久，相传在明朝万历年间（1573—1620年）崇明岛已有金瓜栽培，周边其他县在清朝后期至民国初期栽培也较普遍，当时常称金瓜为珠瓜。据查，《崇明县志（1989年）》《上海农业志（1996年）》等均有金瓜记载。从20世纪40年代以后，上海地区仅崇明县（今崇明区）仍有金瓜栽培，其他县金瓜栽培逐渐消失。

生产特点

崇明区地处我国最大河流长江入海口，是全世界最大的河口冲积岛，有"长江门户""东海瀛洲"之称。崇明岛上土壤有水稻土、潮土、盐土三大类型，适宜多种作物种植，但土壤有机质、全氮和速效磷含量均低于标准。崇明岛位于长江入海口，境内河道纵横，水网繁密，受海潮上溯影响，水质偏咸，含盐量较高。崇明岛地处北亚热带，具有显著的季风气候特征，四季分明，气候温和，日照充足，降水充沛，降水量年际变化较大，季节性变化较为明显，气候条件较为优越，适宜崇明金瓜的生长。

崇明金瓜的播种，根据栽培方式及季节的不同，可采用大棚温床、大棚、小环棚3种育苗方式。采用大棚温床育苗，1月中旬大棚加温育苗，2月上旬大棚小环棚地膜移栽，5月中旬开始收获；采用大棚育苗，2月中旬大棚冷床育苗，3月上中旬地膜小环棚移栽，5月下旬开始收获；采用小环棚育苗，3月下旬小环棚育苗，4月中旬地膜移栽，6月中旬开始采收。

马陆葡萄

登记证书编号：AGI01605

地域范围

马陆葡萄农产品地理标志地域保护范围为上海市嘉定区所辖8个镇、3个街道、1个市级工业区及菊园新区，地理坐标为东经121°15′87″~121°32′58″，北纬31°36′49″~31°36′39″，保护区域面积463.55平方千米。

品质特色

马陆葡萄品种类型丰富，其中巨峰品种的马陆葡萄果穗中等紧密，穗重400~500克，果粒椭圆，粒重11~13克，颜色紫红到紫黑色，着色度85%以上，果粉厚，果肉软，汁多味甜，风味浓郁纯正，具有草莓香味。巨玫瑰品种的马陆葡萄果穗中等紧密，穗重350~450克，果粒呈鸡心形，粒重7~9克，色泽紫红色，着色度85%以上，果肉较软，皮肉易分离，汁多味甜，具有浓郁玫瑰香味。醉金香品种的马陆葡萄果穗中等紧密，穗重400~500克，果粒椭圆形，粒重8~10克，果皮黄绿色，果肉软，汁多味甜，无核，具有浓郁茉莉香味。夏黑品种的马陆葡萄果穗中等紧密，穗重400~500克，果粒椭圆形，粒重6~7克，果皮黑色，果汁紫红色，无核，具有较浓的草莓香味。

人文历史

马陆葡萄始种于1981年,马陆园艺场首先试种2.2亩巨峰葡萄,喜获成功。从此,10多个村2 000多户农民以极大的热情,种植了近8 000亩葡萄。密植早丰产、高产高效益是这个阶段的技术路线和时代特征。

20世纪90年代中期到21世纪初,马陆葡萄采用"控产保优"措施,规模上由大变小,种植面积减少30%,而葡萄质量却变优。这时,开始发展大棚设施葡萄,品种多元化、葡萄果穗套袋率达到100%。

21世纪初开始,马陆葡萄完全进入市场化运作,走精品路线,实施品牌战略。能源节约型、环境友好型的葡萄生态型基质栽培试验成功。马陆葡萄已经成为马陆的一张名片,广为人知。

生产特点

嘉定区土壤类型多样,黄潮泥、潮沙泥分布在浏河、吴淞江两侧,含有丰富的植物碎屑,土壤肥沃,耕作层深,保肥保水能力强,可满足马陆葡萄生长过程中的需求;土壤中水气协调,导热性强,利于缓解夏季高温对葡萄根系的热害危害。嘉定区属太湖区水系,淡水资源丰富,有遍布的四旁林、生态林,为净化水质、保护土壤、净化空气起到了十分重要的作用。嘉定属于亚热带季风气候,气候温和,日照充足,四季分明,7—8月平均气温27.6℃,可充分满足葡萄成熟期对高温的需求;全年雨量适中,满足葡萄各个生长阶段对水分的要求;年平均日照2 114.8小时,可满足葡萄开花、坐果、成熟等不同发育阶段对光照的需求;平均无霜期223天,有利于早、中、晚不同成熟期葡萄品种的种植。

马陆葡萄生产基地选择在无污染和生态条件良好的地区,建园时必须要考虑自然环境、选用适宜品种,并做好园内规划。种植时每亩使用5~6吨有机肥,有机肥施在定植沟中部。种植时间为3月初至3月中旬为宜。种植密度为每亩120~150株,种植行为南北方向,种植3年后隔株间伐,每亩保留60株左右。

亭林雪瓜

登记证书编号：AGI01606

地域范围

上海市金山区地处东经121°00′~121°25′，北纬30°40′~30°58′，位于长江三角洲南翼，上海市西南部。亭林雪瓜农产品地理标志地域保护范围为金山区行政区域内，以亭林镇为核心生产区，包括枫泾镇、朱泾镇、吕巷镇、廊下镇、张堰镇、金山卫镇、山阳镇、漕泾镇和金山工业区所辖行政区域。

品质特色

亭林雪瓜单果重350克左右，呈倒卵形，果实高圆，上小下大，花蒂部较大，果皮乳白色，极薄，脐部圆形凸出，有10条浅棱沟，瓜皮雪白，有纵棱10条；果肉白绿色，肉厚1.5~2.0厘米，中心含糖量12%~14%，质松脆细嫩，种腔较大，瓜

瓤籽少多汁，肉质脆嫩，口感汁多，味甜，香味浓郁，风味独特。

亭林雪瓜维生素C含量为9~11毫克/100克，膳食纤维含量1%~1.2%，蛋白质含量1%~1.2%，总糖含量6%~7%，葡萄糖含量1.2%~1.5%，果糖含量1.2%~1.4%。

人文历史

亭林雪瓜是上海市金山区的珍贵农家甜瓜品种，也是上海四大名瓜之一，是甜瓜中的上品，在亭林镇已有80多年的栽培历史。

在以多种粮食为光荣的年代，大田里是不种蔬菜水果的。农家妇女便会在自家宅前屋后种上几株雪瓜苗，看瓜苗沿着田埂自由蔓延，到了盛夏时节，一个个雪瓜便从绿叶中探出脑袋。等到绒毛褪去、瓜皮光滑，就可以采摘食用，是当时大人小孩最好的解暑食品。

近几年，亭林雪瓜经过在亭林当地的培育试种，投放市场后，因其品质优良，口味鲜美，在市场上有较高的认知度和影响力。

生产特点

金山区处于太湖流域蝶形洼地的南部，地势低平，耕地的土体的经过自然潜育与长期耕作而形成的水稻土，高度熟化，有机质和全氮含量较高，农业生产水平高，出产丰富。金山地区年平均降水量1 127.3毫米，地表水、地下水资源丰富，水量丰盈，水质优良。金山区位于北亚热带，属季风气候区，四季分明，降水充沛，日照较多，无霜期较长，平均温度相差不大，宜于农作物的生长。

亭林雪瓜育苗采用常规营养钵育苗，2月上旬至3月上旬栽植，定植后爬地栽培，一般采用双蔓整枝，孙蔓坐瓜，每株留4果。生产以有机肥为主，果实膨大时以水调肥，以滴灌方式施入，采收前10天停止灌溉。一般"亭林雪瓜"果实发育30天左右，果肉松脆爽甜时，即可采收。

崇明水仙

登记证书编号：AGI01675

地域范围

崇明水仙农产品地理标志地域保护范围为上海市崇明区所辖三星镇、绿华镇、庙镇、港西镇、城桥镇、建设镇、新河镇、竖新镇、堡镇、港沿镇、向化镇、中兴镇、陈家镇、新海镇、东平镇、新村乡，共15个镇1个乡，涉及267个行政村。地理坐标为东经121°09′30″~121°54′00″，北纬31°27′00″~31°51′15″。

品质特色

崇明水仙以沙壤土种植为主，采用土壤湿润法进行栽培和种球繁殖，种球紧实，自然分枝较少，皮膜淡褐色，根系粗壮，适宜旱地应用。崇明水仙花以重瓣为主，小花数较多，花瓣10余片卷成一簇，花冠下端浅黄而上端淡白，没有明显的副冠，香味浓郁。

人文历史

水仙在上海市崇明区具有悠久的栽植历史和丰厚的人文底蕴,作为本土花卉,历来与松江的银柳、嘉定外冈的蜡梅并称为上海花卉界的"三宝",而崇明水仙可以将花期控制在春节前后,俗称为"迎春第一花"。

"崇明水仙"作为上海地方特色花卉、特色资源,与漳州水仙齐名,是我国两大水仙品系之一。据《崇明县志》记载,明朝正德年间水仙在崇明已经开始栽培,至今有500

多年的栽培历史,而作为商品花卉生产也已经有100多年了,它是上海唯一具有地理标志性的花卉品种资源。据《上海园林志》记载,在20世纪50—60年代,崇明水仙的商品球茎远销上海、天津、北京、江苏等地。

崇明水仙与漳州水仙是我国著名的两大地方特色水仙,但花型不同,漳州水仙以单瓣为主,而崇明水仙则以重瓣为主,重瓣水仙有花形优美、香气浓郁、花期长等优点,通过近几年的发展后,优质崇明水仙成品球已大量上市,为上海花卉市场注入新的活力。

生产特点

崇明岛土壤有水稻土、潮土、盐土三大类型,适宜多种作物种植,但土壤有机质、全氮和速效磷含量均低于标准。崇明岛位于长江入海口,境内河道纵横,水网繁密,受海潮上溯影响,水质偏咸,含盐量较高。崇明岛地处北亚热带,具有显著的季风气候特征,四季分明,气候温和,日照充足,降水充沛,降水量年际变化较大,季节性变化较为明显,年日照时数为1 982.7小时,气候条件较为优越,适宜崇明水仙的生长。

崇明水仙种植地块要求地势开阔、平坦、排灌方便,土壤疏松、肥沃、保水保肥力强;品种选择"金盏银台""银盏玉台"和"玉玲珑";定植时间在每年9月下旬至10月,采用点播的方式。种植时要逐一审查种球放置方向,保证按叶片朝向畦间伸展的要求种植,宜深植,深浅一致。5月下旬,崇明水仙地上部分逐渐枯萎,水仙开始进入休眠,此时选择晴天进行采收,去除茎盘老根,用泥将鳞茎盘和两边相连的脚芽基部封上,保护脚芽不脱落,待封土干燥后,便可将种球贮存于阴凉通风处。

庄行蜜梨

登记证书编号：AGI01676

地域范围

庄行镇是上海市的南花园，地理位置独特而优越。庄行蜜梨农产品地理标志地理保护范围包括上海市奉贤区庄行镇所辖的潘垫村、新华村、东风村、长堤村、杨溇村、吕桥村、存古村、芦泾村、长浜村9个行政村，地理坐标为东经121°21′~121°30′，北纬30°50′~30°57′。

品质特色

庄行蜜梨果实近圆形，未套袋果实表皮呈暗绿色，果皮洁净，皮薄，果心较小，平均单果重250克，果肉白色，肉质嫩脆多汁，石细胞少，香甜爽口。

庄行蜜梨营养丰富，可溶性固形物含量12.0%以上，蛋白质含量0.3%~0.5%，膳食纤维含量2.0%~2.5%，烟酸含量330~340微克/100克，总糖含量7%~8%，蔗糖含量1%~1.3%，天冬氨酸含量100~110毫克/100克。

人文历史

梨树在奉贤庄行地区栽培历史悠久，元代词人张之翰在至元末年（1340年）自翰林侍讲学士调任松江知府（今上海地区），曾写有《婆罗门引·赋赵相相宅红梨花》一词赞美梨花："冰姿玉骨，东风著意换天真。软红妆束全新。好在调脂纤手,满脸试轻匀。为洗妆束晚,便带微噀。香肌麝薰。直羞煞海棠春。不嚼数卮芳酒,谁慰黄昏,只愁睡醒,悄不见惜花贤主人。枝上雨,都是啼痕。"据《庄行志》记载,明初洪武三年(1370年),松江府华亭县(今属上海市奉贤县)诗人袁凯的一首《白燕诗》就曾描写"柳絮池塘香入梦,梨花庭院冷侵衣",据此推断庄行蜜梨种植至少已有600多年。据民国期间

《华亭县志》记载:"名秋白,邑产无夥,为百果之宗。"产品具有皮薄、汁多、味甜、核小等特色,获得了消费者的广泛认同。庄行蜜梨2006年获得上海市优质梨评比铜奖,2008年获迎世博上海优质果品(梨)评比优秀奖,2010年上海市优质梨评比优质奖。

生产特点

庄行镇属长江三角洲冲积平原,地势平坦,土壤以青黄土、沙性青黄土最多,质地中壤偏轻,宜耕期短,耕种较为省力、通透性较好,养分含量属中上水平,形成了庄行蜜梨独特的品质。庄行镇境内河港交叉,水系发达,属副热带海洋性气候,气候温和,四季分明,年7.5℃以下低温时间在1 000小时左右,符合蜜梨对低温需求;7—8月正值高温干季,平均最高温度达27.8℃,利于果实糖分转化。庄行镇降水丰沛,光照充足,能满足蜜梨对光照和水分的需求。

庄行蜜梨选择抗逆性强、果实品质好、适合市场需求的早生新水、翠冠等品种,主栽品种翠冠梨成熟早。庄行蜜梨的砧木是棠梨,棠梨适宜庄行镇温暖、多湿的气候,与庄行蜜梨嫁接亲和力强,成活率高,嫁接后生长发育良好,根系发达,寿命长。庄行蜜梨的种植要做到施足有机肥、开好排水沟、精耕细作。果实成熟前15~20天开始进行果实品质检测,3天测定一次,达到合适的成熟度后分批采收。

奉贤黄桃

登记证书编号：AGI01748

地域范围

奉贤黄桃农产品地理标志地域保护范围为上海市奉贤区青村镇境内解放村、湾张村、工农村、张弄村、石海村、花角村、新张村、吴房村、金王村、元通村、桃园村、南星村、钱忠村、申隆一村、申隆二村、陶宅村、和中村、西吴村、李窑村、姚家村、朱店村、岳和村、北唐村、钟家村24个行政村区域，保护范围地理坐标为东经121°31′~121°36′，北纬30°51′~30°57′，保护区域面积为73.15平方千米。

品质特色

奉贤黄桃果实圆整，外观艳丽，果顶圆平，缝合线浅，两侧较对称，横径与纵径比值为0.8~1.1，单果重200~400克；果皮淡黄色至金黄色，有玫瑰红晕或红色细点，充分成熟果实果皮易剥离，果皮厚韧，绒毛中等。果肉金黄色，黏核，香气浓郁，肉质柔韧，纤维少，汁液多，口味香甜，无苦涩味，无明显酸味，早熟型黄桃的可溶性固形物含量达10%以上，中晚熟黄桃的可溶性固形物含量达13%以上。

奉贤黄桃含有人体所需的蛋白质、维生素和矿物质微量元素，具有很高的营养和药用价值。奉贤黄桃中总糖含量5%~6.5%，还原糖含量4%~5%，总酸含量

0.4%~0.5%，维生素C含量0.3~0.4毫克/100克。

人文历史

水蜜桃最早的文献记载见于王象晋的《群芳谱》（1621年）："水蜜桃独上海有之，而顾尚宝西园所出尤佳。"此后的多种古籍和上海县志都称水蜜桃出自顾尚宝西园。目前栽培的奉贤黄桃品种来源是上海市农业科学院通过上海水蜜桃优良品种与国内外优质水蜜桃品种杂交培育而成，保留上海水蜜桃品质特征，将黄肉隐性基因成功显现。20世纪70年代以前，在桃树专家和奉贤农业科技推广人员的共同努力下，形成奉贤黄桃的雏形。70年代中后期以来，得到了进一步的提升，品质和品牌效应得到上海市场和国内黄桃精品市场认可。1989年上海市农业委员会批准奉贤区为上海市优质水果产品基地；1997年青村镇被农业部[①]命名为"全国百家特产乡镇"和"中国锦绣黄桃之乡"；2006年4月农业部中国村社发展促进会授予湾张村"中国锦绣黄桃特色村"称号；2007年3月，奉贤黄桃被确定为2010年上海世界博览会特供果品。

生产特点

奉贤发展黄桃产业的自然气候条件得天独厚。奉贤区青村镇属亚热带北缘，东亚季风气候，四季分明，降水充沛，光照充足，气候三要素光、温、水年际变化分布基本一致，雨热同季。全年无霜期232天，年平均气温15.7℃，常年降水日数137天，常年日照时数1932小时，能充分满足奉贤黄桃对水分和光照的要求。种植区内土质偏碱性，且土层深厚，土壤中有机质含量高于2%，且富含锌、硼、硒等多种微量元素，速效钾含量200毫克/千克以上，适宜于奉贤黄桃生长。

奉贤黄桃选择土层深厚、地势平坦、排灌方便、交通方便的地块建立桃园。品种选择锦香、锦园、锦绣和锦花。奉贤黄桃果实成熟前15~20天开始进行果实品质检测，3天测定一次，达到合适的成熟度后，先采摘外围大果，后隔几天分批采收，注重检测，确保果实品质的一致性。

---

① 中华人民共和国农业部，全书简称农业部

江苏省

金山翠芽

登记证书编号：AGI00122

地域范围

金山翠芽茶产于江苏省镇江市辖区的润州区、京口区、镇江新区、丹徒区、丹阳市、句容市，包括润州区蒋桥镇、七里甸街道，京口区谏壁镇、象山街道，镇江新区丁岗镇、大路镇、大港街道、丁卯街道，丹徒区谷阳镇、上党镇、高资镇、宝堰镇、辛丰镇，丹阳市司徒镇、云阳镇、埤城镇、后巷镇、延陵镇，句容市下蜀镇、边城镇、白兔镇、华阳镇、黄梅镇、后白镇、茅山镇、天王镇、郭庄镇27个镇（街道），保护区域面积约2 000平方千米，地理坐标为东经119°00′~119°58′，北纬31°33′~32°19′。

品质特色

金山翠芽外形扁平，挺削匀整，色翠显毫，滋味鲜浓，汤色翠绿明亮，香高持久，叶底嫩匀肥壮。其中，水浸出物含量不低于36%，总灰分含量不超过6.5%，粗纤维含量不超过10.5%，粉末含量不超过1.0%，水分含量不超过6.5%。

人文历史

镇江历史上茶文化遗产丰富，尤以诗词、典故为多。"以茶代酒"成语源出镇江，《三国志·吴志》中有详细记载。天下第一泉源于品茶，最早出于唐朝张又新的《煎茶水记》。沈括在镇江撰写科学巨著《梦溪笔谈》，其中第二十四卷为《茶芽》，第二十五卷为《建茶》，均主要论述茶叶。古代悠久的茶文化推动了镇江茶叶的发展，清代时镇江所产绿茶占全国产量的1/6。

"十一五"以来,镇江市委、市政府把发展金山翠芽茶作为全市高效农业支柱产业之一。同时,区(市)、镇两级还注意抓好产前、产中服务,引导成立茶叶合作社,使得地产名茶的生产与管理水平不断得到提升,农民增收效果显著。2002年以来,金山翠芽茶共获"中茶杯"评比特等奖9个,一等奖13个。

生产特点

金山翠芽茶产自镇江市辖区内的宁镇山脉、茅山山脉的山间和山前缓坡岗地,产区土分布有黄沙土、黄刚土土种。黄沙土土质属壤土至轻黏土,表土pH值5.1~6.0,心土黏粒含量高,蓄水保肥性能好,有机质、氮素水平适宜,是苏南地区最适宜植茶的土壤;黄刚土土层深厚,土体厚度达20~50米,表土颗粒以粉沙黏粒为主,pH值6.2~6.5,矿质养分丰富,适合于茶树生长发育。镇江市境内主要河流有长江、京杭大运河、通济河、句容河,还有中小型水库105座,水质清澈纯净。产区属典型的北亚热带温暖亚带,典型的季风气候,四季分明,稳定持续高于10℃的年积温4 700~5 000℃,年日照时数2 073.7小时,年降水1 060毫米左右,水分和温光条件能满足茶树生长的要求。

金山翠芽以福鼎大毫茶、福鼎大白茶、福云六号等为主栽品种。茶园选择坡度小于15°的山间隙地、土层在1米以上的缓坡地、土层深厚的黄棕壤,全园深耕,重施底肥,底肥以有机肥为主,夏垦春植,并建立完整的排灌系统。茶树定植后要浇透定根水,生长过程中及时追肥、追水、排涝。在3月下旬或4月初至谷雨前后,当越冬茶芽生长至一芽一叶时,开始采摘,这时芽苞最饱满,芽叶内含物也最丰富。

兴化大青虾

登记证书编号：AGI00123

地域范围

兴化大青虾主要分布于江苏省兴化市行政区内的35个乡镇（开发区），包括沙沟镇、周奋乡、缸顾乡、李中镇、西郊镇、昭阳镇、兴化经济开发区、陈堡镇、周庄镇、茅山镇、戴南镇、张郭镇、陶庄镇、荻垛镇、沈土仑镇、竹泓镇、大垛镇、昌荣镇、林湖乡、城东镇、西鲍乡、中堡镇、钓鱼镇、大邹镇、下圩镇、海南镇、安丰镇、永丰镇、合陈镇、老圩乡、新垛镇、大营镇、垛田镇、临城镇、戴窑镇，地理坐标为东经119°43′~120°16′，北纬32°40′~33°13′。

品质特色

兴化大青虾头胸围、腹围、尾围"三围"突出，壳薄、肉嫩、个大、味美。鲜活大青虾头胸部呈现青蓝色并伴有棕绿色斑纹，体表光洁半透明、色泽鲜亮，全身覆盖甲壳，全身分20节，呈纺锤体，臂长突出，是兴化最具特色的特种水产品种之一。大青虾煮熟后呈鲜红或微红两色。

兴化大青虾营养丰富，是一种高蛋白质、低脂肪、低热量的营养食品。鲜虾肉中含蛋白质15.2%、水分81.0%、脂肪0.66%、灰分1.20%。另外，还富含钙、磷、铁、维生素A、B族维生素、维生素E等，具有很高的营养价值。

人文历史

早在战国时期，兴化就有捕虾、吃虾的历史，历史十分悠久。明万历

十九年（1591年）《兴化县志》、清康熙二十三年（1684年）《兴化县志》、清咸丰元年（1851年）《重修兴化县志》、民国三十二年（1943年）《兴化县续志》等史书上都有关于兴化大青虾的记载。1992年以前，兴化青虾主产于河沟、外荡等自然水体。从1994年开始，经过3年时间，兴化摸索出一条池塘混养青虾的路子，该项技术很快在江苏全省范围内推广应用。

生产特点

兴化水产资源十分丰富，全市拥有经向、纬向河流18条、5湖12荡，水域面积达627.25平方千米，占总面积的26.21%，水的盐度在0.05%左右，水质清澈无污染，十分适合大青虾生长。境内常年降水充沛，光照充足，气候温暖，四季分明，优越的自然条件和生态环境有利于大青虾生长。兴化境内水体硬度适中，呈微碱性，植物碎片、有机碎屑、水生植物、水生昆虫及陆生昆虫的幼体、丝状藻、固着藻等青虾食物十分丰富，是适合水产品栖息、生长的内陆淡水水域。

兴化大青虾养殖水域要求水质清澈无污染，溶氧不得低于4毫克/升，利用光合细菌等生物制剂，水体透明度掌握在30~40厘米，保持鲜、活、嫩、爽，并定期使用块状生石灰，改良底质促进底泥有机物氧化分解。水底平坦软泥底质，底部淤泥保持在10~20厘米，移植或种植伊乐藻、水韭菜、轮叶黑藻等水草，要求水草覆盖面积达到养殖总面积的2/5左右。饲料选用渔用配合饲料，满足兴化大青虾生长过程中的营养需求。

兴化大闸蟹

登记证书编号：AGI00146

地域范围

兴化大闸蟹主要分布于江苏省兴化市行政区内的35个乡镇（开发区），包括沙沟镇、周奋乡、缸顾乡、李中镇、西郊镇、昭阳镇、兴化经济开发区、陈堡镇、周庄镇、茅山镇、戴南镇、张郭镇、陶庄镇、荻垛镇、沈土仑镇、竹泓镇、大垛镇、昌荣镇、林湖乡、城东镇、西鲍乡、中堡镇、钓鱼镇、大邹镇、下圩镇、海南镇、安丰镇、永丰镇、合陈镇、老圩乡、新垛镇、大营镇、垛田镇、临城镇、戴窑镇，地理坐标为东经119°43′~120°16′，北纬32°40′~33°13′，保护区域面积2 393.35平方千米。

品质特色

兴化大闸蟹背呈青灰色，平滑而有光泽；蟹肚呈亮白色，有玉质美感；蟹腿绒毛黄而密且清爽，金爪肉感强。成熟期公蟹体内膏红似火，蟹脂细腻、嫩爽；母蟹蟹黄味美香酥，蟹肉饱满，口感鲜嫩、鲜中带甜。青壳、白肚、金爪、黄毛、膏红、脂满是兴化大闸蟹的典型特征。

兴化大闸蟹口感独特，味道鲜美，营养十分丰富，富含蛋白质，肌肉中含10多种氨基酸，富含蟹红素、甲壳素、B族维生素和牛磺酸等多种人体必需的营养成分。

人文历史

兴化大闸蟹历史悠久，明万历十九年（1591年）《兴化县志》、清康熙二十三年（1684年）《兴化县志》、清咸丰元年（1851年）《重修兴化县志》、民国三十二年（1943年）《兴化县续志》等史书上都有关于兴化大闸蟹的记载。选用兴化蜈蚣湖、大纵湖出产的大闸蟹，配有冬虫夏草、枸杞、人参、花椒等名

贵中药材与调料配制成卤料，经过21道工序精制而成的醉蟹，肉质细嫩，色清如玉，口味鲜美诱人，色、香、甜、咸、爽五味俱佳，食之回味无穷，是早在18世纪就闻名遐迩的进京贡品。兴化大闸蟹在1898年获南洋国际物赛会金奖，1984年获江苏省名特优产品称号，2003年获江苏省名牌产品称号。

生产特点

兴化市拥有水域627.25平方千米，经向、纬向河流18条、5湖12荡，占全市辖区总面积的26.21%，水资源十分充足，水的盐度在0.5‰左右，水质清澈无污染，是适合河蟹栖息、生长的内陆淡水水域。境内为北亚热带湿润性季风气候区，常年降水充沛，光照充足，气候温暖，四季分明，年平均日照时数2 125小时，无霜期226天，年平均气温15℃，年平均水温16.5℃，年降水量997毫米，光、热、水条件能满足大闸蟹的生长需求。

兴化大闸蟹养殖场地靠近水源，水量充沛，进排水方便，水质清澈无污染、无异色、异臭和异味，pH值7左右，溶氧不得低于4毫克/升，利用光合细菌等生物制剂，水体透明度掌握在30~40厘米，保持鲜、活、嫩、爽。定期使用块状生石灰，定期使用过氧化钙、沸石、光合细菌或活菌制剂等底质改良剂，改良底质促进底泥有机物氧化分解。移植或种植伊乐藻、水韭菜、轮叶黑藻等水草，要求水草覆盖面积达到养殖总面积的2/5左右。投喂的饲料有植物性饲料、动物性饲料和配合饲料。植物性饲料可采用豆饼、花生饼、玉米、小麦、地瓜及各种水草等；动物性饲料如小杂鱼、螺蛳、河蚌等；配合饲料为按照河蟹生长营养需要制成的适口的颗粒饲料。

吴江香青菜

登记证书编号：AGI00190

地域范围

吴江市位于江苏省最南端，吴江香青菜的产地范围为横扇镇、七都镇、震泽镇、桃源镇、松陵镇、平望镇，以及盛泽京杭大运河以西的部分村，地理坐标为东经 120°42′~120°53′，北纬 30°47′~31°12′，地域保护面积为 588 平方千米。

品质特色

吴江香青菜主要品种有绣花筋、黄叶香青菜、黑叶香青菜。绣花筋植株开展，半披张，株型松散，株高 30 厘米左右，开展度 35~40 厘米，叶片椭圆形，扇状叶面起皱扭曲，波状不平，叶脉白色明显，呈网格状分布，叶黄绿色，叶缘浅缺刻，呈花边波状皱褶，叶柄绿白色，扁平，单株重 400 克左右。黄叶香青菜植株开展，半披张，株型较松散，株高 20 厘米左右，开展度 50 厘米左右，叶片大，椭圆形，叶色黄绿，全缘，叶缘呈浅波状皱褶，叶面皱，呈波状突起，叶脉绿白色，单株重 350 克左右。黑叶香青菜植株半直立，株型松散，株高 25~35 厘米，开展度 35~50 厘米，叶片椭圆形，深绿色，有光泽，全缘，叶面起皱不平，叶脉白色，明显较粗，脉纹较稀。单株重 450 克左右。

香青菜口感清鲜味美，芳香可口，气味清香醇厚。其中，维生素 C 含量不低于 20 毫克/100 克，总糖含量不低于 2.0%，粗纤维含量不超过 1.0%。

人文历史

香青菜是吴江地方传统特色珍稀蔬菜品种,已有100多年的栽培历史。1999年列入江苏省3项更新工程,2003年列入国家农业资源开发项目。小叶香青菜目前基本常年上市,大叶香青菜主要在12月至翌年4月冬春季上市。吴江香青菜主要销售供应吴江市本地、苏州市、上海市的各大宾馆、饭店以及农贸市场,1/3产品实行订单生产销售。

生产特点

吴江香青菜产自太湖东南岸,当地地势平坦,种植土壤以小粉土为主,属渗育型水稻土,俗称"夜湿泥",沉积层理较明显,土壤养分释放快,适宜种植香青菜。当地的降水和地表水都极为丰富,灌溉便利。吴江香青菜产区属亚热带北缘季风区,年平均气温15.7℃,无霜期226天,年日照时数2 102.5小时,严寒期短,吴江香青菜主要产于秋、冬、春三季,气候条件极为适合。

黄叶香青菜适宜晚秋和早春栽培,黑叶香青菜适宜冬季栽培。吴江香青菜有直播和移栽两种种植方式,直播香青菜生长期30~45天,移栽香青菜生长期120天左右。多选在秋季、冬季及早春栽培,栽培时避免同科连作,施肥以施腐熟有机肥为主。

裕华大蒜

登记证书编号：AGI00191

地域范围

裕华镇地处江苏省大丰区东部，当地90%的耕地种植大蒜。裕华大蒜分布于裕华镇全镇，包括福丰、万丰、朝荣、海丰、南新、圩洋、元丰、晋丰、晋北、海防、天祥11个村和裕华、丰裕2个社区，地理坐标为东经120°30′~120°38′，北纬32°17′~33°10′。

品质特色

裕华大蒜主要产品为青蒜（蒜苗）和蒜薹。青蒜株型紧凑，叶片厚实，叶色浓绿，假茎长30厘米以上，假茎粗1.5厘米以上。质地细嫩，辛香味浓。蒜薹修长圆润，薹长50厘米以上，绿白部分40厘米以上，薹粗0.6厘米以上，质地脆嫩，清鲜爽口，辛辣回甘。大蒜内含有丰富的维生素C、糖分、蛋白质、脂肪等。

裕华镇所产大蒜纯天然无污染，大蒜含人体所必需的多种微量元素。现代医学研究表明，大蒜不仅是"天然抗生素"，可以杀死15种以上有害细菌，还可以治疗高血压，保护神经系统和冠状动脉血管，控制人体一些内分泌腺功能等。大蒜中的大蒜素、蒜制菌素和大蒜苷能降低人胃内的亚硝酸盐，具有较强的抗肿瘤作用。

人文历史

裕华大蒜种植历史悠久。大蒜传入我国已有近2 000年的历史，据《古今

注》和《农政全书》考证，古代种植的蒜最初叫卵蒜。公元前119年，西汉张骞第二次出使西域，从西域引进一种"胡蒜"，其形态比我国原栽培的卵蒜头大，所以称为大蒜，卵蒜也就相对的被称为小蒜。

新中国成立前后，裕华镇农户房前屋后零星种植大蒜。1963年引进三月黄、冬冬青等品种；1995年以后裕华大蒜种植有了较大的发展，近10年来一直稳定在10万亩左右，产品远销东南亚、欧洲、日本、韩国、我国香港等20多个国家和地区。

生产特点

裕华镇位于苏北滨海冲积平原中段，地势平坦，土壤类型为滨海盐土，较适宜种植大蒜。当地的水资源丰富，有全国首家农业生态示范区。裕华镇属北亚热带季风气候区，四季分明，寒暑显著，阳光充足，降水丰沛，年平均气温15.1℃，年降水量1 000毫米上下，年日照时数2 111.9小时，无霜期为180天，适宜种植大蒜。

裕华大蒜栽培主产品一般为青蒜、蒜薹，兼收蒜头。蒜薹上市早而集中，主要通过贮藏保鲜以后陆续上市。栽培上选择优质、丰产、耐贮、抗病的品种，如二水早、三月黄等。大蒜用蒜瓣繁殖，属无性繁殖，连年种植后易引起种性退化，因此，为发挥品种特性，须提纯复壮。同时，当地研究和推广大蒜夏秋遮阳网覆盖中秋国庆上市、冬春多层覆盖春节上市（蒜薹）种植新技术，并通过秸秆还田增加土壤有机质含量。为促进裕华大蒜产业化，当地还建设了冷藏保鲜库、大蒜油加工厂、大蒜制片厂。

沙塘韭黄

登记证书编号：AGI00192

地域范围

沙塘韭黄种植区域位于废黄河故道沿岸的江苏省徐州市铜山区所辖的大彭镇沙塘、半步店、大彭、史庄村，刘集镇欣兴、田园村，何桥镇赵台、张集村，黄集镇陈楼、李楼村，房村镇李庄、温刘、朱庙村，伊庄镇吕梁村、冠山村，以及单集镇邢楼村，地理坐标为东经116°55′~117°35′，北纬34°05′~34°24′。

品质特色

韭黄属被子植物门、单子叶植物纲、百合科蔬菜。沙塘韭黄色淡黄，叶似金条，茎如白玉，长25~30厘米，约占总长2/3，以清鲜味美、芳香可口而闻名遐迩，是各种韭黄品种中的上品。一茬和二茬韭黄叶片直立性较好，叶宽较耐存放，叶鞘闭合呈环状，互相包被，色泽淡黄偏白，长10~15厘米，约占总长1/3；叶条厚实、挺拔、匀称，手感滑润。气味辛香醇厚，入口回甘。韭黄的吃法很多，或生拌，或爆炒，或做汤；家常吃的素炒韭、韭黄炒肉味美而下饭。

沙塘韭黄不但味美可口，浓郁扑鼻，而且营养价值高。它含有钙、磷、铁、B族维生素、维生素C、蛋白质、脂肪、糖类挥发油、胡萝卜素等营养成分。韭菜根味辛、性温，有温中开胃、行气活血、补肾助阳、散瘀的功效。每到冬令，韭黄在大江南北均为宴席上的珍品。

人文历史

沙塘韭黄是著名的地

方特产，栽培年代久远，延续至今，栽培方法独特，全国少有。采用地窖栽培方法使其不仅质量好，产量高，而且效益可观，一般亩产1 000~1 250千克。为了做大做强韭黄产业，大彭镇沙塘村成立了韭黄专业合作社，现在铜山区沙塘韭黄的产量占全国地窖韭黄的80%以上，素有"韭黄之乡"的美称。

生产特点

铜山区地形由平原和丘陵岗地两部分组成，土壤主要分为山地土壤和平原土壤两大类型。潮土类为本区冲积平原的主要土类，适合沙塘韭黄生长。铜山区境内主要河流有京杭大运河、废黄河、郑集河等；产区内除微山湖、云龙湖之外，山间和山前水库众多；地下水主要分为松散岩类孔隙水和碳酸盐岩类岩溶水，分布面积大，水资源较为丰富，水质优良，为生产沙塘韭黄提供了充足的水源。铜山区属暖温带季风气候区，年平均日照时数2 283小时，年平均降水量868.6毫米，无霜期平均为210天。光、热、水配合较好，有利于沙塘韭黄及各种农作物的生长。

沙塘韭黄是利用地方名优韭菜叶片经数次霜后，逐渐黄化而干枯，地下根茎因营养的积累而充实肥大。当温度降至-5℃以下，肥大的根茎开始进入休眠期时，移栽至越冬地窖生长而成，是有名的冬眠菜。因其根茎肥大且养分充足，生产过程无需使用化肥、农药等投入品，产品质量可靠，品质优良。

沛县狗肉

登记证书编号：AGI00210

地域范围

沛县狗肉生产区域分布于江苏省沛县的龙固、大屯、杨屯、沛城、胡寨、魏庙、五段、张庄、张寨、敬安、河口、栖山、鹿楼、安国、朱寨、新城区、能源开发区，地理坐标为东经116°41′~117°09′，北纬34°28′~34°59′。

品质特色

沛县狗肉又名鼋汁狗肉、樊哙狗肉，成品色香味独特，别具风味，呈棕红色，色泽鲜亮，气味浓香，味道鲜美，入口韧而不挺，烂而不腻，无腥异味。沛县狗肉产品不带皮，不用刀切，用手撕。

沛县狗肉口感独特，味道鲜美，营养十分丰富，富含蛋白质，以及铁、钙、磷、多种维生素等，同时还具有滋补作用。

人文历史

沛县狗肉发展历史悠久，距今已有2 300多年的历史，有丰富的文化底蕴。相传，秦末沛人樊哙以屠狗为业，汉高祖刘邦年少时家境贫寒，经常食樊哙狗肉且不付钱，樊哙为躲避刘邦，过河到夏阳镇卖狗肉，刘邦四处打探，方知樊哙去了河东，追到岸边无法过河。忽见一老鼋，便驮着他到了东岸。

樊哙为防刘邦，杀掉了老鼋，与几条狗相煮，味道鲜美，香味扑鼻。刘邦非常生气，做了泗水亭长后，借故把樊哙的屠刀没收了。樊哙卖肉无刀，只好用手撕碎狗肉去卖，说也怪，用手撕的狗肉反而别具一番风味。刘邦食狗肉用花椒相佐，不但不麻，味道更香。沛县狗肉乃樊哙后裔继承了祖传鼋汁狗肉，有着独具一格的色香味。历代名人，如北周庾信、南宋文天祥、明武宗朱厚照等路过沛县，皆以品尝"狗肉佐美酒"为乐事。

改革开放以后，沛县狗肉主导产品有鲜食狗肉及熟肉制品软包装两大类，全面实施养殖、屠宰、加工、销售一体化的经营产业模式，产品畅销国内20多个省市和港澳地区，还出口俄罗斯、韩国、日本等国家，受到国内外消费者的信赖和赞誉。

生产特点

沛县地理位置优越，生态环境良好，境内有9条骨干河流，属淮河流域泗水水系中的南四湖水系，水资源丰富，水质清纯，为工农业生产提供了充足的水源。境内气候属暖温带半湿润季风气候区，四季分明，气候温和，降水充沛，日照充足，光温资源丰富，优越的自然条件和生态环境适合多种动植物生长。

沛县狗肉主要以当地多年培育的"苏北黑""苏北黄""苏北青""苏北红"4个地方肉犬品系为主。肉狗养殖过程中采用玉米、小麦、蔬菜、鸡蛋、鱼粉、骨粉、氨基酸、食盐等配合饲料，按照肉狗生长营养需要制成适口的全价饲料，满足其营养需求，保证其优良品质。

沛县狗肉采用独特的传统工艺加工，以沛县所产的活鲜狗肉为原料，用微山湖水配以野生甲鱼及祖传鼋汁，辅食盐、大茴、丁香、肉蔻、白芷、花椒等多种佐料，现杀焖煮而成鼋汁狗肉，成为沛县一道独特的传统名菜。

泗洪大米

登记证书编号：AGI00220

地域范围

泗洪县属江苏省宿迁市，位于苏北平原西部、洪泽湖西岸、淮河下游，地理坐标为东经117°56′~118°46′，北纬33°08′~33°47′。泗洪大米农产品地理标志地域保护范围包括青阳镇、双沟镇、峰山乡、四河乡、天岗湖乡、上塘镇、魏营镇、车门乡、瑶沟乡、梅花镇、归仁镇、金锁镇、曹庙乡、朱湖镇、界集镇、太平镇、龙集镇、孙园镇、陈圩乡、半城镇、临淮镇、城头乡、石集乡、江苏省洪泽湖农场、五里江农场，共23个乡镇、2个省属农场。

品质特色

泗洪大米产自洪泽湖西岸，外观整齐，色泽透明，蒸煮有清香味，米饭软硬适中有光泽，咀嚼香甜，口感柔韧，米粥黏稠，入口爽滑。泗洪大米生产中保留了大米中绝大部分营养物质，避免了米中蛋白质、维生素的大量流失，其中，直链淀粉含量在11%~15%，蛋白质含量5%~7%，水分低于14.5%。

人文历史

据《泗洪县志》记载，泗洪县境内历史上素有种植水稻的习惯，相传泗洪境内生产的泗洪大米曾被列为皇宫"贡米"。早在清朝，泗洪境内种植的水稻品种青刚占，米质好、香味浓。《泗虹合志》记载，"稻以红者为胜，炊作饪粥，香黄盈甑，漕运之珍

贵也"，但终因产量低而被淘汰。

新中国成立后，通过兴修水利、农田建设、良种更新、技术推广和提高施肥水平，泗洪水稻生产稳定发展。目前，泗洪县已认定无公害水稻生产基地78万亩，创建全国绿色食品原料（水稻）标准化生产基地60万亩，建设有机稻米基地1.16万亩。

生产特点

泗洪县境内地形复杂，地势起伏，岗洼交错。产区水资源丰富，常年平均降水量912毫米，过境水323.11亿立方米，地下水位维持在12.5米上下，为水稻种植提供了充足的水源。泗洪地处暖温带半湿润气候区向亚热带湿润气候区的过渡交汇地段，具有过渡性、季风性气候特征，季风显著，四季分明，降水集中，雨热同季，春暖多变，秋高气爽，光照充足，热量富裕，有利于水稻生长发育及有效物质的积累。产区境内有7条流域性河流穿境入洪泽湖，形成特有的天然小气候。由于产区地处洪泽湖西岸，地势低洼，多为黏质土壤，保水性能好，加之地下水位高，土壤墒情足，形成干旱的概率低，有利于水稻生长。

泗洪水稻种植基地主要选建在沿湖地区，生态环境优良，外界隔离条件好，历年来病虫害发生少，集中连片，便于规模化生产。泗洪大米选用抗逆性强的、高产优质中粳中迟熟品种或优质中籼品种，目前主要武育粳3号、武运粳21号、淮稻5号、丰优香占等。生产过程采用培育壮苗、加强栽培管理、轮作换茬等农业措施，施肥以有机肥为主。籼稻在9月下旬至10月初，粳稻在10月底以后趁露水干后机械收获，有利于养老稻。

焦溪二花脸猪

登记证书编号：AGI00235

地域范围

焦溪二花脸猪原产地位于江苏省常州市武进区的郑陆镇和横山桥镇，地理坐标为东经119°46′~120°12′，北纬31°46′~32°04′。

品质特色

焦溪二花脸猪品种历史悠久，地域特色明显，头大额宽，耳大下垂过下颌；嘴筒稍长且微凹，上有2~3道横纹，额部有明显皱褶；四肢稍高，中躯稍长，背腰微凹，腹大下垂；后躯宽而稍倾斜，被毛全黑稀疏；具有产仔率高、母性好、耐粗饲等特点。二花脸猪猪肉色泽鲜红、有光泽，肌肉细嫩，肌间脂肪丰富，呈大理石状；熟制后香味浓郁，细嫩多胶质，肥而不腻，回味无穷。二花脸猪猪肉营养价值极高，深受广大消费者的喜爱。

人文历史

武进区的养猪业历史十分悠久。戚墅堰圩墩遗址出土的猪下颌骨，经考证已有6 000年左右的历史；到春秋时代，吴国已在今苏南发展畜牧业，《吴地书》记载："匠门外沙里中，城东五里有猪坟，是吴王畜猪之所……"据明末的《沈氏农书》记载，母猪一胎可育成小猪14头，可见当时已经选育出优良的家猪品种。从明代万历年间起，武进地区东北部沿舜山脚下的农民在当地独特的地理环境、气候条件下，培育出了焦溪二花脸猪，被国际畜牧界誉为"世界猪种产仔之

王",二花脸猪的高产仔和肉质鲜美等优良性状正是改良世界猪种和建立我国配套系养猪生产的优良种质资源。

新中国成立以后,党和政府十分重视焦溪二花脸猪的保种与选育,20 世纪 80 年代被列为"国宝",2000 年农业部又将其列入《国家级畜禽遗传资源保护名录》。

生产特点

焦溪二花脸猪产区属郑横圩田地区,境内成土母质既有河湖相沉积物也有长江冲积物,主要土壤类型有黄泥土、乌栅土和沙土,土壤养分丰富,磷含量特高,锌、硅有效量丰富,水作旱作都适宜,为武进区所独有,有利于各种饲料作物生长。产区内有水域面积近 3 万亩,河流纵横密布,水资源十分丰富,水质优良无污染,为工农业生产提供了充足的水源。产区位于北亚热带北缘,属海洋性气候,四季分明、降水充沛、无霜期长,自然条件优越,是生产二花脸猪的理想区域。

二花脸母猪的保种选育采取群选群育的模式,通过建立核心群作为先导来带动生产群,发展种源产业。在猪的不同生长时期和生理阶段,根据营养需求,配制不同的配合饲料,以满足其生长过程中的营养需求。育肥猪应根据不同的生长阶段,适时换料及增加饲喂量,让其自由采食。对饲养过程中出现的弱势猪要及时调整分群,做到大小分开、公母分开、强弱分开,使猪群保持均匀一致。猪只实行全进全出制。

阳羡雪芽

登记证书编号：AGI00287

地域范围

阳羡雪芽产于太湖西岸第一城——江苏省宜兴市，其农产品地理标志保护范围为宜兴市丘陵山区的张渚、西渚、太华、新街、丁蜀、湖㳇、徐舍、宜城、环科园9个镇（街道、园），地理坐标为东经119°31′~120°03′，北纬31°07′~31°37′。

品质特色

阳羡雪芽外形紧直锋妙、色泽翠绿显毫，内质香气清雅、滋味鲜醇、汤色清澈、叶底细匀。其中，水浸出物含量不低于34%，总灰分含量不超过7.0%，粗纤维含量不超过12%，粉末含量不超过1.0%，水分含量不超过6.5%。

人文历史

宜兴产茶历史悠久，邵晋涵《尔雅·正义》中有"汉人有阳羡买茶之语，则西汉已尚茗饮矣"一语，可见宜兴产茶应在西汉或汉前。宋代的大文豪苏东坡曾经4次到过宜兴，留下了"柳絮飞时笋箨斑，风浪二老对开关。雪芽我为求阳羡，乳水君应饷惠山"的名句，阳羡雪芽也因此得名。明代时宜兴是江苏茶叶的主产区，张谦德《茶经》记载："茶之产于天下多矣，若姑胥之虎丘天池、常州之阳羡。"

阳羡雪芽自1984年创制以来，通过举办阳羡雪芽炒制培训班和品质评比，加强技术交流，促进生产水平快速提高，2008年全年产量达到250吨。2000—2009年现代化茶叶雏形阶段，宜兴茶叶生产实现了茶树良种化、产品无害化、加工机械化、质量优质化、包装精品化、

生产标准化、茶园生态化、经营产业化、营销品牌化，使宜兴茶叶由传统农业向现代农业转化。

生产特点

宜兴茶区是地势起伏的丘陵山区，茶叶产区集中在海拔40~100米的山丘岗地。茶区的土壤以黄棕为主，土层深厚，质地偏黏，中心土层有明显的铁锰淀积，土壤养分适宜，适合于茶树生长发育。宜兴市降水丰沛，年平均降水日数136天，境内河流密布、纵横交叉，灌溉、运输方便，有河道215条，还有中小型水库20座，地面水、地下水丰富，天然水质较好。宜兴茶区属中亚热带向北亚热带过渡的季风气候区，四季分明，年平均气温15.7℃，温度适中，年日照时数为1 988.9小时，光、热、水等气候资源丰富，配置较好，太阳直接辐射量少，但散射量丰富，对喜散射光的茶树生长十分有利。

根据阳羡雪芽的风格特点，选择多毫芽密的中小型品种，原料基地栽培主要以宜兴群体小叶种、楮叶种和无性系良种为主，如福鼎大白茶、浙农137、浙农139、浙农113、迎霜、龙井长叶等。阳羡雪芽在3月下旬或4月初至谷雨前后，当越冬茶芽生长至一芽一叶时，开始采摘，这时芽苞最饱满，芽叶内含物也最丰富。阳羡雪芽的制作须经鲜叶处理、杀青、轻揉、初烘、复揉、理条、整形干燥、手工精制等工序。

天目湖白茶

登记证书编号：AGI00288

地域范围

天目湖白茶产自江苏省溧阳市溧城镇、天目湖镇、戴埠镇、上黄镇、社渚镇、上兴镇、竹箦镇、南渡镇，地理坐标为东经119°08′~119°63′，北纬37°09′~31°41′，保护区域面积1 535.87平方千米。

品质特色

天目湖白茶外形细秀略扁，色泽绿润、透显金黄；内质香气栗香馥郁，汤色鹅黄、清澈明亮，滋味鲜爽且醇，叶张玉白、茎脉翠绿。天目湖白茶的氨基酸含量为6.26%~9%，比普通茶高2倍以上，茶多酚含量为10.7%，是普通茶的一半，具有抗辐射、抗氧化、抗肿瘤、降血压、降血脂、降血糖的功能。

人文历史

溧阳地区自古出产茶叶，发展历史十分悠久，其种茶的历史始于宋元，兴于明清，盛在当代。改革开放以来，溧阳市紧紧围绕茶叶增效、茶农增收的总体目标，坚持以资源为依托，以市场为导向，以科技为支撑，把茶叶产业作为发展农村经济的重中之重。目前，全市有茶园面积7万多亩，年产优质茶叶2 000多吨，是江

苏省重点产茶县（市）。在天目湖白茶发展过程中创制了天目湖玉枝白茶、田家山白茶、富子白茶等一批名茶，仅2006年以来就先后有36批次白茶茶样在省级以上名优茶评比中获大奖。2006年天目湖白茶被评为江苏省名牌产品，2007年被人民大会堂选定为特供茶，2009年又被选定为中国2010上海世界博览会联合国馆指定用茶，成为"中国世博十大名茶"之一。

生产特点

天目湖白茶产自溧阳市境内的天目山余脉、茅山丘陵的山间和缓坡岗地。产区土种主要有黄沙土、黄刚土。黄沙土土质属壤土至轻黏土，表土酸性，心土黏粒含量高，蓄水保肥性能好，有机质、氮素水平适宜，是苏南地区最适宜植茶的土壤。黄刚土土层深厚，表土颗粒以粉沙黏粒为主，微酸，黏粒含量高，交换性氢、铝和盐基离子较高，矿质养分丰富，适宜于茶树生长发育。溧阳市主要有南、中、北三大河流纵横东西，全市有大小水库77座，水面半亩以上的塘坝15 046座，水资源十分丰富，且水质优良。产区属于中亚热带北缘过渡季风型气候，全年日照充足，降水充沛，无霜期长，从农业气候角度分析，光、温、水配合良好，具有春夏季雨热同步，秋冬季光温互补的特点，适宜茶树生长。

天目湖白茶以4月25日至5月5日为修剪适期，于修剪前后的4月底至5月上旬，以饼肥、家禽粪和商品有机肥为主，开沟施入。天目湖白茶由于年生长量小，极易发生草害，又因天目湖白茶的叶质薄，很容易受到药害，因此不宜使用化学除草，茶园杂草均为人工拔除。

淮安黑猪

登记证书编号：AGI00461

地域范围

淮安黑猪为淮猪、新淮猪、苏淮猪的总称，原产地位于江苏省淮安市全境，地理坐标为东经118°12′00″~119°36′30″、北纬32°43′00″~34°06′00″。

品质特色

淮安黑猪地域特色明显，四肢健壮，体型紧凑，骨骼和肌肉发育良好；全身被毛黑色；与国内其他黑猪相比，头稍长，背腰平直，腹稍大但不下垂。母猪乳房发育良好，有效乳头在7对以上；初产母猪产仔10头以上，经产母猪产仔13头以上，活仔数12头。

淮安黑猪的肌纤维细而致密，含水量较少，肌内脂肪丰富，呈大理石状。猪肉氨基酸含量较高，尤其是人体必需氨基酸含量超过普通猪肉50%以上，并且必需氨基酸之间的比例适宜，人体吸收较完全，营养价值较高。另外，猪肉中鲜味氨基酸（谷氨酸）含量也较高，肉质鲜美。

人文历史

江苏省淮安市系黄河夺淮冲积平原，淮河流域土质沙碱化而瘠薄，劳动人民需以养猪积肥改良土壤，提高粮食产量。淮安黑猪就是在这样自然条件和经济条件的综合作用下，先后经历了淮猪、新淮猪和苏淮猪系列品种选育及演变过程逐渐形成的。

淮安黑猪开发和推广项目先后获得江苏省开发苏北优秀科技项目一等奖、2012年农业部中华农业科技二等奖、2013年淮安市科技进步一等奖和2014年江苏省科学技术二等奖。深受周恩来总理喜爱的名菜"红烧狮子头"就是以淮安黑猪肉为主要原料，因荣登开国第一宴享誉海内外。淮安黑猪已成为长江三角洲地区人民群众绿色消费首选品牌。

生产特点

淮安市境内无高山峻岭，以平原为主。境内河湖交错，水网纵横，地下水资源储量丰富，过境水量较多，水资源十分丰富。淮安市地处南暖温带和北亚热带的过渡地区，兼具南北气候特征，光热水整体配合较好。淮安市属典型的季风气候，自然降水丰富但分布不均，年平均降水量913~1 030毫米，夏季降水占50%以上，全市气候温暖而又较为湿润，四季分明，雨热同季，气候资源十分丰富，光照充足，优越的自然条件形成了淮安黑猪独特的品质特征。

淮安黑猪目前以苏淮猪为主要品种，在猪的不同生长时期和生理阶段，根据营养需求，配制不同的配合饲料，育肥猪应根据不同的生长阶段，适时换料及增加饲喂量，让其自由采食。根据猪舍内的气温和气味，及时开关窗进行调节气温，遇到高温时冲水降温。对饲养过程中出现的弱势猪要及时调整分群，做到大小分开、公母分开、强弱分开，使猪群保持均匀一致，并做好猪只的调教工作，使猪只"吃""拉""睡"三点定位。猪舍应每天打扫保持清洁，料槽应保持干净，水槽或自动饮水器保持有水。

溧阳白芹

登记证书编号：AGI00462

地域范围

溧阳白芹产自江苏省溧阳市的溧城镇、别桥镇、天目湖镇、戴埠镇、上黄镇、埭头镇、社渚镇、上兴镇、竹箦镇、南渡镇，保护区域总面积约1 535平方千米，地理坐标为东经119°08′~119°63′，北纬31°41′~37°09′。

品质特色

溧阳白芹产品包含茎节、叶柄和叶芽3部分，其茎节和叶柄部分均为白色，晶莹透亮、富有光泽，叶芽则稍带淡黄色，与一般水培软化、外观青绿色的水芹产品具有显著差异。

溧阳白芹产品营养丰富，其中，含水量不低于95%，粗纤维含量不超过0.5%，氨基酸含量0.719%~1.289%，谷氨酸含量0.166%~0.22%，口感脆嫩而微甜。

人文历史

溧阳人栽培芹菜的历史悠久，早在800年前的南宋时期，唐家、钱家村一带就开始栽培。溧阳水芹品质优良，人们以它白嫩的茎、叶为食，既可荤炒，又可素拌，其中拌芹菜和炒芹菜因色、香、味、形俱全，是冬春之际餐桌上的时鲜菜，被誉为江南美食佳肴中的一绝。溧阳白芹产量高，供应期长，

为冬春市场供应的重要蔬菜品种，近销于沪宁一带及安徽的郎溪广德地区，远销至我国深圳、广州、香港、澳门等地，春节期间需求量大。

生产特点

溧阳市山地平原层次分明，地貌类型齐全。溧阳白芹主产区为溧阳中部的大片平原地区，土壤爽水性较好，灌排水设施齐全，土壤耕作层都在15厘米以上，土壤有机质含量在2%以上，土壤pH值5.6~6.5，非常适合种植溧阳白芹。溧阳市主要有南、中、北三大河流纵横东西，有大小水库77座，水面半亩以上的塘坝15 046座，水质优良，水资源充足。产区属于中亚热带北缘过渡季风型气候，年平均气温14.8~16.3℃，年日照时数1 858.5~2 361.2小时，年降水量859.4~1 351.9毫米，全年日照充足，降水充沛，无霜期长，适宜于水芹类作物生长。

溧阳白芹又叫旱地夹板芹菜，是溧阳农民在长期的水芹栽培中，创造出的一套水芹旱育一次性深培土软化的种植方法。在掌握排种后50~70天、植株高40~50厘米时进行培土软化，在行间施入腐熟的黄豆粉或饼肥等优质肥料，及时用土盖住畦苗，避免水芹苗的中下部透光。栽培中注意适时补水，保持畦沟内的水层达到水芹根基部的位置。一般在培土后30~40天即可采收。

泰兴花生

登记证书编号：AGI00463

地域范围

泰兴市位于江苏省中部，长江下游北岸，地理坐标为东经119°54′05″~120°21′56″，北纬31°58′12″~32°23′05″。泰兴花生产地在泰兴市所属的古溪、分界、黄桥、元竹、珊瑚、新街、广陵、曲霞、河失、根思、姚王、张桥、宣堡13个乡镇，以及泰兴镇、滨江镇、虹桥镇的部分村组。

品质特色

泰兴花生外观秀美，以两粒为主，荚果普通型，网纹清晰，色泽乳黄；籽仁大小中等，色泽鲜艳，红或粉红色。泰兴花生具有低脂肪、高蛋白质、水溶性糖分含量高的特点，鲜食微甜，口感细腻，炒食味甘气香，食之无渣。

人文历史

泰兴花生栽培历史悠久，明末清初时期已落户泰兴。据当地县志记载，民国二十一年（1932年），泰兴县花生种植面积为7.3万亩；1956年，泰兴全县花生种植面积28.16万亩，为历史最高；近几年，泰兴花生种植面积维持在10万亩左右。

泰兴市政府十分重视发展花生产业，出台了相关扶持政策，加大了品牌建设力度，现全市有1个市级龙头企业，1个花生专业合作社，产业发展前景看好。泰兴花生获得国家地理标志登记后，品牌知名度和产品附加值明显提升，荚果价格平均高出

其他花生2.0元/千克,直接带动农户增收。

生产特点

泰兴市属长江三角洲冲积平原,按地貌特征分为高沙土平原和沿江平原,统称为通扬运河以南高沙土地区。沙壤或中壤质地的高沙土平原、沿靖圩田平原的土壤具有夜潮性,这种"夜潮土"孕育了泰兴花生的特色和优势,移至他乡就没有泰兴花生的甜度和香味。泰兴市处于北亚热带海洋性季风气候区,全年日照时数平均为2 125.8小时,年平均气温14.9℃,15厘米以内土层年平均地温16.5℃,年平均降水量1 027.2毫米,在泰兴花生生长期间,降水充沛,中后期昼夜温差大,利于泰兴花生特色的形成和保持。

泰兴花生生产应选用在传统泰兴特色花生品种基础上改良的泰花系列品种,鲜食花生栽培可选用泰花1号、泰花3号、泰花6号,炒食或加工用花生栽培选用泰花4号、泰花2号、泰花7号。猪、油(花生油)、酒是泰兴三大特色产品,三者相辅相成。生猪养殖产生大量的猪粪和杂灰,经腐熟后施到花生田间,促进了泰兴花生特色的形成与保持。花生经适当延期栽培后,其甜味特点更为明显。

邵伯菱

登记证书编号：AGI00606

地域范围

邵伯菱盛产于江苏省江都市邵伯镇一带，地域范围包括邵伯镇全镇，辐射带动樊川、真武、武坚、丁伙、丁沟、小纪等镇，地理坐标为东经119°27′00″~119°54′30″，北纬32°18′32″~32°48′00″，地域保护面积525平方千米。

品质特色

邵伯菱属四角菱，菱呈水饺形，前后两角大，平展略下垂；左右两角小，向内弯曲，四角顶端较钝；腹部不对称，一侧内凹，一侧外鼓，皮壳较薄；平均菱长5.5厘米，宽4厘米，单果重15克左右。鲜菱为淡绿色，绿中发白，生食清脆带甜；老菱煮熟后，呈蛋黄色，口感酥粉香甜，味似板栗。

邵伯菱营养丰富，具有个大、脯肥、淀粉多、蛋白质含量高等特点。其淀粉含量为21.9%，比一般菱高1个百分点，水分含量为73%，蛋白质含量为3.8%。

人文历史

邵伯菱和嘉兴的风菱、太湖的红菱、里下河的饭菱并称为我国江淮地区四大名菱，也是中国唯一用地名命名的菱种，至今已有500多年历史。它与宝应的莲藕、高邮的双黄蛋并称"运河三宝"，享誉大江南北。苏轼、秦观等才子游玩于邵伯，斗野亭边戏水采菱、持蟹饮酒、借景斗诗传为佳话。相传，清乾隆皇帝曾品尝邵伯菱，盛赞其味美，吟有"涉江采菱发阳阿"的诗句。1995年《江都县志》详细记载了邵伯菱的情况。

生产特点

江都市为国家南水北调东线工程源头,境内地势平坦,湖荡密布,河道纵横,素有"水乡泽国"之称,境内不仅有长江过境,而且有通扬运河横穿东西,京杭运河纵贯南北,水资源十分丰富。邵伯菱主产于邵伯镇,遍布于江都市北部部分乡镇水域,这些水域属里下河浅洼平原区,为运河、里下河湖荡沉积物所覆盖,不仅水流不止、流速平缓,而且水质清洁,底泥肥沃,同时也是水产养殖的绝佳地域。邵伯菱生长区域

气候宜人,属亚热带湿润气候区,四季分明,季节显著,年平均气温14.9℃,平均年降水量978.8毫米,无霜期220天。邵伯菱的生长主要在春、夏、秋三季,收获于中秋前后,此时多晴朗天气。

邵伯菱选用上年中期充分成熟的菱角作种,采用条播、撒播或育苗均可,条播或撒播在4月初进行,育苗移栽可在2月至3月上旬进行。菱盘即将露出水面时,在外围用草绳或水花生制成护菱岸,以防浮萍、水面漂浮的杂物进入菱区。在5—6月若菱盘重叠时,应适当疏苗。一般在7月底或8月上旬果实饱满成熟时采摘第一茬菱,以后每隔10天左右采摘一次,霜降时采收结束。

建昌红香芋

登记证书编号：AGI00607

地域范围

建昌红香芋产于江苏省常州市金坛区境内第一大圩——建昌圩，适宜种植区域为直溪镇蔡甲村、吕丘村、迪庄村、下蔡村、养殖场、建昌村、天湖村、井庄村、杨家舍村、新河村，保护区域总面积约5平方千米，地理坐标为东经119°08′~120°12′，北纬31°09′~32°04′。

品质特色

建昌红香芋外形椭圆，外披红色鳞毛，外皮淡褐色，外表轮纹稀疏均匀，顶芽长，顶部呈粉红色。红香芋富含营养物质，其中，蛋白质含量不低于2.8%~3.2%，脂肪含量在0.09%以下，淀粉含量不低于15.5%~16.2%。

人文历史

直溪镇建昌圩是苏南革命根据地之一，圩区的蔡甲村为中共苏皖区一大会址。

当地盛产优质的红香芋，早在抗日战争时期就是圩区军民主要食物来源，改革开放之后成为圩区农民就业增收的重要产业。建昌红香芋多次被评为常州市名优农产品。2015年，建昌红香芋栽培面积已达4 200多亩。

近年来，金坛区各级政府对红香芋等地方特色产业的发展极为重视，

2010年，制定了《建昌红香芋三年发展规划》，将红香芋产业列入了江苏省高效园艺科技入户内容；积极开展了红香芋脱毒复壮、红香芋特早熟栽培、母芋粉加工等方面的技术研究与创新工作，推广了红香芋/白蒜、红香芋/莴苣等原生态套种技术。建昌圩的红香芋生产已构建了较为完整的产业体系，其产品畅销江苏、上海及北京等地区。

生产特点

建昌圩地势平坦，平均海拔7米，土壤质地为乌散土、中壤质，有机质含量2.39%，pH值7.0左右，通气性好，非常适合种植红香芋。建昌圩面积54平方千米，圩区外围有通济河、丹金漕河流经，境内河道纵横，湖荡众多，水域面积达1.6万亩，其中天荒湖面积达5 000亩，水资源丰富，且水质优良。建昌圩为北亚热季风气候，10℃以上年积温4 800~5 100℃，年平均降水量1 078.1毫米，年平均日照时数2 033.8小时，四季分明、光照充足、雨热同步，优越的自然条件有利于红香芋生长发育。

建昌红香芋一般在3月下旬、4月初开始定植，进行保护地栽培的可适当提前，多采用穴播法，播后覆盖地膜。结合整地，田地施足底肥，底肥以有机肥为主。苗高30厘米和封行前进行2次培土，去除基部分蘖，协调生殖生长与营养生长关系，促进子芋膨大。整个生长期保持田间湿润，在子芋膨大期切忌长期干旱和淹水。芋叶黄衰败，球茎成熟时采收。

贾汪大洞山石榴

登记证书编号：AGI00664

地域范围

贾旺大洞山石榴的产地在江苏省徐州市贾汪区境内，主要涉及贾汪镇辖区内的泉东、宗庄、鹿楼、土盆，汴塘镇辖区内的芦山、南北许阳、涧溪、朱古等行政村，地理坐标为东经117°28′~117°34′，北纬34°23′~34°28′。

品质特色

贾汪大洞山石榴果实呈圆球形，果皮亮丽，质感厚重，籽粒晶莹，味美多汁，酸甜可口，以鲜食为主，亦可加工成高级清凉饮料或果酒，耐贮藏。

贾汪大洞山石榴果实味酸甜、性温涩、富含多种营养。出籽率达85%，出汁率达89%，籽粒可溶性固形物含量为32%，果糖15%~22%，还原型维生素C 9.27毫克/100克。另外，其磷、钾、钙等元素的含量高于一般水果，具有较高的营养保健价值。

人文历史

大洞山位于素有徐州后花园之称的贾汪区，为徐州市山峰中第一高，海拔361米。近万亩贾汪大洞山石榴基地坐落在大洞山，一般9月下旬成熟，乃中秋节馈赠佳品。独特的自然生态环境，标准化的栽培技术，培育了贾汪大洞山石榴"个大、粒饱、色艳、味美"的优良品质，

赢得了广泛好评。

生产特点

贾汪大洞山石榴生产区域西、北、东三面环山，其半月形地貌地形拥有独特的小气候。开春升温早，秋天降温迟、霜降晚，比周边其他地方的石榴早发芽、早开花7~10天，生长期长10~15天。贾汪区年日照时数2 370小时，10℃以上年积温4 641.5℃，全年无霜期220天，年均降水量900毫米，其中石榴生长期间的降水占全年降水量的85%以上。贾汪大洞山石榴生长主要依靠天然降水，生长期降水量760毫米以上，且夏季降水量充沛，春秋降水量偏少，非常适宜石榴生长发育、营养物质积累与转化。

贾汪大洞山石榴主栽品种有大青皮、二青皮、铁皮、冰糖籽、大红袍、大马牙、谢花甜等，采用枝条扦插进行繁殖。春季栽植从土壤解冻到芽萌动，秋季栽植10月下旬到12月上旬，阴雨天栽植成活率高。每年秋季果实采收后，进行秋施基肥，以腐熟的农家肥为主；在春季可以用麦秸、麦糠、玉米秸、干草等覆盖在树冠下。在石榴生长季节降水后应及时中耕松土。采用人工授粉、蜜蜂传粉等方法提高坐果率和果实整齐度，并及时疏去不完全花和第三茬花，多留头花果，选留二次果，提高产品质量与产量。

宝应慈姑

登记证书编号：AGI00665

地域范围

扬州市宝应县地处江苏省中部，地理坐标为东经119°07′43″~119°42′51″，北纬33°02′46″~33°24′55″。宝应慈姑农产品地理标志地域保护范围包括宝应东荡地区的广洋湖、射阳湖、西安丰、曹甸、望直港和鲁垛6个镇。

品质特色

宝应慈姑球茎近圆球形，顶芽基部缩缢明显，表皮青色带紫，肉色乳白，肉质紧密，入水即沉，熟食鲜美爽口、味苦回甘。

宝应慈姑碳水化合物含量大于30%、蛋白质含量5%~6%、脂肪含量0.4%~0.5%，具有低脂肪，且富含碳水化合物、微量元素的特点，营养丰富；同时，宝应慈姑中富含秋水仙碱等多种活性物质，具有一定药用价值。

人文历史

慈姑在宝应县有着悠久的种植历史。据《宝应县志》记载，宝应慈姑唐代曾作为朝廷御用贡品，清代列为重要土产。

自然灾害时期，宝应慈姑曾是宝应县百姓的救命食品。

生产特点

宝应县位于亚热带北缘，属亚热带季风性湿润气候，年平均降水量966毫米，年日照时数2 181小时，年平均气温14.4℃，全年无霜期260天，气候温和，日照充足，四季分明，降水丰沛，是生产宝应慈姑的理想区域。宝应境内河湖密布，素有"五湖四荡"之称，水资源丰富，且水质优良无污染，优良的地表水源和广袤的湿地为宝应慈姑提供了得天独厚的环境。宝应东荡地区属湖相沉积平原，地势低洼，土壤为沼泽土或潜育型水稻土，pH值6.5~7.0，有机质3%~5%，土层深厚、土壤肥沃，非常适宜宝应慈姑生长。

宝应慈姑应选择地势平坦、富含有机质、松软肥沃的田块进行种植，栽种品种为侉老乌慈姑。育苗期气温在14℃以上，注意防止清明后遭受明霜冻害；秧田保持薄水湿润，利用日照提高土温，促发根；适当追施腐熟粪肥1~2次，促苗健长。定植时间以小暑至大暑期间为宜，选用高25~30厘米、3至4片叶、根系生长旺盛的苗定植。定植后以浅水勤灌为主，并适时追肥。慈姑一般以11月中旬至次年4月上旬为最佳采收期，采收前10~15天排干田间水层，用铁锹挖取或用齿耙耙取。

滨海白何首乌

登记证书编号：AGI00666

地域范围

滨海白何首乌的地域保护范围为江苏省滨海县境内，主要涉及滨海港镇、滨海港经济区、滨淮镇、八滩镇、八巨镇、界牌镇、滨海现代农业产业园区、天场镇、东坎镇、陈涛镇和滨淮农场11个镇（区、场），保护区域总面积4万公顷，地理坐标为东经119°37′~120°20′，北纬33°48′~34°23′。

品质特色

滨海白何首乌块根长圆柱形或长纺锤形，略弯曲，外表皮褐黄色，较粗，有明显横纹；肉色类白微黄。鲜品气微，生食质感致密且脆，味甘微苦，无涩味。制片乳白色，质感脆，味微苦后回甘。制粉白色，呈不规则梅花状颗粒，质地细腻，开水充调后呈半透明状。

滨海白何首乌是药食同源植物。块根中含C_{21}甾体酯苷5.2%，卵磷脂3.3%，总淀粉62.5%，直链淀粉占总淀粉量的13.1%，有效成分含量高，具有较好的成药性，直链淀粉含量低，支链淀粉含量高，黏度高，口感好，具有较好的食用性。

人文历史

白何首乌始用于晚唐，盛行于宋明，沿用至今，在国内外享有盛誉。白何首乌在滨海由野生种逐步驯化为当地特有的栽培种，在滨海县已有200余年的种植历史。据《阜宁县志》记载（1932年版，滨海县当时属阜宁县），"萝藦科何首乌（现专家认定为白何首乌），产东北乡，采地下茎，以制粉甚益人，为本邑著产，与蓼科之何首乌同名异物""滨海农民早在清咸丰年间就种植白首乌，加工首乌粉，作为礼品进贡朝廷和馈赠亲友，并世代传承，沿种不息"。经龚树生等专家教授产地调查和考证认定，滨海白何首乌具有重要的医疗价值和经济意义，其补益作用优于赤首乌，是一种中老年滋补养身食品和抗衰老中草药。

白何首乌是滨海最著名的传统特产和优势特色产业，也是最富有中国文化特色的一项产品。现代研究表明，白何首乌具有调节免疫功能，抗肿瘤、保肝、降血脂、抗氧化及促进毛发生长等作用。

生产特点

滨海县属苏北黄淮冲积平原的沿海地区，境内地势平坦、环境优越，是国家级生态示范区。土壤类型为潮土、盐土和水稻土三大类型，由于受海淡水系接壤的影响，土壤脱盐化历史较短，pH值一般在8.0~8.5，土壤含钾丰富，通透性好，土层深厚，具有良好的保肥、保水能力。县境内属淮河流域水系，河流纵横，水域广阔，拥有较长的河流53条，灌排条件较好。滨海县处于北亚热带向南暖温带过渡的气候带，由于紧濒黄海，受海陆季风影响显著，具有明显的海洋性气候，属湿润的季风气候，光照充足，气候温和，降水充沛，雨热同期，昼夜温差较大，有利于有效成分的合成积累。滨海县沿海废黄河故道区域偏碱富钾的土壤质地，下咸上淡的阴阳水源和昼夜温差较大的气候条件等特殊生态环境的综合因素，形成了适宜白何首乌优质高产得天独厚的自然环境条件。

滨海白何首乌种植在滨海县沿海废黄河故道区域，实行连片规模种植，建立白何首乌与水稻、油菜（或啤酒大麦）轮作复种制度，避免重茬，以减轻病虫害的发生。滨海白何首乌主要栽培品种宜选用滨乌1号等品种。重点推广采用现代生物技术生产的脱毒种苗，或选用有性繁殖生产的优良白何首乌种子再繁殖生产的一代块根作种苗，更有利于增强抗病抗逆能力，实现优质高产。滨海白何首乌的最佳收获期为11月中下旬，地上茎叶落黄，地下块根停止生长后及时收获。

仪征绿杨春茶

登记证书编号：AGI00667

地域范围

江苏省仪征市地处长江三角洲顶端。仪征绿杨春茶种植区域在仪征市的谢集乡、月塘乡、青山镇、刘集镇、新城镇、新集镇、马集镇、真州镇、陈集镇、铜山街道9个乡镇1个街道，地理坐标为东经119°02′~119°22′，北纬32°14′~32°36′，地域保护面积70 013.6公顷。

品质特色

仪征地处江淮分水岭，仪征绿杨春茶用中叶、少毫茶树良种；茶园开采迟，封园早，茶树生长期长，内含物积累丰富，自然品质形成好，形似新柳、翠绿秀气，具有滋味鲜醇、汤色清明、香气高雅、叶底嫩匀的品质特征。特级绿杨春茶每千克9万个芽左右。

人文历史

仪征素有"风物淮南第一洲"之称，早在唐宋时期就开始种茶，发展历史悠久。五代毛文锡在《茶谱》中记载："扬州禅智寺，隋之故宫，寺旁蜀岗，其茶甘香，味如蒙顶焉。"《扬州府志·卷五》引载《仪征志》"蜀岗在城北二里"，即为今日仪征丘陵地带，其所产茶叶在宋代被列为贡品。《甘泉县志》清乾隆七年（1742年）刊本记载："甘泉县宋时贡茶，皆出蜀岗，甘香如蒙顶，并以蒙顶在蜀，故以名岗。"

《中国茶叶复兴计划》（1935年商务

印书馆出版）记载，仪征是江苏省 20 个产茶县之一。目前，仪征市是江苏省重点产茶县，扬州市特色农产品基地。1991 年，在仪征研制出象征历史文化名城扬州风貌的扬州地方名茶"绿杨春"，并通过省级鉴定，同年获扬州市科技进步二等奖。2005 年起，仪征以茶为媒、因茶联谊，连年举办"中国仪征·绿杨春早茶文化节"，仪征绿杨春茶成为仪征市广交海内外宾朋的一张绿色名片。

生产特点

仪征市东南为沿江冲积平原区，西部为高岗丘陵区，中部与北部为缓岗丘陵区，茶叶种植区域内土壤主要以黄棕壤土为主，土层深厚，pH 值 6.0~6.5，黏粒含量高，交换性氢、铝和盐基离子较高，矿物质养分丰富，因此特别适合于茶树生长发育。仪征属北亚热带季风气候区，气候温暖，四季分明，日照充足，降水充沛，无霜期长，年降水 1 100 毫米左右，年日照 2 226.5 小时，无霜期 221 天以上，有效积温 5 537℃，昼夜温差大，有效成分积累多，茶叶内含物丰富，香气高、滋味浓、色泽绿，具有江北茶区独特的品质特征。

仪征绿杨春茶茶园全园深垦，重施底肥，夏垦春植，按 150 厘米大行距开沟，开沟时分 3 层施入足量底肥，底肥以饼肥或腐熟的猪牛厩肥为主。2 月中旬至 3 月中旬采用低沟定植法进行双行或单行条植，定植后全园覆稻草或茶行两侧覆黑色地膜。追肥在初夏第一次生长结束时用人粪尿 50 千克加水稀释后浇施，夏秋季再追施肥 1~2 次。茶苗栽后进行 3 次定型修剪，低定短放，夏剪秋养，培养立体采摘树冠。每年春茶采摘结束后，5 月 10 日前离地 40~50 厘米处重修剪之后停采养树，以培养新梢为来年采摘枝。

淮安黄瓜

登记证书编号：AGI00770

地域范围

淮安黄瓜的生产地域范围为江苏省淮安市境内的淮阴区、清江浦区、淮安区等县区，其核心区范围为淮阴区丁集镇、刘老庄乡、渔沟镇、袁集乡、五里镇、棉花庄镇共6个乡镇的20余村。地理坐标为东经118°12′00″~119°36′30″，北纬32°43′00″~34°06′00″。

品质特色

淮安黄瓜长25~30厘米，直径4~5厘米，粗细均匀，瓜把短，无棱，刺密；果肉呈淡绿色、含水量高，瓜肉清脆细腻，微甜爽口，可生食，也可凉拌或炒食，地域特征明显。每100克淮安黄瓜中维生素C含量大于10毫克，营养丰富。

人文历史

黄瓜起源于喜马拉雅山南麓的热带雨林地区，为葫芦科黄瓜属一年蔓生草本植物，在淮安市已有1 000多年的栽培历史，是当地的主栽蔬菜作物之一。淮安黄瓜以其独特的品质、优良的口感，不仅常年畅销上海、南京、杭州等江浙沪地区，还远销山东、安徽等地。现栽培的淮安黄瓜也成为淮安市促进农业增效、农民增收的重要手段之一，栽培面积逐年扩大。

生产特点

淮安市地处苏北腹地、淮河下游,属暖温带向亚热带过渡地带,年日照时数2 136~2 411小时,年平均气温为14.1~14.8℃,无霜期210~225天,年降水量多年平均906~1 007毫米。气候温和,光热条件适宜,生态环境良好。境内河流纵横,沟渠交错,湖泊塘库棋布,水资源十分丰富。淮安黄瓜的栽培土壤主要为沙底两合土,肥力中上等,土壤透气、保水、保肥性都非常平衡,pH值在7.3左右,有机质、有效磷、有效钾含量比较高,非常适合种植黄瓜。同时日照偏长,温度适宜,恰好是日光温室蔬菜生产的南限,十分适宜保护地黄瓜的栽培,使得淮安黄瓜品质好于其他地区。

淮安黄瓜采用日光温室早春茬栽培,采用独特的"瓜—菇轮作"的方式。黄瓜的前茬是草菇,草菇收获后给黄瓜茬留下大量的有机质和钙肥,这样不仅减轻了黄瓜连作障碍,也大大降低了黄瓜根结线虫病的发生率。淮安黄瓜采用有机质穴盘育苗,以黑籽南瓜为砧木,用靠接法嫁接,吊蔓栽培,使得黄瓜生长势强,采收期长达半年。再加上农户进行测土配方施肥,使得淮安黄瓜与其他黄瓜相比品质更优、口感更好、产量更高。

谢湖大樱桃

登记证书编号：AGI00771

地域范围

谢湖村隶属江苏省连云港市赣榆区厉庄镇。谢湖大樱桃农产品地理标志地域保护范围为厉庄镇域以北谢湖村马山，西至二龙山，南至龙泉山，东至八条路水库，北至谭湖村南，保护区域总面积1 020公顷，地理坐标为东经118°57′37″~119°02′12″，北纬35°01′14″~35°03′08″。

品质特色

谢湖大樱桃果实个大而整齐，果柄短粗，果面紫红色、红色或黄红色，色泽鲜艳，晶莹剔透；肉质脆，肥厚多汁，核小，风味酸甜爽口。樱桃属于蔷薇科落叶乔木果树，医疗保健价值颇高。其中，水分含量不超过83%，蛋白质含量不低于1.4%，脂肪含量不超过0.3%，可溶性固形物不低于15%，灰分不超过0.5%，维生素C含量不低于12毫克/100克，可滴定酸不超过1%。

人文历史

厉庄镇大樱桃种植产业始于1985年，在江苏省农业科学院、南京中山植物园、南京农业大学等科研院校的支持下试种樱桃200亩。随着现代农业、高效农业、生态农业、观光农业的兴起，特别是近30年来，由于新品种、新技术的引进与探索，栽培技术与管理水平有了长足发展。广大农户有着丰富的栽培管理经验，先后引进大樱桃新品种16个，种植面积15 300亩。

厉庄镇谢湖大樱桃发展迅猛，也带动了当地旅游业的发展与村镇建设。厉庄镇近年来先后被农业部命名为"中国大樱桃之乡"，被国家旅游局评为全国农业旅游示范点；谢湖村被评为国家级生态村、江苏最具魅力休闲乡村、江苏省四星级乡村旅游示范点。

生产特点

谢湖大樱桃的产地属丘陵山区，三面环山，一面环水，自然条件优越。产区属暖温带海洋性季风气候，伴有局部山区小气候，四季分明。降水充沛，降水量年均920毫米，集中分布在6—8月；年平均气温12℃，无霜期214天，气候温和；10℃以上的年活动积温4 874℃，全年平均日照时数2 532.9小时，为江苏省日照最长地区之一；雨热同期，灾害性天气极少，有利于作物的生长。产区内土质为浅黄色沙土，土体深厚，土质松软，有利于樱桃生长发育。另外，大樱桃产区与大面积基本农田相距较远，环境清洁无污染，加之水源主要来自居民食用水水库和活水河流，水质优良，特别适宜大樱桃大面积推广。

谢湖大樱桃产地选择在土层60厘米以上、土质疏松、透气性好、保水保肥能力强、地下水位2米以上、排水良好地段为宜；以大紫、水晶、鸡心、红灯等为主栽品种。栽植前要依据地势于秋冬挖水平沟，沟底铺20厘米厚柴草，上部回填优质土杂肥与熟土混合体，使土壤有机质含量逐步达到1%以上。春季或秋季种植黑麦草、三叶草、绿豆、苕子等，每年割刈2~3次覆盖于树盘内。一般于发芽前、幼果膨大期或硬核期、采果后3次地下追肥；浇水依据天气状况而定，一般是结合施肥进行。黄色品种，底色褪绿变黄，阳面开始着有红晕时采收；红色品种，果面全红时采收；紫色品种，果面呈紫色时采收。

白马黑莓

登记证书编号：AGI00772

地域范围

白马黑莓产于江苏省南京市溧水区白马镇及其邻近村庄，包括溧水区林场芳山分场、东芦分场，永阳镇东山村、秋湖村、东屏镇白鹿村、金湖村和晶桥镇芝山村、枫香岭村，地理坐标为东经119°22′~119°30′，北纬31°13′~31°22′。

品质特色

白马黑莓呈倒圆锥椭圆形，果型端正，紫黑色或紫红色，单果重5~12克，具有各品种固有的特征。其中，果实中富含具有营养保健功能的花青素，在其他水果中是罕见的。

人文历史

黑莓自20世纪80年代末从美国引种至溧水区白马镇落户，并迅速得到发展。当时，黑莓以速冻果出口为主，2006年亩收入达到8 000~10 000元，呈现出千家万户栽黑莓的景象，种植面积近10万亩。然而至2007年中美贸易摩擦，2008年全球金融危机，黑莓产业受到严重打击，价格从每千克7元降至每千克1元，果农望莓兴叹，不得不砍伐。近年来，通过不断调整，溧水区黑莓产业步入稳健发展的轨道，面积控制在3万亩左右，保持了较高的种植效益。

黑莓作为溧水区农业一大特色产业，通过发展深加工以及采摘游，亩均效益超过万元，实现了健康可持续发展。

生产特点

溧水区白马镇及其邻近村庄，属于丘陵山地，土壤以沙壤土为主。土壤有机质含量2%左右，富含有机质和钾、氮、磷，土壤pH值6.0~6.5，适合种植白马黑莓。境内水库、塘坝较多，水源充沛，水质良好，为白马黑莓种植提供了充足的灌溉水源。产地属于亚热带北部边缘过渡型气候带，气候温和，四季分明，年平均气温15℃以上，无霜期237天，年平均降水量为1 036.9毫米，6—7月降水量占全年的一半以上，光热充足，雨热同期，良好的生态环境有利于白马黑莓生长发育。

白马黑莓选用赫尔、切斯特、宁植等系列优良品种，栽植的苗木来自当地基地的优质壮苗。在果树发芽前后至萌枝发生期、花后至幼果膨大期和果实采收后遇干旱分别灌水一次，果实成熟期如连续干旱，每7~10天灌水一次。肥料以有机肥为主，配合施用优质复合肥。果树修剪分夏季和冬季两次进行，采用篱壁式搭架，植株修剪呈扇形，以提高产品的产量与质量。白马黑莓成熟采收的标志是浆果呈紫黑色或紫红色，具有固有品种的色泽和香气，其鲜果极不耐贮运，货架期只有2~4天。

八集小花生

登记证书编号：AGI00773

地域范围

八集小花生生产区域位于江苏省宿迁市泗阳县城东北部，包括八集乡、众兴镇、王集镇，涉及25个行政村，地理坐标为东经118°43′19″~118°50′57″，北纬33°44′21″~33°52′59″。

品质特色

八集小花生果壳洁白，壳皮薄粒饱，果形均匀美观，籽仁饱满。炒制后的八集小花生香甜可口，具有白、香、甜、脆、入口无渣、食之不腻的特点。果实有很高的营养价值，含有丰富的脂肪和蛋白质，以及钙、钠、锌、锰等。其中，蛋白质含量为22%~24%，水溶性糖含量为2.5%~3%。还含有硫胺素、核黄素、烟酸，以及人体必需的氨基酸，有促进脑细胞发育、增强记忆的功能。

人文历史

八集小花生有着2 000多年的悠久历史和浓郁的地方特色。早在春秋时期，孔夫子由鲁赴吴讲学，路过今天八集乡这个地方，当地学子挽留夫子讲授，学子们有的送干肉，有的送当地土产花生。孔夫子品尝花生后，连声赞道："微乎此果，食可长生。"孔夫子走后，人们把他讲学的地方起名"学城"，建

房立牌位，他夸赞的土产花生，取名"长生果"。

生产特点

　　八集小花生生产区域乡属黄淮平原，土壤以飞沙土为主，土壤pH值平均8.2，土壤肥力状况中等，地域内地层发育较良好，耕层、犁底层、底土层明显，土壤地貌非常适合花生生长。八集乡隶属泗阳县新华灌区和大运河水系，水资源能满足大面积绿色花生种植需要，并且没有工业污染，水质清澈纯净，是理想的农业用水。产区位于北温带南缘，近海无山，地势低平，属亚热带季风过渡性气候区，四季分明，光照充足，降水丰沛，无霜期较长，这样的气候非常适宜花生种植。当地洪涝、早霜等自然灾害较少，冬季干冷，威胁花生生产的病虫害较轻。八集乡土地大都属于沙质壤土，昼夜温差大，生长出的花生壳薄，肉嫩，含油高，口感好。

　　八集小花生的种植品种为天府3号，在每年的6月5—15日播种。产地要合理施肥，加强管理，增加有机肥施用量，培肥土壤。每年10月10—20日收获果实，在收获前，要防止落叶落果。八集小花生的烘炒需要熟练的烘炒工人，用110~135℃的中火烘炒45分钟左右，待自然冷却后，才真正成为具有白、香、甜、脆特点的原味八集小花生。

海门山羊

登记证书编号：AGI00774

地域范围

海门山羊原产地位于江苏省海门市，包括海门街道、滨江街道、三厂街道、三星镇、常乐镇、悦来镇、临江镇、海永乡、四甲镇、余东镇、正余镇、包场镇、海门市经济开发区、天补农科所、海门市水产养殖场、长江芦荡养殖场、海门市苗圃，地理坐标为东经121°04′~121°32′，北纬31°46′~32°09′。

品质特色

海门山羊头大小适中，头部呈三角形；嘴狭长，面微凹；公羊角较粗长，角基粗壮，向后上方伸展；母羊角较细短，形似长辣椒，多向外上方伸展；耳大小适中，向外上方伸展；公母羊均有须，丛生；体躯发育均匀，几近方形。全身被毛紧密柔软洁白，有光泽。成年公羊平均体重40千克左右，母羊23千克左右。

海门山羊羊肉肥嫩鲜美，膻味小，肉质纤维细嫩，肥瘦适度，脂肪分布均匀，口感肥而不腻，营养丰富。蛋白质含量在20%以上，富含谷氨酸、天门冬氨酸、赖氨酸。皮张呈方圆形，皮板肥壮厚实，有油性，皮质致密柔韧，是一种上等皮革原料。羊毛洁白，挺直有峰，具有光泽，富有弹性，是制作高档毛笔的绝佳原料。

人文历史

海门山羊伴随着海门历史源远流长，至今已有1 000多年的历史。早在

唐代，江苏句容一带居民迁居长江入海口的崇明岛，从事耕作养殖，随同带入原籍白山羊在岛上生长繁殖。海门大片沙地成陆后，崇明人率先到海门开垦种植，白山羊也随之带入。今天，羊文化已融入海门人的日常生活中。海门民间把羊编成童谣，"一只羊，两只角，三峰毛，四条腿，五官美，六堆草，七（吃）得饱，八长毛，九长膘，十月卖羊买棉袄""天上下大雨，宝宝跑勿及，一躲躲在羊棚里，爬上羊背当马骑"等，这些童谣至今还在海门市流传。

生产特点

海门市地势平坦，地表平均海拔4.96米。土壤类型主要为潮土和盐土两个土类，以潮土为主，东北部有部分盐土，pH值8.0左右。境内沟河纵横成网络状，与长江相通，水资源丰富，且水质优良，为理想的工农业生产用水。海门市属北亚热带季风气候区，年平均气温15.9~16.7℃，年平均降水量1 048~1 150毫米，夏季降水量占50%以上，年日照总时数2 120小时左右，四季分明，降水充沛，光照较足，土地肥沃，水、气、肥比较协调，有利于各种动植物生长发育。

海门山羊饲养方式以舍饲圈养为主。种公羊一般单圈舍饲；母羊一般小群地面平养，其养殖密度为每平方米1只；育肥羊一般高床笼养，其养殖密度每平方米2只，饲喂方式主要为自由采食、饮水。饲草选用优质牧草、秸秆晒制成干草，并辅助补充精料，以满足生长过程中的营养需求；同时，保证充足的饮水。

靖江香沙芋

登记证书编号：AGI00842

地域范围

靖江市地处长江中下游，位于江苏省中南部苏中平原最南端，地理坐标为东经120°02′~120°24′，北纬31°58′~32°08′，靖江香沙芋农产品地理标志保护范围为靖江市所属的马桥、生祠、靖城、孤山、季市、斜桥、西来7个镇的部分村组。

品质特色

靖江香沙芋的母芋近圆球形，子芋、孙芋椭圆形至卵圆形，表皮光滑、深褐色，肉质乳白色。靖江香沙芋质地细腻，干香可口，易酥不糊，硬、糯兼备，口感极佳，具有独特的板栗香味，素有"芋中板栗"的美称。

靖江香沙芋富含淀粉、纤维素、蛋白质等营养物质，具有支链淀粉含量高的特点。靖江香沙芋支链淀粉含量大于68%，蛋白质含量大于2.5%，纤维素含量大于3%，理化指标明显优于其他品种，使香沙芋成为靖江市具有较强市场竞争力的区域优势农产品。

人文历史

相传，南宋时期，金兵进犯中原，岳飞率军抵抗，而后退至阴沙，大批江淮难民与岳飞共进退，见阴沙土地肥沃，水草丰盛，便在这里安家落户。迁徙百姓的行囊里，就带着香沙芋最初的种芋，从此，香沙芋在靖江扎下了根，成为靖江人不可缺少

的一味美食。靖江市优越的土壤环境和气候特别适宜靖江香沙芋支链淀粉的形成和积累，香沙芋离开靖江，就怎么也长不出原有的味道。

生产特点

靖江市属长江三角洲冲积平原，地势平坦，地貌单一，土质以中壤土为主。香沙芋种植区土壤以富含有机质的壤土或沙壤土为好，土壤理化性能好，酸碱度适中，保肥供肥能力强，优越的土壤环境条件极适宜靖江香沙芋支链淀粉的形成和积累。靖江市处于北亚热带季风气候区，气候湿润，雨量充沛，具有明显的海洋性、季风性和过渡性气候特点，全年日照时数平均为2 114.6小时，年平均气温15.3℃，年平均降水量1 062.2毫米。在靖江香沙芋生长期间，降水充沛，5—7月雨量大、日照多、平均温差大，利于靖江香沙芋特色的形成和保持。

靖江香沙芋生长在靖江中壤土地区，采用长江水灌溉，水质好。靖江香沙芋通过设施增湿保湿达到早熟栽培目的，同时配套种芋提纯复壮、合理密植、母芋切块育苗移栽、颠倒播种、科学肥水运筹等技术措施达到优质、省工、节本、增产增效的目的。

海门黄鸡

登记证书编号：AGI00843

地域范围

海门黄鸡原产地位于江苏省海门市辖区内，保护区域总面积550平方千米，地理坐标为东经121°04′~121°32′，北纬31°46′~32°09′。

品质特色

海门黄鸡体型较小，结构紧凑，具有黄羽、黄喙、黄胫三黄特征；主翼羽、颈羽、尾羽末端有黑色斑羽；红色单冠，冠齿4~9个；胫细光滑，无胫羽。

海门黄鸡胴体皮薄、肤色浅黄，皮下脂肪适中，肉质致密；口感柔软细嫩，汤汁清香，具有地方鸡种独特风味。肌纤维细而致密，含水量较少，鸡肉中鲜味氨基酸含量较高，肉质鲜美。

人文历史

江苏省海门市已有1 000余年的历史，唐代末年，海门地区农业已相当发达，养殖业也有了很大发展。古时居住草房，当地就在屋后林间、田间养鸡，自由采食，"日出而牧，日落回窝"，因而形成了耐粗饲、肉质鲜美、营养丰富的海门土鸡，在当地视为上乘佳肴和滋补品。明清时期，随着海门县城的几次搬迁，农民迁往他

乡,海门土鸡也分布到了盐城射阳、大丰和南通如皋、如东和启东等地。20世纪70年代,海门市农业科学研究所以海门土鸡为资源,经杂交选育,培育出了海门草鸡,后因各种原因,濒于绝种。21世纪初,海门市绿源肉鸡专业合作社联合扬州大学和江苏省畜牧总站重新调研收集海门草鸡资源,通过世代闭锁选育和提纯复壮,形成了体型小、早熟、肉质好的海门黄鸡。

生产特点

海门市属长江中下游冲积平原,地势平坦,境内土壤主要为潮土类,土壤质地良好,有机质含量高,pH值3~4,土层深厚,无严重障碍层,以中性、微碱性轻中土壤为主,有利于各种饲料作物生长。海门市滨江临海,属长江水系,还有通吕、通启、海门三大河流自西向东穿越全境,水资源十分丰富,水质优良,为理想的工农业生产用水。产区属亚热带季风气候区,年平均气温15.9℃,年相对湿度80%,年平均降水1 010.3毫米,无霜期235天,年日照时数2 190小时,四季分明,气候温和,温、光、水、气要素协调,独特而优越的自然生态环境,有利于各种饲料作物的生长及黄鸡的养殖。

海门黄鸡养殖地点远离交通要道、居民聚居区和各种污染源,鸡场内不饲养其他畜禽。鸡舍内应根据鸡的活动行为合理施温,第一周龄为33~35℃,第二周龄31~33℃,以后每周降低2~3℃,从第四周起,使之逐渐适应低温环境,将室温控制在21℃左右,促进羽毛生长。黄鸡1~2日龄每日光照时间24小时,3~7日龄每日光照时间15~23小时,2周龄以后自然光照。海门黄鸡饲喂方式为自由采食,出栏期为112日龄左右,平均体重为1 237克。

溧阳鸡

登记证书编号：AGI00890

地域范围

江苏省溧阳市位于长江三角洲苏、浙、皖三省交界处，地理坐标为东经119°08′~119°63′，北纬31°09′~31°41′。溧阳鸡分布范围较广，中心产区为溧阳市西南部丘陵地区，以天目湖、戴埠、社渚、横涧等地分布最多，产区总面积约1 535平方千米。

品质特色

溧阳鸡体躯略呈方形，胸部发达，背部较宽，直而长，胫骨长而粗；皮肤黄色，骨白色，虹彩呈黄红色。公鸡羽毛为黄色或橘黄色，主翼羽有全黑与半黑半黄之分，副主翼羽为黄色或半黑，主尾羽黑色，胸羽、颈羽、鞍羽呈金黄色或橘黄色；单冠直立，冠齿5~7个，呈鲜红色。母鸡羽色绝大部分为草黄色，有少数为黄麻色；单冠，有直立、倒冠之分。

溧阳鸡的肉质优良，肉质细嫩，汁鲜浓郁。鸡肉含有丰富的氨基酸、微量元素和维生素，富含营养，深受广大消费者的喜爱。

人文历史

溧阳鸡是江苏省西南丘陵山区

的著名鸡种,当地亦以"三黄鸡"或"九斤黄"称之。溧阳鸡的中心产区在溧阳市的西南丘陵山区,以茶亭、戴埠、社渚等地最多,其中以茶亭莘塘的大鸡最为有名。

20世纪80年代,溧阳鸡以肉质鲜嫩、肉香浓郁、肉味鲜美等特点扬名全国。溧阳鸡繁殖力和适应性较强,但不易集约化生产,长得也比普通鸡慢,经济效益较差。因此,当国外禽种不断引入江苏后,以养鸡为副业的农家纷纷放弃养殖。90年代后,农户中已很难寻到溧阳鸡的踪迹;而由于保种经费短缺、饲养成本逐年上升等原因,纯种溧阳鸡也从一些种鸡场销声匿迹。为了加强对溧阳鸡品种的保护,江苏省农林厅已将其列入《江苏省畜禽遗传资源保护名录》。目前,该鸡种已有溧阳燕山种鸡场专门进行选育,并销售至外省。

生产特点

溧阳市的地貌是由西向东倾斜,山地平原层次分明,地貌类型齐全。溧阳鸡主产区为西南部丘陵地区,土质为黄棕壤土,圩区为水稻田,拥有草地面积2.72万亩,优质牧草种类多样,饲料作物十分丰富。产区为低山丘陵地区,平均海拔3米左右,年高温为27.2℃,年低温为6.8℃,年平均温度为15.9℃,平均湿度为83%,全年无霜期为224天,年平均降水量为1 134毫米,全年雨日113天,每年6—9月为多雨季节。适宜的气候条件有利于溧阳鸡的生长发育。

溧阳市的农作物种类较多,以粮食作物及经济作物为主,主要有水稻、小麦、大豆、蚕豆、花生、油菜、芝麻等。多种农作物生长为溧阳鸡提供了丰富的饲料资源。此外,溧阳市丘陵山区植被繁茂,昆虫丰富,山区农村鸡群多采取放养,这些放养的鸡可觅食天然的饲料。溧阳鸡多采取半舍饲半放牧饲养方式,育雏期舍内饲养,之后采取放养,适当补料。

南京盐水鸭

登记证书编号：AGI00891

地域范围

南京盐水鸭农产品地理标志地域保护范围为江苏省南京市，地理坐标为东经118°22′~119°14′，北纬31°14′~32°37′，保护区域面积6 598平方千米。

品质特色

南京盐水鸭外形饱满，体表光洁；皮薄油润，白中泛黄；肌肉切面呈微红色，质地有弹性，脂肪呈浅黄色。口感咸淡适中，清淡爽口，香醇可口，味似桂花，回味持久；肉质鲜嫩，嫩而不柴，久食不腻。

盐水鸭所含营养物质丰富，其中，水分含量不超过75.0%，蛋白质含量不低于19.0%，脂肪含量不超过20.0%。

人文历史

南京的鸭业有着悠久的发展历史，早在公元前500多年的春秋战国时期，南京就开始"筑地养鸭"，其盛况可见于《吴地书》："吴王筑城，城以养鸭，周数百里。"关于盐水鸭的起源在南京流传着多种版本，其中，据《陈书》记载，陈军与北齐军在金陵北郊外覆舟山一带交锋，陈军"人人裹饭，媲以鸭肉""炊米煮鸭"，使得士气大振，终于以少击众，大胜而归，此为金陵鸭馔最早见于正史之记载。明朝时，就有这样的顺口溜："古书院、琉璃塔、玄色缎子盐水鸭。"古书院，说的是夫子庙的贡

院；琉璃塔，是明代的大报恩寺，后毁于太平天国的战火；玄色缎子是举世闻名的云锦；盐水鸭就是流传至今的南京盐水鸭，足见其在南京人心目中的地位。

生产特点

南京地区土壤类型多样，其中适宜养殖鸭的平原土地主要以淤土、沙土为主。鸭子与土壤有着频繁的物质交换，鸭子适宜养殖在土壤疏松、土层深厚、排水良好的沙质土壤上。矿物质元素是鸭子赖以生存的物质基础，这些元素主要是来自于土壤矿物或矿化的有机物，沙土中含碳酸钙，属于中型至弱碱性，其中有机质含量为1.26%，富含磷、钾等元素，非常适合养殖鸭子。对水禽的生长来讲，水资源的好坏起着至关重要的影响，南京地处长江中下游，集山河水网于一处，且常年降水分布均匀，地表水域面积110万亩，水资源丰富。南京的水质清、凉、甜、绵，在南京盐水鸭的制作过程中起到了无法替代的作用。南京市全年大于10℃的活动积温5 615℃，无霜期226天，气温十分适宜鸭子的生长发育。

南京盐水鸭原料要求为樱桃谷鸭SM3商品代肉鸭，在鸭的不同生长时期和生理阶段，根据营养的需求，配置不同的饲料。南京盐水鸭制作沿袭了数百年的加工工艺，其制作口诀是"炒盐腌，清卤复，烘得干，焐得足，皮红肉白骨头绿"。首先，用炒制好的食用盐与调味品涂擦在鸭胚表面和腹腔腌制2~4小时；然后，将腌制好的鸭胚放入卤缸中完全浸泡入反复熬制的"百年老卤"3小时，取出自然风干；最后，再放入锅中以香辛料煮制45分钟左右，待完全冷透后即成。

宝应核桃乌青菜

登记证书编号：AGI01016

地域范围

宝应县地处江苏省中部，历史悠久，地理坐标为东经119°07′43″～119°42′51″，北纬33°02′46″～33°24′55″。核桃乌青菜分布在宝应县全县范围内，是当地的特产之一。

品质特色

宝应核桃乌青菜，株型半塌地，叶柄青绿、半圆形，叶片近圆形、全缘、墨绿、有光泽，叶面褶皱，叶片数8～10张，叶丛开展度12～15厘米，株高10～12厘米，口感柔软、清香微甜。

宝应核桃乌青菜富含矿物质、维生素等营养物质。每100克鲜叶中维生素C及钙含量分别高于2毫克和75毫克，冬季经霜打后食用品质最佳，味道非常鲜美。

人文历史

宝应核桃乌青菜种植历史悠久，清康熙、道光年间的《宝应县志》均有记载。秋冬季节，宝应农民家家户户都有种植核桃乌青菜的习惯，全县核桃乌青菜常年种植面积5万亩。南京大学历史系教授、南京大学文化与自然遗产研究所所长、历史考古学者贺云翱先生在其《宝应老县城探访记》中写道：

"宝应是名副其实的'宝地'……宝应莲藕、泾河大糕和宝应核桃乌被我戏称为'宝应三宝'。"

生产特点

宝应县属于黄淮海平原,地势平整,土地资源优越,土壤肥沃。当地河湖密布,水资源丰富,灌溉水源丰富。宝应县四季分明,降水充沛,年平均气温14.4℃,年平均降水量966毫米,日照充足,适宜核桃乌青菜的种植。

宝应核桃乌青菜苗床播种时间在10月上中旬,直播时间在10月下旬,齐苗后浇施一次腐熟有机肥以促进幼苗生长。选用苗龄25~30天、6~7张真叶、高10~15厘米、根系生长旺盛的苗进行定植,定植时间以10月下旬到11月上旬为宜。定植后及时浇缓苗水,生长期间应多次追施腐熟有机肥,并在气温低于0℃时覆盖稻草以防冻害。由于宝应核桃乌青菜大田期处于冷凉季节,宝应核桃乌青菜基本无病虫害。一般于定植后30~40天,根据市场行情陆续采收上市,采收时限可从当年12月至翌年3月,平均亩产1 200~1 500千克。

如皋黄鸡

登记证书编号：AGI01087

地域范围

如皋黄鸡农产品地理标志保护区域为江苏省如皋市，包括如城街道、如皋经济开发区、雪岸镇、东陈镇、丁堰镇、白蒲镇、林梓镇、下原镇、九华镇、郭园镇、石庄镇、长江镇、吴窑镇、江安镇、高明镇、常青镇、搬经镇、磨头镇、桃园镇、袁桥镇，地理坐标为东经120°20′~120°50′，北纬32°00′~32°30′，保护区域总面积1 477平方千米。

品质特色

如皋黄鸡体型中等偏小，具有"三黄"特征，公鸡颈、翼、尾羽尖端夹有少量黑羽；母鸡羽毛呈淡黄色，皮薄呈黄色。肌纤维紧密、富有弹性，肌间脂肪分布均匀。鸡肉适宜于白斩、爆炒、煲汤等，肉质嫩滑细腻，肉香汤鲜，清澈味美。鸡肉中蛋白质质量高，氨基酸种类多，含量丰富，营养价值较高。

人文历史

历史上，如皋市的农作物以旱杂粮为主，农民居住草房，家家屋后都植有竹、树，以防风沙，饲养的家鸡放逐于其中，任其自由觅食，日落而归，饲喂亦以杂粮为主。如皋地区人们素有春夏食炒仔鸡、入冬后炖鸡汤进补习惯。当地养殖鸡的历史悠久，清乾隆年间家庭养殖发展较快，农家养鸡亦已普见；清嘉庆年间《如皋县志》（1804年）记述："鸡，家之常畜，品种有'花鸡''獐鸡'。"獐鸡即指羽色如獐毛的地方土鸡，

俗称"三黄鸡"。

如皋黄鸡是如皋人民在长期生活与生产实践中选育而成的肉蛋兼用型地方鸡资源。产区人们视黄色是吉祥和兴旺的象征，长期有目的地选择具有三黄特征、靓丽清秀、中等体型、味美汤鲜、肉质细嫩的品种，特定的自然、人文环境加之南方消费者对中等体型黄鸡的偏好，促进了如皋黄鸡的选育及遗传资源的定型。

生产特点

如皋市地处长江下游北岸，滨江临海，属北亚热带湿润气候区，季风环流是支配本地区气候的主要因素，同时受海洋性气候调节，四季分明，气候温和，降水充沛，日照充足，气候条件十分适宜黄鸡生长发育。如皋市境内地势平坦，土壤类型为黄棕土，pH值8.0~8.4，有利于各种动植物生长。产区境内河网密度大，水资源丰富，受地形和气候的影响，河道水流平稳，河水清澈，为理想的工农业生产用水。

如皋黄鸡饲养场选择在地势高燥、避风向阳、水源充足的地区，饲养方式主要包括笼养、平养和放养。蛋（种）鸡主要采用笼养方式，饲养密度为10~12只/平方米；商品肉鸡主要采用平养及林间、桑园放养方式，饲养密度分别为8~10只/平方米、50~100只/亩。放养条件下对饲养条件要求不高，以粗杂粮或混合饲料补饲即可；平养、笼养条件下，日粮中粗蛋白含量在各生长阶段均低于外来鸡种和育成品种。

白马湖青虾

登记证书编号：AGI01088

地域范围

白马湖青虾产自江苏省白马湖17万亩水域内，水域范围包括淮安市淮安区南闸镇和范集镇、洪泽区岔河镇与仁和镇、金湖县前锋镇和吕良镇、扬州市宝应县山阳镇沿片，共计涉及4个县（区）、7个乡镇、32个行政村，地理坐标为东经119°02′~119°13′，北纬33°09′~33°20′。

品质特色

白马湖青虾体型均匀完整，气味清新；鲜活的白马湖青虾甲壳光亮且半透明，通体呈现亮青色并伴有棕绿色斑纹；螯足、触须长度大于体长。青虾煮熟后颜色鲜红，红白相间，界限分明；触须极长，簇状堆集，拎之成串而起；肌肉饱满，咀嚼感强，味鲜略带甜味。白马湖青虾营养丰富，是一种高蛋白质、低脂肪、低热量的营养食品。

人文历史

白马湖距今有7 000多年历史，自然孕育了茂盛的水草，清新的湖水，为青虾的生长创造了得天独厚的条件。历史上，白马湖青虾在白马湖区都不是主要养殖品种，没有人为单养或精养。白马湖青虾都一直旺盛生长，用最简单的虾罾捕捞。

1951年，在毛主席

"一定要把淮河修好"的号召下,开辟了一条全长174千米苏北灌溉总渠,从此,白马湖水更是通江达海,生物资源更为广谱充足,青虾的产量更加旺盛。1966年开始,白马湖青虾陆续出口我国香港与日本等地,成为颇具时代印记的创汇产品。随着青虾价格的上扬,白马湖青虾知名度的提升,白马湖青虾逐步成为湖区养蟹、养鱼的搭配品种,无须专门投饵,依然保持了白马湖青虾特有的品质风味。

生产特点

白马湖地处北亚热带与暖温带的过渡地带,气候温暖,四季分明,降水充沛,光照充足。白马湖列江苏省内十大湖泊之一,属典型平原浅水型过水湖泊,水体交换充沛,有众多天然的湖湾,适宜白马湖青虾栖息与繁殖。白马湖为草型湖泊,湖底多为浅淤,富含腐殖质,湖底沉积物主要是水生生物残骸,底质颗粒以淤泥为主,平均占53.8%,其平均有机质含量6.1%;水质清澈无污染,硬度适中,微碱性,形成了白马湖青虾壳薄质坚特性。湖内众多水生植物、水生昆虫及陆生昆虫的幼体、水蚯蚓生长旺盛,为白马湖青虾提供了足量的优质新鲜动物蛋白质;在多水草多饵料环境中长期游爬、摄食,是孕育白马湖青虾优良品质的必要条件。

白马湖青虾生长水域选择在平坦浅淤底质湖区,底部淤泥保持在10~20厘米,移植或种植白马湖区的金鱼藻、菹草、眼子菜、苦草等土著品系水草,覆盖面积占比保持在65%~75%;定期使用块状生石灰改良底质,促进底泥新生有机物氧化分解。养殖水源必须源自白马湖,保持水体鲜、活、嫩、爽,透明度保持在30~40厘米。青虾套养于湖区河蟹养殖区域内,不予专门投饵。

白马湖大闸蟹

登记证书编号：AGI01089

地域范围

白马湖大闸蟹产自江苏省白马湖 17 万亩水域内，水域范围包括淮安市的淮安区南闸镇和范集镇、洪泽区岔河镇与仁和镇、金湖县前锋镇和吕良镇、扬州市宝应县的山阳镇沿片，共计涉及 4 个县（区）、7 个乡镇、32 个行政村，地理坐标为东经 119°02′~119°13′，北纬 33°09′~33°20′。

品质特色

白马湖大闸蟹外形带有明显的地域特征，背甲色泽呈青灰或墨绿色，隆起处饱满浑圆，腹甲乳白色，无水锈斑，背、腹甲后缘交汇处饱满并微微涨开。白马湖大闸蟹附肢较长，形态优美，成蟹螯足具浓密的棕褐色绒毛，刚毛棕红色。因为长期处于水草环境，磨损少，足尖锐利金黄色，从腹面观，通体白净，附肢舒展，形如怒放蟹爪菊。

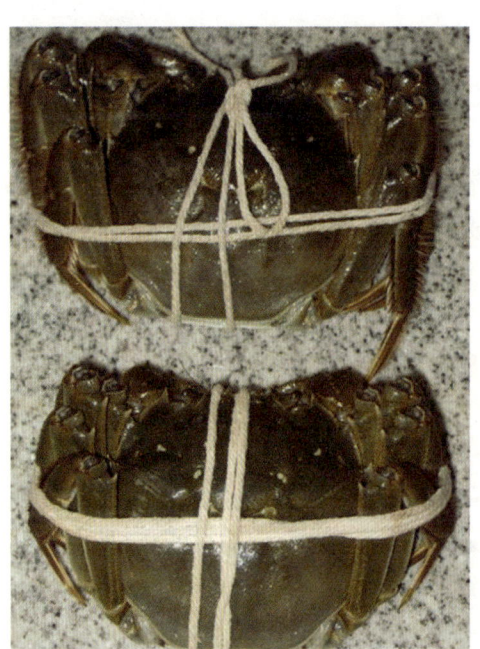

白马湖大闸蟹个大体肥，黄满油足，营养丰富。其中，粗蛋白质含量不低于 16.4%，粗脂肪含量不低于 11.4%，灰分不超过 2.0%，水分含量不超过 67.36%。

人文历史

白马湖距今有 7 000 多年历史，而白马湖大闸蟹的历史应该追溯到 2 500 年前春秋时期京杭大运河初次开凿畅通，邗沟东道的白马湖承接自京杭大运河的水流，大闸蟹在长江口近海产苗，长成幼蟹后，逆长江洄游，随运河通道顺利进入白马湖生长，白马湖茂盛的水草，清晰的湖水，为大闸蟹的生长创造了得天独厚的条件。

唐代诗人李白曾赞道："蟹螯即金液，糟丘是蓬莱。且须饮美酒，乘月醉高台。"明末宝应才子郑正中写有《白马湖》诗："白马湖中霜月铺，渔舟泄泄倚葭芦。网来巨蟹脂如玉，愿向君王乞此湖。"

1951年，在毛主席"一定要把淮河修好"的号召下，开辟了一条全长174千米苏北灌溉总渠，从此，白马湖又有了另一条入海通道，也形成了白马湖大闸蟹的新洄游通道。如今大闸蟹已经成为白马湖增殖渔业的重要放流品种。

生产特点

白马湖地处北亚热带与暖温带的过渡地带，常年降水充沛，光照充足，气候温暖，四季分明，气候条件既满足白马湖大闸蟹的舒适生存，又保证了有效积温下的较长生长时间，成为白马湖大闸蟹品质出众的必要条件。白马湖属典型的平原浅水型过水湖泊，大量来水为大闸蟹带来了充足的营养物质。白马湖为草型湖泊，挺水、浮水、沉水和浮游植物丰富，水体自净能力优良；水质清澈无污染，硬度适中，微碱性；湖底多为浅淤，富含腐殖质，其平均有机质含量6.1%，湖底沉积物主要是水生生物残骸；世代生长的水生植物、水生昆虫及陆生昆虫的幼体极其丰美，水蚯蚓生长旺盛，底栖螺、蚬肉大壳薄，小型鱼类众多，为白马湖所特有，孕育了优良品质的白马湖大闸蟹。

白马湖大闸蟹养殖水域移植或种植白马湖区的金鱼藻、苲草、眼子菜、苦草等土著品系水草，覆盖面积占比保持在65%~75%；定期使用块状生石灰，改良底质，促进底泥新生有机物氧化分解；养殖水源必须源自白马湖，水体透明度保持在30~40厘米。苗种选用具有典型长江水系特征的中华绒螯蟹亲本所繁扣蟹。生产前期、中期选用符合标准的渔用配合饲料，后期饲料以湖区特产的鲜活螺蚬、杂鱼为主，辅以黄豆、南瓜。上市前，在清水微流环境中暂养，停饲1日，以清除淤泥，清洁鳃腔和肠道。

邵店板栗

登记证书编号：AGI01090

地域范围

邵店板栗农产品地理标志保护区域位于新沂市邵店镇邵西村、沂北村、邵店村、菜园村、叶海村、陈堰村、西鲍村、友谊村、朱圩村、联合村、悦集村、东鲍村、沭河村、刘冲村，总计涉及邵店镇14个行政村，地理坐标为东经118°25′~118°29′，北纬34°08′~34°10′。

品质特色

邵店板栗栗果呈紫褐色，附黄褐色茸毛，或近光滑，栗果玲珑秀美，果肉嫩黄细腻，色泽油光发亮，生食清脆，味道甘甜，有桂花香，质地致密，糯性强。籽粒大，皮薄易剥，具有本品种特有的风味。

邵店板栗富含蛋白质、糖、淀粉、胡萝卜素、维生素，以及钙、磷、钾等。其中，蛋白质含量5.4%~5.8%，淀粉含量23.8%~25.6%，各项指标均高于普通板栗。

人文历史

新沂市邵店镇是全国板栗重点产区之一，邵店板栗种植历史已有2 000多年，被中国林业科学研究院专家称为"中国平原板栗第一镇"。明清时板栗种植面积大增；清末，西至陈楼，东到沭阳，沭河两岸板栗成林。现品种有九家种、短焦、处暑红、焦扎、青扎、大底青、燕

红等50余个品种，又以大红袍最佳。据考大红袍由安徽传入境内，自明至清，即为御用贡品。

邵店沭河村现保留老板栗树近万株，很多古树树龄都在百年以上，古树树干粗壮，枝干盘根错节，树叶茂盛四季景异，已列为新沂市重要旅游资源。邵店板栗在国际市场上也享有很高的盛誉，产品在日本、韩国、新加坡、我国香港等国家和地区畅销。

生产特点

邵店板栗种植区域位于沂沭冲积平原上，平均海拔36米，地形开阔。产区土壤属于砂姜黑土，不仅黏粒含量高，而且黏土矿物以交换量大的蒙脱石为主，所以保肥力强，有机质含量较高，但通透性差，土性冷凉，矿化速度低，养分释放慢，增产潜力大。新沂市水资源充沛，沭河、沂河、京杭大运河纵贯南北，中小河流20多条，地下水源充足，水质清澈，农田排灌设施便利，旱能浇涝能排。产区地处淮北平原，属暖温带湿润性季风气候区，四季分明，雨热同季，光热资源丰富，气候条件较为优越，对发展板栗生产比较有利。

邵店板栗选用优质、丰产、抗性较强的品种，如十月红、处暑红、九家种等。板栗园每年秋季坚果采收后结合秋施基肥进行深翻改土，基肥以有机肥为主；每年追2次肥，浇4次"丰产水"。生产中合理整形修剪，多采用自然开心形。总苞呈棕黄色并自然开裂，坚果呈棕褐色且具光泽时进行采收，禁止"采青"。采摘后待栗苞彻底开裂后自然脱粒，以保证坚果不受损伤，保持栗实深棕光亮的外观。

建湖青虾

登记证书编号：AGI01200

地域范围

建湖青虾农产品地理标志地域保护范围包括江苏省盐城市建湖县建阳镇、九龙口镇、恒济镇、颜单镇、沿河镇5个镇73个村的河沟、池塘、荡滩等水体，面积17 523.4公顷，地理坐标为东经119°33′~119°50′，北纬33°16′~33°31′。

品质特色

建湖青虾壳薄、色清、体大、臂长、须长、额齿多、出肉率高。雄性青虾体长普遍在8厘米以上，大规格公虾臂长11.5~16.5厘米，个别臂长可达18厘米以上，前臂远长于身体；虾触须较长；雌性额齿正常达12~15个，比普通虾多2个；出肉率31%~33%，比普通虾多1.2%。煮熟后虾体呈亮红色。

建湖青虾营养丰富，是一种高蛋白质、低脂肪、低热量的营养食品，富含镁、钙、铁、磷、维生素A、维生素B_1、维生素B_2、维生素E等。特别是游离氨基酸中甘氨酸、谷氨酸、牛磺酸相对较高，因此与普通虾相比，味道更鲜美并有提高人体免疫力的功效。

人文历史

据《建湖县志》记载，建湖县传统物产有"稻麦蒲柴藕，鱼蟹鳖蛋虾"，素称"饭稻羹鱼"之乡，是全国高产渔业县之一，西南沿荡地区是鱼虾蟹等水产品天然栖息繁衍场所。明代以前，境内腹地多半为沼泽地带，鸟禽栖息，

鱼虾繁衍。明代盐城向朝廷进贡的贡品中就有虾。

20世纪40年代初，鱼虾蟹等水产品自给有余，河虾在上海市设有专店销售。1974年以后，按计划收购的外贸产品就有冻虾仁、虾等。从1990年开始，建湖县渔政部门开始在建湖境内开展人工放流，1993年开始在全县推广养殖，逐步形成与鱼、蟹混养及主养等模式。为了保护建湖青虾种质资源，2012年建湖县建立青虾苗种繁育基地，被认定为江苏省省级青虾良种繁育基地。

生产特点

建湖青虾主产于建湖县西部及西南沿荡地区，属江淮平原，由长江、淮河大量泥沙沉积，逐渐形成现在的里下河平原，地底下层含有沉积较深的贝壳、蚬子化石，土质多为黏性土壤，硬度适中，微碱性。建湖县地处淮河下游，境内河网密布，荡滩连片，水域广阔，全县共有水域面积42.1万亩，其中荡滩面积22.3万亩，共有大小沟河3 000余条，水质清澈，无污染，水质肥沃，属营养性水体。水体中植物碎片、有机碎屑、水生植物、水生昆虫及陆生昆虫的幼体、藻类等天然饵料比较充足，水生植物生长茂盛，螺、蚬等资源特别丰富。建湖属亚热带湿润季风气候，气候温和湿润，四季分明，日照充足，淡水鱼虾蟹养殖年生长期可达7个月以上，适宜多种水生植物和各种淡水鱼虾蟹的生长繁衍。

建湖青虾生长于保护区范围内的河沟、荡滩、池塘，水体透明度在30~40厘米，池塘底部淤泥保持在10~20厘米，水草覆盖面积达到养殖总面积的30%以上。虾苗来源于建湖县省级青虾繁育基地，选用优良性状的建湖青虾亲本繁育而成。生产管理过程中定期使用块状生石灰、微生物制剂（如光合细菌等生物制剂）改良底质与水质。饲料选用本地鲜活螺、蚬、小杂鱼及青虾专用配合饲料。

泰兴荞麦

登记证书编号：AGI01287

地域范围

泰兴市位于江苏省中部、长江下游北岸，地理坐标为东经119°69′~120°21′，北纬31°76′~32°23′。泰兴荞麦产地包括泰兴市所属的分界、古溪、黄桥、元竹、新街、河失、姚王、根思和宣堡9个乡镇，保护区域面积约480平方千米。

品质特色

泰兴荞麦属白花甜荞类型，株高70~90厘米，花被片椭圆形，基部呈绿色，中上部为白色，全生育期80天左右。果实为瘦果，棱角较锐，果皮光滑，籽粒三棱形，无腹沟，呈褐色，千粒重20克，具有粒小、皮薄、面白、粉多、筋大、品质好等特点。泰兴荞麦粉含蛋白质8.0%~10.5%，含淀粉65.0%~72.5%。用泰兴荞麦制作的风味小吃，营养合理，味道独特，有保健功能。

人文历史

泰兴种植荞麦历史悠久，可追溯至唐代。据《泰兴县志》记载，泰兴荞麦1953年总产为1.8万吨，1954年总面积为1.63万公顷，成为当时泰兴地区主要的晚秋作物之一。

生产特点

泰兴市地处长江下游北岸，属长江三角洲冲积平原，地势东北高，西南

低，由北向南倾斜，统称为通扬运河以南高沙土地区。全市处于北亚热带海洋性季风气候区，全年日照时数平均为 2 125.8 小时，年平均气温 14.9℃，15 厘米以内土层年平均地温 16.5℃，年平均降水量 1 027.2 毫米。在泰兴荞麦生长期间，降水充沛，日照充足，霜降晚，中后期昼夜温差大，有利于泰兴荞麦后期灌浆，从而孕育了泰兴荞麦的独特品质。

因泰兴市是生猪养殖大市，猪粪是很好的农家肥，泰兴荞麦生产中，遵循"基肥为主，追肥为补；农家肥为主，无机肥为辅"的原则，施用腐熟的农家肥做基肥。另外，泰兴荞麦整个生育期基本不需要防治病虫害。

淮安蒲菜

登记证书编号：AGI01388

地域范围

淮安蒲菜产区位于江苏省淮安市淮安区河荡湖区，包括淮城、流均，以及环白马湖地区的南闸、林集、范集等乡镇的 80 个行政村，保护区域面积 6.0 万亩。淮安蒲菜种植区东起流均镇，北至淮城镇，西至南闸镇，南至林集镇，地理坐标为东经 119°02′~119°35′，北纬 33°17′~33°32′。

品质特色

蒲菜是一种水生植物，是淮安特有的传统名菜。因为它是香蒲根部的茎芽，所以又名蒲芽、蒲笋、蒲儿菜，在古书上则称之为蒲、深蒲或蒲蒻。淮安蒲菜株高 200 厘米左右，叶片扁平，披针形，长 150 厘米左右，宽 1.0~1.2 厘米，深绿色；叶鞘长 40~70 厘米，叶鞘圆柱形，粗 2 厘米左右，外表淡绿色。产品洁白柔嫩，营养丰富。白露后停止分株，立冬以后地上部分茎叶枯黄，地下部分越冬。

淮安蒲菜营养丰富，蒲菜嫩茎中含蛋白质 0.9%~1.2%，碳水化合物大于 1.5%~1.8%，膳食纤维 0.08%~0.25%。

人文历史

淮安建制始于汉武帝元狩六年（公元前 117 年），至今已有 2 100 多年的历史。蒲菜入宴在我国已有 2 000 余年历史，《周礼》上即有"蒲菹"的记载。蒲菜中以古城淮安（今淮安区）西南隅所产之

华东地区篇（上）·江苏省

蒲菜为最肥美，菜体洁白如玉，食之肥嫩清香，素有"天下第一笋"的美誉。如今蒲菜种植规模不断扩大，并进行地方品种的提纯复壮，当地政府引导有需求的企业和农民专业合作社集中种植，推进蒲菜及其副产品深加工技术的发展。

生产特点

淮安区位于北亚热带向暖温带的过渡区域，兼有南北气候特征，属温带季风气候区，气候宜人，四季分明，年平均气温13.8~14.8℃，无霜期210~230天，年平均日照数2 250~2 350小时；受季风气候影响，冬季降水稀少，夏季降水集中，年降水量880~1 100毫米，优越的自然环境非常有利于淮安蒲菜生长发育。产区位于淮安区地势低洼易涝区，土层深厚，土地肥沃，是典型的水稻土和沼泽土，是蒲菜栽培的天然场所。

淮安蒲菜产地选择在质地适中的中壤或重壤褐土地区种植。品种选用天妃宫蒲菜等当地优质农家品种或具有淮安蒲菜特征特性的优质蒲菜引进品种。施肥以腐熟有机肥为主，一次施足。新拓蒲菜一般在6月栽插，水浅宜早、水深宜迟；蒲菜一生水分管理以由浅到深再到浅为原则，水位最高不宜超过1.5米，在8月后逐渐降低水位。第一年新栽田适度采收，采收期在8月以后，以后每年可全年采收，一般在5月中旬至9月中旬为主采期。

海门香芋

登记证书编号：AGI01389

地域范围

海门香芋原产地位于江苏省海门市，包括海门街道、滨江街道、三厂街道、三星镇、临江镇、包场镇、常乐镇、悦来镇、余东镇、四甲镇、正余镇、海永乡。地理坐标为东经121°04′~121°32′，北纬31°46′~32°09′，保护区域总面积1 148.77平方千米。

品质特色

海门香芋块茎呈近球状或呈不规则卵形，表皮黄褐色，有轮纹，肉乳白，质地致密。一般商品块茎单个重20~100克。去皮后的海门香芋块茎可以红烧、清煮、煲汤或与荤菜搭配，有豆的清香，久煮不糊，粉而不散，入口清香微甘，食后回味悠长。

鲜海门香芋蛋白质含量不低于5.0%，淀粉含量不低于21.0%，营养丰富。

人文历史

海门香芋属豆科蔓性植物，食用部分为地下块茎，发展历史悠久。香芋在清代从美洲引入我国，最初在沿海地区种植，唯海门地区的气候、土壤及耕作制度最适宜香芋生长，在当地广为种植，成为海门市出类拔萃的名特优蔬菜，清光绪年间的《海门厅图志》（1900年）中对

此有专门记载。海门香芋已在上海等大中城市闻名遐迩，产品供不应求，价格一直稳步上升，有着"一斤香芋一斤肉"的说法。

生产特点

海门市属北亚热带季风气候区，全市年平均气温15.9~16.7℃，年平均降水量1 048毫米，全市年日照总时数2120小时左右，平均无霜期238天，四季分明，雨水充沛，光照较足，土地肥沃，自然环境独特非常适合种植香芋。海门市境内沟河与长江相通，地下水深度距地表平均0.8米，水源充足，水质清澈，水的pH值为7.44，适合香芋的生长。海门地处长江下游，系冲积平原，境内地势平坦，土壤类型主要为潮土中黄夹沙土，既黏又沙的土壤质地决定了海门香芋干香可口、酥而不烂的独特风味。

海门香芋产地选择在地势平坦、排灌通畅、土壤有机质含量高且通透性良好、耕作层厚度在13厘米以上、土壤pH值为8的地区，忌连作。在播种前整地，东西做畦、南北行播种增加香芋抵抗台风的能力。一般4月中旬耕作层地中温度稳定通过10~12℃时播种。基肥以有机肥为主，整地时施入，且不能和种子直接接触，防止造成块茎表皮粗糙；当藤蔓爬到架顶时追肥。出苗时遇干旱及7月下旬至8月下旬干旱时浇水抗旱，以保证其正常生长。霜降后，香芋的地上部分全部枯萎后采挖。

阜宁西瓜

登记证书编号：AGI01390

地域范围

阜宁县隶属江苏省盐城市，阜宁西瓜生产于阜宁县黄泛冲积平原地区，包含阜宁县芦蒲镇、板湖镇、东沟镇、古河镇、罗桥镇五镇全部地区和益林镇、羊寨镇、陈集镇、新沟镇四镇部分地区，共186个村居，地理坐标为东经119°27′10″~119°42′52″，北纬33°30′17″~33°51′03″，地域保护面积54 487.3公顷。

品质特色

阜宁西瓜极早熟栽培品种单瓜重1.5~2.0千克，果实椭圆形，花皮，条纹清晰；早熟栽培品种单果重5~7千克，果实圆球形，花皮，条纹清晰，色泽新鲜。

阜宁西瓜极早熟栽培品种果实中心含糖大于11%，鲜红瓤，果皮厚0.4~0.5厘米，肉质脆嫩爽口；早熟栽培品种果实中心含糖11.5%以上，浅红瓤，果皮厚1厘米以下，色泽鲜亮、均匀，汁多质脆。

人文历史

阜宁西瓜种植历史悠久。据记载，1182年南宋诗人范成大来到盐阜地区，看到阜宁农业的兴旺景象，作出了"昼出耘田夜绩麻，村庄儿女各当家。童孙未解供耕织，也傍桑阴学种瓜"的传世佳作，生动反映出阜宁县800多年前种植西瓜的场景。据《阜宁县志》记载，清乾隆十一年（1746年），阜宁县农民已大面积种植西瓜，县城设有西瓜销售集市。

阜宁西瓜是县委、县

政府重点发展的地方特色农产品"生态三宝"之一，现已成为全国重要的优质西瓜生产基地。2015年，阜宁西瓜种植面积20.45万亩，总产量达75万吨，位居全国前列；建成了500亩以上连片西瓜种植基地95个，千亩以上示范园区15个，产品畅销上海、南京、苏州等大中城市。

生产特点

阜宁西瓜产地地势平坦，土壤类型为沙壤土，pH值7.3~8.3，含钾丰富，通透性好，耕作层厚度不低于25厘米，有机质含量1.50%~2.35%，具有良好的保肥、保水能力，非常适合种植西瓜。产区内水资源十分丰富，水利设施完备，旱时能灌，涝时能排。阜宁县处于北半球中纬度，为北亚热带向南暖温带过渡的气候带，由于紧濒黄海，受海陆季风影响显著，具有明显的海洋性气候，属湿润的季风气候，光照充足，气候温和，降水充沛，雨热同季，无霜期长。4—5月为西瓜果实膨大期，白天最高气温33.1℃，夜间最低气温2.6℃，昼夜温差较大，有利于西瓜中糖分的积累及有效物质的合成。

阜宁西瓜极早熟栽培的主导品种选择早春红玉，早熟栽培的主导品种选择早佳（8424）。生产过程中采取大棚覆盖管理，同一块土地连续种植时间不超过2年，基肥以有机肥为主。极早熟品种1月上旬播种，早熟品种1月下旬播种，采取穴盘育苗方式育苗。定植后采取双蔓或三蔓整枝管理，开花后第二雌花留果，全面采取人工授粉。同时，要严格控制西瓜成熟时间，确保其品质特征。

阳山水蜜桃

登记证书编号：AGI01391

地域范围

阳山水蜜桃农产品地理标志保护区域位于江苏省无锡市惠山区所辖的阳山镇阳山村、桃源村、鸿桥村、普照村、桃园村、尹城村、陆区社区、安阳山村、冬青村、住基村、光明村、高潮村、新渎社区、火炬村，洛社镇润杨村、镇北村、福山村、保健村、华圻村、张镇桥、红明村、绿化村和杨市社区，钱桥镇盛峰村、南塘村、稍塘村、东风村、洋溪村28个行政村（社区），地理坐标为东经120°03′07″~120°11′34″，北纬31°33′16″~31°40′58″。

品质特色

阳山水蜜桃果顶平或微凹，无明显突起；果面底色乳白色或乳黄色，充分成熟后，呈半透明状；香气浓郁，果肉柔软多汁，可溶性固形物高，可滴定酸含量低；皮易剥离，剥离时，桃汁溢出滴下；果肉黏核。

人文历史

无锡市是中国四大名桃产区之一，阳山地区是无锡水蜜桃的主产区。阳山地区种桃历史已有800多年，早在南宋宝庆三年（1227年）建造的陆墟桥桥联上就有"雁齿云排红迷桃岸"之句。明万历年间（1573—1620年）《无锡县志·土产》记载："果之属，有梅、杏、桃……"据《无锡县志》记载，民国初年，境内富安乡（包括现阳山、胡埭等镇）有很多私有农田，成片种植桃树。民国三十四年（1945年）桃树种植面积增至4 000余亩，年产2 000多吨，曾畅销上

海、苏州、常州、南京等，誉满沪宁。

20世纪50年代中期，阳山地区水蜜桃园星罗棋布，产品除供应本地外，独占了上海市的鲜桃和加工桃的市场，制罐的阳山水蜜桃远销国外。90年代中期以来，阳山地区加速了水蜜桃产业化发展的步伐，栽培面积不断扩大，并建造了阳山水蜜桃市场，成立了阳山水蜜桃桃农协会，建立了桃树生产示范及品种选育试验基地。

生产特点

阳山水蜜桃产区地处太湖流域冲积平原，阳山镇在地质上属江南地质层，火山的喷发在阳山的周围堆积了一层火山灰土，土壤里矿物质丰富，土层深厚，养分元素齐全，特别适宜桃树的生长。阳山镇地处江南水乡，远处有浩渺的太湖，近处河网密布，水资源丰富，水质清洁。阳山位于北亚热带向中亚热带过渡地带，气候温暖湿润，四季分明，阳光充足，降水充沛，夏季受季风影响，气温经常上升至37℃，6月是最潮湿的一个月，有利于水蜜桃早期生长，7—8月阳光充足，气温高，有利于提高水蜜桃的糖度。

阳山水蜜桃园区建立在排水良好、土层深厚、pH值5.5~6.5的沙壤或沙砾壤土地块，土壤有机质含量不低于2%，地下水位在1.0米以下。果树以毛桃为砧木进行嫁接繁殖，12月上旬至2月下旬定植。树形采用开心形，保证树冠通风透光。果园在10月至11月底施基肥，以有机肥为主，后期适时追肥；追水一般在夜间或是早晨灌水，浸水2~4小时立即排出；5月上中旬疏果，5月中下旬完成果实套袋。

泰兴元麦

登记证书编号：AGI01392

地域范围

泰兴市位于江苏省中部，长江下游北岸。泰兴元麦产地在泰兴市的分界、黄桥、元竹、广陵、曲霞、河失、根思、姚王、张桥、宣堡10个乡镇，地理坐标为东经119°54′05″~120°21′56″，北纬31°58′12″~32°23′05″，地域面积约560平方千米。

品质特色

泰兴元麦籽粒成熟时，种子与内外颖分离，又称裸大麦。籽粒为黄褐椭圆形，色泽亮黄，气味清香，千粒重35克左右，种皮薄，腹沟浅。经细磨过筛成"糁子"，煮成的粥呈红色或浅褐色，麦香浓郁，爽口滑溜，夏日消暑解渴。泰兴元麦也可通过锅炒、碾制成"焦屑"当做干粮和点心。

泰兴元麦营养丰富，含有β-葡聚糖和多种维生素，易消化，好吸收，具有蛋白质、淀粉和粗纤维含量高的特点。泰兴元麦籽粒含蛋白质12.1%~16.6%，淀粉52.5%~60.3%，粗纤维1.8%~2.6%。

人文历史

泰兴种植元麦历史悠久。据《泰兴县志》记载，民国十一年（1922年），泰兴县元麦种植面积为9.3万亩。新中国成立后，元麦生产经历了几次起伏。1956年，泰兴县元麦种植面积20.28万亩，为历史最高，占全县耕地面积的20%以上。近几年，泰兴元麦种植面积维持在5万亩左右，平均亩产400千克左右。

泰兴人有"二粥一饭"的饮食习惯，

粥指泰兴元麦粯子粥,是泰兴土特产中的"黄金品牌",元麦籽粒经细磨过筛成粯子,煮成红色或浅褐色的粥,闻之有香,吃之有味,爽口滑溜,口感好。著名美食家、文学家陆文夫先生虽离开家乡多年,也不忘家乡的粯子粥,曾撰文赞誉泰兴元麦粯子粥为"泰兴土咖啡"。

生产特点

泰兴市地处长江下游北岸,属长江三角洲冲积平原,按地貌特征分为高沙土平原和沿江平原,统称为通扬运河以南高沙土地区,土质以沙壤土为主,这种土壤具有夜潮性,孕育了泰兴元麦的独特品质。泰兴市处于北亚热带海洋性季风气候区,全年日照时数平均为2 125.8小时,年平均气温为14.9℃,年平均降水量为1 027.2毫米。在泰兴元麦生长期间,降水充沛,中后期日夜温差大,利于泰兴元麦特色的形成和保持。

泰兴元麦选用的品种是泰兴市农业科学研究所在传统泰兴地方品种基础上改良培育成的裸大麦品种。泰兴市是生猪养殖大市,生猪养殖产生大量的猪粪和杂灰,经腐熟后施到田间;灌溉水引自长江水,水源清洁,以上栽培措施促进了泰兴元麦特色的形成与保持。

镇江江蟹

登记证书编号：AGI01607

地域范围

镇江江蟹农产品地理标志保护区域包括江苏省镇江市长江行政区域段沿江及5条支流（通济河、九曲河、香草河、大运河和便民河）两岸1千米范围内，包括扬中市所有6个镇（街道），镇江新区大路镇、姚桥镇、大港街道，润州区蒋乔镇、七里甸街道，京口区谏壁镇、象山镇，丹徒区高桥镇、江心镇、世业镇，丹阳市新桥镇、后巷镇、陵口镇、珥陵镇、延陵镇，句容市宝华镇、下蜀镇，共7个市（区）的23个镇（街道）。地理坐标为东经119°04′15″~119°56′52″，北纬31°48′45″~32°18′40″。

品质特色

镇江江蟹体色浅青色，有光泽，腹部透射微红；黄毛金爪白肚皮，爪子长；头胸甲疣状突起明显，"工"字形花纹清晰。江蟹蒸熟后蟹黄鲜美，肉质嫩滑，回味甘甜；气味馨香浓郁。

镇江江蟹富含营养物质，其中，硒、铁含量高，游离氨基酸总量和呈味氨基酸含量高，营养价值极高，深受人们喜爱。

人文历史

镇江江蟹人文历史源远流长，自三国后期就有相关记载。相传早在三国后期为纪念爱吃螃蟹的孙尚香，镇江人就创造发明了独特的"蟹黄汤包"，并代代相传至今。元代，镇江更有"蟹王之所"的美誉。清朝，"芙蓉套蟹"曾定为镇江乾隆御宴。

截至20世纪70年代,镇江江蟹皆为长江天然资源捕获物。随着时代发展,江蟹天然捕捞产量已远远难以满足市场需求,1977年开始组织大水面人工增殖放流,1980年湖水产养殖场放流蟹苗7.5千克。为了更好地传承镇江江蟹文化,做大做强镇江江鲜产业,镇江市委、市政府高度重视江蟹产业发展,成立了镇江市江鲜产业协会,开办了江蟹直销店。2013年,江蟹养殖面积2 871.2公顷,年产量2 135.6吨。

生产特点

镇江市位于长江三角洲的西北顶点,地形起伏,产区的土壤上部为粉壤质中壤土,下部为沙粉质轻壤土或沙壤土,有的犁底层以下为沙层,pH值6.5~8.5,非常适合河蟹养殖。镇江市境内长江水面积约232.9平方千米,水资源十分丰富,且水质优良;圩区港河密布,直通长江,引水排水极为便利。镇江江蟹养殖区域为热带季风气候,四季分明,温暖湿润,热量丰富,降水充沛。同时,产区饵料生物丰富,种类繁多,以伊乐藻、轮叶黑藻和苦草为主的水草生长茂盛,为江蟹养殖提供了独特的自然生态环境。

镇江江蟹养殖池在生态环境好、水质优的沿江及通江河道一带建立,养殖池面积以1~2公顷为主,引用长江水经生物净化后作为养殖用水,养殖期间定期使用生石灰、微生态制剂改良调节水质与底质。采用多品种水草混合种植与管护技术,立体种植伊乐藻、轮叶黑藻、苦草和金鱼藻等多种水草,选用鲜活螺、蚬、小杂鱼及专用配合饲料。江蟹捕捞最佳季节为10—11月,捕捞方法有地笼捕捞、徒手捕捞、带水捕捞、灯光诱捕等。

启东青皮长茄

登记证书编号：AGI01677

地域范围

启东青皮长茄农产品地理标志地域保护范围覆盖启东市全部陆地区域及周边地区，地理坐标为东经121°25′40″~121°54′30″，北纬31°41′06″~32°16′19″。

品质特色

启东青皮长茄果皮翠绿色，皮薄，平滑有光泽；果肉浅绿白色，不易褐变，质地细腻柔嫩。

启东青皮长茄纤维少，味甘甜，熟食口感糯性，蛋白质含量0.8%左右，碳水化合物含量在6%以上，钙含量0.5毫克/千克以上，钾含量大于20毫克/千克，营养丰富。

人文历史

启东市位于长江入海口北，具有鲜明的江海特色，曾有"粮棉故里、东疆乐土"的美称。启东吕四地区成陆已有千年历史，启东青皮长茄由于耐盐碱，因此在启东的沙土上长势良好，启东青皮长茄是启东历史上的主要蔬菜之一。

启东青皮长茄营养丰富，既可炒、煮、蒸食，又可红烧、煲汤，风味独特。启东市有句俗语叫"玉米稀饭茄脚柄，越吃越得劲"，说明启东青皮长茄在启东民间的受欢迎程度。

生产特点

启东青皮长茄种植区域土壤质地以中壤至重壤土为主，pH值8.3~8.4，土壤比较肥沃，非常适合种植茄子。启东属海洋性季风气候，四季分明，日照充足，年日照2 000小时左右，年平均气温15.6℃，无霜期长，降水充沛，年平均降水量1 200毫米左右。启东特有的沙壤土、良好的排水条件和多元化的耕作制度为启东青皮长茄的生长创造了得天独厚的条件。

启东青皮长茄产地选择地势平坦、排灌方便、土壤耕作层深厚、土壤结构适宜、理化性状良好的地块。启东青皮长茄的生产有大棚栽培、再生茄管理、露地栽培3种方式。大棚栽培为育苗后在大棚内定植，生产中加强肥水管理、保花保果和温度管理等环节的把控；再生茄管理一般采用下部再生和中部再生混合修剪法，将上部枝条剪掉，剪口下留足2~3个已萌发的嫩芽，促发新枝，大棚早春茄子适宜再生时间从立秋节气前10天开始至9月上旬为止；露地栽培为育苗后5月上中旬定植，采用垄作，地膜覆盖栽培。

如东狼山鸡

登记证书编号：AGI01678

地域范围

如东狼山鸡农产品地理标志地域范围为江苏省南通市如东县所辖行政区域，包括栟茶镇、洋口镇、丰利镇、苴镇、长沙镇、大豫镇、掘港镇、马塘镇、曹埠镇、岔河镇、新店镇、双甸镇、河口镇、袁庄镇14个镇，保护区域总面积1 872.7平方千米，地理坐标为东经120°42′~121°22′，北纬32°12′~32°36′。

品质特色

如东狼山鸡体格健壮、头昂尾翘、具有典型的U字形特征；单冠直立，有5~6个冠齿；耳垂和肉髯均为鲜红色，喙黑褐色，尖端颜色较淡；全身被毛乌黑紧密，成年公鸡背部、尾部羽毛有墨绿色金属光泽；胫、趾部均呈黑色，胴体洁白。母鸡用以清炖，汤汁清澈、鲜味浓郁；公鸡用以红烧，肉质细腻、清香可口，都具有较高的营养价值，深受广大消费者的欢迎。

人文历史

如东狼山鸡为肉蛋兼用型地方优质鸡种，在当地发展历史悠久。如东民俗中渔

民在出海前往往举行祭祀,通常选用纯黑的鸡作为祭品,一般认为含红羽的公鸡为火灾征兆,而视纯黑为吉祥,特别是体格硕大的黑羽红冠鸡最为大吉大利,这些地域风情和当地独特的自然生态环境,促进了如东狼山鸡独特的优良品质和体型外貌的形成和传承。

1984年版《如东县志》有如下记载:"本县是驰名中外的'狼山鸡'的故乡。1872年,外国商人来长江中下游购鸡,因黑鸡从南通狼山出口,由此而得名'狼山鸡'。"狼山鸡1983年被列为国际标准鸡种,参与育成奥品顿、澳洲黑等国际知名鸡种,入选世界优良鸡种标准图谱;2000年国家农业部130号公告将其列入《国家级畜禽遗传资源保护名录》。

生产特点

如东县地处长江下游北岸,濒临南黄海,受北亚热带海洋性季风气候的影响,四季分明、光照充足、降水充沛,沿海防护林茂盛,是一个天然氧吧,自然条件与生态环境优越。如东县海产丰富,贝壳俯拾皆是,矿物质饲料比较丰富,植被青翠、水草丰盛,拥有较好的青料及昆虫等动物性饲料,而且农作物产量较高,农家习惯使用玉米、大麦等谷物喂鸡,饲料作物丰富。

如东狼山鸡养殖区选择在地势高燥、避风向阳、水源充足、环境安静地方,品种只采用如东县区域内繁殖的纯黑地方品种鸡。狼山鸡0~6周龄,为网上育雏阶段;7周龄到上市,采取地面平养。根据不同生长阶段控制温度、湿度、光照和饮水。

洪泽湖河蚬

登记证书编号：AGI01679

地域范围

洪泽湖河蚬地域保护范围包括江苏省淮安市洪泽区三河镇、老子山镇、高良涧镇、淮阴区韩桥乡；宿迁市泗洪县龙集镇、半城镇、临淮镇，泗阳县高渡镇、裴圩镇9个乡镇向洪泽湖心延伸水域，面积49 000公顷，地理坐标为东经118°31′40″~118°48′17″，北纬33°14′44″~33°25′49″。

品质特色

洪泽湖河蚬外壳干净且有光泽，色泽多呈棕黄色，黑褐色或浅褐色较少，纹沟粗疏清晰，体厚饱满；外形略呈正三角形，贝壳两侧略对称，前部短于后部，前部短圆，后部稍呈角度，壳顶膨胀突出，向内和向前弯曲，两壳顶极为接近，略偏前方，位于壳长2/5处，腹缘很弯几乎呈半圆形，背缘略截状，前缘圆，壳长与壳宽比在1.0~1.2。

洪泽湖河蚬营养丰富，是一种高蛋白质、低脂肪的营养食品，富含人体所需的各种氨基酸。洪泽湖河蚬肉呈灰白色，肌肉紧密，有弹性，煮成的汤汁味甜、鲜味较浓，具有提高人体免疫力的功效。

人文历史

河蚬又称黄蚬、金蚶、扁螺等，是双壳类软体动物。20世纪60—80年代洪泽湖生物历次调查结果表明，软体动物在洪泽湖底栖动物中生物量高达97%。而在软体动物中，河蚬又是优势种，其数量占80%以上，生物量占90%以上。

河蚬肉味鲜美，营养丰富，淮安市淮扬菜美食文化研究会曾组织专家大师

精心研制出近60道菜点的"洪泽湖全蚬宴"。洪泽湖河蚬不但在国内受到人们喜爱，在日本、韩国和东南亚一些国家，也受到人们普遍欢迎。洪泽湖河蚬良好的品质、极佳的口感及一定的药用功能，使得它在日韩市场上极其畅销，几乎占领了日韩河蚬市场的80%以上，被誉为洪泽湖捕蚬渔民的"金疙瘩"。

生产特点

洪泽湖属暖温带季风气候，气候温和、湿润，具有冬寒、夏热、春温、秋暖的气候特点，日照充足。洪泽湖河蚬产区内湖底浅平、岸坡低缓，湖底多为浅淤，富含腐殖质，湖底沉积物主要是水生生物残骸，适宜河蚬营底栖生活。洪泽湖是淮河流域最大的过水性湖泊，湖水的补给主要来自地表径流，入湖河流众多，为洪泽湖河蚬带来了充足的营养物质。河蚬适宜在9~32℃水温的水体中生长繁殖，产区内多年平均水温为15.6℃，水流较缓，适宜的水温和微流水环境很适合河蚬生长与繁殖。河蚬喜欢水质清新、无水草或水草稀疏的生长环境，洪泽湖湖水清澈，pH值7.2~8.6，湖中生物资源丰富，饵料充足。优良的水质条件，丰富的饵料造就了洪泽湖河蚬独特的品质特征。

洪泽湖河蚬人工增养殖和网围套养水域选择在水质清澈、湖底平坦、底部淤泥深度在10~20厘米的区域。选用洪泽湖河蚬国家级水产种质资源保护区捕捞的河蚬作为苗种。人工增养殖生产模式，全部利用湖区水体自然环境中的生物饵料，生产过程中不投喂饵料。网围套养河蚬模式，以湖区水体自然环境中的生物饵料为主，或利用套养环境剩余饵料，不专门投喂饵料。洪泽湖河蚬捕捞生产实行限时、限区域、限额、限规格捕捞，捕捞方式采用人工划耙捕捞。

洪泽湖青虾

登记证书编号：AGI01749

地域范围

洪泽湖青虾产区分布范围为江苏省宿迁市泗洪县龙集镇、太平镇、界集镇，宿城区中扬镇，泗阳县卢集镇、高渡镇、裴圩镇；淮安市韩桥乡、赵集镇9个乡镇向洪泽湖湖心延伸水域，包括成子湖及与洪泽湖相连的湖荡、湖湾，伸入陆地的河道以河口两岸连线处为界。地理坐标为东经118°28′08″~118°50′29″，北纬33°20′21″~33°38′08″，保护区域面积50 000公顷。

品质特色

洪泽湖青虾体型均匀完整，气味清新，触须长度大于体长，而一般青虾须长小于体长。鲜活时，洪泽湖青虾个体甲壳较薄、光亮且半透明；肌肉紧密，有弹性；如集群，体色整体呈现半透明亮青色状。煮熟后，青虾香味浓郁，集群体色红而不艳、背红腹白；肌纤维纹理清晰，咀嚼感强，肉质嫩而筋道，味道鲜而不腥、回味微甜。

洪泽湖青虾营养丰富，是一种高蛋白质、低脂肪的营养食品，其中氨基酸含量普遍比其他青虾要高。洪泽湖青虾味道鲜美，营养价值高，具有提高人体免疫力的功效。

人文历史

洪泽湖青虾发展历史悠久，早在汉代，洪泽湖地区就有食用青虾的记录；到晋代，青虾美食达到鼎盛，从而奠定了青虾在淮扬菜系中的重要地位。清朝末期，洪泽湖大青虾曾

在"南洋劝业会""巴拿马赛会"上陈列展出。

抗战时期，利用洪泽湖的鱼、虾、莲子和芡实等这些土特产，从敌占区换回枪支弹药、布匹、医药用品等大量军需物资和民用生活品。新中国成立后，洪泽湖青虾不仅供应人民大会堂招待外宾，在完成国家调拨任务的前提下，还积极组织出口，20世纪50年代主要出口虾米，1966年以后鲜冻虾仁就开始销往我国香港、日本及东南亚地区。

生产特点

洪泽湖属暖温带季风气候，气候温和、湿润，具有冬寒、夏热、春温、秋暖的气候特点，日照充足。洪泽湖属于典型的草性湖泊，水草繁盛，湖底多为浅淤，富含腐殖质，湖底沉积物主要是水生生物残骸，适宜青虾底栖寻找庇护与生长。洪泽湖是淮河流域最大的过水性湖泊，湖水的补给主要来自地表径流，入湖河流众多，为洪泽湖青虾带来了充足的营养物质。青虾适宜在18~30℃水温的水体中生长繁殖，洪泽湖青虾生产最快的6—7月，洪泽湖的平均水温在24.5℃，水流较缓，适宜的水温和微流水环境很适合青虾生长与繁殖。青虾喜欢水质清新、水草茂盛、溶氧充足的生长环境，产区水域水草丰富，湖水清澈，且生物资源丰富，饵料充足。优良的水质条件，丰富的饵料造就了洪泽湖青虾独特的品质特征。

洪泽湖青虾网围养殖水域选择成子湖水质清澈、湖底平坦、底部淤泥深度在10~20厘米的区域。洪泽湖青虾苗种来源主要以自然水域为主，不足部分选用洪泽湖国家级青虾种质资源保护区内捕捞的抱卵虾作为亲本繁育，自繁自养。养殖区移植或种植洪泽湖区的金鱼藻、菹草、眼子菜、苦草等土著品系水草，均匀成簇地分布在网围中，不予专门投饵。

浙江省

长兴紫笋茶

登记证书编号：AGI00352

地域范围

长兴紫笋茶农产品地理标志地域保护范围包括浙江省湖州市长兴县所辖的水口乡、夹浦镇、小浦镇、煤山镇、白岘乡、龙山街道、雉城街道、林城镇、泗安镇、和平镇、李家巷镇、洪桥镇及国营场站等地的天目山余脉山区，地理坐标为东经119°33′~120°06′，北纬30°43′~31°11′，保护区茶园面积6 600公顷。

品质特色

长兴紫笋茶间植于竹林之中，叶芽粗壮似笋，干茶形似兰花，色泽嫩绿；茶性温和、茶味甘醇；香气清高持久，滋味鲜爽甘醇，汤色清澈明亮，叶底嫩匀成朵；品质优异，风格独特。芽叶成朵、状若兰花；内含丰富、营养优佳。

人文历史

长兴紫笋茶历史源远流长，久负盛名。早在1 200多年前的唐代，茶圣陆羽在长兴顾渚山茶区多次考察研究，发现此茶"芳香甘洌，冠于他境，可荐于上"，并以"阳崖阴林，紫者上，绿者次，笋者上，芽者次"载入《茶经》，取名"紫笋"。紫笋茶被列为贡品始于唐朝广德年间（763—764年），到唐武宗会昌年间（841—846年）贡额达18 400斤之多，被后人称为中国贡茶之最。

长兴县委、县政府十分重视紫笋茶产业的发展。1979年，经多方努力试制并恢复了长兴紫笋茶加工的传承工艺，并对发展紫笋茶等特产生产出台了相应的扶持政策，经多年建设，种植规模从2003年的3.77万亩发展至2009年的

8.43万亩，长兴万亩紫笋茶种植基地被列为"浙江省优质高效农业示范基地"，2005年长兴县获全国"茶产业政府贡献奖"。

生产特点

长兴地貌类型多样化，土壤类型为以砂岩风化物为主的黄泥沙土和由棕红壤亚类母质发育而来的亚棕黄筋泥土，pH值4.5~6.5。长兴紫笋茶茶树种植于长兴县西南、西北的低山高丘地区，最适生长海拔高度为100~500米。当地水系发达，河流湖泊众多，水资源丰富。长兴属亚热带海洋性季风气候，气候温和，四季分明，年平均气温15.6℃，平均无霜期237天，光照充足，降水充沛，雨热同季，气候条件极为优越。

茶园增施有机肥，有机肥以腐熟的饼肥、栏肥为主，结合春茶采后修剪、中耕松土时深施肥料。初冬时节，当茶叶停止生长后，用石硫合剂进行封园处理，降低病虫越冬残留密度，提高茶树抗逆能力。当紫笋茶长至一芽一叶初展时，及时开采。原料进入车间分级后，进行摊青、杀青、理条、烘干等工艺流程加工紫笋茶。

千岛银珍

登记证书编号：AGI00531

地域范围

千岛银珍农产品地理标志地域保护范围为浙江省建德市境内的李家镇、大同镇、航头镇、寿昌镇、更楼街道、新安江街道、洋溪街道、下涯镇、莲花镇、杨村桥镇、大洋镇、梅城镇、三都镇、乾潭镇、钦堂乡等新安江沿岸广大区域，共涉及84个村，地理坐标为东经118°53′46″~119°45′51″，北纬29°12′20″~29°46′27″。

品质特色

千岛银珍属绿茶，外形挺直似针，色泽嫩绿鲜活，汤色嫩绿明亮，香高浓郁，鲜醇回甘，冲泡后，悬垂玉立于杯中，具有极佳的饮用和观赏价值。千岛银珍茶的感官特征是由独特的自然环境、独特品种、独特生产工艺等要素共同形成。

人文历史

建德市茶叶文化历史悠久，据可考察的文字记载则可追溯到唐朝以前。《唐国史补》记载的唐时名茶中就有建德细茶。明清时代，建德茶叶被列入贡茶，明代谈迁《枣林杂俎》中就有"建德县芽茶五斤"的记载。《清朝全典》中也记载，"本朝37府县贡，浙江有10府县"，当时浙江贡茶的十府县之一严州所贡之茶即为建德芽茶。

1960年，随着新安江水力发电站建成投产，千岛湖就此形成。1982年，建德人将恢复、创新的建德细茶称为千岛银珍，并专注于提升茶叶品质，近年来知名度不断提升，先后获得"杭州七宝""浙江名牌农产品""浙江省著名商标""中国驰名商标"及"中国杭州十大名茶"的称号，2010—2014年连续五度获评浙江农业博览会金奖，2014年获中国绿色食品博览会金奖。

生产特点

建德地处浙西偏北山区，区域内地形较复杂，山峦重叠，平均海拔高度300米，境内蕴含丰富的地下水资源。山地土壤主要有黄泥土、黄红泥土、沙土等土壤类型，土壤较为肥沃，有机质含量2%~4%，质地轻壤到中壤，适宜种茶。建德属于亚热带季风气候，温暖湿润，降水充沛，四季分明。由于海拔落差大和山林多的地形特点，形成特有的局部小气候，大于等于10℃的年内有效积温4 722℃，无霜期为250天，年平均日照时间为1 940小时，具有光温同步、云雾弥漫、气温日差较大的气候特征，有利于茶树积累有效营养物质。

千岛银珍生产基地宜选用鸠坑、浙农117等芽壮型、少茸毛或无茸毛的适制绿茶品种。茶园选定后，进行初垦和复垦，复垦时要分层施入厩肥或其他适用的有机肥料作底肥。种植时间秋季为10月下旬至11月下旬，春季为2月中旬至3月上旬，种植规格宜选择单行条植或双行条植。茶苗定植后要及时覆盖和抗旱保苗，覆盖材料要采用嫩柴草及大田秸秆等。鲜叶采收后，按照鲜叶摊放、杀青、紧条定形、复理、整理、足火提香等特定的工艺流程加工。

缙云麻鸭

登记证书编号：AGI00532

地域范围

缙云麻鸭农产品地理标志地域保护范围包括浙江省丽水市缙云县所辖的8镇8乡，即五云镇、新建镇、壶镇镇、东方镇、东渡镇、大源镇、舒洪镇、大洋镇，七里乡、双溪口乡、溶江乡、三溪乡、胡源乡、前路乡、方溪乡、石笕乡，地理坐标为东经119°52′~120°25′，北纬28°25′~28°57′。

品质特色

缙云麻鸭体躯小而狭长，蛇头饱眼，嘴长而颈细，前身小、后躯大，臀部丰满下垂，行走时体躯呈45°，体型结构匀称，肌肉紧凑结实。

缙云麻鸭的肉用鸭以产蛋后的淘汰母鸭为主,部分为经过育肥的雄鸭。淘汰母鸭屠宰率65%~70%,屠体外观白净,毛孔细致,肉白色,肉味浓郁、汤味鲜美、口感独特,富含蛋白质、维生素和微量元素等多种人体必需的营养成分。

人文历史

从有史料记载算起,缙云麻鸭的养殖历史至少有430多年。据《缙云县志》记载,明代万历七年(1579年)就有缙云麻鸭养殖。在明万历年间,以及清康熙、乾隆、道光、光绪年间均有缙云县养鸭记载,民间俗称"草子鸭""水鸭"。光绪初年缙云县开始出现群鸭饲养,并放牧于邻近县市,人称"缙云鸭",后来全称"缙云麻鸭"。缙云麻鸭具有深厚的文化底蕴。古时缙云人逢年过节有大户人家宰猪杀羊、小户平民杀鸡杀鸭的风俗习惯,甚至流传"无鸭不成宴"的说法。明清时期,缙云地区有民谣流传:"番薯介,鼎峰茶,蟠龙金针,草子鸭。"

近年来,缙云麻鸭被列入《国家级畜禽遗传资源保护名录》。1997年7月,缙云县被授予"中国麻鸭之乡"称号。

生产特点

缙云县主要地貌类型分中山、低山、丘陵、谷地四大类,全县主要农作物有稻谷、小麦、玉米,农副品有米糠、麸皮等,能够满足缙云麻鸭在最初形成时的饲养需要。境内河流交叉密布,构成无数河谷小盆地,土壤以泥沙土为主,有利于缙云麻鸭觅食消化。长期以来,缙云麻鸭游牧于境内河谷盆地的浅滩、田野,形成独特的地域品种。缙云县属亚热带气候区,日照充足,降水充沛,四季分明,无霜期长,温暖湿润,是缙云麻鸭生长的独特气候条件。

缙云麻鸭品种分Ⅰ系、Ⅱ系、青壳系3个品系,其饲养管理按照育雏期、育成期、产蛋期3个阶段进行划分,在饲养方法上,育雏期采取自由采食,育成期进行适当限饲,产蛋前期、产蛋高峰期根据产蛋情况采取定量、自由采食。

路桥枇杷

登记证书编号：AGI00533

地域范围

路桥区是浙江省台州市的主体城区之一，路桥枇杷农产品地理标志地域保护范围包括路桥区的桐屿街道、峰江街道、螺洋街道、路北街道4个街道，涉及22个村。地理坐标为东经120°13′~121°22′，北纬28°27′~28°38′。

品质特色

路桥枇杷主栽品种为洛阳青和白沙两种。红肉类洛阳青枇杷果顶萼片呈青绿色，果实椭圆形或圆形，平均果重33克，最大可达65克。果顶圆钝或平广，果面橙红色，锈斑少，皮厚韧，易剥离，果肉橙红色，软硬适中，汁液中等，肉质细腻，甜酸适度。耐运输贮藏，除鲜食外，是制作罐头的最好品种。白沙枇杷果实卵圆形，单果重35克以上，最大可达70克，果皮淡橙黄色，有锈斑，果皮薄，易剥，果肉乳白色，柔软多汁，味甜，有香气，风味独特，为鲜食极优品种。

洛阳青枇杷可溶性固形物10%~14%，白沙枇杷可溶性固形物12%~17%；路桥枇杷可食率为60%以上，总酸含量不低于0.7克/100毫升，并含有丰富纤维素、果胶、胡萝卜素、苹果酸、柠檬酸、钾、磷、铁、钙、维生素A、维生素C等。

人文历史

路桥枇杷在宋朝就

有栽培，宋嘉定年间（1208—1224年）《赤城志》记载："枇杷叶阴密，不凋，冬花夏实。"《土物小识》记载："枇杷，叶婆娑，冬开折花，来春结实，味甘美……出安溶。"《民国志稿》记载："本县上山童一带盛产枇杷。"1934年《浙江实业志》记载："黄岩枇杷年产量9 600担[①]，仅次于余杭，居全省第二。"

1996年，路桥区桐屿街道被农业部等有关单位命名为"中国枇杷之乡"，1999年被浙江省林业厅评为"浙江枇杷之乡"。路桥枇杷先后荣获中国国际农业博览会名牌产品、浙江农业博览会金奖等荣誉。

生产特点

路桥区背山面海，丘陵与平原相间，以平原为主，土壤质地为黄壤，pH值为6.5，有机质含量3.8%，符合枇杷丰产稳产的生产条件。路桥枇杷因树体对水分要求较低且主要分布于低山缓坡，灌溉用水主要以山地小水库、积水塘、积水池内所积蓄的雨水为主；平原地区以内地河道水灌溉。当地属亚热带季风气候区，四季分明，降水充足，空气湿润，光照适宜，高于10℃的年活动积温5 521.3℃，优越的气候条件适宜路桥枇杷的生长。

路桥枇杷目前主栽品种主要有2个，即红肉类的洛阳青和白肉类的桐屿白沙，占栽培总面积的90%以上。路桥枇杷树苗于2月下旬至3月中旬或10月上旬至11月上旬定植，定植后保持土壤湿润，大苗定植立防风杆，可适当剪除枝叶，培养成双层杯状形和自然开心形；3月上旬至4月上旬，根据一定比例的叶果比留果；4月上旬至4月中旬，结合疏果用单层白色或棕色枇杷专用袋进行套袋。鲜食枇杷在充分着色，表现出该品种固有色泽时采收品质最佳；供贮藏、远销及加工用的果实，可在果皮80%~90%转色时采收。

---

① 1担=50千克，全书同

泰顺三杯香茶

登记证书编号：AGI00534

地域范围

泰顺三杯香茶农产品地理标志地域保护范围为浙江省温州市泰顺县，地理坐标为东经119°37′~120°15′，北纬27°17′~27°50′。

品质特色

泰顺三杯香茶是选用泰顺本地群体种和中小叶优良茶树品种鲜叶原料，特定加工工艺精工细制而成、具有地方特色的名优产品，品质优秀，风味独特，以"香高味醇，经久耐泡"而著称。其外形细紧绿润，汤绿明亮，高香持久，味厚鲜醇，叶底嫩匀。

泰顺三杯香茶含有独特的成分，其中干茶水分含量不低于6.5%，水浸出物含量高于37%，粗纤维含量14.5%以下，总灰分不高于6.5%。

人文历史

泰顺县位于浙江南部山区，是国家级生态示范县、全国重点产茶县，有"中国茶叶之乡""中国名茶之乡"之称，也是《采茶舞曲》的故乡。泰顺产茶历史悠久，明崇祯六年（1633年）《泰顺县志》就有"茶，近山多有，惟六都泗溪，三都南窍独佳"的记载。清代泰顺地区所产"黄汤""白毫银针"均

被列为贡品。新中国成立后，泰顺县生产的炒青绿茶，被誉为浙江绿茶的"味精"，产品销往40多个国家和地区。20世纪80年代开始，泰顺炒青绿茶以"三杯香茶"冠名在国内市场销售，广受赞誉。

泰顺三杯香茶素以"清汤绿叶，香高味醇，反复冲泡，三杯犹存余香"而著称，多次荣获国际茶文化节金奖、浙江绿茶博览会金奖，是浙江名牌农产品，曾被列为钓鱼台国宾馆指定用茶。

生产特点

泰顺县境内均属丘陵山区，山势连绵起伏，沟壑纵横，呈"九山半水半分田"的地理格局。土壤类型以红壤类、黄壤类为主，有机质含量1.0%~4.33%，pH值4.5~6.5，适宜茶树生长。泰顺县有纵横交错的大小溪流百余条，水域面积86.6平方千米，水质良好。泰顺近海多山，属亚热带海洋性季风气候区，四季分明，气候温和，降水充沛，素有"浙南春城"之誉，年日照时数1 759.2小时，昼夜温差大，无霜期242天，年均大气相对湿度83%，优越的自然条件和气候环境适宜三杯香茶的生长。

泰顺三杯香茶选择适合本地环境条件、该产品加工工艺的泰顺本地群体种和中小叶优良茶树品种，其茶树良种繁育、苗木生产、茶园栽培管理、茶叶采摘与加工、产品质量等均遵循地方标准DB3303/T 35《泰顺三杯香茶》的要求。为了确保泰顺三杯香茶的特殊品质，茶园须注意增施有机肥，病虫草害防治以"预防为主，综合防治"为原则，采用农业、物理、生物防治方法。泰顺三杯香茶采摘标准为一芽一叶初展至一芽三叶初展，茶树蓬面每平方米达到10~15个标准芽为开采适期，鲜叶用竹制器具盛装，按照摊青—杀青—揉捻—烘二青—三青—辉锅—毛茶整理等泰顺三杯香茶特定工艺流程加工。

桐乡槜李

登记证书编号：AGI00535

地域范围

桐乡市隶属于浙江省嘉兴市，桐乡槜李又名醉李，为当地传统名果。桐乡槜李分布在桐乡市所辖的梧桐、屠甸、龙翔等镇（街道），主要集中在梧桐街道桃园村核心基地及其周边各村，地理坐标为东经120°17′40″~120°39′45″，北纬30°28′18″~30°47′48″。

品质特色

桐乡槜李果形扁圆，单果重50克，成熟后果面为紫红色，密缀果点，外披果粉，果顶部常有一条指甲刻状裂痕；桐乡槜李果肉呈蜜黄色，汁液丰富，味甘甜，成熟后将果放在手心轻轻揉搓，果肉即可化浆，可以剥开小口吸食或用吸管吸食汁液，汁丰味浓，有酒香味，品质极佳。

人文历史

槜李又名醉李，距今有2 500多年历史，春秋时期列为吴宫贡品。槜李果色琥珀鲜艳，果顶常有似指甲刻裂痕一条，传称"西施指痕"。槜李一词始见于《春秋》，鲁定公十四年（公元前496年）"五月，于越败吴于槜李"。《春秋》杜预注曰："吴郡嘉兴县西南有槜李城，其地产佳李，故名。"古槜李城的桃园头即为桐乡市桃园村一带。

桐乡槜李1952年获全国土特产交流会"优质果品"称号。1958年，曾将4株槜李苗运至北京给朱德同志试种。

生产特点

桐乡槜李产地地处杭嘉湖平原腹地，属亚热带季风气候，温暖湿润，四季分明，年平均气温16℃，平均无霜期为243天，年平均降水量为1 233.9毫米，年平均日照1 842.3小时。桐乡地势平坦，境内大部河道均与运河直接相交，纵横交叉呈格子状。土壤类型属水稻土和潮土两类，酸碱适宜，保肥性好，土地肥沃，土壤有机质含量为7.7~46.6克/千克，适宜桐乡槜李生长。

桐乡槜李育苗用毛桃或野生李作砧木，以优质母本树上的结果枝作接穗，采用枝接方式，嫁接繁育槜李优质壮苗。定植前要先开种植沟，亩施腐熟羊粪等有机肥5 000千克，钙镁磷肥100千克，种植时间以12月栽植为好。槜李有自花不孕和早期落果特性，须配置授粉树，在花期采取放蜂和人工授粉等技术提高坐果率，并通过避雨栽培和铺设反光膜技术提高果品质。在5月中旬根据叶果比留果，6月下旬成熟，采收时成熟度必须达到八成熟以上。果实采收后，每年9—11月施基肥，亩施羊粪等腐熟有机肥2 000千克，钙镁磷肥100千克。

舟山晚稻杨梅

登记证书编号：AGI00536

地域范围

舟山晚稻杨梅农产品地理标志地域保护范围为浙江省舟山市定海区辖区内的城东街道、环南街道、解放街道、昌国街道、盐仓街道、临城街道、白泉镇、干𣾴镇、马岙镇、小沙镇、岑港镇、双桥镇、金塘镇、北蝉乡，普陀区的沈家门街道、东港街道、勾山街道、展茅街道、朱家尖街道、桃花镇、六横镇，岱山县的高亭镇、东沙镇、岱东镇、岱西镇、衢山镇、秀山乡，地理坐标为东经121°31′~123°17′，北纬29°32′~30°38′。

品质特色

舟山晚稻杨梅属乌梅类品种，果面紫黑色，平均果粒重10克以上，果实近圆形，肉柱圆钝，果大核小，可食率94%左右。肉质柔软，汁液丰富，富有特殊的香味。

舟山晚稻杨梅可溶性固形物10%左右，品质上等，总糖含量8%以上，口感品质极佳，甜酸可口，肉核易离，品质优异，青花素含量极高。民间常用烧酒浸制杨梅，有消暑止泻等功效。

人文历史

舟山晚稻杨梅栽培历史悠久，早在1298年元代《大德昌国州图志》中就有明确记载："舟山果树有杨梅、樱桃、梅等20种，而杨梅为各水果之首。"目前区域内仍有百年树龄的晚稻杨梅栽培树群近百亩，

其中一株树龄已高达150年。晚稻杨梅为中国四大著名杨梅品种之一,在20世纪90年代初通过了浙江省杨梅品种认定,且在认定时延用了民间的晚稻杨梅称谓,晚稻杨梅的命名充分体现了舟山的语言特色,与其在舟山长期的种植历史渊源相关。

2000年,晚稻杨梅发源地白泉镇被浙江省林业厅命名为"浙江杨梅之乡",2008年被中国经济林协会命名为"中国晚稻杨梅之乡",2010年获得两项吉尼斯纪录——最大晚稻杨梅果树群和最甜晚稻杨梅。舟山晚稻杨梅多次在省内外获奖,先后多次获浙江省农业博览会金奖。

生产特点

舟山地貌类型为海岛丘陵,多数岛屿在海拔200米以下。舟山晚稻杨梅种植主要分布于舟山沿山低丘地带及二丘之间的山谷,该地域土壤较为深厚,加上海岛高温条件及台风、大雨冲淋,使得土壤沙性较重,黏度下降,通透性好,pH值在6左右,具有生物多样性,病虫为害较轻,十分适合杨梅生长。舟山群岛的气候类型为受海洋影响明显的北亚热带季风气候。季风显著,四季分明,温和湿润,降水丰沛,全年多大风,春季多雾,夏秋季多热带气旋和台风影响。

舟山晚稻杨梅栽培所用苗木为嫁接苗,接穗来自品种纯正、优质高产的母本园或母株,砧木为本砧。定植时间以2—3月为宜,种植后第二年起,每年10—11月结合压埋积肥,在树冠滴水线外扩穴,并用山地表土、草皮泥等加厚根部土层,提倡深草栽培。果实外表色泽刚转为紫黑发亮时采摘,采摘时间以清晨或傍晚最宜。舟山晚稻杨梅采摘后先行预冷,入库后冷库温度控制在1~3℃,相对湿度85%~90%。

秀洲槜李

登记证书编号：AGI00548

地域范围

秀洲槜李农产品地理标志地域保护范围为浙江省嘉兴市秀洲区，下辖5个镇2个街道，涉及115个行政村，东到油车港镇钱家桥村，南到王店镇三建村，西到新塍镇旗星村，北到王江泾镇双塔村，地理坐标为东经120°36′~120°46′，北纬30°35′~30°43′，保护区域总面积542平方千米。

品质特色

秀洲槜李果型大，扁圆形，果顶平广，顶洼浅凹陷，常有黄褐色指甲刻状痕一条，即传说中的"西施指痕印"。果皮厚，强韧，易剥离，底色黄绿，带有暗紫红色，且有黄褐色果点密布，成熟时呈暗紫色如琥珀。果面包裹一层白色果粉，似蒙了一层薄纱，让秀洲槜李更显得娇媚迷人。秀洲槜李果肉淡橙黄色，软熟后化浆，味鲜甜爽口，带有酒香，堪称诸李之冠，古为"江南贡品"。秀洲槜李可溶性固形物15.2%~16.8%，含酸0.75%~0.95%，富含多种维生素和磷、钙、铁等矿物质元素。

人文历史

槜李，是江南吴越文化的象征，更是见证嘉兴历史的活化石，相传是先有"槜李"后有"嘉兴"。当时的嘉兴因广栽槜李，就以槜李作为地名。《嘉禾百咏》中记载："槜李城在郡城西南四十五里，春秋时於越败吴于槜李，因地产佳李，故名。"关于秀洲槜李还有个"一篮槜李救西施"故事，相传西施为救越国前往吴国，一路舟车劳顿，便得了重病，沿途百姓纷纷拿出自家好吃的东西，西施看见晶莹剔透、圆润饱满的槜李，拿过一枚在手上把玩，然后用手指轻轻掐了一下，没

想到鲜香浓稠的汁水顿时涌溢，不由让她口舌生津、胃口大开，一下子吃下了一小篮的槜李，身体也奇迹般地痊愈了。为此，清代词人朱彝尊还专门作了《槜李赋》，并留下了"听说西施曾一掐，至今颗颗爪痕添"的佳句。

近年来，槜李产业得到了市、区农业部门的大力支持，成立了嘉兴市槜李研究会，编制了秀洲区槜李产业发展建设规划，出台了槜李扶持政策，同时还与浙江省农业厅一起开展了槜李的抢救与开发研究项目，槜李产业逐渐壮大，成为了当地农户的致富果。

生产特点

秀洲区属太湖流域东南边缘地带，全境地势平坦，土壤类型丰富，受水热条件和干湿交替影响，土层分化明显，土壤生态系统发育良好。土壤资源在数量和质量上都具有相当优势，并经过多次土壤改良，地力常新，肥力较为平衡，是生产槜李的极佳土质。境内河道大多为沟型河道，湖荡串连、河网密布，形成一个平原水网，起到调蓄作用，过境水资源可利用水量补给较多，具有生产优质槜李的水文条件。

秀洲槜李选用毛桃和野生李作砧木，以优质母本树上的结果枝作接穗，利用枝接方式，嫁接繁育优种苗。定植前先开种植沟，每亩施羊粪等有机肥5 000千克，钙镁磷肥100千克，12月底至翌年3月底栽植，并进行适当的修剪。栽种时按主栽与蜜梨授粉树按照比例进行搭配，花期放蜂和人工授粉分别于开花期和盛花期进行；疏花于3月中旬至下旬花蕾期进行；疏果于5月中旬根据叶果比例留果。秀洲槜李一般在果实成熟90%时适时采摘。槜李因其成熟时果肉化浆，不耐贮藏，一般都及时销售、品尝，若确需要贮藏一段时间，冷库保鲜温度控制在3~5℃。

同康竹笋

登记证书编号：AGI00608

地域范围

同康竹笋农产品地理标志地域保护范围为浙江省绍兴市柯桥区辖区内的平水镇同康村、五联村、红墙下村，兰亭镇大庆村、紫洪山村，共2个镇5个村。地理坐标为东经120°30′~120°33′，北纬30°16′~30°19′，保护区域面积2 959公顷。

品质特色

同康竹笋分春笋、鞭笋和冬笋。春笋未出土笋壳为黄色，出土呈褐色或黄褐色，笋壳带有绒毛，笋肉乳白色，食用爽脆并略带甜味，可食率65%左右；鞭笋粗壮，笋壳基部黄色、梢部淡紫色，被稀短绒毛，笋肉乳白色，鲜嫩爽口，略带甜味，可食率50%左右；冬笋两头尖，多呈炮弹形，笋壳黄色，被短绒毛，笋肉乳白色，肉

质厚，食用鲜嫩，可食率60%以上。

同康竹笋内含可溶性固形物10%~14%，可食率70%以上，含有丰富的纤维素、果胶、胡萝卜素、钾、磷、铁、钙及多种维生素等。

人文历史

同康竹笋产自浙江省绍兴市柯桥区具有"中国竹笋之乡""省级竹笋之乡"之美誉的平水镇和兰亭镇。同康竹笋历史久远，早在300多年前，同康村村民就开始在山上种植毛竹。毛竹，一名"楠竹"，又名"猫竹"。《嘉庆山阴县志》记载："猫竹秆大而厚，越人取以为筏，笋味甚佳。"笋是山珍，而同康村的笋以其白嫩、松脆、甘甜、鲜美，历来为越中名品，名声久远，深受人们的喜爱。

同康竹笋食用部分呈奶白色，爽脆并略带甜味，粗纤维含量较高，是天然的保健食品曾多次荣获浙江省农业博览会金奖，产品源源不断销往上海、杭州、宁波、绍兴等地。

生产特点

同康竹笋保护区核心区域为丘陵，植被茂密，生物种类丰富，具多样性。丘陵红黄壤以原积、坡积为主，属红松泥及沙黏质红土，土层深厚，pH值4.5~6.5，主要适于种植茶、竹、果等经济特产。保护区域位于平水江和兰亭江上游，水资源丰富。保护区属东南季风湿润气候区，全年温暖湿润，气候湿润宜人，年平均气温17.5℃，降水量年际变化较大。气候条件适宜同康竹笋的种植。

同康竹笋园地选择在地势平缓、避风向阳、光照充足、土壤深厚的竹林。竹笋园每亩竹林的立竹量为180~200株，分布均匀，母竹要年轻化。竹笋园的特点是一年四季都挖笋，3月中旬到5月挖春笋，12月至翌年1月挖冬笋，5月下旬到11月上旬挖鞭笋。春笋采收，一般在清明前出的，全部挖掉，清明至谷雨期间选择生长势强的笋留为母竹，后期笋全部挖掉；鞭笋产量占全年笋量的20%~30%，挖掉鞭笋可促进侧芽的分化萌动，一般见笋就挖，但是朝竹林空旷地方向的鞭笋要埋鞭，需要冬笋高产的要9月后提前停止挖鞭笋；冬笋（毛潭笋）一般来说是见笋就挖，这是由于冬笋都是浅鞭笋，真正能长成竹子的笋在深鞭里。

建德草莓

登记证书编号：AGI00609

地域范围

建德草莓农产品地理标志地域保护范围包括浙江省建德市梅城镇、杨村桥镇、下涯镇、莲花镇、寿昌镇、航头镇、大慈岩镇、大同镇、更楼街道、新安江街道、洋溪街道沿新安江与寿昌江流域一带，含辖区 11 个乡镇（街道），涉及 88 个行政村。地理坐标为东经 119°05′~119°40′，北纬 29°14′~29°39′，保护区域面积 1 333 公顷。

品质特色

建德草莓外观为圆锥形或长圆锥形，色泽红润鲜亮，香味浓郁，肉柔汁多，风味香甜。每 100 克鲜果中含有 0.5~1.0 克蛋白质、0.38~0.52 克果胶质、10~15 克可溶性糖、0.6~1.6 克柠檬酸、80~120 毫克维生素 C。

人文历史

建德市是浙江省最早发展草莓种植的县市之一。1982年,建德市从上海市、烟台市引进草莓品种进行试种。在建德市独特的气候、土壤条件下,草莓生长结果良好,从此在建德市落地生根。1987年,建德市从浙江省农业

科学院引进优良草莓品种丰香进行大棚反季节设施栽培并首获成功,将草莓采收期由原来的20天延长到6个月(11月下旬至翌年的5月),效益显著,由此逐步形成了以杨村桥和下涯镇为中心,沿320国道沿线的建德万亩草莓生产基地。

近年来,建德草莓以优良的品质在浙江省乃至全国具有知名度,"浙江草莓在建德"深入人心,2009年在北京市举办的全国草莓擂台赛上,建德市选送的红颊草莓,力压群芳,荣获一等奖。

生产特点

建德地处浙江西部丘陵山区,区域内低山、丘陵相间,建德草莓种植区分布在低于海拔200米的河谷平地,土壤以黄壤亚类的黄泥土和褐土两大类为主,土壤较为肥沃,有机质含量为3%左右。产区内溪流纵横,大小溪流38条,建德草莓种植区主要分新安江和寿昌江流域,水质清洁。建德属亚热带季风气候,温暖湿润,降水充沛,四季分明,年平均气温17℃,年日照时数1 990小时,无霜期为254天,由于新安江水源主要来自千岛湖底层,温度常年保持17℃,形成了建德冬暖夏凉的宜人小气候,有利于草莓花芽分化和养分积累。

建德草莓品种必须是适合大棚栽培的红颊、章姬、丰香等优良品种。建德草莓建立草莓种苗三级繁育体系,即通过采集草莓茎尖组织,通过脱毒、组织培养,繁育草莓新个体,经温室无土培育成一代原种苗;建立良种母本苗基地,通过原种苗的繁育成1代种苗,把1代种苗交于繁苗基地进行种苗繁育成生产用苗。建德草莓9月上中旬定植,10月下旬盖棚覆膜,12月至翌年5月为采收期。定植前应施足基肥,以有机肥为主,必须占全部用肥量的80%以上。定植后实行肥水统灌,严格控制化肥和农药的使用量,增加有机肥和生物肥的使用量,保持可持续生产能力。

温岭高橙

登记证书编号：AGI00668

地域范围

温岭市位于浙江省东南沿海，温岭高橙农产品地理标志地域保护范围为温岭市的城南镇、坞根镇、温峤镇、石桥头镇、箬横镇、东浦农场，地理坐标为东经121°10′~121°44′，北纬28°13′~28°32′。

品质特色

温岭高橙果实高扁圆形，橙色，果重350~500克，果皮稍粗糙，厚6~8毫米，香气较浓，种子较少。果肉蜜黄色，汁胞柔软，汁液丰富，酸甜适口，略带苦味，风味独特。最长可贮至翌年8—9月，是鲜销、加工集一体的优良地方特色品种。

温岭高橙富含多种维生素、还原糖、氨基酸、矿物质和橙皮甙等多种营养成分，其特有的苦味是柠碱和诺米林。其果汁率54.4%，可食率73.4%，可溶性固形物10%~12%，总酸量不高于2.26克/100毫升，维生素C含量在30.3毫克/100克以上，维生素E含量不低于0.04毫克/100克。

人文历史

温岭高橙是温岭市传统的地方品种，《嘉定赤城志》（1223年）和《嘉靖太平志》（1540年）均有记载，该品种至少已有500年的栽培历史。在古代就有诗人以"三秋泽国鲈鱼美，十里林塘橘柚香"的诗句赞美温岭。浙江农业大学著名园艺学家吴耕

民教授及其子吴光林教授,曾对高橙的起源作过专门研究,认为温岭高橙就是葡萄柚的原生种,并撰文提出"应大力发展温岭高橙";我国已故著名画家刘海粟十分喜欢高橙,对高橙有很高的评价,写下了"耄年口渴,极嗜高橙"的赞句。温岭高橙先后被评为浙江省农业博览会优质奖、金奖,中国国际农业博览会名牌产品,被中国果品流通协会评为"中华名果"。1997年,温岭市被命名为"中国高橙之乡"。

生产特点

温岭高橙保护区范围地势西高东低,地形以海拔高度100~250米的低山丘陵为主,土壤主要有红壤、黄壤、粗骨土、潮土、滨海盐土和水稻土等。境内主要有金清水系,有水库和山塘153座,可灌溉面积为26 667平方千米。当地属亚热带季风气候,气候温和,四季分明,降水充沛,光照充足,无霜期长,适宜温岭高橙等果树生长。主要灾害性天气为台风,并引发洪涝灾害,会引起温岭高橙树体受损、落果。

温岭高橙适应性较强,宜选择土壤疏松、土质肥沃、排水良好的山地、平原和海涂建园。栽植密度山地、平原、海涂各不相同,栽植时应选择良种壮苗,在春季气温回升后春芽未萌动时进行。施肥应充分满足温岭高橙对各种营养元素的需求,要求有机肥施用量占总施肥量的50%~70%,采用环状沟施、条沟施和土面撒施等施肥方法。温岭高橙一般在立冬后至小雪,11月下旬至12月上旬采收,采收时果面80%以上着色。

武义铁皮石斛

登记证书编号：AGI00775

地域范围

武义铁皮石斛农产品地理标志地域保护范围为浙江省金华市武义县辖区内的王宅镇、白姆乡、泉溪镇、俞源乡、熟溪街道、坦洪乡、柳城镇、桃溪镇、新宅镇、西联乡、大田乡、三港乡、大溪口乡13个乡镇（街道），涉及95个行政村，地理坐标为东经119°28′~119°55′，北纬28°32′~28°50′。

品质特色

武义铁皮石斛鲜品茎黄绿色，纵纹色浅，花黄绿色。略具青草香气，味淡或微甜，嚼之初有黏滑感，继有浓厚黏滞感。圆柱形，横断面圆形，节间微胖；节明显，节间1.3~1.7厘米，不分枝，茎粗2~6毫米，叶2列，互生，矩圆状披针形，基部下延为抱茎的鞘，边缘和中肋常带淡紫色，叶鞘常具紫斑，老时其上缘与茎松离而张开，并且留下1个环状铁青的间隙。总状花序常从叶的老茎上部发出，具花2~3朵；萼片和花瓣黄绿色，长圆状披针形，长约1.8厘米，宽4~5毫米。

干品（铁皮枫斗）黄绿色，略具青草香气，味淡，后微甜，嚼之初有黏滑感，继有浓厚黏滞感，无渣滓。呈螺旋形或弹簧状，一般为3~5个旋纹，茎拉直后长3.5~8.0厘米，直径0.2~0.3厘米，表面有细纵皱纹，质坚实，易折断，断面平坦。

人文历史

武义县种植铁皮石斛历史悠久，相传唐朝年间，曾为唐高宗、武则天等五代皇帝做过御医的养生大师叶法善晚年隐居于武义西南山区（原宣平县，1958年撤销建制并入武义县）一带，为后人留下许多御用秘方，而武

义铁皮石斛正是这些组方、遗方中的精华所在。明朝崇祯丙子年（1636年）修订的《宣平县志》记载，"石斛，俗名吊兰……以沙石栽之或以物盛挂檐下，经年不死，俗名为千年润"，明确了武义铁皮石斛人工栽培已有380多年历史。

近年来，武义铁皮石斛产业发展迅速，先后获得中国义乌（国际）森林产品博览会金奖、金华市优质农产品金奖等奖项，同时被评为浙江名牌产品、金华名牌产品、金华市知名商品等。

生产特点

武义铁皮石斛种植于武义县中南部山区，属仙霞岭山脉，丹霞地貌带。境内森林茂密，自然生态环境优越。保护区内土壤类型丰富，主要为红壤、黄壤土，土壤呈地域性和垂直分布，微酸性或酸性，土质肥沃，富含有机质，保水保肥能力强，排灌条件好。武义县境内有南北两大水系，水量充沛，水源充足，灌溉便利。武义铁皮石斛种植区域属亚热带季风气候。年均气温16.9℃，年均降水1 524毫米，相对湿度为81%，年均日照1 838小时，无霜期279天，气候条件适宜种植武义铁皮石斛。

武义铁皮石斛选用适应性、抗逆性强，丰产性、商品性好，有效成分含量高，适宜当地栽培的仙斛1号、仙斛2号等优良品种（品系）。武义铁皮石斛一般在玻璃温室或大棚栽培，并配置遮阳网、喷雾和灌溉等设备设施，施肥只采用腐熟有机肥或商品有机肥。武义铁皮石斛采收两年以上生长期的地上部分植株，用于制作铁皮枫斗的，于11月至翌年4月采收。

铁皮枫斗加工方法是将鲜铁皮石斛茎在炭火上微烤，并不断翻动，使受热均匀，烤至枝条柔软时，手工扭曲，边扭边烤，待绕成了3~5环，用手指压成螺旋形圆柱状，用牛皮纸固定，置通风处放置数日，拆去纸条，再在炭火上烘烤至干。

桐庐雪水云绿茶

登记证书编号：AGI00776

地域范围

桐庐雪水云绿茶农产品地理标志地域保护范围包括浙江省杭州市桐庐县辖区内的新合乡、钟山乡、百江镇、合村乡、分水镇、瑶琳镇、横村镇、富春江镇、凤川镇9个乡镇，涉及59个村，地理坐标为东经119°10′~119°58′，北纬29°35′~30°05′，保护区域面积3 334公顷。

品质特色

桐庐雪水云绿茶外形为单芽针形，色泽嫩绿，汤色清澈明亮，香气清香持久，滋味鲜爽回甘，叶底嫩绿完整，冲泡后于杯中亭亭玉立，具有独特的内在品质与观赏美感。

桐庐雪水云绿茶富含茶多酚、氨基酸类化合物，其水分含量6.5%以下，总灰分含量不超过6.5%，粗纤维含量不超过12%，氨基酸含量2.0%以上，水浸出物含量36%以上。

人文历史

桐庐产茶，蜚声久远。三国时代的《桐君录》有记述,"武昌、庐江、晋陵好茗,而不及桐庐"。唐代陆羽《茶经》中有"……睦州茶生桐庐山谷"之载文。宋时,分水(今桐庐县)的"芽茶"曾是南宋贡品,又据《桐庐地方志》记载,"1915年,桐庐谷芽茶曾获巴拿马博览会金质奖"。

桐庐雪水云绿茶属绿茶类针形名茶,以其色、香、味、形四美而见长,在国际、国家、省、市各级名茶评比中屡获金奖。1991年时任全国政协副主席的赵朴初先生亲笔题写茶名"雪水云绿"。

生产特点

桐庐县属中低山丘陵区,境内群山叠翠,溪流纵横,土壤以黄泥土属为多,有机质、氮、速效钾含量丰富,速效磷含量低,pH值4.5~6.5,茶树生长的自然条件十分优越。桐庐县位于富春江畔,河流众多,水质清洁,适宜生产优质的桐庐雪水云绿茶。气候属亚热带南缘季风区,四季分明,温和湿润,常年平均气温17℃,年日照时数1 990小时,无霜期为250天,年降水量为1 452毫米,年相对湿度80%,优越的气候有利于茶树积累营养物质。

桐庐雪水云绿茶产地选择在山区和半山区,宜种植于土层深厚肥沃、保水和透气良好、有机质丰富的黄壤土、沙壤土和中壤土。园地选定后,进行初垦和复垦。复垦时要分层施入底肥,要求施用厩肥或其他适用的有机肥料。种植时间秋季为10月下旬至11月下旬,春季为2月中旬至3月上旬,种植规格宜选择单行条植或双行条植。种植时茶苗根系应保持自然舒展,种下后要覆土踩实,随即浇足"定根水",再适当覆些松土至埋没根颈处为宜。茶苗定植后要及时覆盖和抗旱保苗,覆盖材料要采用嫩柴草及大田秸秆等。

普陀佛茶

登记证书编号：AGI00777

地域范围

普陀佛茶农产品地理标志地域保护范围包括浙江省舟山市定海区的城东街道、环南街道、解放街道、昌国街道、盐仓街道、临城街道、白泉镇、干览镇、马岙镇、小沙镇、岑港镇、双桥镇、金塘镇、北蝉乡，普陀区的沈家门街道、东港街道、勾山街道、展茅街道、朱家尖街道、桃花镇、六横镇、登步乡，岱山县的高亭镇、东沙镇、岱东镇、岱西镇、衢山镇、秀山乡，地理坐标为东经121°31′~123°17′，北纬29°32′~30°38′。

品质特色

普陀佛茶外形似螺似眉、茸毫披露、匀净、嫩绿；叶底幼嫩成朵、嫩绿、明亮、匀齐；香气清香持久，滋味鲜嫩爽口，汤色嫩绿明亮。普陀佛茶水分含量在6.5%以下，总灰分低于6.5%，粗纤维低于15%，水浸出物高于34%，粉末低于1.0%。

人文历史

普陀佛茶生产历史悠久，普陀山种茶大约始于1 000多年前的唐代或五代十国时期，据明代李日华《紫桃轩杂缀》记述："普陀老僧，始余小白岩茶一裹，叶有白茸，论之无色，徐饮觉凉透心腑。"僧曰："木岩茶至上、六后，专供（观音）大士，僧得啜者寡矣。"《浙江通志》引《定海县志》记载:"定海之茶,多山谷野产……普陀佛茶可愈肺痈血痢,然亦不甚多得。"至清朝光绪年间,普陀佛茶被列为贡品。

普陀佛茶于1984年首获"浙江省名茶"称号,1999年经浙江省第三次省级名茶复评,再获"浙江省名茶"证书。2010年,普陀区被中国国际茶文化研究会授予"佛茶之乡"荣誉称号。普陀佛茶先后多次在国际、国内茶博会、农博会上获金、银奖,并被中国茶叶博物馆收藏,是中华茶文化与佛教文化完美结合的杰作和代表。

生产特点

舟山市地貌类型为海岛丘陵,多数岛屿在海拔200米以下,地貌构造为高丘、低丘、平原、滩涂和海域。高丘土层薄,多裸岩;低丘土层较厚,红壤发育;平原主要是海积平原,发育水稻土;海岸以淤泥质为主,海蚀地貌发育。群岛的气候类型为受海洋影响明显的北亚热带季风气候,季风显著,四季分明,温和湿润,降水丰沛,全年多大风,年平均气温15.8~16.7℃,年平均日照2 024.5~2 262.1小时,年平均降水921.6~1 318.8毫米,气候条件适宜普陀佛茶的生长。

普陀佛茶茶苗种植时间应根据实际情况分两季进行,一般春季种植为2月上旬至下旬,秋季种植为10月下旬至11月下旬。栽后当天浇足"定根水",及时铺草覆盖,抗旱保苗。投产茶园应每年或隔年一次的秋茶结束后9—11月在茶行间进行深翻改土,秋冬季茶园翻耕应结合施基肥。坡地茶园和高山茶园在春茶后和秋末在茶树行间铺草,每公顷铺鲜草15 000~20 000千克。当茶树蓬面一芽一叶初展的新梢每平方米达到8~12个,及时开采。原料进入加工车间后按照标准工艺流程进行分级、摊青、杀青、揉炒、搓团、提毫、焙烘。

天目青顶

登记证书编号：AGI00892

地域范围

天目青顶农产品地理标志地域保护范围为浙江省临安市天目山区的太湖源镇、西天目乡、高虹镇、於潜镇、藻溪镇、太阳镇、潜川镇、乐平乡、昌化镇、河桥镇、湍口镇、龙岗镇、清凉峰镇、大峡谷镇、岛石镇等乡镇，涉及78个行政村，地理坐标为东经118°51′~119°44′，北纬29°56′~30°23′，保护区域面积187 256公顷。

品质特色

天目青顶形似兰花、叶质肥厚、色泽绿润，滋味鲜醇爽口、清香持久，汤色清澈明净，芽叶匀齐成朵。天目青顶水分含量在6.5%以下，总灰分低于6.5%，粗纤维含量低于13%，水浸出物含量高于36%。

人文历史

天目青顶原称天目山茶、天目云雾茶，原产于浙江省临安市天目山区。早在西汉元始年间就有梅福天目植茶的记载，至今已有2 000余年的历史。唐代茶圣陆羽在《茶经》中论述"杭州临安於潜二县，生天目山与舒州同"，天目山茶成为上品名茶。明代，"临安额贡御茶二十斤"，被列为贡品。清宣统二年（1910年），天目云雾茶在南洋劝业博览会上荣获特等金奖，后因战乱，生产工艺几近失传。1979年，临安市对天目云雾茶进行挖掘研究和创新，恢复生产，命名为"天目青顶"，并先后采取了系列扶持政策和措施促进茶叶产业发展。

近年来，天目青顶品质不断提升，先后在国内外各类茶叶评比中获得国际名茶金奖、中华文化名茶金奖、中国精品名茶博览会金奖、浙江绿茶博览会金奖等20余个金奖。

生产特点

临安市地处浙江西北部天目山区，森林覆盖率达到76.5%。地貌以峡谷、丘陵和平原为主。境内茶园土壤以黄红壤土面积最大，山区茂密的森林树叶落地，经分化形成灰化棕色森林土，腐殖质层深厚，有机质含量高，土壤疏松肥沃，适宜茶树的生长。临安属亚热带季风气候，四季分明，光照充足，降水充沛，空气湿润，年平均气温14.6℃，无霜期230~240天，年日照时数为1 813小时左右，年平均降水量在1 400~1 500毫米，年相对湿度为82%以上，气候条件适宜天目青顶的种植生长。

天目青顶茶园建于群山环抱之中，海拔高度250~800米，地势背风，周边林木丛生，云雾缭绕山坡或丘陵地。适制天目青顶的主要茶树品种为鸠坑群体种和浙农117、迎霜、中茶108等无性系良种。为保证天目青顶的品质特色和茶叶质量安全，茶园推广使用有机肥料，施肥结合中耕松土和深耕时进行，同时推广套种绿肥。病虫害防治上应按照"预防为主，综合防治"的方针，以农业防治作为基础，尽量采取生物防治、物理机械防治措施。天目青顶鲜叶采摘后4小时内交付加工，按照鲜叶摊放、杀青、炒二青、做形、初烘、复烘的工艺流程进行加工。

义乌红糖

登记证书编号：AGI00893

地域范围

义乌红糖农产品地理标志地域保护范围包括浙江省义乌市辖区内的义亭镇、上溪镇、佛堂镇、赤岸镇、城西街道、稠城街道、稠江街道、江东街道、后宅街道、大陈镇、苏溪镇等12个镇（街道），共218个行政村。地理坐标为东经119°53′14″~120°12′47″，北纬29°05′43″~29°31′10″，保护区域面积1 000公顷。

品质特色

义乌红糖外形色泽嫩黄而略带青色，质地松软，散似细沙，纯净无渣，甘甜味鲜，清香可口。义乌红糖未经提炼，保留有丰富的营养。据测定，每千克义乌红糖含钙575毫克、磷42.2毫克、铁27.0毫克、钾9 790.0毫克。

人文历史

义乌种植糖蔗、加工红糖的历史可追溯到清顺治年间（1644—1661年）。据史料记载，初时由佛堂燕里村人贾惟承客游闽越，模仿糖车之式，教人栽培甘蔗，制为红糖，邑民享其美利，至今庙祀。清康熙三十一年（1692年）《义乌县志》亦有"蔗糖：墨者近始习熬"的记载。清嘉庆七年（1802年）《义乌县志》记载："糖蔗，俗呼砂糖。其蔗似黍，秆可啖，俗称糖梗。"

20世纪50年代到90年代初期，义乌糖蔗种植面积稳步扩大，红糖成为当地农民的一项主要经济收入来源。义乌红糖制作技艺被列入第四批国家非物质文化遗产代表性项目名录。

生产特点

义乌市位于浙江省中部，地形如走廊式开口盆地，土壤以红壤土类和水稻土为主。义乌市属亚热带季风气候区，四季分明，降水充沛，光照充足，无霜期长达249天，10℃以上的年积温5 451℃，年平均降水量1 403毫米，年平均日照1 917.7小时，太阳辐射量为浙江省高值区之一，为义乌发展糖蔗生产奠定基础。义乌市处在糖蔗适宜生长区的北缘，基本能满足糖蔗对光、温条件要求。春季回温较早，有利于提早下种萌芽，延长生长季节，夏季雨热同步，有利于蔗茎快速拔节生长，9月后太阳辐射依然较强，但此时昼夜温差加大，有利于糖分积累和糖蔗成熟。

义乌市现糖蔗推广品种有粤糖54/474、义蔗1号等，其中粤糖54/474具有产糖量高、品质好、宜梢头留种、可榨糖与鲜食两用等特点，为糖蔗栽培当家品种。糖蔗栽种一般在3月上中旬，种蔗先切段并经浸种消毒。下种密度为4 000芽/亩左右，下种后至大培土前要求蔗田垄沟通畅不积水，保持土壤湿润，遇干燥可灌跑马水。大培土后一般每周灌浅水1次，后期应勤灌浅灌保持土壤持水量较为丰富。

义乌红糖采用电动机械榨汁与传统锅灶煎熬相结合的加工方法。锅灶为传统的"一"字形铁锅长灶，一般为9~11口，按口径从大到小排列。加工工艺流程为：压榨—过滤沉淀—烧制（煮沸）—捞糖沫—熬糖—窨糖—做糖—成品红糖。

浦江葡萄

登记证书编号：AGI01091

地域范围

浦江葡萄农产品地理标志地域保护范围包括浙江省金华市浦江县浦阳、浦南、仙华、黄宅、白马、郑家坞、郑宅、岩头、花桥、前吴、中余、檀溪、大畈、虞宅、杭坪15个乡镇（街道），地理坐标为东经119°42′~120°07′，北纬29°21′~29°41′。

品质特色

浦江葡萄果实完整，发育充分，具有本品种所固有的形状和特征，果形整齐，果粒间紧密适度，不易脱粒，具有本品种成熟时应有的特征色泽和正常的气味，营养价值高，果肉细脆，肉质厚，纤维少，风味浓，甜酸适口，汁液丰富；可溶性固

形物含量高于 17.8%，总酸含量在 0.6% 以下。

人文历史

浦江县种植葡萄历史悠久，现存最早的地方志《嘉靖浦江志略》中就有当地种植"葡萄"的记载。之后乾隆、光绪年间的《浦江志略》物产中也均有浦江葡萄零星栽培的记载。1940 年《民国浦江县志稿》记载，全县葡萄栽培面积为 10 亩。

近年来浦江葡萄产业发展迅速，栽培面积超过 5 万亩，年产量 8 万吨，成为浦江县农业第一大产业，并先后获得浙江省精品水果金奖、浙江省农业博览会金奖、金华市精品水果展示会金奖、全国南方及设施葡萄精品大赛金奖。2013 年，浦江县还被授予"中国巨峰葡萄之乡"称号。

生产特点

浦江县地处浙江中部，地理位置优越，地貌复杂，土壤属于亚热带常绿阔叶林红壤带，主要以红壤、黄壤和紫色土为主，有机质含量 2.1%~4.2%。当地属于亚热带季风气候区，四季分明，气温适中，降水充沛，光照充足，年平均气温 17℃，年平均降水量 1 512 毫米，年均降水日数 156 天，年平均日照总时数 1 746.3 小时，无霜期 247 天左右。

浦江葡萄选择适合设施栽培的巨峰、夏黑、醉金香、巨峰优株等良种，必须采用避雨栽培，在单行用简易避雨小环棚基础上，整块地四周及棚间通天空气道用薄膜覆盖，全封闭保暖。栽植期为 12 月上旬至次年 3 月上旬，每亩施 2 000 千克畜肥或商品有机肥 1 000 千克，选晴天或阴天栽植。冬季修剪在自然落叶半个月后至翌年 1 月进行。解除休眠后，新梢长至 3~4 厘米时分批抹除多余的芽；见花序或 5 叶 1 心期后陆续抹除多余的梢，新梢长至 40 厘米左右时定梢，并适时进行摘心、副梢处理。每一结果枝留 1 穗，弱枝不留果穗，中大粒种每穗控制 40~60 粒、小粒种留 80~100 粒。

临海西兰花

登记证书编号：AGI01092

地域范围

临海西兰花农产品地理标志地域保护范围包括浙江省临海市杜桥、上盘、桃渚3个镇，共190个行政村，地理坐标为东经121°29′~121°52′，北纬28°29′~28°53′，保护区域面积10 000公顷。

品质特色

临海西兰花球形高圆或近圆，球面圆整，花球紧实，蕾粒中细、均匀、色绿。花茎无空心，花球无枯黄蕾、无开散蕾粒。入口微甜，茎脆蕾糯，有清香味。

每100克临海西兰花食用部分含蛋白质3.6~5.0克、脂肪0.2~0.3克、碳水化合物2~3克、膳食纤维0.8~1.2克、类胡萝卜素10~25毫克、维生素C 110~120毫

克，萝卜硫素 50~100 毫克，还含有丰富的 B 族维生素、花青素、叶酸、类黄酮和矿物质，花球含水量 85%~88%。

人文历史

临海市是国家级历史文化名城，更是充满活力的开放城市。临海西兰花于 1989 年由上盘镇劳动村村民开始引种试种，从无到有，一举成为中国西兰花生产中心，是临海市农业"四张名片"之一。2003 年 11 月，临海市被中国优质农产品开发服务协会授予"中国西兰花之乡"称号，2011 年成为全国西兰花标准化示范县，2012 年成为国家级出口西兰花质量安全示范区。

生产特点

临海市杜桥、上盘、桃渚 3 个镇地处东海之滨，临海西兰花生产基地成片成带，以 2~3 千米的宽度沿海岸线延绵 20 多千米。基地以淡涂泥田为主，土层深厚、土壤肥沃，含有丰富的钾、钙、镁等矿物质营养。灌溉水源来自牛头山水库，百里大河贯通东西，排灌方便。临海市属亚热带季风气候，气候温和，四季分明，日照充足，降水充沛，年平均温度 17.0℃，无霜期 241 天，年平均日照 1 936.3 小时，年均降水量 1 710.4 毫米。临海冬春西兰花主要在 12 月至次年 2 月上市，临海市杜桥、上盘、桃渚等 3 个镇冬春季气温条件具有独特优势，独特的气候使临海冬春西兰花具备田间保持期长、上市季节独特、安全性突出、花球品质好、单位产量高 5 个方面的优势。

临海西兰花选用早熟品种优秀、中熟品种绿雄 90 等优良品种，积极推广当地自主选育品种。早熟品种在 8 月上旬至 9 月上旬播种，12 月至翌年 1 月上旬收获；中熟品种在 8 月下旬至 9 月中旬播种，12 月下旬至次年 2 月收获。病虫害防治贯彻以防为主、综合防治的方针，全面采用抗病品种防病，临海市冬春西兰花病虫害发生十分轻微，在 12 月中旬至翌年 2 月基本没有病虫害发生。

湖州太湖鹅

登记证书编号：AGI01093

地域范围

湖州太湖鹅产地为浙江省湖州市全境，包括吴兴和南浔2个市辖区和德清、长兴、安吉3个县，共34个镇和5个乡，地理坐标为东经119°14′~120°29′，北纬30°22′~31°11′。

品质特色

湖州太湖鹅体态高昂，体质细致紧凑，全身羽毛紧贴。肉瘤圆而光滑，无皱褶。颈细长呈弓形，无咽袋。从外表看，公母差异不大，公鹅体型较高大雄伟，常昂首挺胸展翅行走，叫声洪亮，喜追逐啄人；母鹅性情温驯，叫声较低，肉瘤较公鹅小，喙较短。全身羽毛洁白，偶在眼梢、头顶、腰背部有少量灰褐色斑点；喙、胫、蹼均橘红色，喙端色较淡，爪白色；眼睑淡黄色，肉瘤淡姜黄色。雏鹅全身乳黄色，喙、胫、蹼橘黄色。

湖州太湖鹅品质优异，风格独特。湖州太湖鹅屠宰后，整个胴体匀称、光净，肌肉丰满，腹部小而不下垂，皮肤紧凑，有弹性，有光泽，呈肉白色。分割胴体，肌肉有光泽，脂肪分布均匀，呈淡黄色。

人文历史

湖州作为我国优良地方良种太湖鹅原产地之一，在当地有着悠久的养殖历史，据《湖州府志》记载，当地在公元前350年左右就有养殖，《武康刘志》中也有关于用太湖鹅作夜间防盗的记载。随着时间

的推移，太湖鹅已融入湖州人民的生活，更是人们礼尚往来的佳品，据明嘉靖年间（1522—1566年）《湖州县志》记载，明朝时湖州人已有将鹅翎列为贡赋历史。此外，由于湖州太湖鹅外形优雅，也吸引了当地很多文人志士喜爱。史料记载，晋代大书法家王羲之于东晋永和四年末至永和七年初（348—351年）任吴兴太守（今湖州市）时，特别喜爱白鹅，有"羲之爱鹅"说法，并且被后人传为佳话。

生产特点

湖州市处于浙江北部，地形以平原、山地和丘陵为主，俗称"五山一水四分田"。湖州太湖鹅主要分布在水网平原地区，具有丰富的饲草资源。湖州市水资源十分丰富，平原河网湖荡密布，丰富、优质的水源，为湖州太湖鹅饲养提供良好的自然环境。湖州市地处北亚热带季风气候区，四季分明，降水充沛，气候温和，气候条件非常符合湖州太湖鹅的生活特性，也有利于饲料作物生长。

湖州太湖鹅的种鹅主要来源于湖州市卓旺太湖鹅原种场，种鹅的体型外貌、生产性能必须符合湖州太湖鹅要求。湖州太湖鹅肉质以70日龄最佳，肉质细嫩和松脆。肉用仔鹅每天上午、下午各放牧1次，中午赶回鹅舍。放牧时间随日龄增大延长，45日龄后可全天候放牧。放牧期间不喂饲料，牧归后和晚上进行补饲，补饲饲料用青绿饲料加适量米糠、秕谷及薯类粗饲料。放牧和补饲可增强体质，促进骨骼和肌肉的生长发育，提高鹅肉品质，充分利用牧草资源和青粗饲料。湖州太湖鹅育成60日龄后开始育肥，育肥的目的是增长体重，加快脂肪沉积，提高鹅肉的品质，育肥时间10~14天，育肥期舍饲，精饲料与青绿饲料1∶1混合饲喂，精饲料以高能量饲料为主，一般为稻谷占50%，饼粕占5%，米糠占45%。

金华两头乌猪

登记证书编号：AGI01094

地域范围

金华市位于浙江省中部，金华两头乌猪农产品地理标志地域保护范围包括金华市辖区内的婺城区、金东区、兰溪市、东阳市、义乌市、永康市、浦江县、武义县、磐安县9个县（市、区），涉及市直辖、开发区所辖的151个乡镇（街道）、5 051个村庄（社区）。地理坐标为东经119°14′~120°46′30″，北纬28°32′~29°41′，保护区域面积10 941平方千米。

品质特色

金华两头乌头猪颈部和臀尾部为黑皮黑毛，胸腹和四肢均为白皮白毛，黑白相交处有明显的黑皮白毛的"晕"带。商品猪出栏时间以8~10月龄为宜，出栏体重60~70千克。金华两头乌猪皮薄骨细，肉质鲜红，肉味香郁，肥而不腻，理化、生

化指标均优于外来品种猪。

人文历史

金华两头乌猪又称金华猪,是中国四大名猪之一。金华猪的形成历史悠久,根据金华市古方村出土的西晋(265—316年)陶猪和陶猪圈文物考证,早在1700多年前,金华、衢州(原属金华地区)一带养猪业已相当发达,由于产区山丘连绵,交通不

便,远销十分困难,迫使农民寻找加工腌制猪肉、猪腿以便贮存和远销外地的方法。据考证,金华农村腌制猪腿,始于唐朝开元年间(713—741年),距今已有1 200余年历史。

以金华两头乌猪为原料的金华火腿为世界三大著名火腿品牌之一。2008年,金华火腿腌制技艺被列为国家非物质文化遗产。

生产特点

金华地处金衢盆地东段,属典型的红黄壤丘陵盆地,丰富的丘陵资源为金华两头乌猪的发展提供了广阔空间。市域内水系发达,水质清洁,适宜养殖金华两头乌猪。全区属亚热带季风气候,四季分明,气温适中,热量丰富,降水充沛,有明显干、湿两季,年降水量1 150~1 450毫米,年平均气温16.5~17℃,这种湿润的气候非常适宜大麦、黑豆、胡萝卜等作物生长,而饲喂这些优质饲料更能促使金华两头乌猪早熟易肥、皮薄骨细、肥瘦适度、肉质优良等性状的形成和发展。

猪场应按管理区、生产区、粪污处理及隔离区3个功能区布置,各功能区界限分明,联系方便。配置与生产相适应的管理用房,管理区设在生产区的上风向,或与风向平行的一侧。金华两头乌猪按性别、年龄、体重及不同生理生产阶段进行分群管理,分段饲养。饲料以萝卜、白菜、空心菜、红薯藤、黑麦草等青绿多汁饲料及杂粮为主。

缙云米仁

登记证书编号：AGI01288

地域范围

缙云米仁（薏苡）农产品地理标志地域保护范围为浙江省丽水市缙云县辖区内的五云镇、壶镇镇、新建镇、东方镇、东渡镇、大源镇、舒洪镇、大洋镇、七里乡、双溪口乡、溶江乡、三溪乡、胡源乡、前路乡、方溪乡、石笕乡16个乡镇，地理坐标为东经119°52′~120°25′，北纬28°25′~28°57′，保护区范围总面积约20万亩。

品质特色

缙云米仁（薏苡）果实外稃白色，颖果为淡黄色，呈宽卵形；脱壳后胚乳呈乳白色，断面玉白色，粉性略糯；煮后汤呈乳白色，略带清香，无渣，味微甜。

缙云米仁（薏苡）中水分含量不超过13.0%。总灰分含量不超过2.0%，种仁中粗蛋白含量不少于13.0%，醇溶性浸出物含量不少于5.5%，脂类含量不少于3.0%。

人文历史

缙云米仁栽培历史悠久。传说在黄帝轩辕氏炼丹的配药中就有缙云米仁。据元朝至正八年（1348年）《仙都志》（仙都山位于缙云县境内，古名缙云山）记载，草木可药者有芍药、白术、覆盆子、薏苡仁等178种，列为当地中药材资源。缙云县民间历来就有在田头地角或低洼田块或沟渠边种植米仁的习惯，在民间还普遍采用猪肚装米仁煮着吃的习俗。有民间小调："苡米胜过灵芝草，食药营养价值高，常食可以延年寿，返老还童功能高。"

改革开放后，缙云米仁产业有了长足发展，特别是进入21世纪后，缙云米仁作为注射用薏苡仁油专用生产原料，引起了社会各界的广泛关注，并屡获浙江省农业博览会金奖。

生产特点

缙云县境内群峰崛起，地势高峻，地势高低悬殊，气候、植被、耕作制度等垂直分布明显，土壤类型具有多样性。区内山涧密布，山塘和小型水库众多，为缙云米仁（薏苡）生产提供了充足而且清洁优质的灌溉水资源。当地属中亚热带季风气候区，四季分明，温和湿润，日照充足，总体气候条件优越，年平均气温13.5~17.2℃，无霜期212~243日，年降水量1 373~1 789毫米，气候条件适宜缙云米仁的种植生长。

缙云米仁（薏苡）属于药食两用，其品质要求相对较高，在生产过程中具有特定的生产方式。种植以向阳、潮湿、土层深厚、肥力较好的沙质壤土为宜，品种选用当地野生驯化的缙云米仁（薏苡）传统地方品种薏苡浙7号。

平阳黄汤茶

登记证书编号：AGI01393

地域范围

平阳黄汤茶农产品地理标志地域保护范围为浙江省温州市平阳县水头镇、鳌江镇、山门镇、腾蛟镇、昆阳镇、万全镇、南雁镇、顺溪镇8个镇，涉及42个村，地理坐标为东经120°24′~121°08′，北纬27°21′~27°46′，保护区域面积为971.5平方千米。

品质特色

平阳黄汤茶是选用平阳特早茶或本地群体种等茶树品种优质鲜叶为原料，采用特定加工工艺精工细制而成的，品质优异，风味独特。干茶色泽嫩黄，汤色杏黄明亮，香气香高持久，滋味甘醇爽口，叶底嫩匀成朵。

平阳黄汤茶的干茶水分含量6%以下，总灰分含量低于6.5%，碎末茶含量低于2%，粗纤维含量低于14%，水浸出物含量高于38%。

人文历史

平阳自然条件优越,产茶历史悠久,享誉甚早。早在唐代,平阳就已产茶,据《唐书·食货志》载:"浙产茶十州,五十五县,有永嘉、安固、横阳、乐城四县名。"宋代,温州郡建茶场于平阳,设置专管茶叶机构,缴纳茶税。

平阳黄汤茶始制于清乾隆年间,以上乘的品质,独特的风味,深受朝廷青睐,遂纳入贡品。一直到光绪、宣统年间,该茶仍作为贡品进奉朝廷。民国时期,每年有千余担平阳黄汤茶销往北京、天津等地,产品深受消费者青睐。

平阳黄汤茶先后荣获第十届国际名茶评比金奖、中国国际茶业及茶艺博览会金奖、中国四大黄茶品牌等荣誉。2013年,浙江省政协原主席、中国国际茶文化研究会会长周国富先生为平阳黄汤茶题词"平阳黄汤,乾隆贡品"。

生产特点

平阳县地质属浙闽太平洋沿海基底隆起带,以火山形成地貌为主,海拔落差悬殊,土壤类型随地形地貌的不同而不同,以红壤类、黄壤类为主,有机质含量1.1%~3.9%,极适宜茶树生长。鳌江是当地的主要河流,由西向东横贯全境,水质良好,灌溉便利。平阳属中亚热带海洋性季风气候,四季分明,气候温和,降水充沛,常年平均气温为17.9℃,年总积温6 539℃,高于10℃的年有效积温为5 653℃,无霜期277天,年日照数1 866.85小时,年降水量1 631.6毫米,有利多种作物的生长发育。

为确保平阳黄汤茶的品质特色,茶园应注意增施有机肥;病虫草害防治以"预防为主,综合防治"为原则,采用农业、物理、生物等防治方法;加强茶园管理,春茶后要台刈,提早发芽时间,保持芽头粗壮。平阳黄汤茶采摘标准为一芽一叶初展至一芽二叶,茶树蓬面每平方米达到10~15个标准芽为开采适期。鲜叶用竹制器具盛装,就近加工,原料按照摊青、杀青、揉捻、一闷、一烘、二闷、二烘、三闷、三烘等特定工艺流程进行加工。

里叶白莲

登记证书编号：AGI01394

地域范围

里叶白莲的农产品地理标志地域保护范围为浙江省建德市梅城镇、乾潭镇、三都镇、大洋镇、杨村桥镇、下涯镇、莲花镇、寿昌镇、航头镇、大慈岩镇、大同镇、李家镇、新安江街道、洋溪街道、更楼街道15个乡镇（街道），涉及128个行政村，地理坐标为东经118°54′~119°45′，北纬29°13′~29°46′，保护区域面积10万亩。

品质特色

里叶白莲为子莲，其莲子外形为圆形或卵圆形，颗粒均匀饱满，果实长1.3~1.4厘米，宽1.1~1.3厘米，长宽比为1.2~1.3。白莲肉色乳白略微黄，有光泽，而其他产地的白莲色泽偏黄。里叶白莲烘干后，莲肉中含有丰富的芳香油，具有浓郁的清香，蒸煮后更是芳香四溢、浓郁飘逸、令人闻而生津。里叶白莲淀粉含量较高，才有了易煮熟、久煮不散、汤色清纯、细腻、绵糯、可口的独特风味。

人文历史

建德市位于长江三角洲南翼，浙江西部，钱塘江的中上游。种莲历史可追溯到唐代。当时睦州城就建有荷池，开始种莲。南宋时期，寿昌县西湖畔种植子莲，当初被称为寿莲,而后县官去里叶村察访,看中狮子山背靠北、田朝南、避西风、土地肥沃,宜种子莲,此后便在里叶村种植子莲,该子莲颗粒大,粉白,远近闻名,从此被称为里叶白莲。南宋宋宁宗皇后杨桂枝(1162—1233年)是严州淳安人,其侄杨谷居建德杨溪(即现洋溪),封新安郡王,严州府将里叶白莲送进皇宫,被钦定为皇宫贡品,明朝时仍沿袭为贡品,《严州府志》有文字记载。宫廷御膳"八珍汤",其中首味就是白莲。

1998年,里叶白莲获浙江省优秀农产品金奖,2002年获浙江名牌产品称号。2002—2007年,里叶白莲连续数年荣获浙江省农业博览会金奖。

生产特点

里叶白莲产区以低山丘陵地貌为主体,水田主要有洪积泥沙田等6个土种,分布面积较广,有较好的保水保肥性能,pH值5.5~7.5,适宜莲子生长。保护区地处亚热带中部,属亚热带北缘季风气候区,气候温暖湿润,四季分明,年平均积温6180℃,无霜期254天。7—9月莲子盛花期间昼夜温差大,平均达10℃以上,有利于莲子中淀粉、蛋白质等成分的积累;7—9月充足的日照有利于喜光作物莲子的生长,使莲子籽粒膨大饱满。在莲子生长旺期的3—7月,雨水较多,平均相对湿度为78%,湿度大能保持莲子柱头湿润,有利于莲子受粉。

里叶白莲目前主要推广的品种为十里荷1号等,3月下旬进行种前准备,4月下旬至5月中旬是幼苗期,5月中旬至6月中旬为成苗期,6月下旬至9月下旬为花果期,10月上旬至10中旬为成藕期,11月至翌年3月中旬为越冬期。当莲蓬出现褐色斑纹、莲子与莲蓬孔格稍有一丝分离、莲子果皮带浅褐色时采摘,一般都在每天傍晚采摘,以便第二天一早就可开始加工。里叶白莲的传统加工技术主要包括采摘、剥粒、去壳、去膜、通心、清洗、烘晒等工序,全部为手工操作,每个工序都有严格要求。

龙泉金观音

登记证书编号：AGI01519

地域范围

龙泉金观音农产品地理标志地域保护范围为浙江省龙泉市龙渊街道、剑池街道、西街街道、塔石街道、兰巨乡、八都镇、上垟镇、竹垟镇、锦溪镇、住龙镇、宝溪乡、查田镇、小梅镇、屏南镇、安仁镇、龙南乡、道太乡、城北乡、岩樟乡共计8镇7乡4个街道，涉及444个行政村，地理坐标为东经118°42′~119°25′，北纬27°42′~28°42′。

品质特色

清香型的龙泉金观音，外形呈螺钉形，紧结重实，深绿鲜润；汤色蜜绿明亮，花香，滋味鲜醇，叶底软匀绿亮；典型品质特征为"螺钉形、花香浓"。

浓香型的龙泉金观音，外形呈条索形，叶端扭曲，色泽褐润；汤色橙黄明亮，蜜果香，滋味醇厚，叶底褐绿边红；典型品质特征为"蜜果香浓、褐绿边红"。

人文历史

史载龙泉地区在三国时即已产茶，《龙泉县志》记载，明成化年间（1465—1487年）岁贡"芽茶四斤"。五代十国时，龙泉人季大蕴曾赴闽地武夷山引茶，并在龙泉当地传授武夷山的种茶和做茶技术，始称"天茶"。顺治年间（1644—1661年）《龙

泉县志》记载，"天茶"产于龙泉天堂山，山下别有净室，岭半有盘茶王殿（现还存有遗迹）。清乾隆年间（1736—1795年），龙泉诗人在《茶厂谣》中写道，"龙泉邑大二百里，邑里山山有茶树""家家派茶务，输茶日日到茶厂"。清代张作楠在处州府任府学教授时所著的《梅簃随笔》

记载："龙泉西南二乡，产云雾芽茶，每岁清明后谷雨前，县令发价采办，额定贡茶24斤，色味双绝……"

近年来龙泉金观音产品相继获得国际名茶评比金奖、"中茶杯"特等奖、"浙茶杯"金奖、"中华文化名茶"等荣誉称号，被誉为继龙泉青瓷、龙泉宝剑之后的龙泉"第三宝"。

生产特点

龙泉市的主要地貌是山，此外还有丘陵、平原，森林覆盖率达到84.2%，有"九山半水半分田"之谓。土壤以黄红壤土面积最大，山区茂密的森林树叶落地，经分解形成灰化棕色森林土，有机质含量高，土壤疏松肥沃，适宜茶树的生长。龙泉市境内水系发达，水源充足，水质清洁。龙泉市位于中亚热带气候区，四季分明、降水充沛、温暖湿润，年平均气温16.9~17.5℃，无霜期226~263天，年降水量1 564~1 824毫米，年日照时数为1 740.9小时，年平均相对湿度为79%，因地形复杂，海拔高低悬殊，气候基本呈垂直分布，光、温、水地域差异明显。

为保证龙泉金观音的品质特色和茶叶质量安全，茶园的培肥管理应做到重有机肥，基肥与追肥相结合，春肥与夏秋肥相结合，根肥与叶面肥相结合，同时推广套种绿肥。病虫害防治上应按照"预防为主，综合防治"的方针，以农业防治作为基础，尽量采取生物防治、物理机械防治措施。鲜叶采摘标准为中小开面2~3叶，以晴朗天气的上午9时至下午4时采摘的鲜叶质量最佳，做到"成熟一批，采摘一批""树冠内、外分批采"。清香型龙泉金观音的加工工艺流程：晒青—做青（摇青、晾青）—杀青—包揉—干燥—毛茶。浓香型龙泉金观音的加工工艺流程：萎凋—做青（摇青、晾青）—杀青—揉捻—干燥（初烘、复烘）—毛茶。

庆元灰树花

登记证书编号：AGI01520

地域范围

丽水市庆元县地处浙江省西南部，庆元灰树花农产品地理标志地域保护范围为庆元县黄田镇、竹口镇、岭头乡、五大堡乡等6个镇、10个乡与3个街道，涉及8个社区、345个村，地理坐标为东经118°50′~119°30′，北纬27°25′~27°51′，保护区域面积120平方千米。

品质特色

灰树花俗称"栗蘑"，是食药兼用蕈菌。庆元灰树花子实体簇生叶片，整体呈半球形，直径一般为15厘米左右，基部相连，珊瑚状分枝。叶片灰褐色，扇形或匙形。叶片表面有放射状条纹，边缘薄；背面白色，满布菌管孔。

庆元灰树花子实体肉质柔软，脆嫩味美，味如鸡丝，脆似玉兰，有松口蘑的香味，可以烹制成多种佳肴；子实体营养丰富，富含蛋白质、铁、硒、维生素 B_1、维生素 B_2、维生素 E，并含有以 β-葡聚糖为主的灰树花多糖等活性成分，具有提高人体免疫功能、预防糖尿病和抗肿瘤等作用。

人文历史

庆元县是国内率先取得灰树花人工栽培成功的地区和全国最大的灰树花主产地。1985 年庆元县食用菌科研中心吴克甸等发表了国内首篇灰树花人工栽培技术论文《灰树花栽培初探》。20 世纪 90 年代起，当地大面积推广灰树花的生产，2009 年，庆元县黄田镇被中国食用菌协会授予"中国灰树花之乡"称号。庆元县灰树花年产量 8 000 多吨，占全国总量 80% 以上。

生产特点

庆元县是瓯江、闽江、福安江的发源地，拥有庆元林场、实验林场、产业公司等国有林场和一批乡（镇）、村集体林，各地还营建菇木、竹笋、柑橘、锥栗等经济林基地，森林覆盖率达 86%。生产用水主要为地下水，水质优良，丰富的自然资源，良好的生态环境，能很好地满足庆元灰树花对环境的严格要求。庆元地形属中山区，多崇山峻岭、深谷陡坡，全县 800 米以下的山地主要是红壤，仅在海拔 750~800 米以上的山区有黄壤分布。适宜的海拔高度、土壤条件是庆元灰树花生长的必要条件。气候属亚热带季风气候，温暖湿润，四季分明，年平均气温 17.4℃，年降水量 1 760 毫米，无霜期 245 天，亚热带季风性湿润气候最适宜庆元灰树花等菌类生长。

庆元灰树花每年可进行春秋两季栽培，春栽 1—2 月接种，秋栽 7—8 月接种，海拔愈高春栽接种期愈迟，秋栽则接种期愈早。采用杂木屑、棉籽壳、山表土、麦麸、玉米粉、红糖、石膏和水配制培养基。菌棒的制作流程为配料、搅拌、装袋、灭菌、接种和培菌，菌丝布满全袋后，在 20℃ 左右即可进行割口，同时提高出菇场地的空气相对湿度，相应增加光照强度，7 天左右形成子实体原基。之后子实体进入分化生长阶段要加强温度、湿度、空气的合理调控，随着子实体的生长，加强通风以保持空气清新，同时逐步增加光照强度。经 20~25 天的培养，子实体即可成熟采收。

金华佛手

登记证书编号：AGI01521

地域范围

金华市位于浙江省中部，金华佛手农产品地理标志地域保护范围为金华市的婺城区、金东区、兰溪市、东阳市、义乌市、永康市、浦江县、武义县、磐安县、金华经济开发区，涉及151个乡镇（街道），地理坐标为东经119°14′~120°46′30″，北纬28°32′~29°41′，保护区域面积10 941平方千米。

品质特色

佛手是一种很特殊的果实，整个果实就由外果皮（黄色层）和中果皮（白色层）组成。佛手指形清晰舒展，果皮金黄色，果肉玉白色；味微苦而甘，气辛香浓郁持久，果实质地饱满。金华佛手果含多种氨基酸、脂肪及矿物质等营养成分，其中，有人体必需氨基酸7种，鲜果中维生素C含量为18~22毫克/100克，钙含量为270~290毫克/千克。

人文历史

金华种植佛手历史已近千年。好山好水孕仙果，金华市这片古老美丽的土地是道家文化的栖息地和传播地，孕育出佛手这种神奇的植物。佛手果实似花非花，似果非果，有的似观音玉手，有的仿佛力士的拳头，也有两者兼之，奇妙无比，人们誉它为"果中仙品，世间奇卉，药

中王"。

《重修浙江通志稿》记载:"抗战前,金华佛手八万只,畅销于沪、苏。"改革开放以来,金华佛手迅速发展,在当地政府的大力引导和推动下,佛手种植规模迅速扩大,已成为继金华火腿之后又一具有鲜明地方特色产品,金华佛手连续10年获浙江省优质农产品金奖,并先后在华东农产品交易会、中国花卉博览会(山东展区)、浙江省农业博览会上获得金奖。

生产特点

金华市三面环山,中部和西部为宽谷平原,概称"六山半水三分田,半分交通居民点"。土质含微酸性沙壤土,土质疏松肥沃,非常适应金华佛手的种植。金华降水充足,年降水量1 426.2毫米,水中含有丰富的矿物质,各地都有大小不等的溪流、河流及水库,灌溉极为方便。当地属亚热带季风气候,四季分明,年温适中,热量较优,日照热量资源丰富,多年平均气温17℃左右,无霜期250天左右,年平均日照时数2 089.9小时,为浙江省日照时数最多的地区之一,有利于农作物生长。

金华佛手生产种植有其特定的生产方式和技术要求,必须从育苗、盆栽佛手管理、病虫害防治等进行全程控制。金华佛手育苗方法以无性繁殖的方式进行,主要方法有扦插法、嫁接法、高压法、组织培养等。由于佛手属单性结实,果实中无种子,所以自然条件下不能通过有性繁殖育苗。金华佛手分为盆栽佛手和地栽佛手。以盆栽佛手盆景为生产目的,在幼苗培育期就开始整形;以采果及嫁接佛手小盆景为主要生产目的,则可用地栽的方式。

湖州湖羊

登记证书编号：AGI01608

地域范围

湖州湖羊产地为浙江省湖州市域全境，辖吴兴和南浔2个区，以及德清、长兴、安吉3个县，涉及44个乡镇、511个行政村，地理坐标为东经119°14′~120°29′，北纬30°22′~31°11′。

品质特色

湖羊属短脂尾绵羊。体格中等，头狭长而清秀，无角，鼻骨隆起，眼大凸出，多数耳大下垂。颈细长，体躯偏狭长，肩胸较狭窄，背腰平直，腹微下垂，尾扁圆且尾尖上翘，四肢偏细而高。母羊尻部略高于鬐甲，乳房发达。公羊体型较大，前躯发达，胸宽深，胸毛粗长。

湖羊产肉性能高，屠宰率和净肉率分别为52%和38%左右。湖羊肉质细嫩多汁，胴体美观、匀称、光净、有弹性，肉呈棕红色，脂肪分布均匀。湖羊初生所宰剥的小湖羊皮皮板轻柔、毛色洁白、花纹呈波浪状、光泽美观。

人文历史

湖羊原来叫做胡羊，源于北方蒙古羊，距今已有1 000多年历史。据历史资料记载，南宋迁都临安，黄河流域的居民大量南移，同时把饲养在冀、鲁、豫的"大白羊"携至江南，主要饲养在江浙两省交界的太湖流域一带。又据宋《谈志》记载，原先湖羊主要分布于浙江西北部的安吉、长兴等县，后来逐渐由山

区移向平原，由放牧转入舍饲，经过人们长期驯养和选育，逐步形成了湖羊品种。

21世纪以来，羊肉消费需求日益增加，规模化、生态化、标准化养殖不断发展，湖州湖羊产业发展迅速，湖州市多次举办湖羊文化节和赛羊会，湖羊文化得到了弘扬。南浔区练市镇被授予"湖羊文化名镇"荣誉称号，长兴县吕山乡被授予"浙江湖羊之乡"称号，练市镇荣膺浙江省餐饮协会颁发的"红烧羊肉第一镇"美誉。2015年，长兴吕山湖羊获得全国"十大魅力农产品"称号。

生产特点

湖州市地处浙江北部，是一个河流成网、交通方便、土壤肥沃、适宜发展粮食与畜牧等综合性农业生产的地区。独特的水网区域和丘陵平原相间的环境，给湖州湖羊生产提供了优越的环境条件，同时也给饲养区间形成理想的防疫隔离屏障。湖州市地处北亚热带季风气候区，季风显著，四季分明，雨热同季，降水充沛，光温同步，日照充沛，地形起伏高差大，垂直气候较明显。独特的气候条件非常适合湖州湖羊的生活，有利于提高湖州湖羊品质，同时也有利于水稻、桑树、蔬菜和茶叶种植，以及牧草和饲料作物生长，更形成了"桑基鱼塘"的特色，为湖州湖羊生产提供丰富的农作物秸秆饲料资源，更为湖州湖羊提供良好的饲养场地。

羊舍一般为坐北朝南建设，偏东不超过30°，保持羊舍纵向轴线与当地常年主导风向呈一定的角度。羊场内必须配备栅栏、食槽、饮水槽或自动乳头式饮水器、羔羊补料槽、冰箱等设施。湖羊以本品种选育为主，后备种羊应考虑同胞数、羔皮等级和体重等选育指标，尽量从多羔的母羊后代中选留个体。为保证湖羊生长所需的充足营养，出栏前45~60天进行短期育肥，育肥后期严格执行休药期管理。

永康方山柿

登记证书编号：AGI01680

地域范围

永康方山柿农产品地理标志地域保护范围包括浙江省永康市的13个区镇（街道），北至唐先镇安坑村，东至西溪镇后岗头村，南至前仓镇大坞村，西至花街镇陈弄坑村，地理坐标为东经119°53′38″~120°20′48″，北纬28°45′31″~29°06′19″。

品质特色

成熟的永康方山柿果实圆形或方圆形，果顶平，果顶十字沟浅，萼片直立，柿蒂方形、平展；单果重125克左右；成熟的果实色泽鲜艳，橙黄至橙红；果肉颜色与果皮相近，肉质细腻，汁液丰富，甘醇适口，香气独特，纤维少，充分成熟的果实甚至可插入吸管将果肉吸净，无核或少核，可食率高，品质特佳。

永康方山柿营养丰富，果肉中可溶性固形物含量18%~25%，蛋白质含量0.56%~0.75%，碳水化合物含量17%~19%，脂肪含量0.05%~0.06%。此外，每100克果肉中含有维生素C 33~38毫克、胡萝卜素0.25~0.35毫克、钙7.3~8.5毫克、铁0.085~0.095毫克。

人文历史

永康方山柿久享盛名，具有上千年的栽培历史，早在宋朝时就被列为贡品。南宋著名政治家、思想家、文学家、永康状元陈亮在《永康地景赋》中称"尝方山柿，其味如兰"。明朝正德七年（1512年）、清朝康熙三十七年（1698年）

及道光十七年（1837年）等《永康县志》"物产"一栏果类中均有柿记载。康熙年间流传下来的描写方山柿丰收的诗歌众多，如"人间何处觅丹砂，染就离离柿实华。恰喜初晴题好句，一天彩落满林霞"，又如"赤实离离结蒂悬，柿林一望晚增妍。霞光倒影珠玑来，日色添红琥珀鲜。叶上斑斓书自进，枝头紫翠鸟难前。由来胜地珠堪赏，指点秋原未肯还"。

通过多年的努力，永康方山柿创牌工作取得了显著的成绩。2002年永康方山柿乡土品种被浙江省林业厅认定为林木良种，并先后被浙江省和金华市名牌产品认定委员会认定为"浙江省名牌产品""金华市名牌产品"。2008年，中国经济林协会授予永康市"中国方山柿之乡"称号。

生产特点

永康市的地形以丘陵盆地为主，土壤类型主要有黄壤、红壤、潮土、水稻土和岩性土，其中红壤面积最大。境内的河流短而多，山塘、水库较多，灌溉水源较为便利。种植区域属于亚热带季风气候区，四季分明，光热资源丰富，年平均气温17.5℃，无霜期245天，年日照时数为1 909小时，年降水量为1 328.8毫米，优越的气候条件适宜永康方山柿的种植生长。

方山柿的定植时间为秋季落叶后至次年春季萌芽前，每穴施腐熟有机肥50~80千克，并在6月下旬至7月上旬进行追肥。在柿苗定植1年后开始进行整形，成年树修剪在12月至次年的2月。生长期修剪采取抹芽、扭梢、摘心、拉枝、环割等措施，确保柿树的优质生产。视柿果的用途确定采收时间，用于贮存的柿果八成熟时采收，用于鲜销的柿果则九成熟时采收。

兰溪小萝卜

登记证书编号：AGI01681

地域范围

兰溪小萝卜农产品地理标志地域保护范围为浙江省兰溪市所属的兰江街道、云山街道、上华街道、永昌街道、赤溪街道、女埠街道、游埠镇、诸葛镇、黄店镇、香溪镇、马涧镇、梅江镇、横溪镇、灵洞乡、水亭畲族乡、柏社乡16个乡镇（街道），涉及646个行政村，地理坐标为东经119°13′30″~119°53′50″，北纬29°05′20″~29°27′30″，保护区域面积55万亩。

品质特色

兰溪小萝卜肉质根倒卵形，皮薄洁白，表面无须根，无凹凸斑点，肉质细嫩致密，单个重25克左右；加工后外形不变，小巧玲珑、色白形美，入口脆嫩、爽口味鲜。兰溪小萝卜碳水化合物含量不低于5%，每100克鲜品中含有维生素C 18毫克

以上、钾 125 毫克以上、磷 10 毫克以上、钙 12 毫克以上、铁 0.1 毫克以上、锌 0.15 毫克以上。

人文历史

兰溪小萝卜种植历史悠久。据《兰溪市志》记载，当地从明代就开始种植萝卜；清代李渔在《闲情偶寄》饮馔部专门对萝卜作了描述。相传，距今千年的得道大仙黄初平，出生于兰溪黄湓村（今兰溪市云山街道黄湓），少年时家境贫困，以牧羊谋生，在"女儿滩"（今兰溪外圩州灵羊岛）牧羊，经常忍饥挨饿。一日忽然天放异彩，仙人驾临，仙人授予黄初平小萝卜种子和种植腌制技术，并告知他放羊之地即是最佳种植之地，种植的萝卜叶可喂羊，根茎（萝卜）亦粮亦蔬，供人食用，黄初平学成，并长期食兰溪小萝卜，后化成仙人，被后人奉为黄大仙。黄初平所牧之羊因长期食用小萝卜菜叶，在黄初平成仙后，也变成灵羊。

兰溪小萝卜有"江南小人参"之喻，其腌制技艺被列入金华市级非物质文化遗产名录，并多次获浙江省农业博览会优质农产品金奖、"杭州市民最喜爱的十大品牌农产品"等荣誉。

生产特点

兰溪市地处浙江省中西部，为浙中丘陵盆地地貌，自古有"六山一水三分田"之称。兰溪小萝卜主产区在兰溪"三江五溪"两岸，该区域土壤由河沙冲积发育而成，土质通透性好，耕作层厚，冬季地下水位低，是兰溪小萝卜生长的适宜土壤。兰溪境内江河皆属钱塘江水系，河流众多，水源丰富，灌溉水源便利。兰溪属亚热带湿润季风气候，温暖湿润，夏热多雨，年平均气温 17.7℃，年日照时数为 2 007 小时，年降水量 1 364 毫米，无霜期 270 天左右，气候条件较为优越。

兰溪小萝卜适宜通透性好的壤土或沙壤土，耕作层厚 15 厘米以上。种植品种以"板叶种"为主，另有少量"花叶种"。兰溪小萝卜适宜于高密度种植，播种方式以撒播为宜，每平方米确保有 90 株左右的萝卜苗。最适宜的播种期为 9 月下旬到 10 月初，肉质根平均每株达到 25 克左右时分批及时采收。采收后当天进入加工流程。兰溪小萝卜的腌制流程为：原料处理—腌制—挑削—脱盐—消毒—漂洗—配料—灌装。

常山猴头菇

登记证书编号：AGI01750

地域范围

常山猴头菇是浙江省衢州市常山县特产，其农产品地理标志地域保护范围包括球川镇、白石镇、青石镇、招贤镇、芳村镇、辉埠镇、何家乡、同弓乡、新昌乡、大桥头乡、东案乡、金川街道、紫港街道、天马街道14个乡镇（街道），涉及180个行政村，保护区域面积20 000公顷，地理坐标为东经118°15′~118°45′，北纬28°46′~29°13′。

品质特色

常山猴头菇的鲜菇色泽洁白或淡黄色，外形球形至扁半球形，无柄，直径3~15厘米，肉质细嫩，表面密布针形菌刺，菌刺长0.2~1.5厘米。鲜品有猴头菇特有清香，口感嫩滑，成熟后味微苦；干品呈淡黄色至黄褐色，香味浓郁，味微苦。

常山猴头菇营养丰富，富含蛋白质、维生素，以及钾、钙、铁、锌等，并含有猴头菇多糖等活性成分。干品含蛋白质12.0%以上、脂肪3.0%以上、粗多糖3.0%以上。

人文历史

猴头菇是一种珍贵的食用菌，明、清时皆以"山珍"被列为贡品。1979年，常山县利用金刚刺酿酒残渣培育出猴头菇，而

后经紫外线诱变选育出常山猴头 99 号菌株,至此常山猴头菇正式面世。1984 年,常山猴头菇在北京人民大会堂举行品尝会,时任全国人大常委会副委员长的严济慈题词"常山猴头、浙江一宝"。1985 年,爱新觉罗·溥杰为常山猴头菇题字"山珍猴头、海味燕窝"。2006 年,常山猴头菇被浙江省农业厅评为"浙江名菇"。2014 年,常山县政府将常山猴头菇提升到"常山三宝"高度,进一步打造金名片。

生产特点

常山县地貌属低山丘陵型,境内多山,素有"八山半水分半田"之说。种植区域位于中亚热带北缘地带,森林覆盖率达 73.2%,享有"绿色常山、天然氧吧"的美誉。常山县属亚热带季风气候,四季分明,气温适中,年平均气温 17.4℃,平均无霜期 238 天,热资源较丰富;降水充沛,雨热同季,空气湿润,年降水量在 1 500~1 900 毫米,年平均湿度在 73%~78%。优越的自然环境和气候条件适宜猴头菇的种植生长。

常山猴头菇宜选用常山猴头 99 号等优良品种。栽培基质为棉籽壳(也可使用甘蔗渣或玉米芯、玉米粉)、杂木屑、麸皮、石膏或轻质碳酸钙。9 月下旬至 10 月中旬制袋,灭菌后接种,培养至菌丝长满菌棒,即可转入菇房出菇管理。当年 10 月下旬至翌年 4 月出菇,出菇适宜温度为 16~20℃,菇蕾形成后,约经 10 天子实体发育成熟即可采收,一般可收 3~4 潮菇,生物学效率可达 100% 以上。

绍兴兰花

登记证书编号：AGI01751

地域范围

绍兴兰花生产地域范围是浙江省绍兴市柯桥区，包括马鞍镇、柯桥街道、柯岩街道、华舍街道、湖塘街道、钱清镇、杨汛桥镇、齐贤镇（柯开委）、福全镇、安昌镇、夏履镇、漓渚镇、兰亭镇、平水镇、王坛镇、稽东镇16个镇（街道），涉及370个行政村，保护区域面积约1 040平方千米，地理坐标为东经120°35′00″~120°46′39″，北纬29°42′02″~30°19′15″。

品质特色

绍兴兰花以香气纯正、瓣形端庄、开品坚挺、质感醇厚、色泽清雅、株型秀美、具有仙风神韵而著称于世。特别是绍兴兰花香气清幽，时有时无，久闻不腻，其花艺变幻莫测，欣赏点层出不穷，品种繁多，其中的春兰和蕙兰名种，在兰界享有盛誉。

春兰，株型较为矮小，肉质根，叶一般4~6枚，丛生，假鳞茎卵球形，较小。花单生，少数一茎2朵，以淡绿色和黄绿色为主，花期2月中旬至3月中旬，香气清幽。

蕙兰，株型较为高大，肉质根，根系发达，叶一般5~8枚，丛生，无明显的假鳞茎。花通常一茎5~18朵，以黄绿和翠绿为主，总状花序，花期3月底至4月底，香气清远。

人文历史

绍兴兰花种植历史悠

久，宋朝宝庆年间（1225—1227年）《会稽续志》（绍兴旧称会稽、山阴）记载："兰，《越绝书》曰，句践种兰渚山；旧经曰，兰渚山，句践种兰之地，王谢诸人修禊兰渚亭。"说明春秋时期，绍兴地区已开始种植兰花。晋代，会稽一带养兰渐盛，王羲之曾邀友人谢安、孙绰

等41人聚会山阴兰亭，修禊作诗，王羲之作《兰亭集序》。宋代，绍兴民间庭园普植兰花，屡见于宋代诗歌与文献，陆游诗《稽山行》曰"会稽多名山，开迹自往古。家家富水竹，处处生兰杜"，可见会稽山兰花茂盛。明代，会稽山区盛产兰花，万历年间（1573—1620年）的《绍兴府志》与《会稽县志》皆称："兰，会稽山甚盛。"清代，绍兴兰业更盛，康熙年间（1662—1722年）《会稽县志》曰："兰，今会稽山甚盛，凡山皆有，而出自南镇、秦望山者最佳。"绍兴兰花先后在国际国内各级兰展和兰博会中获得400余项金银铜奖，其中金奖、特别金奖140余项。

生产特点

绍兴柯桥区地处浙西山地、丘陵和平原的交接地带，地貌类型比较复杂，形成了低山崎岖、丘陵起伏、河谷遍布的地貌特征。在亚热带季风气候影响下，土壤风化比较彻底，土壤类型丰富，以黄泥沙土为最多，土壤有机质平均2.36%，pH值5.6，是兰花理想的生长土壤，绍兴人称之为"兰花泥"。绍兴柯桥属亚热带气候区，季风显著，四季分明，气候温和，湿润多雨，区域性小气候特征表现得比较充分，年平均气温在16.4℃左右，年降水量一般在1400毫米以上，气候条件优越。

春兰宜生长在散射光照射、温度5~30℃、半阴半阳、不干不湿、土壤透水性好的环境中，蕙兰的栽培场所较春兰略偏干、偏阳。植料要求透气性、吸水性及透水性佳。兰花主要依靠分株繁殖，每年种（分）植时间为9月底到翌年4月底、春季2—3月、秋季9—10月为最佳。浇水以选用弱酸性水为宜，浇水总的原则是保证盆内植料常年"不干不涝，润而不湿"。施肥宜淡不宜浓，原则是薄肥勤施，壮苗多施，弱苗、小苗和病苗少施甚至不施。兰花生长过程中会长出很多根系并发生拥挤，同时使盆内植料养分大量消耗，且其颗粒的物理性状也已不再适合兰草生长，因此一般两年内需换土（植料）一次。

宁波市
（计划单列市）

奉化水蜜桃

登记证书编号：AGI00236

地域范围

奉化水蜜桃农产品地理标志地域保护范围为宁波市南郊奉化市境内6镇5街道，即溪口镇、尚田镇、莼湖镇、裘村镇、松岙镇、大堰镇、锦屏街道、岳林街道、萧王庙街道、江口街道、西坞街道，地理坐标为东经121°03′~121°46′，北纬29°25′~29°47′。

品质特色

奉化水蜜桃素有"琼浆玉露，瑶池珍品"之美誉，并以其果型美观、肉质细软、汁多味甜、香气浓郁、皮薄易剥、入口即溶、回味无穷的独特品质而驰名。

奉化水蜜桃果重150克以上。早熟品种可溶性固形物含量10%以上，中熟品种可溶性固形物含量12%以上，晚熟品种可溶性固形物含量13%以上，果汁中总酸量不超过0.268克/100毫升。

人文历史

奉化水蜜桃是浙江宁波奉化市的传统名果，栽培历史悠久、品种资源丰富。《幽明录》中记载，距今2 000年的汉明帝时奉化就有桃栽培。南宋奉化三石人陈著在《徐凫蛟瀑》中有"满山药味增新色，夹岸桃花胜旧年"诗句，说明奉化从宋朝起，桃就开始规模栽培。清光绪九年（1883年），溪口东岙三十六湾村园艺老人从上海带回龙华"水蜜桃"，培育出品质卓越的"玉露"品种，经过多年品种筛选，成为奉化特有的地方水蜜桃品种，也是我国四大传统名优桃品种之一，因其品质优异，取琼浆玉露之义，名曰"玉露水蜜桃"。1996年3月，奉化市被国务院发展研究中心农村发展研究部等部门联合命名为"中国水蜜桃之乡"。

生产特点

奉化水蜜桃主要种植在坡度小于20°的低山缓坡，土壤以沙壤、沙砾壤土为主，土层深厚肥沃，有机质含量不低于1%。奉化水蜜桃对水分要求较低，灌溉用水主要以山地积水塘、积水池内所积蓄雨水为主。奉化属亚热带季风性气候，四季分明，温和湿润，年均气温16.3℃，年降水量1 350~1 600毫米，年日照时数1 850小时，无霜期212天，昼夜温差较大，气候条件十分适宜水蜜桃栽培。

奉化水蜜桃品种选择应将早、中、晚熟不同成熟期品种进行搭配。水蜜桃喜光怕湿，在栽培过程中注意排水沟通畅，整形采用三主枝或二主枝自然开心形，加强生长期修剪，控制树势，保持内膛光照充足；因水蜜桃坐果率较高，为保证产品质量，必须进行疏花疏果，并用水蜜桃专用袋套袋。水蜜桃果实不能在采收后凭借后熟作用来增进品质，其固有的品质、色泽、风味必须在树上完成，同时，如采收过迟，果实变软，容易落果，糖分反而降低，风味差，不耐贮运，因此采收必须适时。

鄞州雪菜

登记证书编号：AGI00372

地域范围

鄞州雪菜在宁波市鄞州区境内都有种植，主产地分布在邱隘、五乡、东吴、下应、首南、姜山、横溪、云龙、瞻岐、咸祥、塘溪、章水12个镇和街道，地理坐标为东经121°08′~121°54′，北纬29°37′~29°57′。

品质特色

鄞州雪菜株高47.5~49.5厘米，株型直立且紧凑，单株重1.35~1.55千克，分蘖性强，成株有分叉35个左右。叶绿色、倒卵形，长48~49.5厘米，宽10.5~11.5厘米，叶缘大锯齿嵌小锯齿，缺刻自叶尖至叶基由浅渐深，叶下部全裂，有小裂片3~5对，沿叶缘有一圈紫红色条带，叶面较光滑，无蜡粉和刺毛，叶柄浅绿色，背

部有棱角，柄长 10~15 厘米，宽 12~14 厘米，厚 0.5~0.7 厘米，单株有叶片 280~310 张。

人文历史

据史料记载，鄞州雪菜已有 500 余年的历史。明代鄞县诗人屠本畯在其《野菜笺》一书中写道："四明有菜名雪里蕻、头昔蓄珍莫比雪深，诸菜冻欲死，此菜青青蕻尤美。"清人汪灏在《广群芳谱》中写道："四明有菜，名雪里蕻，雪深诸菜冻损，此菜独青。"

鄞州是雪菜的主产地，尤其是邱隘雪菜更是久负盛名。20 世纪 90 年代初，由邱隘镇的邱一村、邱二村率先开发了雪菜软包装产品和雪菜原汁等制品，各地竞相仿效，办起了雪菜加工企业，促进了全区雪菜业的发展，使雪菜的种植、腌制、加工、销售成为一体，走上了产业化的道路。近几年来，鄞州区常年雪菜种植面积一直稳定在 1 200 公顷左右，年产鲜菜 5.25 万吨，咸菜总量 3.72 万吨。目前，雪菜加工产品已达 10 余种，产品除销往我国上海、北京、南京、广州、香港、澳门等地外，还出口到东南亚、澳大利亚、新西兰、日本、美国等国家和地区。

生产特点

鄞州区境内地貌东南部与西部为丘陵与山地，中部为宽广的平原，中间有奉化江相隔两岸，平畴无垠，绿原广柔，河流如网，土壤肥沃，适宜种植雪菜。雪菜一生耗水较多，鄞州雪菜种植均分布在土地较集中的平原稻区，以内地河道水为主，水质较好。产区地处低纬度带，属亚热带季风性湿润气候，四季分明，多晴朗天气，冷热适中，年平均气温 16.2℃，无霜期 238 天。

雪菜是喜冷凉、较耐寒的蔬菜，其生育期间积温达到 3 000℃时，可望生长良好，获得高产。雪菜对低温有一定适应能力，能耐 -5℃的低温，即使在雪地里也不会冻死，所以鄞州地区气候适宜雪菜生长。鄞州雪菜的采收时间分为冬菜和春菜，冬菜生长期较短，除 30 天左右秧龄外，在大田的生产期一般只有 60 天左右，多在小雪前后就可采收；春菜生长期较长，早熟品种在次年清明前后采收，晚熟品种在 4 月 20 日左右采收。

慈溪葡萄

登记证书编号：AGI00434

地域范围

慈溪市地处宁波市杭州湾南岸，地理坐标为东经121°02′~121°42′，北纬30°02′~30°24′。慈溪葡萄划定的农产品地理标志地域保护范围是慈溪市新浦镇、观海卫镇、周巷镇、掌起镇、龙山镇、胜山镇、逍林镇、慈溪杭州湾新区、坎墩街道、崇寿镇等所属各村。

品质特色

慈溪葡萄果穗中等偏大，平均重500~700克，圆锥形。果粒着生紧密，平均单果重11~14克，椭圆形或圆形，果皮色泽紫红色至紫黑色，具果粉。果肉软硬适中，

汁多味甜，有香气，风味较浓，可溶性固形物15%以上。

人文历史

慈溪市是浙江省重要的葡萄产区，栽培历史悠久，据《慈溪县志》记载，早在明嘉靖年间（1522—1566年）就有栽培。据《浙江省农业志》记载，1993年慈溪葡萄种植面积列浙江省第一，至今面积、产量均居浙江省首位。慈溪葡萄有较深的文化底蕴，葡萄熟了，葡萄藤下，阴凉舒适，绿叶紫果，环境十分幽美。慈溪市已连续举办慈溪·新浦葡萄节，推进了葡萄文化的发展。

生产特点

慈溪市具有独特的种植葡萄气候地理环境条件。慈溪属于北亚热带季风型气候，海洋性气候特征比较明显，四季分明，气候温和，空气湿润，降水充沛，光、温、水资源十分丰富，基本体现光、温同步的特点。慈溪雨量充足，平原水网交叉密布，海塘线长。慈溪土壤为典型的组合型平原土壤，土层深厚，肥力稳长，生产利用率高。产地主要分布在二塘至七塘平原腹地，这一带土地肥沃松软，特别适宜发展葡萄生产。

慈溪葡萄的品种选择以巨峰系葡萄品种为主，采用扣棚扣膜的种植方式，施肥采用浅耕撒施。基肥在9月中旬至10月中旬撒施，亩施腐熟猪粪等有机肥4 000千克左右或饼肥140~150千克。盖膜封棚后土壤干燥时及时浇水，并对枝蔓喷水。夏季要对枝蔓进行管理，及时摘除卷须和老叶。达到葡萄品种固有品质特征，全穗果皮紫红至紫黑时采收。

余姚瀑布仙茗

登记证书编号：AGI00469

地域范围

余姚瀑布仙茗产自于宁波市余姚市下辖的四明山、大岚、梁弄、鹿亭、陆埠、大隐、河姆渡、三七市、丈亭、马渚、牟山、临山、兰江、梨洲、低塘、阳明、凤山17个乡镇（街道）。地理坐标为东经120°52′~121°54′，北纬29°40′~30°23′。

品质特色

余姚瀑布仙茗分为高、中、低3个层次的产品结构，满足不同层次消费者的需要。其中，"金韵"系列产品外形卷曲如螺、匀净、金色悦目，香高郁持久，滋味醇鲜回甘，汤色黄亮，叶底玉黄、细嫩成朵明亮；"雪韵"系列产品外形卷曲如钩、匀净、绿翠镶金，香高鲜持久，汤色翠绿明亮，滋味鲜醇，叶底显白、嫩匀明亮；"针形"系列产品外形条紧略扁、匀净、色泽绿翠，香气嫩香持久，滋味鲜醇爽口，汤色嫩绿清澈明亮，叶底芽叶成朵、匀齐；"龙珠"系列产品外形盘曲、紧结、匀净，

色泽砂绿油润，香高持久，滋味鲜醇爽口，汤色绿亮，叶底芽叶成朵、匀整明亮。

人文历史

余姚瀑布仙茗产自四明山，人称"第二庐山"，地处浙东沿海，海拔在500米左右，境内满山遍坡的茶树，与青山秀水为伴，以清风云雾为侣，出产的仙茗品质上乘。四明山也是道教圣地，被列为第九洞天，名曰"丹山赤水洞天"，频频茶事，吸引了众多名人学子、道士高僧到四明山隐居修炼与茶为伴，至今有汉仙人丹丘子培育"大茗"，刘（纲）樊（云翘）夫妇修道品茶成仙等传说。相传，汉代有一位叫虞洪的余姚人入四明山采茗（茶），途遇仙人，赠以瀑布岭上的大茗，这就是现在的名茶瀑布仙茗前身。在唐茶圣陆羽《茶经》中记载："浙东茶叶以越州为上，余姚瀑布仙茗尤佳。"

在改革开放春风吹拂下，余姚瀑布仙茗在20世纪70年代末恢复制作，经过数年探索，在20世纪90年代，解决了全程机械制作难题，同时确定其名优茶为针状，茶叶外形细紧挺直，稍扁似松针，香高味醇，耐冲泡耐储存，品质独特。优良的品质及丰富的内涵使余姚瀑布仙茗声名鹊起，名列宁波市八大名茶，在全国许多地方及南亚、日本、新加坡等地畅销，并多次获得浙江省绿茶博览会金奖、浙江省农业博览会金奖等荣誉。

生产特点

余姚市属浙东盆地与浙北平原交叉地区，土壤以红壤、黄壤为主，土层较为深厚，土壤肥沃，有机质含量丰富。当地水系发达，河流众多，水资源丰富。余姚属于北亚热带季风气候，温暖湿润，四季分明，阳光充足，降水充沛，垂直差异和层状分布明显，优越的气候条件适宜瀑布仙茗的生长。

余姚瀑布仙茗适用品种以茸毛偏少的无性系良种为主，在种植基地建设过程中充分利用四明山自然、生态环境优势，注重高山区块与低山区块并重，集中区域与分散区域并进，根据当地实际，以环保为前提，合理选择基地。在发展新茶园时注重早、中、晚品种科学配置，在常规良种基地基础上，大力推进黄色系、白色系等珍稀白化茶基地建设。茶园管理控制技术包括茶苗种植、修剪、土壤耕作、水分管理、茶园施肥、光照管理、病虫防治、冻害预防、采摘等。

象山红柑桔

登记证书编号：AGI00749

地域范围

象山红柑桔农产品地理标志地域保护范围主要在宁波市象山县晓塘乡19个村、高塘乡18个村、定塘镇25个村、新桥镇28个村、石浦镇16个村以及鹤浦镇21个村，总生产面积2.65万亩，地理坐标为东经121°34′~122°20′，北纬28°45′~29°49′。

品质特色

象山红柑桔平均单果重200克左右，最大单果重可达350克以上；果呈扁圆形，果形指数（纵径/横径）0.8；皮薄光滑，完全成熟时浓橙红色，外观艳丽诱人。象山红柑桔果肉橙红色，肉质细嫩。一级品可溶性固形物11.5%以上，含糖量10克/100毫升以上，总酸0.9%以下，固酸比约12：1，果实出汁率约75%，可食率80%以上；果实营养丰富，含维生素A、维生素C、维生素D、维生素B_1、维生素B_2，以及钙、磷、铁等多种营养成分，特别是维生素C含量较高。

人文历史

早在宋代时，象山县的柑桔已作为贡品，在《道光志》中就有"树高一二尺[①]，结子繁密，宋时入贡，象山特产也"的记载。南宋《橘录》中也有记载，后在明代嘉靖《浙江通志》和清代《康熙县志》《乾隆志》中均有相关描述；到民国，《象山县志》中已记录有柑桔品种10余个，民国初期开始规模化栽培。象山红柑桔是象山县传统名果，具有外形

[①] 1尺≈0.33米，全书同

美丽、果皮光滑、着色漂亮、果形端正、品质优良、坐果性能好及耐贮藏等特点。2000年，经浙江省农作物品种审定委员会组织现场考察评审，象山红柑桔通过了新品种认定，随之先后被授予"中华名果"、中国国际农业博览会"名牌产品"称号，被农业部种植业司推荐为全国推广柑桔品种，全县已推广面积2.6万亩。

生产特点

象山红柑桔主产区以丘陵滩涂地为主，土壤以壤土、沙质壤为主。土层深厚肥沃，土质疏松，有机质含量1.5%以上，地下水位1米以下。象山县以农业生产为主，灌溉水以天然降水为主，水质清洁，水源充足。当地是亚热带海洋季风气候，温暖湿润，热量适中，降水充沛，四季分明，年平均气温16℃，年平均降水量1 500毫米，年日照时数为1 950小时，无霜期295天，生长条件极为优越，适合象山红柑桔的生长。

象山红柑桔对热量及光照要求比较高，因此宜在冬季无大风、温暖向阳、光照充足、土壤肥沃、土层深厚、排水良好的缓坡地栽培。象山红柑桔幼树期生长稍弱，树冠形成慢，为充分利用土地，提高早期产量，建园时可适当密植。幼树期主要以扩大树冠，培养骨干枝，增加树冠枝梢叶片为主，应采用开心形或圆头形整形。成年结果树应以春季修剪为主，结合全年进行。象山红柑桔坐果率较高，在管理上除通过修剪进行调节结果量外，还必须及时疏花疏果，既可提高品质，又能有效地保持健壮树势，达到丰产稳产的目的。肥料要以有机肥为主。待果色全部转为橙红色开始采收，无加温设施栽培的果实，采收适宜期为12月中下旬。

慈溪杨梅

登记证书编号：AGI00844

地域范围

慈溪杨梅农产品地理标志地域保护范围位于翠屏山脉北麓，包括宁波市慈溪市横河镇、匡堰镇、观海卫镇、桥头镇、掌起镇、龙山镇、范市镇、三北镇、浒山街道、逍林镇、新浦镇等所属各村和慈溪市林场，地域保护范围面积21 780公顷，地理坐标为东经121°02′~121°42′，北纬30°02′~30°24′。

品质特色

慈溪杨梅的主栽品种荸荠种杨梅具有色紫黑、富光泽、糖度高、风味浓、核特小、肉离核、质细软、具香气的特征。果实中等大小，单果重10克以上；果实近圆形，果顶稍凹，果底平，缝合线较明显，果蒂小，核小，可食率不低于94%，果肉离核性好。肉质细软，汁多味浓，酸甜适口，可溶性固形物10.5%以上，品质极佳。

人文历史

慈溪杨梅历史悠久，据1986年考古发现，在河姆渡遗址中就有野生杨梅核的存在，这表明慈溪一带野生杨梅的历史可以追溯到7 000年之前。杨梅人工栽培的历史至少有2 000余年，最早关于杨梅的文字记载，出自汉司马相如的《上林赋》。清代雍正年间（1723—1735年）出版之《浙江通志》中记述："慈溪产之荸荠种，味极甜美，为我国赤色之优良品种。"

我国园艺界鼻祖吴耕民先生更是对家乡的杨梅情有独钟，在1989年慈溪市杨梅研究所成立之际，欣然题下"慈溪杨梅世无双，深山冷岙盆聚宝"。慈溪是我国著名的杨梅之乡，慈溪现有杨梅栽培面积8.2万亩，常年商品产量3万余吨，产品畅销国内外。

生产特点

慈溪市有山麓坡地、山间谷地、陡峭山坡3种地形，而慈溪杨梅最宜种植的山麓坡地，坡度多在0°~17°，海拔高度一般都在200米以下，有利于杨梅的生长发育和优质高产。杨梅适宜栽培在酸性或微酸性的红壤或黄壤，以土质疏松、排水良好、含有石砾、pH值4.5~6.5的沙质壤土为宜；山地植被多以阔叶的双子叶植物为主，保持水土不流失。慈溪雨量充足，1/4的降水量在春季，有利于提高杨梅苗木的栽植成活率。此外，慈溪杨梅产区湖泊、水库众多，水资源十分丰富，有利于杨梅果实的发育。慈溪属于北亚热带季风型气候，海洋性气候特征比较明显，四季分明，气候温和，空气湿润，降水充足，光、温资源丰富。

慈溪杨梅的定植时间在2月下旬至3月下旬最佳，苗木栽植前定植穴施足基肥，栽苗时应做到"苗扶正、根舒展、土踏实、盖松土、覆柴草"。园地采用自然生草栽培，一般不行耕锄，每年在采果前割去杂草。秋冬季取山地表土、草皮泥进行培土。杨梅成熟和采收时间因品种和立地条件而已，一般在6月上旬至7月上旬分批采收，早荠蜜梅、荸荠种、晚荠蜜梅果实色泽由红转紫红或紫黑时采收。

长街蛏子

登记证书编号：AGI01002

地域范围

长街蛏子养殖区域地处浙江东部沿海，位于东经120°38′18″~121°45′59″，北纬29°06′58″~29°13′10″，养殖区域面积8 100公顷。农产品地理标志保护地域是宁波市宁海县长街镇所管辖的长街村、城塘村、洋湖村、石桥头村、下湾塘村、长胜村、月兰村、向阳村、伍山村、塘里村、大祝村、大湖村、浦东村、南塘村、山头村、双家村、东港村、大青村、平原村、港中村、青珠村、新五星村、文围村、新南村、宁东村25个行政村，以及青珠农场。

品质特色

长街蛏子个体大小均匀，贝壳完整，表面清洁，壳色呈浅黄色，壳表有黄绿色壳皮，条纹清晰，壳内壁有光泽；对外界刺激反应敏捷，用手触摸，双壳闭合迅速，进排水管及足部收缩快速。长街蛏子肉色洁白鲜嫩，肥满度高，活体剥开后其肌肉富有弹性，足部乳白色呈半透明状，口尝肉质鲜嫩、微甜，具有缢蛏特有的清香味。

人文历史

宁海县养殖蛏子历史悠久，并以长街的下洋涂出产的蛏子最为有名。早在宋嘉定年间（1208—1224年），宁海学者写的《风俗篇》中记载："近则采螺蚌蛏蛤之属，以自赡给或载往他郡为商贾。"宋端平二年（1235年）《宁海县赋》中也有记载，称之为蛏。清光绪年间（1875—1908年）《宁海县志》记载："蛏、蚌属，以田种之谓蛏田，形狭而长如指，一名西施舌，言其美也。"

20世纪90年代以来，随着科技兴渔工作的不断推进，宁海县的缢蛏养殖模式趋于多样化，有传统的平涂养殖，有新开发的滩涂蓄水养殖，滩涂低坝高网混养，海水池塘与对虾或青蟹或梭子蟹或海水鱼类混养，缢蛏已成为宁海县著名的特色产品和海水养殖的主导品种，2010年全县缢蛏产量达到50 488吨，占全县海水养殖产量比重高达40%，长街蛏子产量达到15 283吨，约占全县缢蛏产量的30%。同时，缢蛏的人工育苗和加工技术也不断取得突破。长街蛏子多次获各类农业博览会金奖，2011年，中国渔业协会授予宁海"中国蛏子之乡"称号。

生产特点

宁海县气候全年暖湿多雨，光照充足，四季分明，年平均气温17.6℃，年平均日照时数为1 523小时，年平均降水量在1 725毫米，冬夏长春秋短，水资源相对丰富，适宜蛏子的繁衍生长。

长街蛏子养殖于高潮区下层至低潮区上层涂面，滩面平缓，涂质稳定，泥质或泥沙质，敌害生物量少，饵料生物量丰富，生态环境良好。养殖前要整涂筑塘，设置围网，用网袋或生石灰、漂白粉、茶籽饼、鱼藤精等清除螺类、蟹类等敌害生物。长街蛏适宜于与鱼或虾混养塘，养殖过程中根据塘内水位、水质、饵料生物量等综合因素确定进排水，一般每半个月干露滩面1~2次潮水，投喂饵料时禁止将饵料直接投到养蛏的滩面上。产品规格达壳长5厘米以上，80只/千克时即可收获，收获方法有挖捕、捉捕、钩捕。

宁波岱衢族大黄鱼

登记证书编号：AGI01095

地域范围

宁波岱衢族大黄鱼养殖区域地处浙江东部沿海，地理坐标为东经121°25′59″~122°51′57″，北纬28°45′21″~30°29′06″。宁波岱衢农产品地理标志保护区域总面积为7 320平方千米，保护范围是象山港、三门湾及宁波东部海域，具体包括慈溪市的新浦镇、观海卫镇、龙山镇，镇海区的澥浦镇、蛟川街道、招宝山街道，北仑区的新碶街道、小港街道、霞浦街道、大碶街道、柴桥街道、白峰镇、梅山乡、春晓镇，鄞州区的瞻岐镇、咸祥镇，奉化市的松岙镇、裘村镇、莼湖镇，宁海县的西店镇、强蛟镇、桥头胡街道、大佳何镇、长街镇、力洋镇、茶院乡、越溪乡、一市镇，象山县的西周镇、墙头镇、黄避岙乡、贤庠镇、涂茨镇、大徐镇、爵溪街道、东陈乡、石浦镇、鹤浦镇、高塘岛乡、晓塘乡、定塘镇、新桥镇、茅洋乡、泗洲头镇沿海35个乡镇和9个街道。

品质特色

宁波岱衢族大黄鱼具有体型细长、头型浑圆、吻短而细巧、体色金黄、线条优美等特征；体被圆鳞，体背面及上侧面黄褐色，侧面及下侧面金黄色，背鳍及尾鳍均灰黄色，胸鳍和腹鳍黄色。宁波岱衢族大黄鱼肉中蛋白质含量为19.57%~19.98%、

脂肪含量为 12.0%~12.4%、水分含量为 69.1%~71.6%、灰分 1.29%~1.36%。

人文历史

我国至今已有 2 500 多年捕捞大黄鱼的历史。据《吴地记》记载："阖卢十年（公元前 505 年）东夷侵，吴王入海逐之，据沙洲上，相守月余，属时风涛，粮不得渡，王焚香祷之，言讫，东风大震，水上见金色逼海而来，绕吴王沙洲百匝，所司捞漉，得鱼，食之美，鱼作金色，不知其名，见脑中有骨如白石，号为石首鱼。"大黄鱼有独特的营养和药用价值。李时珍在《本草纲目》中亦云："大黄鱼，开胃益气，治暴下痢。"大黄鱼是东海渔场的优良鱼种，不仅"其色如金、体态优美"，而且"肉厚骨少，味松而嫩"，故而《吴郡志》中说它是"唯出海中，其味绝珍"。

大黄鱼文化内涵十分丰富，并有许多趣闻、掌故，为人们所津津乐道。例如，明穆宗年间，以东海大黄鱼为原料的糟熘鱼片曾名扬京师，为明朝皇帝朱载坖所喜爱。东海大黄鱼已渗透到海岛人的生产、生活、礼仪、节庆、游艺、信仰等各个层面中，如在婚俗礼仪中，海岛人定亲，均要送一对大黄鱼作为吉祥礼品。

生产特点

宁波有漫长的海岸线，港湾曲折，岛屿星罗棋布，这些湾港，因有钱塘江、甬江及众多溪河注入，夹带着大量泥沙和营养物质，为近海生物繁殖提供了丰富的养料。宁波地域位于中纬度地带，属亚热带季风气候区，四季分明，温暖润湿，光照、热量、降水资源丰富。

宁波岱衢族大黄鱼的养殖模式采用网箱、大水面围网和池塘养殖。苗种的来源主要是采捕野生岱衢族大黄鱼，经过 2 年的驯养后经人工促熟、催产，实施人工繁殖培育出的子一代岱衢族大黄鱼鱼苗。待仔鱼体长增长到 3 厘米左右时，选择小潮汛转移至海区网箱中生长。利用海区桡足类的趋光性，在仔鱼网箱上部进行灯光诱导集中，为鱼苗提供天然饵料，同时开始投喂鱼浆等人工鲜饵料进行驯化，待驯化成功后，每日投饵 2~3 次。由于鱼苗期大黄鱼生长速度较快，要及时调整养殖密度。宁波岱衢族大黄鱼养殖至 2~3 龄，每尾平均体重在 400 克以上起捕，起捕时间要在晚上，以保证宁波岱衢族大黄鱼的原有体色。

余姚甲鱼

登记证书编号：AGI01289

地域范围

余姚甲鱼养殖区域地处浙东宁绍平原的余姚市，地理坐标为东经120°52′~121°25′，北纬29°39′~30°21′。余姚甲鱼农产品地理标志地域保护范围是滨海池塘甲鱼生态套养区，包括黄家埠镇、临山镇、泗门镇、小曹娥镇；淡水池塘甲鱼生态套养区，包括牟山镇、马渚镇、朗霞街道、低塘街道、凤山街道、阳明街道、兰江街道、梨洲街道；农田甲鱼生态套养区，包括河姆渡镇、陆埠镇、三七市镇、大隐镇、丈亭镇；山区水域甲鱼增殖放流区，包括四明山镇、大岚镇、梁弄镇、鹿亭乡，共6个街道、14个镇和1个乡，涉及全市265个行政村。

品质特色

余姚甲鱼的主要特征是体型较薄，背甲色泽光亮，为青色或青黄色居多，背部光滑无明显的竖纹和凹凸，背疣不明显，腿部褶皱较多，皮肤粗糙，裙边较宽且富有弹性，自然伸展且光滑，指爪色微黄，长而锋利。余姚甲鱼解剖后血液鲜红，多而稀，体内脂肪较少，呈自然黄，肝脏呈鲜红色。余姚甲鱼肌肉蛋白质含量为15.4%~18.6%，脂肪含量0.369%~0.5%。

人文历史

根据考古学家对浙江余姚河姆渡出土的鳖甲、鳖头，以及余姚田螺山出土的烧锅及锅边的鳖甲推算，我国食鳖的历史始于

7 000多年前。

余姚市有独特的甲鱼饮食文化和众多以甲鱼为原料的美味食谱。如"红烧冰糖甲鱼",是正宗宁帮菜馆"状元楼"的看家菜。相传200多年前的清代,宁波有一家菜馆,一日,有两个秀才进京赶考,前来此店饮酒,要吃"独占鳌头"一菜,店家捧出一碗"红烧冰糖甲鱼",两个秀才吃后,觉得非常满意,然后继续进京赶考,结果一个得中状元,一个考上探花。自此以后,店名遂改为"状元楼"。

生产特点

余姚市地形有山地、盆地和谷地等,全市耕地42 900平方千米,园地6 560平方千米,林地48 100平方千米,养殖水域面积5 507平方千米。产区境内主要河流有姚江,并有众多湖塘水库。当地属亚热带海洋性季风区,阳光充沛,温暖湿润,四季分明,雨热同步,自然条件优越,水资源丰富,适合余姚甲鱼的繁衍生长。

余姚甲鱼的养殖采用南美白对虾池塘套养、农田套养和外荡、小型水库及山塘套养等模式。采用南美白对虾池塘套养池塘进排水独立,要早晚巡塘各一次,观察水色变化和对虾、甲鱼活动情况。农田套养的方式是5月底前在所选农田中开挖"田"字形或环形深沟,采用彩钢瓦设置防逃设施;养殖前期适当在农田内投放抱卵青虾进行繁殖供甲鱼捕食,中后期可补充小鱼、福寿螺、螺蛳等。外荡、小型水库及山塘套养余姚甲鱼养殖,在容易逃离的区域(如溢洪口),用网片或铁丝网呈"7"字形布置防逃设施,并每天巡塘一次。

安徽省

宁前胡

登记证书编号：AGI00310

地域范围

宁前胡农产品地理标志地域保护范围为安徽省宁国市云梯畲族乡、仙霞镇、中溪镇、宁墩镇、南极乡、万家乡、梅林镇、霞西镇、竹峰街道、甲路镇、胡乐镇、方塘乡和青龙乡13个乡镇（街道），地理坐标为东经118°37′~119°24′，北纬30°17′~30°37′。

品质特色

宁前胡为伞形科植物白花前胡的干燥根，冬季至次春茎叶枯萎或未抽花茎时采挖，除去须根，洗净，晒干或低温干燥。因产于安徽省宁国市的白花前胡质量上乘，中医界习称为宁前胡。宁前胡的根为不规则圆柱形、圆锥形或纺锤形，稍扭曲，根头部粗大，下部有分枝或其中较小分枝被除去，长3~15厘米，直径1~2厘米，表面黑褐色或灰黄色，根头部多有茎痕及纤维状叶鞘残茎，上端有密集的环纹，下部有纵沟、纵皱纹及横的白色皮孔。质较柔软，干者坚硬可折断，断面不平整，淡黄白色，韧皮部约占横断面的3/5，散有多数棕黄色的油点，形成层环纹棕色，木质部

黄棕色。气芳香，味微苦辛，以粗壮，支根少，质柔软，断面木质部金黄色，气香浓者为佳。宁前胡成品含有的白花前胡甲素不低于0.9%，浸出物不低于20.0%，水分含量不超过12.0%。

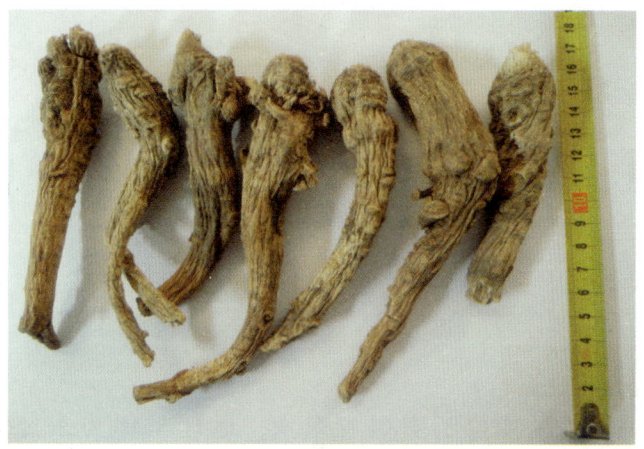

人文历史

自明朝以来，宁国县所产前胡均作为贡品上奉朝廷，清嘉庆年间（1796—1820年）《宁国府志·食货志》记载："土贡，宁国县，原编户部甲乙二库……本色前胡五斤二两[①]。"因此，在全国范围内，宁前胡一枝独秀，颇负盛名。

据《宁国县志》记载，宁国市所产前胡以具有"个大、皮黑、条长、内黄、香味浓"等优点而著称，清代就享有"宁前胡"之称，历来受国内外客商青睐。

生产特点

天目山北麓，地形上属皖南山区向长江中下游冲积平原过渡地带，地貌以低山、丘陵、岗地为主，土壤质地以壤土为主，一般为轻壤到中壤土，土壤通气透水性良好，下层保水保肥力强，在地表形成有机质含量较高的粗松残落物土层，有利于前胡生长。属于北亚热带湿润季风气候区，气候温暖，四季分明，降水充沛，既有亚热带光、热、水宽裕的条件，又有暖温带辐射量高、温差大的特点，适宜植物的生长，是野生白花前胡的自然分布中心之一。

种植宁前胡不需要特殊整地，在12月上旬开始播种育苗，或3月上旬至清明节期间播种，采用撒播的方法。宁前胡耐旱，不需要灌溉，利用山区的自然雨水即可，肥料以有机肥为主，传统施用的肥料为饼肥。为了促进宁前胡根部的生长，对1年生和2年生前胡不留种的植株在出苗早期打顶，以防花芽形成。前胡在秋末冬初或第二年春芽前均可收获，以秋冬苗枯时采挖最好，挖出根部，除去泥土、茎叶、细须根，晒干或微火烘干。

---

① 清朝时，1斤约为597克，1两约为37克

金山时雨

登记证书编号：AGI00311

地域范围

绩溪县位于安徽省东南，地理坐标为东经118°20′~118°55′，北纬29°57′~30°20′。金山时雨产于安徽省绩溪县所辖的上庄镇、长安镇、扬溪镇、金沙镇、伏岭镇、家朋乡、瀛洲乡、荆州乡8个乡镇。

品质特色

金山时雨属绿茶珍品，条索紧细，微带白毫，汁淳厚，味芳香、爽口，回味甘，汤色清澈明亮，叶底嫩绿金黄，耐冲泡。金山时雨是绿茶中的极品，茶多酚和咖啡

因含量适中,分别为25%和3.5%以上,氨基酸含量为3.2%以上,还含有丰富的芳香物质,以及维生素 A、维生素 B_1、维生素 B_2、维生素 C 等。

人文历史

金山时雨在特定的自然生态环境条件下,选用当地地方群体种茶树新梢的芽、叶为原料,经特定加工工艺制作而成,具有"形似发髻紧结,花香高长持久,汤色清澈明亮,滋味醇爽"的品质特征。

金山时雨原名"金山茗雾",清邑人章廷炯《金山茗雾》诗云"异草育地灵,香雾蒙崖野。村女摘春归,社火焙檐下。三沸入芳瓷,缕丝犹篆写"。该茶为1850年绩溪人创于沪的汪裕泰号茶庄的镇号之宝,1868年定名,1894年汪裕泰号即以金山时雨茶入贡,是为贡茶。

生产特点

绩溪县是含中山的低山丘陵山区,崇山峻岭,重峦叠嶂,由于土壤有机质含量高,土壤 pH 值大多在 5.8~6.5,非常适宜茶树的生长。绩溪县境内河流交错,沟谷纵横,天然河流众多,水质清洁。绩溪属中亚热带季风气候,由于受地形的影响,气温较低,降水较多,日照较少,风力较弱,且表现出垂直分异,气候条件适宜金山时雨的生长。

金山时雨的种植品种选择地方群体种鲜叶,冬季增施有机肥,有机肥主要以经过腐熟的土杂肥、饼肥、栏肥等为主,施肥结合中耕松土和深耕松土时进行。一般在3月中旬开采,采用提手采以保持芽叶完整。金山时雨工艺流程为:鲜叶摊放—杀青—揉捻—毛坯(滚或烘)—摊凉—做形(锅炒条理卷曲)—摊凉—足火—去碎末。

宣木瓜

登记证书编号：AGI00409

地域范围

宣州区是宣城市人民政府所在地，地处安徽省东南部。宣木瓜农产品地理标志地域保护范围为宣州区所辖62个乡镇（街道）。地理坐标为东经118°28′~119°04′，北纬30°34′~31°04′。

品质特色

宣木瓜有罗汉脐、苹果红和芝麻点3个主要品种，罗汉脐品种的宣木瓜果长倒卵形，果体密生白点，脐突出，干品皱皮；苹果红品种的宣木瓜果扁桶形，果熟时向阳面胭脂红色，香浓，干品皱皮；芝麻点的宣木瓜果倒卵形，果体密生白点，脐

略突出，干品皱皮。

宣木瓜既是药品，又是食品，不仅含有多种氨基酸、微量元素与大量维生素C，同时含有皂苷、黄酮、苹果酸、齐墩果酸、枸橼酸、柠檬酸、酒石酸、抗坏血酸、反丁烯二酸、鞣质等，还含有过氧化氢酶、酚氧化酶、氧化酶，特别富含超氧化物歧化酶和齐墩果酸。

人文历史

宣木瓜为蔷薇科落叶灌木植物贴梗海棠的成熟果实，为我国四大名贵中药材之一，被誉为"植物黄金"。据考证，宣木瓜的

栽培历史有1 600多年，公元420年，宣木瓜就作为贡品上奉朝廷。《本草纲目》记载"木瓜处处有之，而宣城者为佳"，为宣木瓜的品质做了很好的诠释。

生产特点

宣州区地势较为平坦，土壤类型丰富，地带性土壤自北向南逐步由黄棕壤过渡到红壤，有机质钾肥含量较高，土壤pH值6.5~8.2。宣州区水系发达，水源丰富，水质清洁，灌溉便利。宣州区属中亚热带湿润季风气候，四季分明，气候温和，降水适中，日照充足，无霜期长，气候条件适宜宣木瓜的种植。

宣木瓜为喜光植物，宜种植在背风向阳、坡度在15°以下低山、丘陵地带，栽培本地纯正的优良品种，如罗汉脐和芝麻点。宣木瓜造林以植苗造林为主，造林时间一般为冬季或早春，采用密植丰产模式，便于间作及行间抚育管理。宣木瓜幼林时要及时进行抚育，清理林内杂草，保持土壤疏松。果实成熟后采收，一般每年6月底开始采收，7月底收获结束。

霄坑绿茶

登记证书编号：AGI00440

地域范围

霄坑村位于安徽省池州市贵池区梅村镇。霄坑绿茶农产品地理标志地域保护范围包括霄坑村全村12个村民组，以及池州市贵池区棠溪镇西山村高塘村民组茶园，地理坐标为东经117°28′51″~117°34′46″，北纬30°19′02″~30°22′47″。

品质特色

霄坑绿茶外形紧结壮实，色泽翠绿油润显毫，香气栗香高长，滋味鲜醇爽口回甘，汤色清澈绿亮、叶底嫩绿匀亮，素有"春满晶宫、绿满杯底"之美妙，具有味浓、劲大、耐泡、汤色持久稳定、茶杯无茶垢、耐贮藏等特点。霄坑绿茶内含

氨基酸2.8%~4.0%、茶多酚25%~32%、咖啡因3.0%~4.8%、水浸出物35%~51%。

人文历史

霄坑茶叶种植源于唐代，距今已有1 000多年历史。霄坑绿茶在历史上久负盛名，是列入《贵池县志》记载的13种地方特产之一。国际名茶大师陈椽教授于1987年亲临霄坑茶区指导茶农制茶时指出，"此地生态皖南少有"，并高度评价霄坑茶叶"花香花味"。韩国、日本、我国台湾等国际名茶专家称霄坑绿茶是茶中奇品。霄坑绿茶于2000年获得国际名茶金奖，2002年被评为安徽省名牌农产品。

生产特点

霄坑绿茶茶树种植区域山峦重叠、谷狭壑深，茶园土壤为花岗岩母质风化的山地黄棕壤，pH值为4.5~6.5。种植区属亚热带季风湿润气候区，年有效积温4 000~5 100℃，无霜期219~243天，年平均降水量1 493毫米，空气相对湿度平均78%。霄坑绿茶产区分布于霄坑河流域，水源充足，水质清洁，适宜生产优质的有机霄坑绿茶产品。

霄坑绿茶选用本地品种霄坑大叶马兰群体种或短穗扦插苗，育苗移栽于10月初进行，经3年的定型修剪形成良好的采摘面。霄坑绿茶采摘要求按标准及时、分批采摘，春茶结束后对茶树进行轻修剪。霄坑绿茶的加工茶类均为绿茶，分别为扁形名茶、毛峰和大宗茶。

霍山黄大茶

登记证书编号：AGI00441

地域范围

霍山县隶属安徽省六安市。霍山黄大茶农产品地理标志地域保护范围包括霍山县所辖的衡山镇、大化坪镇、太阳乡、太平畈乡、上土市镇、漫水河镇、落儿岭镇、诸佛庵镇、黑石渡镇、佛子岭镇、磨子潭镇、东西溪乡、单龙寺乡、下符桥镇、但家庙镇、与儿街镇16个乡镇，涉及130个村，地理坐标为东经115°52′~116°32′，北纬31°03′~31°33′。

品质特色

霍山黄大茶梗壮叶肥，叶片成条，梗叶相连似钓鱼钩，色泽油润，汤色深黄显褐，叶底黄中显褐，滋味浓厚甜润，香气焦香浓郁，俗称"古铜色，高火香，叶大能包盐，梗长能撑船"。

人文历史

霍山黄大茶产地位于大别山腹地,创制于明代,属黄茶类。明代许次纾在《茶疏》中记载:天下名山,必产好茶,江南气候温暖,适宜产茶。江北产茶主要在六安州所管辖的霍山县,此处产茶最多,黄大茶品质最好,河南、山西、陕西等地人们饮用较多。如今的霍山黄大茶以其独有的特色香飘海内外,受到广大消费者的喜爱。

生产特点

霍山黄大茶种植于霍山县,境内地势由西南向东北逐渐倾斜,多为山峦丘陵,霍山黄大茶树最适生长高度为海拔600米左右,山区土壤为黄棕壤,pH值为5~6.5。霍山县位于淮河流域,水源充足,水质清洁,适宜生产优质的霍山黄大茶。霍山黄大茶种植区域处于亚热带湿润季风气候和温带半湿润季风气候的过渡地带,其特征是气候湿润,四季分明,无霜期长,光、热、水条件优越,适宜霍山黄大茶的种植。

霍山黄大茶茶树品种以霍山金鸡种属大叶种为主体,特点为中色浅绿,芽色黄绿,中绿素含量相对低,茶多酚和氨基酸含量较高,在茶树品种中是不多见的。提倡用无性系良种苗改植或新辟茶园,杜绝用茶籽播种。茶园培肥以有机肥为主,农家肥必须经过堆制腐熟、高温发酵,追肥采用腐熟后的有机液肥或商品有机肥。霍山黄大茶的加工茶类为黄茶,加工工艺包括杀青(做形)、摊凉初烘、闷黄、拉小火、拉老火等工序。

鸦山瑞草魁

登记证书编号：AGI00442

地域范围

郎溪县位于安徽省宣城市，鸦山瑞草魁产于安徽省郎溪县姚村、飞里、凌笪乡、十字、毕桥、南丰、涛城7个乡镇，地理坐标为东经119°03′50″~119°20′49″，北纬30°04′47″~31°15′41″。

品质特色

鸦山瑞草魁属绿茶珍品，挺直显毫，匀齐，形似绿剑，嫩绿透翠，清香高持久、鲜醇爽回甘，汤色嫩绿清澈明亮，叶底嫩黄明亮，耐冲泡，第六次始淡。鸦山瑞草魁是绿茶中的极品，茶多酚和咖啡因含量适中，分别为18.6%和3.9%以上，氨基

酸含量为 3.9% 以上，还含有丰富的芳香物质、维生素 A、维生素 B_1、维生素 B_2、维生素 C 等。

人文历史

鸦山瑞草魁绿茶手工制作技艺起源于地方野茶"鸦山阳坡横纹茶"，陆羽《茶经》有记载，"古宣州鸦山产茶"。唐朝诗人杜牧《题茶山》诗云："山实东吴秀，茶称瑞草魁。剖符虽俗吏，修贡亦仙才。"清张所勉在《鸦山辨》中写道："按一统志，鸦山产茶旧常入贡，属建平，故辨之。"据史料记载，郎溪茶叶生产盛于唐代。郎溪县姚村乡，是鸦山阳坡横纹茶的主产区。制茶技艺世代相传，并在民俗生活中形成独特的茶文化。20 世纪 80 年代，以严洁教授为主的专家组专访制茶家族传人陈全荣，挖掘、整理、研究鸦山阳坡横纹茶瑞草魁传统制茶技艺，对传统工艺进行优化整合，探索、制定了一整套完善规范的工艺流程和技术标准。

瑞草魁自 20 世纪 80 年代初制作恢复后，多次获国内外大奖。2000 年，瑞草魁被中国茶叶博物馆认定为中国名优茶，并被收藏、陈列；2010 年，在第十七届上海国际茶文化节"中国名茶"评比中荣获金奖；2013 年，入选宣城市第三批非物质文化遗产名录。

生产特点

郎溪县是含中山的低山丘陵山区，重峦叠嶂，植被繁茂，森林覆盖率达 79.8%，植物资源近千种，土壤类型主要为黄棕壤、黄壤、黄红壤等，土壤深厚，表层富含腐殖质层，有机质含量较高。郎溪县境内河流交错，沟谷纵横，水系发达，水资源十分充裕。郎溪属中亚热带季风气候，境内多山，地势较高。由于受地形的影响，与同纬度平原地区相比，郎溪县气温较低，降水较多，日照较少，风力较弱，且表现出垂直分异，非常适宜茶树的生长。

鸦山瑞草魁的种植品种选用当地的鸦山横纹茶种等地方良种茶树和从中选育扦插繁殖无性系良种茶树的芽叶。茶园生产中注意冬季增施有机肥，有机肥以经过腐熟的土杂肥、饼肥、栏肥等为主，施肥结合中耕松土和深耕松土进行。鲜叶一般在 3 月中旬开采，采用提手采以保持芽叶完整。鸦山瑞草魁加工工艺流程包括鲜叶摊放、杀青、做形（理条）、毛火、摊凉、足火、去碎末。

南陵大米

登记证书编号：AGI00443

地域范围

南陵大米种植区域为安徽省芜湖市南陵县下辖的籍山、弋江、许镇、家发、工山、何湾、烟墩、三里8个镇，地理坐标为东经117°57′~118°30′，北纬30°38′~31°10′。

品质特色

南陵大米以外观品质好、光泽度佳、胶稠底轻、气味清香等特点闻名。南陵大米拥有粳稻、籼稻、糯稻等多个品种，其中优质稻马坝小粘更是畅销长三角和珠三角的特色品种。南陵大米米粒透明有光泽，没有或很少有垩白。南陵大米吸水不多，

膨胀度适中，胶稠度高，延伸性较强，米饭光泽度好，白而晶莹，黏弹性较强，软硬度适中，热饭喷香，口感好，冷饭仍然具有柔韧性、不回生、色泽如常。南陵大米营养丰富，含有适量的淀粉、脂肪、蛋白质、维生素及矿物质。

人文历史

据考证，南陵大米的种植历史可追溯至公元前9—公元前8世纪的西周晚期，贾岛、梅尧臣等唐宋诗人均为其留下过名篇佳作。南陵县素有"芜湖米市，南陵粮仓"的美称，被誉为"江南鱼米之乡""江南粮仓"，是中国四大米市之一"芜湖米市"的主要产粮区，双季稻面积占稻田面积的70%以上。自1985年始，南陵县先后被确认为"国家优质米基地县""国家商品粮基地县"，并荣膺"全国粮食生产先进县"称号。

生产特点

南陵县地处皖南低山丘陵向沿江平原过渡地带，土壤类型主要有水稻土、黄红壤、潮土等，其中水稻土属高产稳产土壤，有机质含量较高。当地河流较多，湖泊、沟渠对于调节水量、减轻旱涝和发展水产都起着重要作用。当地气候属亚热带湿润气候，四季分明，气候温和，日照充足，降水充沛，适宜水稻生产。

南陵大米种植普遍采用水稻直播栽培技术，水稻旱育稀植、软盘抛秧技术和无盘抛秧技术，测土配方施肥技术，农作物秸秆综合利用技术，水稻测土配方施肥技术，超级稻配套栽培技术，水稻病虫害综合防治技术等集成高产技术，以实现高产优质、节本增效、资源节约、环境友好的目标。

绩溪燕笋干

登记证书编号：AGI00610

地域范围

绩溪县是皖东南一个典型的山区县，隶属安徽省宣城市，地处黄山与天目山山脉的结合部。绩溪燕笋干生产地域范围为绩溪县辖区内的临溪镇、华阳镇、瀛州乡、伏岭镇、扬溪镇、板桥头乡和金沙镇7个乡镇，地理坐标为东经118°20′45″~118°55′33″，北纬29°57′24″~30°20′17″。绩溪燕笋干的产笋母竹为燕竹，在全县范围内广泛分布。

品质特色

绩溪燕笋干由于是野生加人工栽培和管理的产物，其成品呈不规则条形，色泽淡黄色；长度约为20厘米，手触干燥，嗅之清香，基部无"老节"。水发后肉质脆

嫩厚实，其味鲜美。

绩溪燕笋干风味独特，营养丰富，富含人体所需的氨基酸、蛋白质、碳水化合物和多种维生素。燕笋存有一定的医疗价值，《千金要方》记载："竹笋，味甘，微寒，无毒，主消渴，利水道，益气力，可久食。"

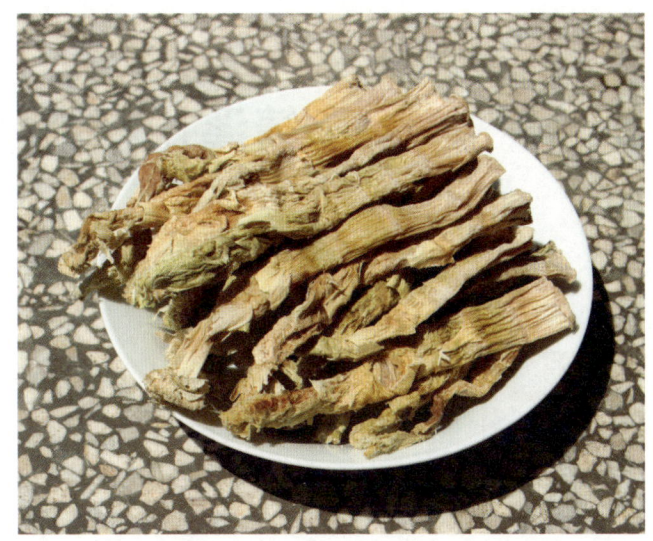

人文历史

绩溪燕笋干历史悠久，远负盛名，《绩溪县志》云"绩溪产笋甚多，肉厚脆嫩"，故自古以来，绩溪乡民"广为栽竹""成竹织筐，嫩笋为食"。绩溪民谣《嫁进山里》曰："绿景，绿景，有茶有笋，嫁到山里肯不肯？十个姑娘九个肯。"绩溪燕笋干是徽菜系列不可缺少的主要原料之一，民间"九碗六"中"燕笋猪脚尖"是必不可少的一道菜肴。

生产特点

绩溪县系含中山的低山丘陵，地貌单元十分复杂，由此而形成了植被、气候、土壤和生物的垂直分布。绩溪燕笋产区的绩溪县域范围内，主要土壤类型有麻石黄红壤、扁石黄红壤、红壤性麻石土等土壤，养分含量和酸碱性都存在着一定的差异，总体肥力水平处中等偏低。绩溪县境内无大江大河，但山涧溪流纵横交错，水质清澈见底，富含矿物质，饮之有如甘泉，农业灌溉较为便利。绩溪县属中亚热带季风湿润区，10℃以上年积温为4 979.4℃，年平均降水量1 491.3毫米，无霜期为240天，燕竹笋的出笋和采挖节气日期相对恒定，特定的气候因素已成为绩溪燕笋生产的特定自然条件。

绩溪燕笋以当地的培育改良和引进同类型燕竹品种，管理技术上不施用化肥、激素和调节剂。春节前整园，增强光照，加快地温的提高。为了获得较高的产量，保证竹园世代更新进行挖笋与疏竹，坚持挖密留疏、挖弱留壮、挖斜留直的原则，保证母笋（俗称笋娘）分布均匀，母笋成竹健壮。疏竹即砍竹是竹园生产上又一项经济收入，要有好燕笋，必须首先要有好的竹园，砍竹坚持"留二砍三不过四"的原则，保证竹园合理密度，从而形成"挖笋、留母和砍竹"的良性循环。

绩溪山核桃

登记证书编号：AGI00611

地域范围

绩溪山核桃生产地域范围为安徽省宣城市绩溪县辖区内荆州、家朋和伏岭3个乡镇为主，延伸至金沙镇和板桥头乡，涉及5个乡镇所辖的82个行政村，其中43个行政村是山核桃的重点生产区，地理坐标为东经118°20′45″~118°55′33″，北纬29°57′24″~30°20′17″。

品质特色

绩溪山核桃素有"长寿果"之称。绩溪山核桃脱蒲后种实淡黄色，圆形略带棱骨，顶部急尖，种实膈膜比例小，壳薄仁满，大小均匀；种实加工熟制后浅褐色或咖啡色，直径1.9~2.4厘米，千粒重3 350~4 760克。绩溪山核桃仁深褐色或淡黄

色，具有山核桃特有的香气和滋味，种仁酥脆、出仁率高，富含营养，是一种天然健康的坚果。

绩溪山核桃富含人体必需的蛋白质和多种矿物元素，山核桃仁亚油酸含量达63%，亚麻酸含量达16.4%，蛋白质含量达18.3%。

人文历史

《绩溪县志》云，"绩溪东为西天目山脉，与浙江临安为邻，西为黄山支脉，与歙州为邻""山核桃独产于天目山之浙江临安，安徽绩（溪）宁（国）交界处"。明嘉靖、万历和清康熙年间对绩溪山核桃均有记载。原生的野山核桃现仅在皖浙交界之天目山区尚有遗存，已有200多年历史。

生产特点

绩溪山核桃保护区范围地处绩溪县东部，为天目山山脉余脉，重峦叠嶂。主要土壤类型有黄壤性麻石土、黄壤性扁石土、黄扁石土和部分扁石石灰土，土壤的腐殖质层厚，保水保肥性能优良。绩溪县在水系分布上为长江流域与钱塘江流域的分水岭，因境内地势较高，水系均为源头，河水均外流，无过境水，内无大河大溪，但山涧小溪纵横交错，降水是河库等水资源的主要补给。绩溪县属中亚热带季风湿润区，年平均气温15.9℃，年平均降水量1 491.3毫米，无霜期230~240天，山核桃生产生育阶段和开花、采收、节气日期相对恒定，特定的气候因素已成为绩溪山核桃生产的特定自然条件。

绩溪山核桃为阔叶落叶乔木，每年4月开花，9月采收。绩溪山核桃生长于海拔400~800米的山地，对土壤要求不高。绩溪山核桃产品加工工艺流程包括剥脯、清洗、日晒、分级、筛选、蒸煮、初炒、浸料、沥干、二次炒制、冷却、包装保存。蒸煮是确保山核桃口感良好的关键工序，蒸煮时间要求达到6个小时，最终目的是去涩。

石台香芽

登记证书编号：AGI00612

地域范围

石台香芽农产品地理标志地域保护范围在安徽省池州市石台县所辖仙寓镇、七都镇、横渡镇、大演乡、仁里镇、丁香镇6个乡镇，涉及38个村，地理坐标为东经117°12′~117°59′，北纬29°59′~30°24′，种植面积为2 400平方千米。

品质特色

石台香芽属烘青类名优绿茶，外形紧直匀整、芽壮显毫、色泽翠绿，内质香气嫩香高长、汤色嫩绿清澈、滋味醇和鲜爽、叶底嫩绿匀亮。

人文历史

石台县种茶历史悠久,据《文献通考》记载,宋代全国有名茶26种,其中"仙芝""嫩蕊"产于石埭县(今石台县),现代的石台香芽传承了"嫩蕊"的原料特性和品质特点。明代张星焕在《皖游记闻》中称石埭(现石台县)仙寓山所产茶叶因色绿、显白毫称为"白茶",其味绝殊,不可多得,土人以为瑞茶,得则珍藏之。明代诗人徐渭品饮池州钟太守送的石埭茶后赋诗云:"杭客矜龙井,苏人伐虎丘,小筐来石埭,太守赏池州。午梦醒犹蝶,春泉乳落牛,对之堪七碗,纱帽正笼头。"称石台茶可与"龙井""虎丘"媲美。

生产特点

石台香芽种植于植被覆盖率在80%以上的中山、低山和丘陵,茶园位于海拔300~1 000米的山地缓坡上。土壤为山地黄壤和黄红壤,pH值5.5~6.8,土壤有机质含量2.3%~4.0%。石台香芽生产区域属于中亚热带湿润季风气候区,四季分明,光、热、水条件优越,昼夜温差大,相对湿度79%,适宜种植绿茶。

石台香芽种植主要选择本地群体种槠叶种,或者舒茶早、安徽3号等无性系良种。高梯式茶园建立在坡度15°~20°的地块上,按条栽开挖种植行。种植方式采用单行栽植或双行密植,在深秋和初春栽植。生产过程中加强土壤培肥与合理耕作,并合理修剪以培养树冠。石台香芽加工工艺流程包括摊青、杀青、摊凉、做形、烘干、拣剔等工序。

涌溪火青

登记证书编号：AGI00613

地域范围

榔桥镇位于安徽省泾县东南，涌溪火青产于榔桥镇境内黄田、涌溪、浙溪等12个行政村，地理坐标为东经118°15′18″~118°38′18″，北纬30°25′07″~30°37′52″。

品质特色

涌溪火青风格独特，外形似腰圆，紧结重实，色泽墨绿油润、隐毫；香气清香持久；滋味醇厚，回味甘甜；汤色嫩绿，清澈明亮；叶底嫩绿微黄，匀齐成朵。

人文历史

相传明朝末年,在泾县榔桥涌溪村,有一位名叫刘金的秀才,外号罗隐和尚,一年春天他在涌溪弯头山发现一丛"金银茶",便采回树上的细嫩芽叶,在锅中炒制成茶,并辗转千里进贡皇上。由于当地生态环境十分优越,茶叶也就香味浓郁,遂被朝廷定为贡品。清代,与涌溪毗邻的黄田村(古"洋船屋"景区)出现了巨商朱氏家族,为了他们外出行商时方便携带,茶农便在引鉴徽州炒青制法的基础上,进一步将茶叶揉炒、挤压成紧结的腰圆形,由此形成了风格独特的涌溪火青,并逐渐以其紧结重实、香浓味甘而享誉全国。

生产特点

泾县地势自南西向北东方向倾斜,地貌复杂,境内山峦起伏,重岩叠翠,土壤有机质含量高,土壤 pH 值大多在 5.8~6.5,非常适宜茶树的生长。泾县境内河流交错,沟谷纵横,另有水库14座,水质清洁。榔桥镇属中亚热带季风气候,境内多山,地势较高,由于受地形的影响,与同纬度平原地区相比,气温较低,降水较多,日照较少,风力较弱,且表现出垂直分异,优越的气候条件适宜涌溪火青的生长。

茶园品种选用涌溪柳叶种鲜叶,肥培管理上要求茶园冬季增施有机肥,有机肥主要以经过腐熟的土杂肥、饼肥、栏肥等为主,施肥结合中耕松土和深耕松土时进行。病虫害防治以"预防为主,综合防治"为原则,采用农业、物理、生物防治方法,秋季时用石硫合剂封园。一般在3月下旬开采,采用提手采,鲜叶加工工艺流程包括杀青、揉捻、抖头坯、复揉、炒二坯、摊放、掰老锅、分筛等工序。

陶辛青虾

登记证书编号：AGI00845

地域范围

陶辛青虾主要分布于安徽省芜湖县陶辛镇行政区域内的22个村，包括奚村、沙墩、石桥、马桥、四门、河桥、楼麻、芮村、七房、承村、陶辛、新塘、友谊、芦中、天井、胡湾、北湖、三官、东莞、定丰、保太、倪家，地理坐标为东经118°18′48″~118°28′35″，北纬31°06′42″~31°14′30″，地域保护总面积8 180平方千米。

品质特色

陶辛青虾雌雄异体，雄体较大，全身分20节，呈纺锤体，臂长突出。它有3对步足，第一对步足，一般称为小螯，是用来钳住小水生动物送入口内吞食的；第二对步足非常粗大，其长度接近或超过体长的2倍；第三对步足基部外侧各有一个黑点。繁殖季节抱卵雌虾，体色格外深，多为青褐色。壳薄、肉嫩、个大、味美，体表光洁半透明、色泽鲜亮，熟后呈鲜橘红色，是陶辛镇最具特色的特种水产品种之一。

陶辛青虾壳薄肉嫩、营养丰富，是一种高蛋白质、低脂肪、低热量的优质食品，肌肉氨基酸总量18%以上，且富含钙、磷

等矿物质元素和多种人体必需的维生素。其食用方法有盐水虾、白灼虾、蒜蓉虾、油炸虾和烩虾仁等多种，均味极鲜美。

人文历史

早在北宋时期，陶辛就有增殖、捕虾、吃虾的历史。据可知的历史记载，早在东吴赤乌二年（239年），孙权就从江北招来10万流民在芜湖一带围湖造田。到了北宋末年，尤其是宋徽宗时，随着外族不断进犯和侵扰，中原百姓被迫纷纷迁移到长江以南的地区谋求生存。后来人口日渐增多，耕地明显不足，围湖造田自然成为解决生计的主要手段。正因为围湖造田，陶辛镇内水清物阜，盛产鱼、虾、蟹、鳖等优质水产品。至今陶辛镇一带农民还保留着用"虾罾"捕虾的传统方式，民间也有"无鱼不成席，无虾不成宴"的佳话流传。此外，芜湖民间节日"虾子灯""马灯"节目中，都带有浓厚的虾文化色彩。

陶辛青虾人工池塘养殖始于20世纪50年代，90年代发展大规模养殖，目前增养殖面积达5万亩，产品畅销上海、南京、杭州等大中城市。

生产特点

陶辛镇气候条件属亚热带湿润性季风气候，具有四季分明、热量丰富、光照适宜、降水充沛、无霜期长等特点。青虾生产用水主要来源于长江支流青弋江，区域内地势平坦、沟渠纵横，池塘、湖泊星罗棋布，水源充足，水质清新，溶氧量丰富，水体中水生生物十分丰富，适合青虾等水生动物栖息繁育。陶辛青虾养殖区域内土壤为黏性，保水性强、不渗漏，池底淤泥厚度低于10厘米，虾池全年利用时间一般为10个月。

陶辛青虾选择从江河、湖泊、沟渠等水质良好水域捕捞的野生青虾作为亲虾，虾苗捕捞、运输及放养需带水操作。青虾饲喂使用专用颗粒饲料。成虾捕捞应采取轮捕的方式，捕大留小，商品虾捕捞规格应在4.5厘米以上。

南陵紫云英弋江籽

登记证书编号：AGI00894

地域范围

南陵紫云英弋江籽农产品地理标志保护范围为安徽省芜湖市南陵县下辖的籍山、弋江、许镇、家发、工山、何湾、烟墩、三里8个镇，涉及157个行政村，地理坐标为东经117°57′~118°30′，北纬30°38′~31°10′。

品质特色

南陵紫云英属大叶型、青秆、中花、中熟品种，主根肥大，侧根发达，根瘤多，为淡紫红色，叶为奇数羽状复叶，有小叶7~11片，全缘，倒卵形，色深绿。花枝直立，其上着小花7~11朵，排列呈轮状，花色淡红至红紫。果实为三角形荚果，细长，成熟时黑色，每荚有种子7~11粒。种子黄绿色，种皮光滑，附蜡质，籽粒饱满，千粒重3.2克左右。植株富含大量氨基酸、维生素和微量元素，而且，紫云英还具有解热去毒等药用价值。

人文历史

南陵紫云英弋江籽原产于南陵县境内的千年古镇弋江镇，古代属于吴地春谷县。新中国成立后，随着国家对绿肥的高度重视，以及种植业粮食、经济作物、饲料三元结构的建立，南陵紫云英弋江籽很快推广到我国南方稻区10多个省市，20世纪80年代后期民间与官方都已

认定其名为"弋江籽"。

南陵县是安徽省主要产粮县之一,农作物以水稻为主,紫云英生产历史也同样悠久,且因农民勤劳,紫云英种植面积占稻田面积50%以上,1988年就被确定为国家紫云英种子基地县。

生产特点

南陵紫云英弋江籽种植区地处皖南低山丘陵向沿江平原过渡地带,地形复杂,土壤类型主要有水稻土、黄红壤、潮土等。南陵县境内的水系以青弋江为主,河流、湖泊、沟渠较多,对于调节水量、减轻旱涝和发展水产都起着重要作用。当地气候属亚热带湿润气候,四季分明,气候温和,日照充足,降水充沛。

南陵紫云英弋江籽种植于排灌方便、土质疏松肥沃的田块,且与油菜、小麦等轮种,尽量集中连片。双晚稻田套播,于晚稻齐穗时进行,与水稻共生期20~40天;其他茬口田块在前茬收获后,即可适时播种。当紫云英秸秆变成黄色,茎枯叶落,荚果有八成黑时即可收获。

大圩葡萄

登记证书编号：AGI01096

地域范围

大圩镇位于安徽省合肥市包河区。大圩葡萄农产品地理标志产品保护范围为东经117°18′48″~117°26′10″，北纬31°42′54″~31°49′11″，包括大圩镇15个行政村，地域保护面积3 568公顷。

品质特色

大圩葡萄在特定的立地环境条件下，采取一系列综合配套栽培技术，其葡萄鲜果表现为果穗紧凑，粒大、均匀，果粒整齐度为95%以上，果皮色泽莹润；果肉柔软多汁、酸甜可口，具有该地葡萄固有的风味和品质。果汁可溶性固形物含量15%~17%，糖酸比较高，特别适宜鲜食。

人文历史

大圩镇东临南淝河，南濒巢湖，古有"合肥粮仓、鱼米之乡"之称。20世纪80年代，大圩村民开始种葡萄，2003年大圩第一次举办"葡萄文化旅游节"，打造都市农业，成为安徽省第一个"吃螃蟹"的乡镇，已连续成功举办10余届。村民们相互学习，不断引进品种，推广栽培新模式，产品质量不断提升。如今这里风景宜人，民风淳朴，葡萄飘

香,林荫道间往来采摘的游客络绎不绝。2011年,大圩镇成功创建"全国农业标准化示范区——葡萄栽培与休闲采摘标准化示范区"。

生产特点

大圩镇地处江淮丘陵地区,属于合肥盆地北沿地层,区域内较为平坦。土壤耕作历史悠久,熟化程度高,质地均一,有机质平均含量为2.5%,土地肥沃,盛产粮食、蔬菜、林果等各类农副产品。大圩镇位于合肥东南"上风口",内圩水网交错,地表水资源丰富,年降水量充沛,河流流向有利,水质清澈纯净,是理想的农业用水。当地属北亚热带季风湿润性气候,四季分明,降水量适中,光照充足,热、水、光资源丰富,适于多种葡萄品种生长发育。

大圩葡萄现有主栽品种为巨峰、京亚、夏黑、美人指、醉金香、金手指、红地球等。栽培模式为露地栽培、避雨栽培、促成栽培3种模式。生长过程中要控制好整形修剪、抹芽、定梢、疏花疏果、套袋、灌溉、采收等各个环节。

巢湖白虾

登记证书编号：AGI01097

地域范围

巢湖白虾主要生长在我国五大淡水湖之一的巢湖水域，为巢湖水产资源中产量较高的一类。巢湖水域所有自然生长的白米虾都称为巢湖白虾，涉及安徽省合肥市下辖的包河区、巢湖市，以及肥东、肥西、庐江3个县，共20个乡镇，地理坐标为东经117°17′~117°51′，北纬31°26′~31°43′。

品质特色

巢湖白虾外形具有明显的地域特征，商品虾体长3~6厘米，体重3~6克，通体透明，肉白籽黄，壳薄螯短，微有棕色。巢湖白虾，烹饪后体白，柔嫩壳软，味道鲜美，营养价值高。巢湖白虾蛋白质含量11.6%~13.9%，脂肪含量0.4%~0.6%，灰分4%~5%，水分含量80%~84%，硒含量0.8~1.0毫克/千克。

人文历史

关于巢湖白虾还有一个美丽的传说，相传古巢州腥秽不堪，鱼虾水族也遭污染而混浊。天庭玉皇大帝倾天河之水荡涤巢州污泥浊水，沦巢州为巢湖。白虾从中受洗礼，将浑浊形体变得晶莹透明，清新秀美，成为巢湖水族中的佼佼者。我国民间久有"死虾泛红"之说，巢湖白虾却不然，烧熟也不变红，

浑身依然白色,素有"巢湖白虾甲天下"之称。

巢湖渔民捞虾情景,为诗人所爱,多有赋咏。周家颐《巢湖棹歌截句十二首》曰:"港汊支流四处通,烟云入妙画难工。有人小艇收罾立,风卷芦花雪一篷。"李恩绶《巢湖打鱼诗》描写道:"花塘河口是侬家,小小盆儿似缺瓜。喜得湖边风不紧,摸鱼才了又捞虾。"

生产特点

巢湖属亚热带和暖温带过渡性的副热带季风气候区,气候温和湿润,降水充沛、光照充足。巢湖水域自然生态环境独特,平均水深3.06米,整个湖底以沙土、黏土为主,淤泥层较薄,水质较为优良,矿化度很低,酸碱适中,溶解氧含量高。湖内浮游动物153种,丰富的浮游动物为巢湖白虾提供充足的饵料。巢湖水量和水位常受河流水情所控制,大量的地面径流量汇入湖中,集水区的有机质和营养物质流入巢湖,有利于改善水体营养条件,促进湖泊饵料生物大量繁殖,进而促进巢湖白虾生长。

巢湖白虾为野生,捕捞作业时限为每年6月、9月和11月,捕虾工具有具体的规定,可使用虾耙、小方笼、虾罾、甩笼、篦笼(限制性使用渔具),网目不得小于0.8厘米,其他渔具一律禁止使用,确保巢湖白虾的可持续生产。

巢湖银鱼

登记证书编号：AGI01098

地域范围

巢湖银鱼主要生长在我国五大淡水湖之一的巢湖水域，为巢湖水产资源中产量较高的鱼类。巢湖水域所有自然生长的银鱼都称为巢湖银鱼，涉及安徽省合肥市下辖的包河区、巢湖市，以及肥东、肥西、庐江3个县，共20个乡镇，地理坐标为东经117°17′~117°51′，北纬31°26′~31°43′。

品质特色

巢湖银鱼其外形具有明显的地域特征，体形细长，呈圆筒状，无鳞透明，洁

白如银。巢湖银鱼肉密无刺，滋味鲜美，富含人体所需多种氨基酸，营养价值高。巢湖银鱼蛋白质含量10.5%~12.6%，脂肪含量1.1%~1.3%，灰分含量0.65%~0.8%，水分含量82%~87%，硒含量0.35~0.45毫克/千克。

人文历史

宋朝司马光《送崔尉尧封之官巢县》中写道："巢湖映微寒，照眼正清泚。低昂蘸荷芡，明灭繁葭苇。银花鲙鱼肥，玉粒炊香黍，居人自丰乐，不与他乡比。"毫无疑问，"银花鲙鱼"即指巢湖银鱼。

民间有一个关于银鱼的凄美传说。从前，龙王的水晶宫有一对童男童女，男的叫银果，女的叫银花。他俩羡慕人间的生活，于是在人间结为夫妻，不愿回到水晶宫。龙王知道后，处罚他们在人间永为全身透明的小鱼。后来，银花有孕，被龙王知道后大怒，传旨不许生子。为产下后代，银花撞向碎石，破腹产卵而死。银果安置好卵后，也很快死去。因此，银鱼的生命只有1年。渔民们捕获的银鱼，不论大小，都是当年的鱼。

生产特点

巢湖属亚热带和暖温带过渡性的副热带季风气候区，气候温和湿润，降水充沛、光照充足。巢湖水域自然生态环境独特，平均水深3.06米，整个湖底以沙土、黏土为主，淤泥层较薄。湖水水质较为优良，矿化度很低，酸碱适中，溶解氧含量高。湖内浮游动物153种，为巢湖银鱼提供了丰富的饵料。巢湖水量和水位常受河流水情所控制，大量的地面径流量汇入湖中，集水区的有机质和营养物质流入巢湖，能够改善水体营养条件，促进湖泊饵料生物大量繁殖，有利于巢湖银鱼生长。

巢湖银鱼为野生，捕捞作业时限为每年8月，捕银鱼只能使用网目不小于0.4厘米渔网，其他渔具一律禁止使用，确保巢湖银鱼的可持续生产。

马店糯米

登记证书编号：AGI01099

地域范围

马店糯米地理标志地域保护范围为安徽省凤台县朱马店镇、尚塘乡、钱庙乡、杨村乡、古店乡和顾桥镇6个乡镇，涉及82个行政村，地理坐标为东经116°25′~116°32′，北纬32°50′~32°57′。

品质特色

马店糯米米粒一般呈细长形，乳白色，不透明，少许半透明，气味清香，饭米香醇，口感甜绵，稠腻滑润。马店糯米性温、味甘，含糖量高，富含蛋白质，脂肪

含量低，不含胆固醇，还含有钙、磷、铁、维生素 B_1、维生素 B_2、维生素 D、维生素 E 等多种微量元素和维生素，黏性大，营养丰富，补中益气，健脾养胃，为强身佳品。

人文历史

糯米在凤台县种植历史悠久，相传曾为淮南王御用"贡米"。据《山海经注》记载，北宋时，凤台县板埂湖大米（今马店糯米）曾远运东京（开封）供奉皇室，被誉为"御米"。历史上曾流传着"板埂稻米香喷喷，一家煮饭香满庄。南北运销千百里，筵席佳品誉四方"的佳话。而今凤台县所产的马店糯米仍有"一家煮饭香四邻，十家煮饭香满庄"的赞誉。

生产特点

凤台县地处安徽省中北部，淮河中游，地势平缓，属黄淮海农业区。保护区内土壤主要为沿淮水稻土，有机质含量高，具有良好的保水保肥能力。马店糯米灌溉水源来源于永幸河、茨淮新河。凤台属暖温带半湿润大陆性季风气候区，水稻生长期间光照充足，10℃以上的年积温 3 790℃，年平均降水量 897.8 毫米，气候条件较为优越。

根据茬口和品种特性，马店糯米育秧期为 5 月 1—15 日，育苗方式采用肥床旱育和湿润育秧。6 月上中旬移栽，力求早栽。糯稻生产坚持稳促结合的施肥原则，以基肥为主，占总施肥量的 60% 以上，基肥以有机肥为主，基肥与追肥结合。凤台县大力推广浅水栽秧，寸水活棵，浅水分蘖，超前烤田的水分管理技术。水稻黄熟期（稻谷成熟度达 85%~90%）收获。

苏岭山药

登记证书编号：AGI01201

地域范围

苏岭山药产于安徽省宣城市泾县桃花潭镇的新民、苏岭、龙潭等20个行政村，分布地域地理坐标为东经117°58′50″~118°17′25″，北纬30°24′57″~30°40′29″。

品质特色

苏岭山药外表弯曲，长60~80厘米，最长可达100厘米，直径0.5~2.5厘米，表皮土褐色，密布细毛。苏岭山药食用品质好，肉极细腻，白里透黄，质坚粉足，久煮不糊、味香、微甜、口感特好，汤色清而不混，多食不伤胃，久食不腻。苏岭山药含有丰富的维生素C、钙、镁等多种微量元素，膳食纤维较高，蛋白质含量2.0%以上，富含18种氨基酸，具有很高的营养价值。

人文历史

明嘉庆版的《泾县志》记载：苏岭山药有1 000多年的种植历史，主要产自于安徽省泾县桃花潭镇苏岭村，后传至云岭、茂林等乡镇。

1961年，苏岭山药种植面积3 125亩，亩产445千克，是新中国成立后当地山药种植面积最大的一年。此后，苏岭山药种植面积下降，但单产提高，1982年当地种植山药1 299亩，亩产982千克，是1961年的2.2倍。

生产特点

泾县地处黄山北麓，境内山峦起伏，山坡地腐殖质含量较高，排水通畅，阳光充足，有机质含量高，含丰富的钙、镁等微量元素，非常适宜山药的生长。泾县境内有烟波浩渺的太平湖，河流交错，沟谷纵横，水流丰富，四季不竭。桃花潭镇属于北亚热带、副热带季风湿润性气候，气候温和，降水充沛，光照资源丰富，气候条件极为适宜。

苏岭山药露地栽培一般在4月上中旬播种，以山药块茎切段作种苗。山药苗长约30厘米时，保留1条健壮主蔓；茎蔓长25~30厘米时，及时引蔓上架。生产中加强中耕除草与肥水管理。10月下旬茎叶枯黄，块茎膨大缓慢时采收。

金坝芹芽

登记证书编号：AGI01202

地域范围

金坝芹芽主要分布于安徽省合肥市庐江县白湖镇行政区域内的19个村（社区），包括裴岗社区、金湾社区、塘串河村、孙咀村、毛咀村、陶冲村、泉水村、邓湖村、六岗村、胡榜村、顺港村、白湖村、梅山村、吴渡村、青帘村、杭头村、杨柳村、国安村、西城村。地域范围东经117°20′13″~117°33′23″，北纬31°08′18″~31°09′38″，地域保护总面积164平方千米。

品质特色

金坝芹芽植株长度5~30厘米，洁白有光泽，自然清香，质地脆嫩。金坝芹芽是一种低脂肪、低热量的新鲜特色蔬菜，富含人体必需的维生素C、磷、钙等营养成分，清香爽口，风味独特。

人文历史

白湖镇被誉为芹芽之乡,该镇境内有一条全长 15 000 米名叫金坝的小河沟,常年流水必经金坝村境内,金坝村世世代代就有种植水芹习惯。20世纪 60 年代,村民们开始零星将水芹一把一把扎起栽入烂泥,上部分外露进行软化种植,1 个月左右下半段变成白色,上半段仍是绿色,口感和销价略高于水芹;直至 20 世纪 70 年代初,村民吴成树土房倒塌压在水芹田里,一段时间后清理墙土发现,水芹竟然生长出洁白、脆嫩、清香的幼芽,食后味美可口,与水芹、软化水芹大不一样,村民们取名叫金坝芹芽。经

过乡村农技员和村民们反复试验摸索总结,逐渐形成一套成熟的农艺操作方法,这种特色蔬菜很受当地群众欢迎。

1998 年,白湖镇成立了庐江县金坝芹芽协会,金坝芹芽产供销一体化开发模式初步形成,金坝芹芽开始向市场展示诱人的魅力,走向千家万户的餐桌。如今,金坝人衣源芹芽,食源芹芽,住源芹芽,行源芹芽,可见芹芽生产在白湖镇农业生产中占有重要地位。

生产特点

白湖镇地处两湖之间,土壤为潴育型水稻土,土壤熟化程度高,耕层较厚,质地适中,有效养分丰富,保水保肥性能好,特别适宜种植芹芽等农作物。当地水系发达,水资源丰富,水质清洁。白湖镇的气候具有气候温和、四季分明、热量丰富、光照适宜、降水充沛、无霜期长等特点,优越的气候条件为金坝芹芽的生长提供了得天独厚的条件。

金坝芹芽培育采用稻—稻套芹或稻—芹连作,亩产千斤粮、吨芹芽,是我国典型的粮食与经济作物结合高效益种植模式之一。金坝芹芽的育苗时间为 8 月下旬至 9 月中旬,培育苗龄 60 天以上,根据苗情分期分批覆盖育芽,用竹竿将水芹苗压倒向一个方向,薄膜平铺覆盖,15~50 天即可采收上市。

湾沚山芋

登记证书编号：AGI01290

地域范围

湾沚山芋农产品地理标志保护范围为安徽省芜湖市芜湖县湾沚镇境内，共涉及26个行政村，分别为鲁村、蒲塘、杨村、肖旱、豹山、立新、百花、新联、丰和、城南、永红、旗塘、新圩、十都、罗保、蟠龙、老村、十坝、新竹、长岗、宋新、双马、双桥、新丰、长山、焦村。地理坐标为东经118°32′21″~118°40′11″，北纬31°08′17″~31°11′24″，地域保护面积17 948公顷。

品质特色

湾沚山芋外形呈纺锤形或长纺锤形，皮色为淡红色，薯皮完整光鲜干净，大小因品种而异，一般在0.2~0.5千克。湾沚山芋肉色白色，肉质粉面，甘香可口，粗纤维少，熟吃香甜，生吃脆嫩，"色如壁、甜如蜜、香如桂、食如栗"，素有"地下苹果"之称。

湾沚山芋营养丰富，含有多种人体需要的营养物质，鲜薯中含水分72%以下，

蛋白质含量1.4%以上，脂肪含量0.2%以下，碳水化合物含量24%以上，膳食纤维含量2%以上，并富含钙、铁等微量元素。

人文历史

据《芜湖县志》记载，明清时，山芋即已在芜湖县湾沚镇一带丘岗区普遍种植，成为当地百姓的重要食粮，每遇纷乱饥饿的年代，山芋便成了老百姓赖以活命的食物。人们编了个顺口溜说："湾沚山芋是个宝，自然灾害少不了，没有山芋来充饥，百姓生命很难保。"县城湾沚镇1 000多米长的老街，曾经是最热闹的山芋交易市场，

每至秋季，四面八方的人来此"挑"山芋，鲜山芋通过发达的青弋江水路整船运往芜湖、上海、南京、镇江、扬州一带，尤其垄断了芜湖、南京地区的山芋市场。

生产特点

湾沚镇境内多丘岗山地，土壤类型以黄泥土属和棕红壤土属为主，土层较厚，水分含量适度，肥力水平总体为中等，适宜种植湾沚山芋。产区内作物生长期间降水量相对较多，年均地表水、地下水资源丰富，水质洁净。湾沚镇属湿润型季风气候，干湿交替，四季分明，农业气候条件适宜湾沚山芋生长。

湾沚山芋在3月上中旬，采用小拱棚加地膜覆盖的方式进行育苗；4月20日以后，起垄栽植，雨中、雨后或带水栽插，随采随插。全生育期养分以基肥为主，基肥用量占施肥总量的90%以上；适时适量浇水，结薯以后不旱不浇水；在寒露后和霜降前山芋成熟时，用机械收获。

广德毛腿鸡

登记证书编号：AGI01291

地域范围

广德县位于安徽省东南部。广德毛腿鸡农产品地理标志保护地域是东亭乡、卢村乡、四合乡、杨滩乡、柏垫镇和誓节镇6个乡镇，涉及58个行政村，地理坐标为东经119°17′21″~119°52′99″，北纬30°70′22″~30°94′95″。

品质特色

广德毛腿鸡属肉蛋兼用型鸡种。体型紧凑，头大小适中；单冠直立，冠齿6~7个，冠叶、肉垂呈鲜红色，耳叶呈红色占60%~70%，虹彩呈橘黄色；喙呈蜡黄色，上喙稍长，向下弯曲；胸深且略向前突；成年鸡羽毛浅黄色，颈羽呈金黄色，主翼羽、尾羽黑色，或羽片半边黑色；黄胫、黄爪，胫骨细长，胫羽浓密。成年公鸡雄

伟健壮，体躯呈马鞍形，胫骨长 11.6 厘米左右，踝关节下 3 厘米处外侧胫有 10~12 根片羽。成年母鸡体躯丰满，胫骨长 10.8 厘米左右，踝关节下 2.5 厘米处外侧胫有 8~10 根片羽。雏鸡羽毛呈淡黄色或灰黄色，胫部分布有丝羽。广德毛腿鸡肉质细嫩，肉味鲜美，经检测，氨基酸总量 21.2% 以上。

人文历史

毛腿鸡系皖南山区老品种，明、清时期曾为御用贡品，据民间传说和县志记载，元末 1335 年，明太祖朱元璋驻跸广德，乡绅献"毛腿"（土鸡）以食，悦，明洪武元年（1368 年）称帝后，钦定入膳，后屡贡之。

生产特点

广德县属黄山余脉和天目山余脉所环抱的山地和丘陵地区，主要以毛竹、板栗、果木和风景树种植为主，是"中国竹子之乡""中国板栗之乡"，森林覆盖率达 61%，山中富含负离子。广德县属亚热带季风气候，四季分明，日照充足，全年平均温度 17.5℃，无霜期近 300 天，气候条件较为适宜。

广德毛腿鸡的养殖以竹林或板栗林下养殖为宜，其次在阔叶林、果园林和天然林地养殖，保证放养场地面积。毛腿鸡饲料分为全价饲料和天然饲料两部分，其中，天然饲料主要有野草、成熟的籽实和各种虫类。毛腿仔公鸡（120 日龄）上市体重为 1.1~1.2 千克，毛腿老公鸡（300 日龄）上市体重在 1.7~1.8 千克，毛腿老母鸡（300 日龄）上市体重在 1.4~1.6 千克。

金寨红茶

登记证书编号：AGI01395

地域范围

金寨红茶农产品地理标志保护地域涵盖安徽省六安市金寨县的 23 个乡镇，其中以梅山镇、麻埠镇、油坊店乡、青山镇、张冲乡、全军乡、桃岭乡、铁冲乡、燕子河镇、天堂寨镇、古碑镇、吴家店镇、花石乡、白塔畈镇 14 个乡镇品质最佳，地理坐标为东经 115°22′~116°11′，北纬 31°06′~31°48′，地域保护面积 381 400 公顷。

品质特色

金寨红茶外形紧细圆直，色泽乌润，显金毫，汤色铜红明亮有琥珀金圈，香气火香带甜，叶底红匀明亮，滋味鲜醇回甘、甜香高鲜、甘润生津，茶性温和，其典型品质特征是"铜红汤，火糖香"。

金寨红茶富含茶多酚、茶黄素、多种游离氨基酸和矿物质等营养元素。其中水浸出物不低于 34.0%，总灰分 6.5% 以下，茶多酚含量大于 9%，游离氨基酸含量大于 1.5%，咖啡因含量 2% 以上，茶黄素含量不低于 0.1%，茶红素含量 2.5% 以上。

人文历史

金寨县是极品名茶之乡，宜茶环境得天独

厚，群峰环抱、茂林修竹，境内有梅山、响洪甸两大水库，库湾绕城、绿岛葱茏；天堂寨、燕子河大峡谷等自然景区，怪石清泉、自然幽静。唐代茶圣陆羽的《茶经》就有"庐州六安（茶）"之说；《文献通考》记载，宋太祖乾德三年（965年），金寨县境内就设有官办茶站；明代徐光启在其《农政全书》中称"六安州之片茶，为茶之极品"。20世纪50年代，安徽农业大学茶业系的前身——复旦大学茶叶专修科组织专家指导金寨生产红茶，所产红茶品质卓越。

生产特点

金寨县境内地貌特征、生态环境类型多样，土壤多以棕壤和黄棕壤为主，有机质和氮、磷、钾含量丰富，十分适宜茶树生长。金寨为淠河、史河两大河流发源地，境内有梅山、响洪甸两大水库，水源充足。金寨县生态环境优越，境内高山植被好，湿度高，云雾漂浮，如滤光筛子，使光波较短的蓝紫光和紫外光通过，利于叶绿素B的生成，同时有利于茶树更有效的利用光能，促进有

机物质积累，能够提高茶多酚、咖啡因和氨基酸含量，有利滋味的形成。金寨独特的气候条件、优越的生态环境，广泛的生物多样性特点和优良的茶树品种是形成金寨红茶优异品质的基础。

金寨红茶烘焙工艺不同于其他红茶，茶叶"火功"较足，其采用鲜叶萎凋、揉捻、发酵、毛火、摊凉、足火、拉老火、筛分和装箱等一系列的制作流程，工艺传统，品质独特。金寨县乃名茶六安瓜片的发源地，金寨人民将六安瓜片拉老火的工艺融入金寨红茶的烘焙工艺中，造就其香高味浓的独特品质。

枣树行玉铃铛枣

登记证书编号：AGI01463

地域范围

枣树行玉铃铛枣地域保护范围为安徽省阜阳市宁老庄镇所辖许庄村、老庄村、新农村、富民村、陈集村、曹寨村、兴隆村、椿树村、和盛村、马窝村、大田村、姜堂村、长营村、申庄村、唐营村、新街村、锦湖村、虹桥村、梅寨村、枣树行20个村，以及行流镇柳河闸、牛寨村、冯杨村、行流村4个村。地理坐标为东经115°35′07″~115°45′13″，北纬32°02′40″~32°56′21″，地域保护面积2 800公顷。

品质特色

枣树行玉铃铛枣果实近圆形，皮薄，果点小，果实美观，如美玉一般。果肉多汁、酥脆、酸甜可口，平均单果重18~20克，核重0.3~0.4克。枣树行玉铃铛果实营养丰富，可溶性糖含量19%~21%，可溶性固形物含量21%~22%，维生素C含量255~257毫克/100克，此外，还富含钾、钠、钙、镁、锰、锌等。

人文历史

相传，北宋仁宗皇祐元年（1049年）初夏时节，欧阳修来到颍州顺泉河西行，途中见枣树数十行，枣树古朴苍劲，枣花正旺，俨然世外桃源。主人热情好客，云此枣来历颇久，因其形似铃铛，当地人称"铁铃铛枣"。宾主言谈甚欢并相约八月枣熟时品尝。数月后，枣熟之际，欧阳修忆起前约，欣然而往。只见枣树果实累累，枣子个头大，清脆甘甜。欧阳修满心欢喜："观此枣珠圆玉润，赏其色青红相间，品其味香甜如蜜。应叫玉铃铛。"欧阳修当下精选了枣果献与仁宗皇帝，仁宗尝后欣然道："无名村落，枣树数行，赐名御用枣树行吧。"欧阳修便在颍州一带寻能工巧匠立碑，书"御用枣树行"。

生产特点

枣树行玉铃铛枣保护地域接近淮北平原，是黄淮海平原的一部分，土壤主要类型以黄潮土亚类、砂姜类为主，有机质含量较高，适宜枣树的种植。流经当地的颍河为该区的最大河流，也是淮河的最大支流，细小河流众多，水源充足。产区属于暖温带半湿润季风气候区，季风明显，气候温和，降水适中，光照充足，四季分明，枣果生长期内昼夜温差大、日照时间长，有利于枣糖分积累。

枣树行玉铃铛枣种植品种选择当地的玉铃铛枣，春秋两季均可栽植，栽植时施足底肥，栽前嫁接苗要划除嫁接口的塑料条，修剪根系。树苗生长过程中要进行适当的修剪，适当控制结果基枝和枣吊数量，保留发展空间。施肥以腐熟的农家肥为主，依据当地的土壤供肥能力和目标产量进行追肥，并注重树苗的病虫害防治。

亳　菊

登记证书编号：AGI01464

地域范围

亳菊主要生长在素有"中华药都"之称的安徽省亳州市沿涡河流域，地域保护范围为亳州市谯城区、涡阳县沿涡河流域的15个乡镇，具体包括十八里镇、魏岗镇、古井镇、华佗镇、五马镇、谯东镇、观堂镇、沙土镇、十河镇、双沟镇、赵桥乡、十九里镇、大杨镇、城父镇、义门镇。地理坐标为东经115°32′~116°06′，北纬33°35′~34°04′，地域保护面积1.46万公顷。

品质特色

亳菊为头状花序，疏松，黄色。花序直径1.5~3厘米，总苞片3~4层。舌状花白色或微黄色，8~12层，每花序有舌状花200朵左右。管状花少，花基部有膜质鳞片。

亳菊气味清香，味甘、微苦，具有散风清热，平肝明目，清热解毒等功能，可

用于风热感冒,头痛眩晕,目赤肿痛,眼目昏花,疮痈肿毒。

人文历史

亳菊栽培历史悠久,淮河以北的药用菊花均与亳菊有亲缘关系。1760年《百草镜》有"亳州产有白色菊花"的记载;山东的济菊,是在清朝时引自亳州;据1936年赵橘黄先生所著的《祁州药志》介绍,祁菊移自亳菊的产地。

历代文人皆有赞亳州诗句,宋代欧阳修《戏书示黎教授》云:"古郡谁云亳陋邦,我来仍值岁丰穰。乌衔枣实园林熟,蜂采桧花村落香……若无颍水肥鱼蟹,终老仙乡作醉乡。"多年来,亳州因药材而闻名,已成为名副其实的药材之乡。

生产特点

亳州市位黄淮平原南端,为冲积平原,境内主要土壤为砂姜黑土、两合土和潮土,有机质中等偏上,土质肥沃、排水性能好、偏酸性,适宜于亳菊生长。产区境内主要有涡河、包河、西淝河等,水量较为丰富,水源充足。亳州市地处暖温带南缘,属于暖温带半湿润大陆性气候区,季风明显,光照充足,降水量适中,无霜期长,四季分明,年平均气温14.9℃,年平均降水量831.3毫米,无霜期213天左右,年平均日照时数2 184.8小时,气候条件适宜于亳菊生长。

亳菊的育苗选择健壮、无病虫、具有亳菊典型性状的单株留作母株,经过埋土越冬供早春繁殖,繁殖方法分为扦插和分株两种方法,以扦插为宜。春季整地翻土后于4月中下旬进行定植,移栽时浇透定根水。肥料在整地时施入并进行追肥,生长过程中做好水分、除草、摘心打顶等管理。

南陵圩猪

登记证书编号：AGI01465

地域范围

南陵圩猪的农产品地理标志保护范围为安徽省宣城县下辖的籍山、弋江、许镇、家发、工山、何湾、烟墩、三里8镇，涉及157村和21个社区，地理坐标为东经117°57′~118°30′，北纬30°38′~31°10′。

品质特色

南陵圩猪体型中等偏小，全身被毛呈黑色，结构匀称，体质较细致，头中等大小，不粗糙，额部皱纹纵横不一，深浅不等，大致呈菱形，额心常有菱形皱结，生长毛一丛。皱纹轻浅趋于纵行，嘴筒稍长，俗称"青鱼头"；额纹较深趋于横行的，有的发展到面部，且嘴筒较短，俗称"狮子头"。

南陵圩猪具有耐粗饲、抗病力强、母性强、产仔多等特点。其肉肌红脂白、肉

质鲜美，抗氧化性强，耐贮藏，不易变质，适合腌制腊肉、香肠及火腿等。

人文历史

南陵圩猪被专家称为猪中"大熊猫"，已载入《中国猪种志》和《南陵县志》，列入安徽省地方畜禽遗传资源保护目录。

南陵圩猪主要分布于芜湖地区的南陵及周边，以南陵青弋江两岸为主。1974年以后，南陵县对南陵圩猪进行了调查，并进行了提纯复壮和保护；2012年，南陵圩猪被芜湖市人民政府列入8种地方种质保护资源。

生产特点

南陵县地处皖南低山丘陵向沿江平原过渡地带，地形较为复杂，土壤类型主要有水稻土、黄红壤、潮土等，水稻土面积广泛，适宜农作物的种植。南陵县气候属亚热带湿润气候，四季分明，气候温和，日照充足，降水充沛，气候条件较为适宜。

南陵圩猪养殖方式采用圈养和放养相结合，实行平面饲养，饲料以青饲料和精料相搭配。在养殖过程中，需注意公猪、母猪、仔猪和育肥猪的饲养方式各不相同，饲料搭配各有特点。育肥猪8月龄左右，体重72~90千克出栏为宜。

中埠番茄

登记证书编号：AGI01522

地域范围

中埠番茄农产品地理标志保护范围包括安徽省巢湖市中埠镇滨湖、小联圩、建华、三圩和中埠5个村（社区），地域坐标为东经117°43′~117°47′，北纬31°39′~31°42′。

品质特色

中埠番茄果实为高圆形，无青肩；颜色为粉红色，且着色均匀一致；一般单果重250克左右；果皮韧性强，耐贮运；果肉厚，无空洞果，生食口感甜酸适口，肉质面沙，风味好，生熟食兼用。

中埠番茄营养丰富，其中，水分含量94%~95%，可溶性固形物含量4.5%~5.0%，总糖含量2.5%~3.5%，总酸含量0.25%~0.35%，维生素C含量14~16.5毫克/100克，钾含量190~210毫克/100克，铁含量5~6毫克/100克。

人文历史

中埠番茄种植历史起源于20世纪80年代。20世纪90年代，建立了中埠番茄罗巷生产基地，种植水平较高；1999年3月，在滨湖小张村建立了番茄生产示范园，推广稻菜轮作等生产技术；2011年，在滨湖民孙村建立了番茄标准生产示范园；2013年中埠番茄种植基地被列入

合肥市环巢湖现代农业示范区，2014年升级为安徽省环巢湖现代农业示范区。2013年开始举办番茄节，扩大中垾番茄知名度，番茄产品供不应求。2015年，中垾番茄入选农业部优质农产品开发中心第二批《全国名特优新农产品目录》。

生产特点

中垾番茄保护地域属圩区，土质为沙壤土，土壤有机质含量高，土壤肥力状况良好，适宜番茄生长。中垾番茄水源为巢湖水，生育期为冬春季，此时为巢湖水质最佳时期，为生产优质安全番茄产品奠定了良好基础。中垾镇属北亚热带湿润季风气候区，主要气候特点是季风明显、四季分明、气候温和、降水充沛、光照充足，气候条件较为适宜。

经过多年反复摸索，产区探索出番茄—水稻水旱轮作、"三棚四膜一帘一布"（小拱棚、中棚、大棚，地膜、小拱棚膜、中棚膜、大棚膜，遇低温时，小拱棚膜上加盖草帘、中棚膜上加盖无纺布）、增施有机肥、减少化肥用量的特色种植模式，在提高保温效果，避免苗期发生冻害的同时，较好地克服了连作产生的生理病害障碍，从而提高番茄品质与质量安全水平。

无为螃蟹

登记证书编号：AGI01523

地域范围

无为螃蟹农产品地理标志保护地域为安徽省芜湖市无为县，涵盖境内21个乡镇，其中以泉塘镇、襄安镇、蜀山镇、刘渡镇、高沟镇、开城镇、姚沟镇、牛埠镇、无城镇等乡镇所产的螃蟹品质最佳，地理坐标为东经117°28′48″~118°07′25″，北纬30°56′21″~31°30′21″，。

品质特色

无为螃蟹青背、白肚、金爪、黄毛，额齿尖锐，疣状突明显，四肢健壮，活动敏捷。无为螃蟹富含蛋白质和微量元素，味鲜清甜，营养丰富，螃蟹可食部分蛋白质含量19%以上，钙含量1.7毫克/100克以上，铁含量1.7毫克/100克以上，锌含

量 1.9 毫克/100 克以上，硒含量 0.04 微克/100 克以上。

人文历史

无为螃蟹扬名省内外，螃蟹文化源远流长。嘉庆年间（1796—1820年）《无为州志》记载："无为泽国，类之繁，其鳞介乎……小类介若龟、鳖、虾、蟹、螺、蛤、蚌、蚬之属。"同在清嘉庆年间，无为籍诗人吴之联有多篇诗句描写无为特色螃蟹。

如今，无为螃蟹开始走出无为县，作为一种美食与地方特产，长期是国宴、高端宴会招待重要客人的首选，声名传播于各地，1972年美国总统尼克松访华，国宴招待尼克松先生的美味螃蟹，就产自无为县。1979年，为适应日益兴起的水产业发展需要，无为县成立水产局统筹管理全县水产业发展，并在各乡镇设立水产站指导渔业生产，作为主导产业的螃蟹，步入快速发展时期。时至今日，螃蟹养殖遍及全县21个乡镇，养殖面积15.8万亩，并已形成苗种培育、成蟹养殖、品牌营销、渔需服务、暂养储运等较完善的产业链。

生产特点

无为县滩涂面积广阔，境内河网密布、沟壑成群，土壤以棕壤和黄棕壤为主，有机质及氮、磷、钾含量丰富，提供了河蟹养殖所必备的土质条件。无为县境内拥有水域面积40万亩，水质优良，浮游动植物丰富，这些都为螃蟹养殖提供了充足的饵料和良好的生态环境，非常适宜螃蟹生长、繁育。无为县属亚热带季风气候，四季分明，温暖湿润，气候条件较为适宜螃蟹生长繁殖。

无为螃蟹的养殖品种为中华绒螯蟹，蟹种为长江野生亲蟹繁殖的子一代。11月底开始整理池塘，栽种水草、投放螺蛳、放养蟹种，一般与青虾、鳜鱼等混养。饲料分为动物性饲料、植物性饲料和配合颗粒饲料，根据"前期精、中间青、后期荤"及精、青、粗合理搭配的原则投喂，各个阶段有所侧重。池塘养蟹的起捕上市时间从10月下旬开始，到12月底结束。

三十岗西瓜

登记证书编号：AGI01609

地域范围

三十岗乡位于安徽省合肥市区西北部，三十岗西瓜农产品地理标志地域保护范围为三十岗乡所辖崔岗村、瞿嘴村、堰稍村、三十岗村、陈龙村、东瞿村、风景村、柴冲村、汪堰村9个行政村，地理坐标为东经117°03′42″~117°10′21″，北纬31°51′58″~31°57′57″，地域保护面积为32.58平方千米。

品质特色

三十岗西瓜果实中小型，中型瓜圆形，小型瓜椭圆形。果形正，果皮薄、光滑有光泽，外皮底色浅绿色并均匀分布锯齿状深绿色条纹；果肉多汁甘甜可口，为脆熟型。

三十岗西瓜含有丰富的营养成分，其中，水分含量86.5%~89.5%，总糖含量

3.2%~7.5%，蛋白质含量0.9%~1.1%，富含维生素C、钙、磷、钾、镁等维生素与微量元素。

人文历史

三十岗西瓜在20世纪80年代前一般为散户种植，品种较差，产量低。90年代后，西瓜种植户逐渐增多，品种以金心西瓜为主，主要供应合肥市区居民需求。2002年以后，西瓜种植面积逐年增加，至2004年，种植面积达3 000亩，总产量4 650吨，在此基础上，三十岗乡举办了历时9天的"三十岗西瓜节"。目前，三十岗西瓜主要种植的品种为早粒、华蜜黄冠、国光、甜王7号等。

生产特点

保护地域地形为岗冲起伏的残丘，土质大部分为黄白土，兼有少量的褐黏土，境内干渠、水库较多，灌溉水源充足。保护区域属亚热带季风气候与暖温带半湿润气候的过渡地带，四季分明，气候温和，降水量适中，日照充足，气候较为适宜。

三十岗西瓜选择抗病、耐低温弱光、优质早熟花皮中小型品种。2月中上旬育苗，3月15日前后定植，定植30天后双蔓整枝，花果期人工辅助授粉并留果。当幼瓜长至鸡蛋大小时，视植株长势追肥，坐果后应保证充足的水分供应，采取膜下滴灌追肥浇水。一般在受粉坐果后30天左右，预计成熟的时候，采样瓜剖开果实，测其糖度并品尝，确认成熟后，按标记分批在上午采收。

舒城小兰花

登记证书编号：AGI01610

地域范围

舒城小兰花是历史名茶，属绿茶类，其农产品地理标志地域保护范围是安徽省六安市舒城县下辖的晓天镇、山七镇、高峰乡、庐镇乡、河棚镇、汤池镇、阙店乡、春秋乡、舒茶镇、南港镇、五显镇、万佛湖镇、干汊河镇、棠树乡、张母桥镇、城关镇共16个乡镇，地理坐标为东经116°26′~117°15′，北纬30°01′~31°34′。

品质特色

舒城小兰花外形芽叶连枝、形似兰花、绿润显毫；汤色绿明亮；清香持久显兰花香；滋味鲜醇爽口，叶底绿亮成朵；具有兰花形、兰草色、兰花香的"三兰"典型

品质特征。

舒城小兰花茶叶内含物丰富,一芽二叶生化样茶多酚含量在20%以上,氨基酸含量在3%以上,咖啡因含量在3.8%以上,水浸出物37%以上。舒城小兰花茶多酚、氨基酸、水浸出物含量高,滋味鲜醇爽口,颜色翠绿鲜活。

人文历史

兰花是我国"十大名花"之一,舒城兰花茶包括小兰花和大兰花,舒城小兰花以其独特的兰花清香享誉大江南北。据《安徽茶经》记载,舒城兰花在清朝创制,迄今已有200多年历史,清朝末年民国初年,每年茶季都有山东和江苏的茶商上门收购舒城小兰花。

舒城小兰花反映了龙舒大地国兰与茶文化的渊源与相溶,赏兰品茗,清心明志。舒城民间素有以茶表敬意、以茶雅心、以茶行道之风俗,家有来客,必先奉上一杯现冲泡的兰花茶。著名画家刘海粟十上黄山时,品尝舒城小兰花茶后,欣然题写"龙舒剑兰"四个大字。

生产特点

舒城小兰花保护地域属于大别山余脉,植被丰富,土壤多为黄棕壤,土质肥沃,适宜茶树生长。舒城小兰花水源属于长江流域巢湖水系,境内主要河流杭埠河贯穿其中,茶树多以天然山泉水浇灌,最适宜茶树生产,并有利于茶叶优良品质的形成。保护地域属亚热带温润性季风气候区,温和湿润,降水充沛,四季分明,气候条件极为适宜种植茶叶。

舒城小兰花茶在清朝创制,通过"茶—林—绿肥"的复合栽培,达到树、草、肥、水有机结合,形成"头戴帽,腰系带,脚穿鞋"建设模式。茶园实行春中耕、夏浅锄、秋深挖、冬培土、建梯坎、打沙凼的种植模式,对病虫草等的防治坚持预防为主、综合防治的原则。舒城小兰花鲜叶采摘一芽一叶初展至一芽三叶正常芽梢,坚持"早采、嫩采、勤采"的原则,实行手工采摘。

福建省

青山龙眼

登记证书编号：AGI00127

地域范围

长乐市位于福建省东南部，南接福清市、西界闽侯县，与台湾省一衣带水，与马尾区隔江相望。青山龙眼地理标志地域保护范围为福建省长乐市境内，地理坐标为东经119°24′~119°59′，北纬25°40′~26°04′。

品质特色

长乐青山龙眼具有晚熟、果大核小、肉厚质脆、味香甜的特性，果实饱满、扁圆形、果皮黄褐色、不流汁、易离核。青山龙眼品质好，营养价值高，单果重14克以上，可溶性固形物17%以上，可食率66%以上，总酸0.6克/千克以上。

人文历史

长乐栽培龙眼历史悠久，百年以上的古树达 2 000 多株，据文献记载，当地种植龙眼应始于唐宋时期。《福建通志》载："长乐青山下村为宋大儒黄勉（朱熹的学生）的故居，旧传黄勉斋有手植一株龙眼品质绝佳。"宋朝时，青山龙眼就开始作为贡品进贡朝廷，宋光宗皇帝曾赐匾青山龙眼为"黄龙"（因其为青山黄勉斋进贡的龙眼）。明弘治《刘志》物产篇有龙眼的记载，赋贡篇也记述长乐生产的龙眼和宝圆（龙眼干）曾定额进贡朝廷，可见当时龙眼栽培之盛。据清同治年间（1862—1874 年）所修的《长乐县志》记载："龙眼大寸许者为宝圆，树径三接者为顶圆，树未接者曰野老，

核初种经十年始实，实甚小者俗呼'椒眼'。"可见在明清时期，长乐龙眼栽培已盛行高空压条方法，推广繁殖大量的优质良种。20 世纪 90 年代以后，长乐市大面积发展龙眼种植，现在已经成为长乐市最主要的果品产业。

生产特点

长乐市地貌属沿海花岗岩低山丘陵及冲积海积平原区，土壤的 pH 值 5.5~6.5，有机质含量在 1.5%~2.5%，富含硼等多种微量元素。长乐市属于亚热带海洋性季风气候，全年温湿多雨，境内降水具有雨量多、强度大、年际变化大、年内分配不均匀、地域降水量变化悬殊等特点。

青山龙眼对土壤适应性强，栽培管理不似柑橘类果树之严苛，在一般低丘山地栽培，生长发育甚佳。长乐市 20 世纪 80 年代中后期开始利用滨海风沙地栽培龙眼，亦长势良好，结果正常。选择龙眼生产园地比较注意坡向，同时，土层应深厚，地质表层沙壤至壤土，底层沙壤最为理想。软塥园生长结果好；硬塥园经济寿命短，产量低，但可以通过挖大穴及扩穴改土来进行改良。青山龙眼成熟期主要集中在 9 月中旬至 10 月中旬。

永安黄椒

登记证书编号：AGI00128

地域范围

永安市位于福建省中部偏西，沙溪上游。永安黄椒地理标志保护范围为福建省永安市行政区域内15个乡镇（街道），包括青水、大湖、小陶、洪田、罗坊、西洋、贡川、槐南、安砂等。地理坐标为东经116°56′~117°47′，北纬25°33′~26°12′。

品质特色

永安黄椒具有抗病抗虫性强、抗逆性强的特性，在常规种植下120天左右采收。果实形状为圆锥形，成熟果实色泽橘黄，果皮鲜亮，单果重5~12克，种子千粒重4.5~6.0克。

永安的地理环境培育了黄椒独特的品质，果肉辣度高且带香，辣味爽口刺激，清香浓郁，风味独特，果实中含有黄椒素，使果皮保持橘黄色不变。永安黄椒可采取速冻方式保鲜，简易方便，贮藏1年以上，仍能保持鲜品原形原色原味，内在品质不变。

人文历史

永安黄椒是福建省永安地方特色农产品之一，栽培历史悠久，迄今已有几百年历史。在《永安县志·卷四田赋志》（万历本）、《永安县志·卷四田赋志》（顺治本）、《永安县志·续志》（道光本）中均有记载。三明市经济作物局、三明市蔬菜办联合编写的《三明市蔬菜资源品种志》这样描述永安黄椒："品种名称：黄辣椒；栽培历史：悠久；分布地区：永安。"永安黄椒以其独特的辣、香品质和风味，备受各地消费者的喜爱，堪称八闽一绝。目前，生产上广泛栽培的永安黄椒1号是从永安市地方特色辣椒品种永安黄椒中系统选育出的新品种，具有辣、香、脆、润四大特点。

生产特点

永安市处于武夷山脉与戴云山脉的过渡地带，森林覆盖率达83.2%，地貌特征为"九山半水半分田"，土壤深厚肥沃，pH值4.5~6.5，有机质含量2%~3%。永安市河流众多，水资源十分丰富，地表水及地下水水质优良。永安市属中亚热带海洋性季风气候，但由于市境内山川交错，丘陵起伏，地形复杂，海拔高低悬殊大，垂直小气候差异明显，特殊的气候条件有利于永安黄椒生产。

永安黄椒每年12月上中旬至次年2月中旬播种，3月中旬移植到大田，果实生长期为绿色，成熟转黄，6月开始采摘期，7月中旬至8月上旬为盛收期，终期在8月下旬。但在山垄田或青水等高海拔乡镇，采收期可延长到11月底。反季节栽则7—8月播种，11月中旬开始采摘，翌年4月底结束。永安黄椒在果皮80%绿转黄色，果实大小基本定型，呈现出香辣味时采收。

漳平水仙茶

登记证书编号：AGI00147

地域范围

漳平市位于福建省西南部，九龙江北溪上游。漳平水仙茶种植区为福建省漳平市南洋乡、双洋镇、赤水镇、新桥镇、吾祠乡、灵地乡、溪南镇、象湖镇、永福镇9个乡镇，地理坐标为东经117°10′~117°45′，北纬24°54′~25°47′。

品质特色

漳平市水仙茶分为水仙茶饼和水仙散茶，水仙茶饼呈偏方形，色泽绿黄；水仙散茶外形紧结状实，色泽乌润。

漳平水仙茶具兰花香或桂花香，滋味浓醇鲜爽或浓醇甘爽，汤色橙黄明亮，叶底肥厚黄亮，红边显著。

人文历史

漳平水仙茶于民国初期，从闽北建阳一带引进种植已近百年，最早产于双洋镇中村，逐步取代当家品种"菜茶"。漳平水仙茶制法与闽北水仙制法相仿，同时也结合了闽南铁观音制法，用一定规格的木模压制成方形茶饼，称为"水仙茶饼"，香味独特、幽兰似桂，汤色金黄透亮，叶底肥厚黄亮，并具有较好的保健等功能。水仙茶饼创制于20世纪30年代，源于双洋镇中村，是乌龙茶类唯一紧压茶，风格独一无二，畅销于闽西各地及广东、厦门一带，并远销东南亚国家和地区。漳平水仙茶饼于2000年被中国茶叶博物馆收藏展示。

漳平水仙茶在继承传统生产的基础上，开展新工艺应用研究，引进推广了空调制茶、微波干燥、冷冻茶生产等多项茶叶新技术。漳平水仙茶品质不断提高，种植面积逐年扩大，茶叶生产已成为促进农业和农村经济发展的重要产业，山区农民增收的主要途径。

生产特点

漳平市植被覆盖良好，森林覆盖率达76.2%。土壤以红壤、紫色土和水稻土为主，耕地在海拔140~1 170米的丘陵至低中山区均有分布。漳平市气候属亚热带季风气候，具有温热湿润、干湿季节明显的特点。漳平水仙茶种植区内无大型工厂，灌溉水均来自山泉，无污染。

为了保证漳平水仙茶的品质特色，茶园推广使用有机肥，有机肥主要以经过腐熟的土杂肥、饼肥、厩肥等为主，同时套种绿肥。病虫害防治采用农业、物理、生物防治方法，并坚持对茶园中的昆虫在一定程度上任其"自生自灭"，起到保护天敌、达到动态可控制的平衡状态。春季当茶蓬上有10%~15%的新梢达到采摘标准，夏秋季有8%~12%的新梢达到采摘标准时，即为开采期，根据茶叶鲜嫩程度、均匀度等分别采摘、分别加工。漳平水仙茶通过晒青、凉青、做青、炒青、揉捻、茶饼的造型与烘焙（散茶造型与烘焙）等工艺加工而成。

顺昌竹荪

登记证书编号：AGI00193

地域范围

南平市顺昌县位于福建省西北部，闽江上游金溪与富屯溪交汇处，地理坐标为东经117°30′~118°14′，北纬26°39′~27°12′，海拔高度150~500米，最高的郭岩山，海拔1 383.7米，北与建阳区、邵武市交界，南与沙县相邻，东与建瓯市，西与将乐县交界。

品质特色

顺昌竹荪菌柄菌裙呈白色或乳白色，菌柄圆柱形或近圆柱形，菌裙网状，具有竹荪特有的香味，菌柄长度平均大于200毫米，菌柄直径平均大于15毫米。顺昌竹荪具有裙长朵大、肉厚、香味浓郁的特点。

人文历史

顺昌县气候温暖、湿润，冬无严寒，夏无酷暑，加上丰富的竹木森林资源和良好的生态环境条件，是各类食用菌生长的理想之地，全县12个乡镇约85个村均种植竹荪。据《顺昌县志》记载，民国二十四年（1935年）当地有野生食用菌达几十种，竹荪是其中的一个主类。

竹荪的人工栽培起步较晚，据业内人士回忆，

顺昌最早的竹荪栽培者是大历公社秀吴大队的余成有，他于20世纪70年代后期用竹块作为培养料进行尝试性栽培，当时亩产量仅有3~4千克；进入80年代后，古田移民改进栽培技术，并在大历镇、水南镇开始零星种植，单产提高到每亩30千克左右；1995年大历镇秀吴村甘立营从废弃的香菇筒受到启发，研制了建堆发酵技术。该技术使顺昌竹荪单产翻番，效益倍增，激发了农民的种植积极性，规模种植由此开始。随着竹荪栽培技术的不断改进，种植规模大幅度扩增，2007年顺昌县已成为福建省最大的竹荪栽培基地和示范县，竹荪单产水平在福建省领先，2008年5月被中国食用菌协会授予"中国竹荪之乡"称号。

生产特点

顺昌县地处武夷山系杉岭东伸支脉，境内山峦起伏连绵，河谷纵横交错其间，水系发达，沿河两岸多河谷盆地，大致构成"八山一水一分田"的地理轮廓。顺昌县耕地土壤为弱酸性壤土和沙壤土，pH值5.8~6.8，有机质含量2%以上，矿物营养元素含量全面。顺昌县为中亚热带海洋性季风气候，年平均气温18.6℃，大于10℃的年有效积温5 920℃，无霜期308天左右，年平均降水量1 724.4毫米。

顺昌竹荪生长在特有的土壤与气候条件下，采用不同于传统技术的熟料栽培工艺。再加上顺昌县是"中国竹子之乡"之一，竹制品加工企业的下脚料，如竹丝、细小竹片、竹粉等能够为竹荪生产提供大量的优质原料。竹荪栽培田块要求土质疏松肥沃、腐殖质含量高、透气性强、不易板结。竹荪不能连作，须间隔两年以上，且种植丘的周边田块未种过竹荪为佳。

顺昌芦柑

登记证书编号：AGI00194

地域范围

顺昌县位于福建省南平市。顺昌芦柑保护范围为顺昌县境内双溪街道、郑坊乡、元坑镇、大干镇、埔上镇、洋墩乡、仁寿镇、洋口镇、建西镇、大历镇、岚下乡、高阳乡12个乡镇，地理坐标为东经117°30′~118°14′，北纬26°39′~27°12′。

品质特色

顺昌芦柑果实扁圆形，平均单果重150~250克；果皮橙黄至橙红色，色泽鲜艳，油胞光亮、细腻；皮松易剥；果瓣8~12片，瓣长肾形；果实种子5~10粒；果肉深橙色，肉质脆嫩浓甜，汁多化渣，味道酸甜适中，有香气，风味独特。果实成熟期

为11月中下旬至12月上中旬。

顺昌芦柑可食率68%~75%，可溶性固形物含量12%以上，最高达15.6%，富含维生素C、柠檬酸、膳食纤维及果胶等。

人文历史

顺昌柑橘栽培历史悠久，曾被列为宽皮橘种植最适宜区、福建省优质甜橙适宜区，是顺昌县农业四大支柱产业之一。早在16世纪初，顺昌柑橘就有文字记载，见于明朝正德版《顺昌邑志》。

从1973年起，顺昌柑橘进入规模化发展时期，2005年，顺昌县农业局确立了柑橘"一主两辅"（芦柑为主，优质甜橙和早熟蜜橘为辅）品种定位，使顺昌芦柑的产量和品质均跃居福建省前列，每年新植面积均在5 000亩以上。2012年12月，顺昌县被中国果品流通协会授予"芦柑之乡"称号。到2014年年末，全县芦柑种植面积达7.9万亩，年产量8万吨。

生产特点

顺昌县地处武夷山系杉岭东伸支脉，境内山峦起伏连绵，河谷纵横交错其间，水系发达，沿河两岸多河谷盆地，大致构成"八山一水一分田"的地理轮廓。顺昌县耕地土壤为弱酸性壤土和沙壤土，pH值5.8~6.8，有机质含量2%以上，矿物营养元素含量全面。顺昌县为中亚热带海洋性季风气候，年平均气温18.6℃，大于10℃的年有效积温5 920℃，无霜期308天左右，年平均降水量1 724.4毫米，年日照时数1 643.4小时，3—10月露地的平均昼夜温差高达10℃以上，极有利于营养物质的积累和芦柑品质的提高。

顺昌芦柑果园建于海拔低于400米的缓坡及丘陵地带，严格按照《顺昌柑橘生产技术规程》进行生产。11月中旬至12月上旬果皮转色1/2~2/3时，分期采收，避免一次性采收影响植株水分平衡，影响树势。

东山芦笋

登记证书编号：AGI00237

地域范围

漳州市东山县是福建省南部的海岛县，东山芦笋农产品地理标志地域保护范围为东山县所辖西埔镇、铜陵镇、陈城镇、康美镇、杏陈镇、樟塘镇、前楼镇7个镇，涉及61个行政村，地理坐标为东经117°18′~117°35′，北纬23°34″~23°47″，保护区域面积2 667公顷。

品质特色

东山芦笋栽培具有得天独厚的海洋性气候条件，利用海细沙及海泥土栽培，采用独特的留母茎栽培技术，年采收两季，平均亩产2 000千克，约比北方主产区高1倍。东山县生产的白芦笋嫩茎，白色或乳白色，笋条大体笔直，笋尖紧凑，皮层较薄，肉质细嫩，木质化程度小，畸形笋少，品质优异。嫩茎蛋白质含量1.62%~2.15%，粗纤维含量0.65%~0.82%、脂肪含量0.10%~0.13%、可溶性总糖含量4.73%~5.67%，口感好。

白芦笋嫩茎的加工品（速冻笋、罐头笋、芦笋茶等）均保留其特有的风味，尤其是制罐后笋条洁白，汤色均匀，不易变黄，保质期较长，在国际市场上享有盛誉。

人文历史

历史上，东山县种植的农作物以花生、甘薯、水稻等为主,效益较低。为促进农业种植结构调整,提高农业种植效益,1979年,东山县供销联社和东山县外经贸局从云霄常山华侨农场引进美国芦笋品种玛丽·华盛顿在南埔、山口等地试种。经过几年的试种、示范,实践证明光温充足、沙壤土居多、劳力富余的东山岛十分适宜芦笋种植,产量高,品质好,效益几倍于粮油作物。

至2011年,全县种植芦笋2万亩,年总产2.5万吨,东山芦笋形成"产供销一条龙,贸工农一体化"的产业化格局。东山县致力加快芦笋精深加工和系列产品开发,招商引资,兴办芦笋加工企业,开发制罐、速冻、制茶、制干等系列产品,产品畅销国内外。

生产特点

东山岛主要土壤类型以沙质土为主,土壤疏松,通气良好。芦笋是好气性作物,在这种土壤条件下生长,根系发达,植株生长旺盛,光合产物积累多,不断供应芦笋嫩茎生长,这是东山芦笋产量高的主要因素;同时,东山岛具有丰富洁白的海细沙资源,为生产白芦笋客沙软化栽培提供充足的材料;东山县丰富的海泥土资源,给芦笋园提供了充足的天然有机肥。东山芦笋灌溉用水多靠打深水井,水质优良,甘甜可口。东山县属典型的南亚热带海洋性气候,冬暖夏凉,芦笋在这种气候条件下生长,植株生长旺盛,产量高,品质优。

芦笋起源于北温带,长期的自然气候条件驯化形成它的产量构成主要依赖其贮藏根养分积累的特性。在北方生产芦笋采用不留母茎栽培法,年产一季,芦笋的品质是从高向低发展。而东山县在南亚热带气候条件下,芦笋周年生长,冬季基本无休眠,不利于芦笋贮藏根养分的积累,因此,采用留母茎栽培法,充分利用东山县光温资源充足的有利条件使芦笋茎叶边光合作用,边形成产量,芦笋的品质较为平稳。同时,东山县一年中气温最高的是7—8月,在一定程度上影响笋质,因此当地在4月下旬至7月中旬和9月上旬至10月下旬采收芦笋,给芦笋高产、高效、优质创造了有利的条件。

明溪淮山

登记证书编号：AGI00238

地域范围

三明市明溪县地处福建西北部，武夷山系的陇西山脉、十公芜山脉贯穿全境，海拔180~900米。明溪淮山农产品地理标志地域保护范围为明溪县的瀚仙镇、胡坊镇、盖洋镇、雪峰镇、夏阳乡、沙溪乡、夏坊乡、枫溪乡、城关乡9个乡镇，涉及56个行政村，地理坐标为东经116°47′~117°35′，北纬26°08′~26°39′。

品质特色

明溪淮山历来以品质优、口感好而饮誉一方，其薯块长棒形，多须根，表皮颜色黄褐色或深褐色，薯长70厘米左右，直径3.0~4.0厘米，皮薄，肉色雪白，肉质密实，细腻黏滑。明溪淮山富含多种氨基酸、维生素、矿物质、果胶质、皂苷等，经煮易酥不散，显糯香，味鲜爽。

人文历史

淮山在明溪县栽培历史悠久，明朝正德年间（1506—1521年）已有种植淮山的记载，"时称薯，又称雪薯、小薯"。民国时期的《明溪县志》也有记载："赣药商收购土产雪薯，去皮制成小条，焙而干之，为山药。产闽省者名曰建山，与淮山并重。销路颇广。"

明溪县民间相传，五

代人氏莘七娘,是一位总兵夫人,又称惠利夫人,在其夫死后承夫志率兵出征凯旋;莘七娘精通医术,将鲜淮山在表面粗糙石块上,进行来回推磨,形成糊状物,配入红菇或香菇末,再添入肉末,加工出的"薯子羹",解决了当地小孩缺乳和疾病困苦的难题,也为当地创造了一道名肴,流传至今。明溪淮山年种植面积1.5万亩,产量超过3万吨,已成为明溪县主要大田经济作物

和特色优势农产品之一。目前,全县拥有淮山加工企业5家,以淮山为主要原料开发出淮山酒、饮料、面条、饼干、蛋圈、净菜、速冻食品等。产品销往福州、厦门、上海、广州等地,深受消费者的青睐。在龙头企业的带动下,该县创建了省级淮山农民创业示范基地,初步形成"龙头企业+合作社+基地+农户"的产业链条,促进农业增效、农民增收。

生产特点

明溪县属中亚热带海洋性季风气候,四季分明、温暖湿润、降水充沛。当地耕地土壤类型以黄沙壤土为主,占耕地总面积的68.9%,土质疏松肥沃,耕作层深厚,质地疏松透气性好,pH值4.5~6.5,具有良好的土壤团粒结构。明溪县属典型的山区,河流呈树枝型分散短小,属闽江流域,为富屯溪和沙溪两大水系,产区农业灌溉用水主要靠地表径流或蓄水,水量季节性丰富,由于明溪县植被覆盖好,森林覆盖率达81.2%,因此,农业灌溉用水泥沙含量低,矿化度低。

明溪淮山生产基地的选择有其特殊的要求:一是土壤的pH值4.5~6.5;二是土层深厚、具有良好的土壤团粒结构、疏松肥沃、排灌方便、向阳、地下水位在1米以下的黄沙壤土;三是必须实行轮作,一般至少3年轮作一次;四是土壤中不能混杂有直径1厘米以上的石块。明溪淮山以块茎繁殖,选用抗病、优质、丰产、商品性好的块茎作为种薯,并进行良种提纯与扩繁,防止淮山种性退化、品质退化。

福州茉莉花茶

登记证书编号：AGI00239

地域范围

福州茉莉花茶农产品地理标志地域保护范围为福建省福州市仓山区、马尾区、晋安区、福清市、长乐市、闽侯县、闽清县、罗源县、连江县、永泰县10个县（市、区）。保护区域面积1.5万公顷，地理坐标为东经118°08′~120°31′，北纬25°15′~26°29′。

品质特色

福州茉莉花茶外形秀美，软亮、匀齐，条索紧结俊秀，白毫披伏，毫峰显露，香气浓郁、鲜灵悠长，滋味鲜醇爽口，回甘明显，汤色黄绿明亮，叶底嫩绿匀亮，经久耐泡，茶味与花香融合无间，香而不浮，爽而不浊，沁人心脾，使人有清新鲜爽的愉快感受。

人文历史

据《中国植物志》记载，茉莉花原产印度，西汉传入中国时就在福州落户，距今已有2 000年的栽培历史。南宋隆兴乾道年间（1163—1173年），楼钥《次韵胡元甫茉莉》一诗中有："吾闻闽山千万木，人或说此齐蒿莱。"可见当时茉莉花的种植规模已相当可观。福州茉莉花栽培历史几乎与古城福州历史一样悠久。福州市自古就出产名茶，据史料记载，福州市为茉莉花茶的发源地，其历史可

追溯到南宋以前，已有 800 年以上历史。1985 年，福州市命名茉莉花为市花，福州市的仓山区因满城茉莉香被古人称为"琼花玉岛"，建新镇、上街镇被称为花乡、花屿。茶以花名，花以茶胜，世界茉莉花茶中最出名的"福州味"使福州茉莉花茶在全国市场乃至国际茶市上占尽风头，福州市这颗海峡西岸璀璨的明珠正因小小的茉莉花香飘四海。

生产特点

福州市地处南亚热带和中亚热带的交接处，属于亚热带海洋性季风气候，水热资源丰富，温暖湿润，降水充沛，四季常青，气候宜人。同时，福州市地处戴云山脉的东翼，倚山面海，地貌类型多种多样，以山地、丘陵为主，土壤理化性能好，土层深厚，土壤疏松，通气排水性能好，表层有机质含量 2.0%~4.0%，土壤矿质营养丰富，非常适宜茶树与茉莉花生长。

福州茉莉花茶是福州的花茶技师用福州本地所产茉莉花和烘青绿茶经四窨一提的传统工艺加工而成，最多可做到九窨一提，即采用烘青绿茶作茶坯，用含苞欲放的茉莉花花蕾和其拌和窨制而成，因烘青绿茶表面多孔隙，吸香性能好，在一定条件下进行湿热作用，一吐一吸，使茶叶内含物质发生物理变化和化学反应，多酚类化合物略有氧化，减退了茶坯的涩味，一部分原来不溶于水的蛋白质分解，游离氨基酸含量增加，从而使产品的汤色呈黄绿明亮，滋味更加鲜醇。这是福州花茶技师历经百年摸索，根据不同的茶坯品种、不同时间采的鲜花、不同的窨次、不用的气候条件，才掌握了整套控制温度、水分、窨制烘焙历时、摊花摊叶厚度、堆高、下花量等技术，与其他地区窨制有花茶截然不同。

东璧龙眼

登记证书编号：AGI00294

地域范围

泉州市鲤城区位于福建省东南部。东璧龙眼农产品地理标志地域保护范围为福建省泉州市鲤城区临江街道、海滨街道、鲤中街道、开元街道、浮桥街道、江南街道、金龙街道、常泰街道8个街道，涉及77个社区，地理坐标为东经119°24′~119°59′，北纬25°40′~26°04′。

品质特色

东璧龙眼果穗长约24厘米，每穗果实34~42粒。果实扁圆形，果顶圆，果基平，果肩亦平。单果平均重10.9克。果皮赤褐色带灰，具黄褐色细斑，龟状纹明显，较规则，果面放射线多。果皮稍厚，果肉淡白、透明、嫩脆，味浓甜，渣极少，品质极上，为鲜食极优品种。东璧龙眼果可食率在62.5%以上，可溶性固形物不少于18%，含酸量0.121%~0.184%，维生素C含量在810毫克/千克以上。

人文历史

鲤城区是我国著名的传统龙眼产区，有文字记载的历史在1 700年以上。最早栽培可追溯至汉朝、三国和晋代，宋朝是鲤城区龙眼生产兴旺时期。据考证，龙眼最佳鲜食品种东璧，其原产地就在千年古刹开元寺，至今已有700多年的历史。初唐诗

人丁儒，随闽王南下到泉州鲤城时，对南国佳果龙眼赞不绝口，写下了"龙眼玉生津，蜜取花间液。呼童多种植，长是此方人"的名句。宋泉州太守王十朋诗云"绝品轻红扫地无，纷纷万木似龙呼"，描绘出当时龙眼的栽培盛况。明朝《八闽通志》云"荔枝才过，龙眼即熟，泉州府诸县皆有"，可见鲤城区龙眼的发展，到了宋明时，已经具有相当的规模。1974年泉州湾出土的宋代远洋航船，船舱内出土文物中有龙眼核和荔枝核，说明龙眼、荔枝等农产品在当时已作为与南洋诸国通商的货物之一。如今，东璧龙眼深受客人欢迎，龙眼成熟时，在街头市面的水果摊仍然传统地挂着"正东璧龙眼""正正东璧种""开元寺东璧"等招牌招揽客人。

生产特点

鲤城区地处亚热带，地貌属福建省东南部沿海花岗岩低山丘陵及冲积平原区，枕山面海，冬季戴云山挡住了西伯利亚寒流的侵袭，春夏季东南季风带来丰沛的雨泽，属典型的亚热带海洋性季风气候，"四季有花常见雨，一冬无雪却闻雷"，夏长无酷暑，冬短无严寒，气候宜人，降水充沛，素有"温陵"之称。海陆间的热力差异，使东南季风带着大洋水气频频而来，润绿着温陵山川，繁育着丰富的果茗资源，形成了适宜龙眼生长的自然气候及环境条件。

东璧龙眼品种必须选择纯正原产于开元寺东璧龙眼后代的无性繁殖苗木或嫁接苗木。东璧龙眼产品主要有鲜果、龙眼干和龙眼罐头。"纷纷万木似龙呼"，温陵处处展绿伞，花果飘香城内外。如今，整个鲤城区形成了一条绿色通道，这便是蔚为壮观、闻名于世的福建龙眼带走廊中心。

桐江鲈鱼

登记证书编号：AGI00295

地域范围

桐江鲈鱼农产品地理标志地域保护范围为福建省福鼎市行政区内的11个乡镇（街道、开发区）的海淡水水域，包括山前街道、桐山街道、桐城街道、贯岭镇、前岐镇、点头镇、白琳镇、佳阳乡、龙安开发区、店下镇、沙埕镇，地理坐标为东经120°11′~120°25′，北纬27°09′~27°22′。

品质特色

桐江鲈鱼生长环境优越，养殖历史悠久，具有独特的外观特征，体形修长，横断面侧扁，腹侧银白色，黑色斑点大多集中于背侧上方，侧线下方基本无斑点，下颌吻端呈浅红色。

福鼎桐江鲈鱼营养价值丰富，富含蛋白质、维生素A、B族维生素、钙、镁、锌、硒等营养成分。《本草纲目》记载："鲈鱼性甘温，有益筋骨、健肠胃、加快愈合伤口之功能。鳃性甘平，有止咳化痰之功效。"鲈鱼味甘性平，入肝、脾、肾三经，具有加快愈合伤口、补肝肾、益脾胃、化痰止咳、安胎之效，一般人群均可食用，特别适合贫血头晕，以及妇女妊娠水肿、胎动不安之人食用。

人文历史

桐江鲈鱼历史悠久，在明代，与黄河鲤鱼、长江鲥鱼、太湖银鱼并称为中国"四大名鱼"。据《福鼎县志》记载，鲈鱼是福鼎主要鱼类品种，也是特色水产品之一。据《福鼎风物志》记载，据说福鼎能够立县，与鲈鱼还有着莫大

的关系。相传乾隆二年（1737年），乾隆皇帝下江南，偶食鲈鱼羹后赞不绝口，并下令要年年进贡，回朝后特下诏令，于乾隆四年（1739年）将福鼎由霞浦县划出，始置福鼎县。

福鼎人民亲切地称桐江为"母亲河"，桐江鲈鱼作为桐江的名贵水产，已经不仅仅是一种单纯的鱼类资源，而是作为一种物质文化，伴随着桐江溪静静流淌，在福鼎悠久的文化历史中留下不可或缺的一笔。

生产特点

福鼎市地势由东北逐渐向中部和东南沿海倾斜，东南沿海海岸线曲折，境内主要是山地、丘陵、盆谷、平原等多种类型的地貌形态。该区域的海洋生物资源极其丰富，具有海洋生态多样性的天然特征。桐江鲈鱼生产地域范围是桐江溪流域和桐江溪入海口至沙埕港口以内的海淡水流域，该流域从海水到淡水，纵深长达35千米，直抵福鼎市城区，水域宽度一般在1~2千米，最窄处为400米，湾内水深大部分在15米以上，海水盐度在18.0‰~30.8‰，平均水温18~20℃，水质清澈无污染，流速适宜，天然饵料丰富，是桐江鲈鱼栖息、繁衍的理想水域。

桐江鲈鱼产品包括产地内捕获的野生鲈鱼和收获的养殖鲈鱼，规格在每条1 000克以上。桐江鲈鱼养殖地点选择在桐江溪入海口至沙埕港口以内的海水流域，养殖的品种以闽威花鲈为主。养殖饵料选用新鲜海捕野生小杂鱼，根据海水潮汐变化控制投饵时间和投饵量，使网箱内养殖的鲈鱼吃到七八分饱为准。

顺昌红肉脐橙

登记证书编号：AGI00373

地域范围

顺昌县地处武夷山系杉岭东伸支脉，属于福建省西北山地丘陵区。顺昌红肉脐橙农产品地理标志地域保护范围为顺昌县境内双溪、郑坊、元坑、大干、埔上、洋墩、仁寿、洋口、建西、大历、岚下、高阳12个乡镇（街道），地理坐标为东经117°30′~118°14′，北纬26°39′~27°12′。

品质特色

顺昌红肉脐橙在顺昌区域种植，11月下旬到12月上旬成熟，果实圆球形，平均单果重150~200克，果皮橙黄色至橙红色，色不艳；皮薄，厚度约4毫米左右，闭脐，少量开脐，油胞不细腻。果肉呈玫瑰红至红色，色泽均匀，无核，可溶性固形物达13%，肉质脆嫩，甜度高，汁多风味浓，且具有玫瑰香味，可食率达75.1%以上，适合制作水果沙拉或拼盘。

人文历史

顺昌红肉脐橙由顺昌县经济作物站于20世纪90年代后期从中国农业科学院柑桔研究所引进接穗，高接于高阳乡紫竹村黄明灼果园温州蜜柑上进行观察，2000年试产，该品种由于肉瓤色泽和风味比较独特，深受消费者欢迎。顺昌红肉脐橙是一个新兴品种，全县境内均有种植，但主要分布在郑坊、双溪、元坑、洋口、建西5个乡镇（街道）。顺昌县在全县范围内推广顺昌红肉脐橙扩穴改土增施有机肥、疏花疏果限产保优、开心修剪、测土配方施肥、节水灌溉、生草栽培、病虫综防、完熟采收8项技术措施。该产品主要销往福州、厦门、北京等地，市场前景颇好。

生产特点

顺昌县耕地土壤主要为由红壤发育而成的弱酸性壤土和由河谷冲积物发育而来的沙壤土，有机质含量高，矿物营养元素含量全面，土壤肥力较好。顺昌县整体地形是山峦起伏连绵，纵横交错，河谷错综其间，水系发达，沿河两岸多河谷盆地，构成"八山一水一分田"的地理轮廓。

顺昌红肉脐橙果园选择在海拔低于400米、坡度25°以下、土层深度0.8~1.0米以上、土壤有机质含量高于1.5%、pH值5.5~6.5、水源充足、排灌方便的缓坡或丘陵地。生产管理中以施用有机肥料为主，有机肥采用无害化处理的猪牛栏粪和菜籽饼等农家肥，养分含量丰富、全面，基本上可以满足红肉脐橙所需的各种营养元素。顺昌红肉脐橙病虫害防治以农业防治和物理防治为基础，提倡生物防治，具体措施包括：栽植优质无病毒苗木，加强肥水管理，隔离控制负载，合理修剪保，清除枯枝落叶，剪除病虫枝果，采用糖醋液、诱虫灯等方法诱杀害虫，应用有益微生物及其代谢产物防治病虫，等等。

德化黄花菜

登记证书编号：AGI00387

地域范围

德化县位于福建中部，大樟溪上游，泉州市北面，德化黄花菜地理标志地域保护范围包括德化县春美乡、大铭乡、汤头乡、上涌镇、龙浔镇等18个乡镇，地理坐标为东经117°56′~118°33′，北纬25°23′~25°57′。

品质特色

黄花菜，又称金针菜、萱草、忘忧草、鹿葱花、宜男花等。德化黄花菜生长在戴云山麓，生产历史悠久。干品色泽浅黄或金黄，条身紧长且均匀饱满，质地柔软且有弹性，具有淡淡的清香气味，味鲜质嫩。富含蛋白质、膳食纤维、碳水化合物、氨基酸、胡萝卜素等多种营养物质。德化黄花菜干品含水分不超过15%、蛋白质13.0%~15.0%、碳水化合物39.6%~45.0%、膳食纤维20.0%~22.5%、胡萝卜素18.6~21.0毫克/千克。长期以来，当地广大劳动人民不但将黄花菜作为蔬菜食用，而且还用来治疗痛风、关节炎等疾病。

人文历史

据传德化黄花菜在唐代就开始种植，清朝乾隆十二年（1747年）修编的《德化县志》记载："萱，一名鹿葱。草之可以忘忧者。《本草》谓'花名宜男'。"在德化县,古时候游子要远行时,会种植萱草,希望母亲减轻对孩子的思念,忘却烦忧;而母亲也会为即将远行的子女准备蒸好晒干的萱草,既寄思念又可做路途上的干粮。孟郊在溧阳任江南溧阳慰时,与德化的诗友高谈阔论得知这风俗习惯,又食得这萱草,联想到自己,有感于母子情,作

《游子吟》:"萱草生堂阶,游子行天涯。慈母倚堂门,不见萱草花。"这就是德化黄花菜被誉为"母亲花"的来源。

近几年,德化黄花菜的种植及加工工艺得到不断的优化和改良,德化黄花菜成为德化县几大经济来源之一,产品主要销往泉州市、厦门市,以及我国台湾、香港等地,其产品以脆而不酸的独特品质享誉闽南传统销区。

生产特点

德化黄花菜产于山清水秀、生态环境良好的戴云山下,有着悠久的栽培历史。福建省第二高峰戴云山主峰横亘德化县中部,故有闽中屋脊之称,具有鲜明的山地特色,散布在山中的山间小盆地,地势比较平坦。德化县土壤成土母质以酸性岩为主,土壤的pH值5.0~6.5,有机质含量在1.5%~2.5%,富含硼等多种微量元素。德化县属于中亚热带气候区,具有气候温凉适中,四季分明,降水充沛等特点,这样特殊的环境造就了德化黄花菜的优秀品质。

德化黄花菜选择在海拔500~1 200米、土壤微酸性、土质疏松不黏重、排水方便的旱地或山坡地种植。德化黄花菜保持了当地品种抗性强、品质优、产量高、适应性好的优良种性,对种植时间较长、优良种性出现退化的黄花菜要进行提纯复壮。德化黄花菜一般在7月中旬至9月中旬采收。干制黄花菜应在花蕾发育饱满、含苞未放、花蕾中部色泽金黄、两端呈绿色、顶端紫点褪去时采摘最好,采摘后进行蒸煮晒干或烘干。

罗源秀珍菇

登记证书编号：AGI00388

地域范围

福州市罗源县位于福建东部沿海，三面环山，一面临海。罗源秀珍菇地理标志地域保护范围包括罗源县起步镇、松山镇、鉴江镇、凤山镇、飞竹镇、中房镇、白塔乡、西兰乡、洪洋乡、霍口乡、碧里乡11个乡镇，地理坐标为东经119°07′~119°54′，北纬26°23′~26°39′。

品质特色

罗源秀珍菇属于侧耳类，菌盖浅灰色或灰黑色，扇形，直径3~5厘米，菌褶延长；菇柄偏生或侧生，白色，粗1.0~2.0厘米，长4~6厘米，实心，菇柄不粘连。秀珍菇鲜美可口，具有独特风味，美名曰"味精菇"。

秀珍菇不仅味道鲜美，而且营养丰富，蛋白质含量比双孢蘑菇、香菇、草菇更高，质地细嫩，纤维含量少，更为可贵的是，它含有人体自身不能合成，而食物中通常又缺乏的苏氨基酸、赖氨酸、亮氨酸等。

人文历史

罗源县食用菌生产

历史悠久，明嘉靖年间（1522—1566年）编纂的《罗川志》中就有香菇、木耳的记载，清代当地县志中也有关于食用菌栽培规律的记载，例如："冬春之交砍槠木、槠木于深山，用米汁沃之而生者为香菇。"20世纪60年代中期，开始采取人工菌丝接菌栽培新技术，食用菌得到较快发展。

秀珍菇是人工栽培的食用菌家庭中的新成员，是在罗氏大戟的菇木上发现的野生种，1996年由科研单位驯化成功，1997年在罗源县试种，始有少量产品面市。1998年秋，由罗源县西兰乡政府牵头，在罗源县松山镇五里建立秀珍菇生产基地，产品试销日本。此后生产规模逐年扩大，到2008年全县种植秀珍菇10 800万袋，采用工厂化生产，能够四季接菌，周年生产。随后，罗源县掀起群众性种植秀珍菇热潮，生产规模逐年扩大，近年来，全县种植秀珍菇产量稳定在每年1亿袋左右。

生产特点

罗源县位于福建省东部沿海，三面环山，一面临海，境内以山地、丘陵为主，其间发育众多山间盆谷。罗源县属于中亚热带海洋性季风气候，其特点是四季分明，夏长而无酷暑，冬短且无严寒。罗源秀珍菇生产过程中无化肥、农药等污染，是真正的健康食品。

秀珍菇集约化规模生产须搭建菇房，菇房通常采用竹木结构大棚。秀珍菇自然出菇温度范围在15~28℃，春秋季可以自然出菇。由于秀珍菇要求常年生产，所以高温管理甚为重要，为此要利用小型保鲜冷库，给予拉大温差刺激的变温处理。秀珍菇生产对控气有特殊的要求，商品秀珍菇要求菇柄长5~7厘米，这是通过适当提高小区气候CO_2浓度来实现的。待秀珍菇菌盖宽度生长至4厘米左右，菌柄长度5~6厘米时就应及时用剪刀自原基基部剪采，成品立即进入冷库保鲜。

朱口小籽花生

登记证书编号：AGI00389

地域范围

朱口小籽花生产于福建省三明市泰宁县朱口镇。朱口镇位于泰宁县东北部，地理坐标为东经117°10′~117°15′，北纬26°54′~26°58′。

品质特色

朱口小籽花生根据加工工艺不同，可分为盐酥花生和炒花生。朱口小籽花生果荚较普通花生略小，外壳薄，纹理较普通花生清晰，颜色更深，略显红色，经晾晒后，百荚重平均为127.2克，百仁重平均为50.6克。

朱口小籽花生籽粒饱满、完整，口感香脆，营养丰富，花生仁中蛋白质含量为20%~25%，脂肪含量为40%~50%，维生素C含量在40毫克/千克以上，钾含量在6克/千克以上。

人文历史

据《朱口镇志》记载，朱口小籽花生主要种植在朱口镇王坑、赤坑、寨色、石辋4个村，历来种植本地品种。本地花生品种含脂肪多、营养丰富、香酥味厚，特别是精制加工后的成品"朱口盐酥花生"历史悠久、驰名远近。著名作家冯敏飞所著《兵部尚书佚事》有述："朱口是泰宁最大的镇，那些小山峦，都是红壤土，一雨成浆，一旱成石。就因为此吧，那种的花生特别结实，味道也别致。当地人加工又特别，先用盐水煮，煮了晒，晒了焙，又香又脆。那花生个儿小小，但非常饱满……吃起来，更难忘。"

经过当地多年驯化栽培，因独有的土壤类型和气候条件，如朱口小籽花生已逐渐成为当地特色品种，因其壳薄、籽小、饱满、香脆而得名。

生产特点

朱口镇地势较为平坦，属典型的丘陵地貌，气候温和湿润，四季分明，植被良好。朱口镇土壤类型多为砂砾岩酸性紫色土，即紫泥田或紫泥沙田，钾的含量特别高。境内除较开阔的溪谷盆地，沿低山丘陵和溪涧山坡之间还有大小成串的段、垅、坑、坡，分布着面积不等的水田、旱地，这些田块依靠山涧泉水和山塘蓄水灌溉，土地肥沃。朱口镇境内水资源丰富，有朱溪、上将溪、下将溪等，灌溉水均来自山泉水，水质优良。

朱口小籽花生基地选择紫泥田、紫泥沙田作为栽培地。朱口小籽花生的加工工艺主要有盐制和炒制两种，其中以加工为盐酥花生为主。盐酥花生加工方法为：将精选的花生用清水洗净，盐水煮制，等花生八成干后，将花生放进竹制花生烘罩内，用木炭文火烤干，烤时需勤翻动，直至香味扑鼻即成盐酥花生。

和溪巴戟天

登记证书编号：AGI00614

地域范围

福建省漳州市南靖县和溪镇生态环境优越，地理区域优势明显，平均海拔460米，特别适宜巴戟天的生育生长。和溪巴戟天产地位于九龙江西溪源头的闽西南部结合部，地理标志保护范围包括南靖县和溪镇的和溪社区、月明村、林坂村、林中村、坂场村、英勇村、吉春村、斗米村、和溪村、联桥村、南桥村、迎新村、迎富村、乐土村、月星村等15个行政村（社区），总保护面积5万亩，地理坐标为东经117°15′00″~117°18′45″，北纬24°26′22″~25°00′01″。

品质特色

和溪巴戟天产品呈扁圆柱形，条粗0.8~1.5厘米，皮色黄，肉质呈紫白色，其突出特点是质软、肉厚、心细、味甘甜，为巴戟天中上品，具有补肾阳、壮筋骨、

祛风湿等功效，对治疗阳痿、小腹冷痛、小便不禁、子宫虚冷、风寒湿痹、腰膝酸痛等均有一定效果。和溪巴戟天与各地生产巴戟天对比，有效成分蒽醌的含量最高，为2.02~3.00毫克/克，具有很高的营养价值。

人文历史

和溪镇被誉为巴戟天之乡，因其得天独厚的自然条件和先进的栽培技术，所产的巴戟天品种优良，质量上乘，素有盛誉。在20世纪60年代，巴戟天由野生转人工栽培获得成功，经过和溪镇人民长期的摸索和各方专家的精心培育，目前培育出了巴戟天优良品种和溪1号、和溪2号、南科号，并掌握了5年一生产周期的一套育苗、种植管理经验，之后和溪镇迅速掀起种植热潮。目前，和溪镇许多群众在从事巴戟天的栽培、加工、销售等工作，已形成产业规模，实现"产供销"一条龙，其产品销售范围遍布全国各大城市。

生产特点

和溪镇气候温和，降水充沛，是典型的南亚热带雨林气候，境内四面环山，中部河谷平缓，是适宜发展巴戟天等中药材生产的好地方。和溪镇水源水质优良，甘甜可口，无污染，优质的水源使巴戟天产品品质优良。和溪镇土壤主要是花岗岩、火山凝灰岩发育而成的红壤、赤红壤，土地肥沃，土壤有机质含量2%~3%。

和溪巴戟天种植基地宜选择生态环境条件良好、避风向阳、有水源、土壤疏松肥沃、土层厚度在1米以上、pH值5.6~7.0、排水良好且有一定遮阴条件的东坡或东南坡，最好是新开垦无污染的土地。品种应选用优质、抗性强、适应当地气候条件的优良品种，如福建省亚热带植物研究所从本地野生资源中筛选培育出的和溪1号。生产中以施腐熟有机肥为主，病虫害防治以农业防治和物理防治为主，提倡使用生物源、矿物源农药。巴戟天采挖根部，以5年生长年限为标准。

福州橄榄

登记证书编号：AGI00615

地域范围

福州市地处福建省中部偏东，闽江下游。福州橄榄地域保护范围包括仓山区、马尾区、晋安区、福清市、长乐市、闽侯县、闽清县、罗源县、连江县、永泰县10个县（市、区）。总保护面积2.5万公顷，地理坐标为东经118°08′~120°31′，北纬25°15′~26°29′。

品质特色

福州橄榄内含物丰富，肉质细嫩、松脆，回甘明显、持久，风味浓，有别于其他种植区的橄榄果实。甜榄与檀香两个品系食之清香悠长，味浓回甘，是鲜食名品；惠圆（又名猪姆橄榄）和自来圆两个品系纤维细、果大、风味浓、可食率高，是加工的优良品种。

福州橄榄以本地橄榄青果为原料，加以糖、盐、香料等辅料经腌制等不同加工工艺加工而成，风味独特，深受消费者的喜爱，是福州市传统的出口食品。福州橄榄制品按糖度分为甜类和非甜类，甜类有高糖、中糖和低糖等数十种蜜饯品种，非甜类有全咸类、半淡咸类、淡咸类、香辣类等，也有数十种花色品种。应用现代饮料加工工艺生产的橄榄饮料更是橄榄风味浓郁，清爽可口。

人文历史

福州橄榄种植区，栽

培历史悠久，汉代《三辅黄图》记载"汉武帝元鼎三年……起扶荔宫，从植所得奇花异木，龙眼、荔枝、橄榄……"可见橄榄在汉朝已有种植，至今已2 000余年。福州橄榄在唐代成为贡品，欧阳修《新唐书》（1060年）记载："江南道福州土贡……橄榄。"

福州橄榄百年老品牌"赛圆"橄榄蜜饯早在1913年的巴拿马万国比赛会上，就获得了金质优胜奖章。由于福州橄榄的鲜果品质独特，易于糖、盐、香料等辅料渗透入果实内，形成了福州橄榄制品特殊的优良品质和风味。

生产特点

橄榄是中国南方特有的亚热带常绿果树之一，属橄榄科橄榄属，常绿乔木，适应强阳光、高温、潮湿的气候，畏寒怕冷，是长日照偏阳性植物，需充足的光照。福州市地处南亚热带和中亚热带交界区，位于全国橄榄种植分布的最北区——闽江下游两岸及闽江口，其独特的小气候，非常适于生产优质的橄榄青果。福州市地处戴云山脉的东翼，闽江横贯其中，下游为福州盆地，盆地内部是冲积海积平原，城区处在盆心，南部是平原，土壤疏松肥沃、沙质，土层深厚，通气排水性能好，十分适宜橄榄生长。

福州橄榄种植区相对我国其他橄榄种植区来说冬季和夏季平均气温最低，果实积累物质多，固形物含量高，品质好，产量高。经过千百年来的人工栽培驯化，福州橄榄（青榄、白榄）具有丰富的地方传统优良品种资源群，主要形成檀香、惠圆、长营、自来圆等四大类数十个品种（品系），还有新发现的甜榄品系，有别于广东广西[①]的乌榄种群。福州市近千年的人文特色形成了福州橄榄特有的加工工艺特色。福州橄榄在加工上每个加工企业都严守着制胚、浸提、煮糖、腌制等30多道复杂的加工工序，每道工序缺一不可，加工过程3次分选和3次分级，形成了福州橄榄制品特殊的优良品质和风味。

---

① 广西壮族自治区，全书简称广西

漳浦穿心莲

登记证书编号：AGI00616

地域范围

漳州市漳浦县是福建省穿心莲主产区，漳浦穿心莲地理标志地域保护范围包括深土镇、旧镇镇、赤湖镇、佛昙镇、前亭镇、马坪镇、赤岭乡、官浔镇、长桥镇、南浦乡、石榴镇、盘陀镇、大南坂镇、绥安镇、赤土乡、湖西乡、六鳌镇、霞美镇、杜浔镇、古雷镇、沙西镇21个乡镇，涉及277个行政村，总保护面积2 130.8平方千米，地理坐标为东经117°24′~118°01′，北纬23°43′~24°21′。

品质特色

漳浦穿心莲株高50~70厘米，叶茎比例40%~50%，分蘖指数18~25，鲜草叶片肥厚；干草产品成熟适度，干燥，墨绿色。由于漳浦独特自然生态环境和特定生产方式等因素，漳浦穿心莲的内酯含量较高，穿心莲内酯和脱水穿心莲内酯总含量大于1.50%。

人文历史

漳浦县穿心莲主要分布于沿海乡镇，尤其是深土镇，当地农民种植已有30多年历史，拥有了3家具有一定规模的中药材经营部，常年经营，是厦门中药厂有限公司生产"清热穿心莲片"的主要原料基地，也是广东省各中药厂家的主要原料之一。

生产特点

漳浦县为南亚热带海洋季风气候，气候温暖，阳光充足，空气湿润，非常适合穿心莲生长的植物学特性"四喜一怕"——喜温暖、喜湿润、喜阳光充足、喜氮肥和怕干旱。漳浦县土壤类型以滨海盐土、赤红壤为主，土壤有机质含量1.0%~1.5%，尤其是滨海盐土，土壤富含氯离子，土壤质地肥沃，再加上适宜的气候，有利于穿心莲根系生长，植株生长旺盛，这是漳浦穿心莲中穿心莲内酯含量高的主要因素。

穿心莲对土壤适应性强，多在红壤、赤红壤的山地、园地、水田种植，在阳光充足，排灌方便、土层深厚、肥沃的滨海盐土质地土壤更好。漳浦穿心莲经多年提纯复壮自选留种，抗病性强，病虫害少，一般是采取培育壮苗及加强田间管理的农业防治措施，配合杀虫灯、黄色粘虫板防治病虫害。穿心莲在叶片最茂盛时，即刚要现蕾时收割，产量最高，质量最好，将地上部分割取晒干，产品以干燥、色绿、无杂质者为佳。

坂里龙柚

登记证书编号：AGI00617

地域范围

坂里龙柚主要分布于福建省漳州市长泰县坂里乡行政区内的新春村、坂新村、石格村、正达村、丹岩村、高层村6个行政村，保护区域面积1 200公顷，地理坐标为东经117°39′00″~117°49′00″，北纬24°29′21″~26°12′10″。

品质特色

坂里龙柚果实扁圆形，果肩微倾斜，果顶凹陷，果表黄绿色，囊瓣短梳形，果肉与囊瓣易剥离，果肉汁多、色白微黄，质地脆嫩化渣，酸甜适度，平均单果重约1千克，自花不弃、混栽种子数较多，成熟期为9月中旬，为福建省最早熟蜜柚品种。坂里龙柚可食率大于50%，可溶性固形物10%~12%，每100毫升果汁可滴定酸含量

在0.6克以上、维生素C含量30毫克以上。

人文历史

长泰县栽培柚子，历史悠久，自南唐保大十三年（955年）建县以后，曾有7次修志，至今存留的3部完整的和2部残缺的《长泰县志》版本中，均有关于柚子的记载。据《闽产录异》记载："长泰高田（层）有名'蜜柚'者，仅三株，其实大于'文旦''猴相'而顶突起，每实重二斤余，肉白，味甘爽，无渣滓，柚中之极品。防产缺，不敢入贡。花时，有力者出值货其全树；每番锸一员得二枚。

漳之贵人有终身不得尝者。"以上记载说明，在长泰县，坂里种植的柚子品质最佳。

生产特点

坂里乡独特的地形地貌和传统栽培管理技术造就了坂里柚子独特的品质。坂里乡东、西、北三面青山环抱，南部为平原，森林覆盖率76%，透迤的青山形成一道道绿色屏障，使这里冬无严寒，夏无酷暑，气候温暖，降水充沛，常年春意盎然，四季花果飘香。坂里乡土壤肥沃，有机质含量1.5%，水利资源丰富，境内有坂里溪、高层溪直流九龙江北溪。

坂里龙柚果园多选择在低丘红壤地、冲积平原地、沿河沙洲地建园。可用两年生苦柚或酸柚实生苗做砧木，在立春前后进行切接繁殖；也可在3—4月，选取直径2~3厘米粗的适当枝条进行高压繁殖。栽培过程中注重整枝修剪、疏果套袋、土肥管理。坂里龙柚一般在3—4月开花结果，9月中旬采收，经2~3周贮藏，水分蒸散减少，肉质柔美，糖度增高，品质特佳。

文亨红衣花生

登记证书编号：AGI00618

地域范围

连城县隶属福建省龙台市，位于武夷山南段东侧，文亨红衣花生农产品地理标志保护范围包括连城县辖区内的莲峰镇、北团镇、莒溪镇、姑田镇、朋口镇、文亨乡、新泉乡、林坊乡、曲溪乡、宣和乡、隔川乡、罗坊乡、四堡乡、揭乐乡、塘前乡，总保护区域面积1 860平方千米，地理坐标为东经116°32′~116°58′，北纬25°21′~25°55′。

品质特色

文亨红衣花生属珍珠豆型小粒品种，植株直立紧凑，叶形偏椭圆形，出叶角度较小，株高50厘米左右，单株分枝5~7条，有效分枝4~5条，结荚集中，单株荚果数15~17个，饱果率75%~80%，双仁果率85%~90%。荚果普通型，带鼻勾，果壳较薄，网纹清晰，外形美观，均匀一致。果型小，百果重120~130克，百仁重50~52克。种仁呈桃形，种皮有光泽，紫红色。新鲜花生嚼感脆嫩润滑，细腻无渣；煮熟花生香甜可口，滋味好。文亨红衣花生粗蛋白含量为25%~30%，含油量在40%以上，其中亚油酸含量占其油脂总量的41%以上。

人文历史

文亨红衣花生是连城县传统农家品种，具有较长的种植历史，长期的栽培选择和优良的土壤、生态等自然生态环境，形成了独具特色的形态和品质特征，成为重要的传统特色农产品。

文亨红衣花生协会积极组织加工企业、专业合作社参加农产品博览会、展销会、产品推介会等，扩大了文亨红衣花生的知名度。文亨红衣花生融合了连城县源远流长的人文历史，成为人们日常生活、喜庆家宴、接待客人、走亲访友中不可或缺佳品。

生产特点

连城县位于武夷山南段东侧，丹霞地貌，有着独特的地质结构和砂砾岩酸性紫色土，土壤富含钙、铝、铁等矿物质成分。文亨红衣花生产地主要分布在连城县境内中部偏西冲积平原较开阔的串珠状河谷盆地，还有部分洪积物

或坡积物沿低山丘陵和溪涧山坡之间形成的坑、垅、坡等地形耕地，这些耕地依靠山涧泉水和山塘蓄水灌溉，土壤有机质高，土地肥沃。连城县属中亚热带海洋性季风气候，夏无酷暑，冬无严寒，四季分明，日照充足，降水充沛，万物茂盛，被誉为北回归线上的绿洲和基因库，温暖适中的气候条件适宜种植春花生或秋花生。

文亨红衣花生种植在连城县境内砂砾岩酸性紫色土壤及红壤、黄壤相融合的耕地，种植地水稻田宜水旱轮作，旱地种植间隔期2~4年。栽培品种须选具有文亨红衣花生特征特性的本地品种，俗称"蓆湖红"。花生生产过程中采用小畦双行，用锄头脑打穴种植，肥料以施有机肥为主。

宣和雪薯

登记证书编号：AGI00669

地域范围

福建省龙岩市连城县宣和乡及周边地区产山药，当地俗称雪薯。宣和雪薯农产品地理标志保护范围为宣和乡辖区内的中田、黄沙、洋背、科南、城溪、下曹、新曹、中曹、上曹、前进、升星、培田、子林13个行政村所属的68个自然村。保护区域面积100.42平方千米，地理坐标为东经116°21′~116°39′，北纬25°16′~25°41′。

品质特色

宣和雪薯食用品质佳，外观呈长圆柱形，薯长30~60厘米；表皮呈淡黄色至土褐色，表面长有细须，长且密，约为3~7厘米，须根部表皮呈无光泽深褐色斑点；横切面雪白，不易褐变，肉质细腻，水分适中；蒸煮熟制后具有清香、鲜美、微甜风味及细滑口感。宣和雪薯淀粉含量40%以上，蛋白质含量3.5%~4.2%，粗纤维含量1%以上。

人文历史

宣和雪薯系野生淮山经长期人工选留种，栽培历史已有800余年。宣和乡发动前进村、紫林村、升星村等村农民利用稻田

连片种植雪薯，通过"精选薯种、技术培训、田头指导、统一营销"和建立标准化高产优质栽培科技示范基地，平均亩产达 2 500~3 000 千克，亩产值在 7 500~9 000 元，是单纯种水稻的 5 倍多。经过几年的运作，全乡雪薯总产突破量 3 500 吨，使雪薯种植成为新兴农业产业。随着产品附加值的提高和产品销路的拓展，农户纷纷看好雪薯种植带来的效益，每年入冬时节农户都会积极积肥整地投入生产。

生产特点

宣和乡是重要丹霞地貌区域之一，有着独特的地质结构和沙砾岩酸性紫色土。宣和雪薯生产地域地处地势较高的丘陵山地地区，海拔 300~600 米。耕地土壤多数为由砂砾岩母岩风化坡积、冲积发育而成的水稻土，土质疏松、通透性好的灰沙泥田和黄泥沙田，呈弱酸性，耕层 17~23 厘米，土壤肥力中等。连城县水资源较为丰富，水系发达，灌溉水均来自山泉水，无污染。宣和雪薯种植区属中亚热带海洋性季风气候，具有昼夜温差较大、山区常年云雾缭绕、露水重等山地气候特点。

宣和雪薯的种植品种为适应性好的优良本地品种宣和小叶雪。宣和雪薯一般春分时节栽培，立冬时节收获，生长期长，约为 280 天，一般选择砂砾岩酸性紫色土壤及红壤、黄壤相融合的沙性土壤的栽培地。生产过程中以施有机肥为主，全生育期无特别情况不施农药，冬季茎叶枯萎后采挖。

福鼎槟榔芋

登记证书编号：AGI00670

地域范围

福鼎市地处福建省东北部沿海，三面环山，一面临海。福鼎槟榔芋农产品地理标志地域保护范围包括福鼎市贯岭镇、山前街道、桐城街道、桐山街道、叠石乡、前岐镇、佳阳乡、点头镇、白琳镇、管阳镇、潘溪镇、店下镇、秦屿镇、硖门乡、龙安开发区、沙埕镇、嵛山镇17个乡镇（街道、开发区），地理坐标为东经119°55′~120°43′，北纬26°55′~27°26′。

品质特色

福鼎槟榔芋外观呈长圆柱形，残留弯月形种芋芽端，芋长30~40厘米，直径12~15厘米，纵切面长宽比大于2；表皮呈棕黄色至棕褐色，芋肉乳白色，带紫红色槟榔芋花纹，纹理较粗，分布较稀；易煮熟，肉质酥松、细滑，香味浓郁，综合品质优良。

人文历史

福鼎槟榔芋已有近600年栽培历史,20世纪80年代我国香港市民把福鼎槟榔芋称为"福鼎芋",并沿用至今。借助福鼎特殊的母岩、母质、土类、土层厚度、肥力和土壤养分、质地、酸碱度,以及独特的管理方法,福鼎槟榔芋形成了独特的风味与体大形美的外观。1997年在福建省农业名特优新产品展销会上,福鼎槟榔芋被评为"福建省农业名特优新畅销产品";2000年,福鼎槟榔芋被福建省政府授予"福建省名牌农产品"称号;2013年福鼎槟榔芋基地获国家标准化示范区称号。

生产特点

福鼎市地理和气候环境独特,境内溪流纵横密布,水源充足,沙埕天然深水良港似"S"形从东南角深入腹地,在中部形成一内海,并与千万条沟谷相交,形成复合状水系,沿海岸港湾分布着狭窄海滨平原和许多滩涂。国家重点风景名胜区太姥山位于福鼎市境内,形成了

西高东低形似马蹄的独特地势和特殊的气候环境。福鼎市气候温暖,降水量适中,日照充足,冬无严寒,夏无酷暑,属典型的中亚热带海洋性季风气候,越冬作物不受冻害,无明显的休眠期,适宜福鼎槟榔芋种植。

福鼎槟榔芋基地主要从事水稻、芋及果树种植,需水旱轮作,灌溉水都是山泉、溪流或从水利渠道中引入的无污染洁净水,山地芋田均采用轮灌法;土壤以水稻土为主,由于种植福鼎槟榔芋亩施用有机肥3 000~4 000千克,使芋田土壤形成疏松肥沃、保水保肥能力强、通气性能好的生态田。多次培土是福鼎槟榔芋的独特栽培方式之一,培土可促进不定根生长,增强抗旱能力,抑制侧芽生长,提高品质。福鼎槟榔芋母芋于10月下旬至11上旬采收,种芋于11月上旬至12月上旬采收。

涂坊槟榔芋

登记证书编号：AGI00671

地域范围

涂坊槟榔芋基地位于福建省龙岩市长汀县，地域保护范围包括长汀县涂坊镇及涂坊镇周边相邻乡镇的部分行政村，总计46个行政村，地理坐标为东经115°58′~116°43′，北纬25°11′~26°05′。

品质特色

涂坊槟榔芋母芋外观呈匀称椭圆形，外皮薄，0.1厘米以下，芋长10~30厘米，直径5~20厘米，纵切面长宽比约1:6，加工品质好；子芋外观近似圆锥形，略弯曲。母芋和子芋表皮呈淡黄色至棕色，芋肉为白色，布满点状和带状紫色花纹，质地坚实，耐贮运；肉质松软绵甜，香味浓郁，食用品质佳。涂坊槟榔芋淀粉含量30%~35%，蛋白质含量2.3%~2.5%，粗纤维在0.55%左右，还含有丰富的钙、铁、锌等。

涂坊槟榔芋烹饪工艺众多，可成为系列美食，鲜煮或清蒸后作干粮携带方便，也可加工成芋酥、芋包、芋糕、芋饼、胶原炸芋片、芋子饺等。用槟榔芋子煮熟后去毛皮，碾成芋泥，掺适量地瓜粉或苜蓿粉制成的饺子皮，包进自己喜爱的馅料，芋子饺就制成了。

人文历史

涂坊槟榔芋属客家人南迁时带来繁衍的农家品

华东地区篇（上）·福建省

种，经长期驯化栽培，其稳定性好，抗逆性强，适应性广，稳产高产，品质优良。涂坊槟榔芋是长汀县继水稻、烤烟之后的第三大种植作物。当地通过建立生产示范基地，推广高优无公害生产栽培技术，以专业合作社龙头示范带动产业发展，在地理标志地域范围内还建立了高产优质示范片、病虫害防疫示范区、品种提纯复壮选育区、品质特色对比试验区等，建立了涂坊槟榔芋系列产品加工生产线，开展槟榔芋冷冻、加工、批发一条龙系列化服务，同时建立电商收购网络信息平台，为涂坊槟榔芋产业健康可持续发展创造了一个良好环境，产品质量得到提升，经济效益稳步增长。

生产特点

涂坊槟榔芋生产基地地处武夷山脉进入长汀县后的中段，为长汀县南部东坡，形成了极为特殊的气候特点，该基地范围属亚热带季风气候与海洋性过渡地带交织气候，处在海洋性气候过渡地带，又有海洋性气候特征，空气湿度较大，对槟榔芋生长发育提供了天然的光、温、水、气、土壤等有利的自然生态条件。

涂坊槟榔芋基地为水旱轮作、土层深厚、土壤带黏性的地块，品种为本地槟榔芋种。生产过程中通过深耕、浅种二次培土、早种盖种等农事操作确保高产优质。槟榔芋完熟后，霜降前后及时采收。

霞浦榨菜

登记证书编号：AGI00716

地域范围

宁德市霞浦县位于福建省东北部沿海台湾海峡西北岸，霞浦榨菜农产品地理标志保护地域分布在霞浦县行政区域内13个乡镇街道，即松城街道、松港街道、长春镇、牙城镇、溪南镇、沙江镇、下浒镇、三沙镇、盐田畲族乡、水门畲族乡、崇儒畲族乡、柏洋乡、北壁乡，地理坐标为东经119°46′~120°28′，北纬26°25′~27°07′。

品质特色

霞浦榨菜与川、浙榨菜相比，最显著的特点是个大，平均纵径14.5厘米，横径12.4厘米，平均单茎瘤重550克，茎瘤近纺锤形或莲花形，皮色浅绿，肉瘤较大而钝圆，间沟较深，茎瘤个大、形状美观，皮下肉质色白而肥厚，质地脆嫩，其腌制品脆嫩、鲜爽，具有明显的特征香气。

人文历史

霞浦榨菜栽培历史悠久，1953年由蜀籍驻军介绍牵线，首次从当时的重庆市巴县木桐区清溪公社新龙大队引种种植，20世纪60—70年代生产面积逐步扩大，1974年后推广至沙江、长春、溪南等县域南部乡镇。改革开放后，霞浦榨菜栽培面积逐年扩大，全县除海岛乡外均有种植。20世纪80年代霞浦榨菜被列入农业部《中国蔬菜品种资源目录》。1987年后，霞浦县副食品厂专业生产方便榨菜，1991年该产品获省优产品后，种植面积扩大迅速，常年种植面积保持在1.5万~2.1万亩之间，年产1.3万~1.8万吨。

生产特点

霞浦县属亚热带海洋性季风气候，气候可概括为"春多雨水，夏多台风，冬暖夏凉，霜雪少见"，区域内冬无严寒，满足榨菜生产要求。与重庆市涪陵区相似，霞浦县地表富含磷、钾、钙，土壤质地多为最适榨菜生长的壤土和沙壤土。霞浦县森林覆盖率56.8%。境内溪流密布，水域环境良好，周边没有无工业污染，空气质量良好，为农产品的栽培提供了优良的环境。

霞浦县榨菜产区普遍采取水稻—水稻—榨菜、番薯—榨菜、水稻—菜—榨菜等种植模式，提高了土地利用率与复种指数，推动了水旱轮作耕作模式推广，增加了土壤的有机质等营养含量，极大改善了土壤理化性状。霞浦榨菜主栽品种有霞圆榨1号等，10月下旬到11月上旬播种，11月下旬至12月上旬定植，翌年1月底至3月收获，全生育期140天。

霞浦晚熟荔枝

登记证书编号：AGI00846

地域范围

宁德市霞浦县位于福建省东北部沿海台湾海峡西北岸，地理坐标为东经119°46′~120°26′，北纬26°25′~27°09′，霞浦荔枝分布在松港街道、长春镇、牙城镇、溪南镇、沙江镇、下浒镇、三沙镇、盐田畲族乡、北壁乡环东吾洋、官井洋沿岸适宜栽培区。

品质特色

霞浦县依山面海，森林覆盖率56.8%，受东吾洋、官井洋小气候调节，形成独特的地理环境，造就了同纬度独特的气候、土壤条件，适宜于荔枝生长发育，荔枝在域内表现迟熟、质优、醮核、无霜冻等特点。

霞浦晚熟荔枝果实心形，果顶渐尖，顶端钝圆，果肩微凸，果面鲜红色，龟裂片隆起小刺；肉厚色白，半透明，肉质细滑，汁多化渣，甜酸适口，香气浓醇；可溶性固形物17%~23%，单果重20~25克，醮核率80%以上。

人文历史

霞浦县种植荔枝已有700多年的历史。据当地县志记载，宋末谢翱诗《故园秋日曲》中"食尽满园绿荔枝"，表明当时霞浦县栽培荔枝已相当广泛。霞浦荔枝明代以前从福州传入元红品种，植于东吾洋沿岸地区。霞浦荔枝在明代被列为贡品，年纳贡140千克以上。

20世纪80年代开始，霞浦地区参加全国荔枝科研协作组，承担荔枝丰产、稳产、优质、高效栽培技术研究。1991年，霞浦荔枝在北京市参加"七五"全国星火计划成果博览会获银奖。2006年，霞浦县被定为农业部南亚热作名优基地，是农业部《特色农产品区域布局规划（2006—2015年）》特色果品荔枝优势区域。

生产特点

霞浦县为为全国晚熟荔枝经济栽培区最北缘地带，气候春多雨水、夏多台风、冬暖夏凉、霜雪少见，北壁乡环东吾洋、官井洋沿岸冬无严寒，夏无酷暑，形成有利于荔枝生产的独特地理气候，特别是冬季的适度低温与半岛生态的少雨，有利于荔枝花芽分化。受东吾洋小气候调节，霞浦荔枝成熟期在7月底至8月上旬，相同品种比两广主产区迟熟1个月以上，具有人无我有的竞争优势。

霞浦栽培荔枝有700多年历史，当地果农在长期的生产中积累了丰富的荔枝生产经验。霞浦荔枝建园选择在环东吾洋与官井洋沿岸地段，这一地区生态环境好、空气清新、水源清洁，无污染源，土壤有机质丰富、保水保肥力强、排水良好，地下水位能降至1米以下，开阔向阳、避风寒，适宜荔枝栽培。品种选择元红及适应当地气候土壤条件的优良晚熟品种。

永定巴戟天

登记证书编号：AGI00847

地域范围

永定巴戟天主产于福建省龙岩市永定区，其农产品地理标志保护范围是东经116°25′~117°05′，北纬24°23′~25°05′，保护地域为永定区下辖的湖山乡、下洋镇、岐岭乡、陈东乡、湖坑镇、大溪乡、古竹乡、高头乡、虎岗乡、堂堡乡、合溪乡共11个乡镇，涉及123个村，总保护面积为4 000公顷。

品质特色

永定巴戟天为扁圆柱形，略弯曲，长短不等，直径0.5~2.0厘米，表面灰黄色，具纵纹及横裂纹，质韧。肉厚易剥落，呈淡紫色或紫色；木心明显，直径1~5毫米，气清香，味甘；以条粗大、连珠、肉厚、色紫、质软、内心梗细、味微甜为佳。永定巴戟天富含蒽醌，总蒽醌含量在880毫克/千克以上，耐斯糖含量在60克/千克以上。

人文历史

根据农业资源区划和药材资源调查，永定区野生巴戟天资源丰富，长期以来都有本地农民以采集野生巴戟天作为副业生产。永定县素有种植巴戟天，并把巴戟天作为药膳的主要烹饪材料的传统和习惯，用以补肾壮阳、解除疲劳和增强免疫力。早在康熙年间（1662—1722年）《永定县志》已有巴戟天的记载。永定巴戟天在侨区享有很高的声誉，许多旅外侨胞每逢回乡都要带巴戟天出境送给亲朋好友。1988年，永定区湖山乡巴戟天基地被当时的国家计划委员会立项定为"南药巴戟天出口基地"。

生产特点

永定区地处中亚热带向南亚热带过渡地段，属亚热带海洋性季风气候，夏无酷暑，冬无严寒。永定区溪河均属山区性河流，分别属于汀江水系、梅河水系、梅江水系、九龙江水系，区内四大河流分别是永定河、金丰溪、黄潭河、汀江干流，同时，地下水蓄量充沛，水质为软水。永定区属中低山丘陵地区，种植区土壤主要为红壤土，产地土壤的pH值6.4~6.8，以一级山地土壤为主，该级土壤土层厚度大于80厘米，腐殖质层大于20厘米，土壤质地为壤土或沙壤土，有机质含量大于3%。永定区植被保护完好，土壤颜色较深，涵蓄水分能力大，小气候条件较好，为永定巴戟天的生长提供了独特条件。

永定巴戟天生产基地选择在生态环境条件良好、避风向阳、有水源、土壤疏松肥沃、土层厚度在1米以上、排水良好、有一定遮阴条件的东坡或东南坡（坡度在25°~30°）。永定巴戟天栽种时选取良种，在清明或立秋前后定植，生产中实行配方施肥，以有机肥为主。巴戟天收获时采挖根部，以5年生长年限为标准。

金湖乌凤鸡

登记证书编号：AGI00895

地域范围

金湖乌凤鸡生产区域在福建省三明市泰宁县境内，生产区域海拔为300~800米。金湖乌凤鸡农产品地理标志保护范围为泰宁县境内上青、朱口、梅口、下渠、大龙等9个乡镇，地理坐标为东经116°53′~117°24′，北纬26°34′~27°08′。

品质特色

金湖乌凤鸡是我国稀有肉蛋兼用小型麻羽乌鸡地方品种，2009年通过国家畜禽遗传资源委员会畜禽遗传资源鉴定。在泰宁县独特的生态环境下，经长达1 000多年的自然选择和人工选择，结合传统饲养方式，形成了野性强、觅食力强、适应性广、耐粗饲、抗病力强，适合林间放牧饲养的生物学特性。具有麻羽、凤头、绿耳、桑葚冠、毛脚、乌皮、乌骨、乌肉的种质资源特征，是高蛋白质、低脂肪、低胆固醇、富含维生素和不饱和脂肪酸的食品，有极高药用价值和经济价值。

金湖乌凤鸡具有"三乌"典型特征：乌皮——全身皮肤及眼、脸、喙、胫、趾均呈黑色，乌黑的部位和程度随不同个体而稍有差异；乌肉——全身肌肉略带乌色，内脏组织器官均呈乌色；乌骨——骨质、骨膜呈乌黑色。

人文历史

金湖乌凤鸡在泰宁县有着悠久的饲养历史。泰宁县城历史上称为"杉城",《福建通志·物产志》就记载泰宁"杉鸡雀头有黄毛冠,多在杉木林中上下飞鸣"。据《泰宁县志》记载,早在1 000多年前泰宁就已广泛散养乌鸡。泰宁籍医药学家邹铉在元

成宗大德十一年(1307年)年著的《寿亲养老新书》中,有5处用乌鸡为原料的药方。民国三十一年(1942年),《泰宁县志·物产篇》将乌鸡列为"禽之属"的首位。由于该鸡分布在国家级风景名胜区泰宁金湖区域,因此取名为金湖乌凤鸡。2014年,泰宁全县发展养殖专业户516户,饲养金湖乌凤鸡55万羽,金湖乌凤鸡产业已成为泰宁县农民增收致富的特色经济。

生产特点

泰宁县地处武夷山脉东南侧,森林覆盖率高达87%,土壤表层腐叶多,金湖乌凤鸡放牧在丹霞地貌的林间,采食虫子和腐叶,喜飞上树梢上休息或过夜,鸡的运动量大,改善了鸡的肉质风味。境内水资源丰富,溪流密集,水质清澈,金湖乌凤鸡多饮用山泉水,水质和金湖乌凤鸡风味有很大关系。泰宁属中亚热带季风性湿润气候,降水充沛,昼夜温差较大,独特的气候条件,形成了金湖乌凤鸡良好的适应性和抗病力。泰宁县是福建省23个商品粮基地之一,主要生产水稻、红薯、花生、黄豆及水果,为金湖乌凤鸡的生长提供了多样化饲料,鸡吃粗粮和青草后,肠道消化力较强,抵抗力也较强,饲料多样性是关系到金湖乌凤鸡独特品质和风味的关键。

金湖乌凤鸡鸡舍周边要有良好的林地、竹林、果林等放牧场所,能满足鸡生长和放牧需要。雏鸡养殖、饲养管理要求和其他肉鸡养殖一致;中大鸡的饲养管理,日粮中要加入本地产稻谷粒、米糠、地瓜、青菜饲料,此外,鸡在林间放牧时自行觅食蚯蚓、蝼蚁及小昆虫、青绿野草野菜及砂砾青粗饲料。金湖乌凤鸡养殖时间150~160天,适时出栏,确保较长的养殖时间是保证金湖乌凤鸡风味的重要措施之一。

福州茉莉花

登记证书编号：AGI00896

地域范围

福州茉莉花农产品地理标志地域保护范围为福建省福州市仓山区、马尾区、晋安区、福清市、长乐市、闽侯县、闽清县、罗源县、连江县、永泰县10个县（市、区）。总保护面积1.5万公顷，地理坐标为东经118°08′~120°31′，北纬25°15′~26°29′。

品质特色

由于福州市独特的地理环境气候，茉莉花种植历史悠久，栽培技术优良，福州茉莉鲜花成熟饱满、洁白、香气芬芳、品质独特。长乐种单瓣茉莉花为福州市独有品种，有2 000多年栽培史，花冠单筒，花蕾圆锥状，伏花百花重20~24克，花香鲜浓清幽、显蜜香。双瓣茉莉花为1979年后由广东省引种，花冠双筒，花蕾卵圆

状，伏花百花重 28~30 克，花香浓郁、高锐、持久。

人文历史

茉莉花为福州市的市花，福州茉莉花栽培历史几乎与古城福州历史一样悠久。据《中国植物志》记载，茉莉花原产印度，西汉传入中国时就在福州落户，距今已有 2 000 年的栽培历史。汉朝时陆贾《南越行记》记载茉莉花"缘自胡国移至"。宋朝时福州已普遍栽培茉莉花，北宋福州知府蔡襄诗云："素馨出南海，万里来商舶。团栾茉莉丛，繁香暑中折。"南宋隆兴乾道年间楼钥有诗云："吾闻闽山千万木，人或说此齐蒿莱。"可见当时茉莉花的种植规模已相当可观。

生产特点

茉莉花为木犀科茉莉属，常绿灌木，原产于亚热带，喜光热温湿、喜肥沃疏松，忌霜冻，是长日照偏阳性植物，需充足的光照。福州市闽江下游两岸及闽江入海口的县（市）区，属典型的亚热带季风气候区，气候温和，降水充沛，且雨热光同期，白天温度高，夜晚海风大、降温快，而且冲积平原呈微酸性或中性的沙壤土，土质肥沃，特别适宜优质的茉莉花生长，所产茉莉花香气独特、持久，鲜灵浓郁。茉莉花喜温怕霜，福州市是北半球茉莉花露地栽培的北缘，夏天昼夜温差大，这也就是福州茉莉花品质独特的重要原因之一。

福州茉莉花生产中注重土肥管理，种植前先要进行深翻晒白，改善土壤结构，并且全年一般要进行 6~7 次中耕松土、培土，施肥以优质农家肥为主。病虫害防治以农业、物理、生物防治措施为主，创造不利于病虫草等有害生物孳生和有利于各类天敌繁衍的环境条件，保持茉莉园生态系统的平衡和生物多样性，将各类病虫害控制在允许的经济阈值以下。茉莉花须采摘含苞欲放的"当天花"，即花冠筒已伸长，外观饱满、肥大、洁白的花朵。

三明翠碧一号烤烟

登记证书编号：AGI00897

地域范围

三明市位于福建省西北部，武夷山脉和戴云山脉之间，三明翠碧一号烤烟生产地域范围包括三明市行政区域内三元、梅列、宁化、清流、明溪、永安、大田、尤溪、沙县、蒋乐、泰宁、建宁12个县（市、区），涉及71个乡镇，地理坐标为东经116°22′~118°36′，北纬25°29′~27°07′。

品质特色

翠碧一号系全国烟草品种审定委员会认定的推广烤烟良种，属于我国两大特色烤烟品种之一。烟叶具有比较典型的清香型风格特征，清雅飘逸、香气量足、丰满细腻绵长，烟味厚实饱满，气味醇和、余味干净、生杂气较少、出丝率高、配伍性好、醇化时间段短。烤后烟叶颜色多呈橘黄色，色泽饱满、组织细致、结构疏松、厚度适中、油分足、弹性强。

人文历史

三明市种烟历史悠久，始于明朝万历年间（1573—1620年），迄今已有近400年历史。近代以前，种植烟叶类型多为晒烟，以三明市沙县夏茂晒烟最为有名，曾有"烟魁"的美誉。烤烟种植始于20世纪60—70年代。1988年烤烟种植在三明市范围内全面推广，1991年后种

植规模迅速扩大，跃居全省之首。翠碧一号是福建省三明市宁化县1977年从"特字401"烟田变异株中选育而成的，1982年被正式定名为翠碧一号。1991年，翠碧一号被全国烟草品种审定委员会认定为推广良种。

21世纪初，三明烟区着力培育特色烟区，大力加强"良种、良法、良烤"综合配套技术研究及推广，有效克服了推广初期单产低、病害重、烘烤难等生产瓶颈，同时注重加强工商合作，有效推动了该品种的发展壮大。近几年，三明市翠碧一号烟叶已稳步进入国内众多重点工业企业和重点卷烟品牌（如中华、苏烟、白沙、黄鹤楼、七匹狼等）的配方，并在这些骨干卷烟品牌的配方中发挥着重要的作用。

生产特点

三明市气候类型属中亚热带海洋性季风气候，四季分明，境域溪河甚多，全市森林覆盖率达76.8%，素有"绿色宝库"之美称。三明市水稻土耕作层深厚，质地疏松，透气性好，土质弱酸，有机质含量比较丰富。

三明市烟草的种植实行"烟稻轮作"，提倡以水稻、玉米、豆类等为前茬，隔年轮作。当地种植烟草的品种为翠碧一号，为加强三明翠碧一号烤烟的生产过程管理，当地针对育苗、移栽、大田、病虫害防治等各个环节均制定了严格的要求规范。烟叶采收的基本原则为下部叶适时早采，中部叶成熟采收，上部叶充分成熟采收。三明翠碧一号烤烟加工工艺考究，烟叶烘烤根据田间烟叶的生长发育状况，以及所采鲜烟叶的质量特点与其在烘烤中的变化，灵活进行各项控制操作。按照三段式烘烤技术要求，变黄期把握充分变黄凋萎，促进淀粉的转化；定色期要求适时排湿定色；干筋期要避免高温烤红等问题。

大田高山茶

登记证书编号：AGI00898

地域范围

大田县位于福建省中部戴云山脉西麓中段山区，隶属三明市管辖。大田境内海拔600米以上的茶园面积6.6万亩，其中90%以上海拔高度在800~1 200米。大田高山茶农产品地理标志地域保护范围为大田县全境，具体是屏山、济阳、吴山、谢洋、武陵、桃源、上京、太华、建设、广平、奇韬、文江、梅山、前坪、华兴、均溪、石牌、湖美、东风共计19个乡镇和农场，地理坐标为东经117°29′~118°03′，北纬25°29′~26°10′。

品质特色

大田高山茶严格按质量分级，其中，乌龙茶类分为5个级别，红茶类分为4个级别。乌龙茶外形紧结、重实，色泽乌绿、油润，香气清高悠长，花香明显，滋味浓厚甘爽，叶底肥厚软亮，具有显著的高山茶韵和持久耐泡的品质特征。红茶外形条索紧结，香气高锐，滋味甘甜鲜爽，汤色金黄明亮，叶底嫩艳匀红，具有高山红茶特有的品质。

人文历史

大田茶叶生产历史悠久，元朝时大田县广平人郭居敬著的《百香诗》之一《茶》，为大田最早的茶诗，距今至少有640年历史，说明大田人对茶道早已深悟怡然。400年前大田县已有茶树与茶贸易的文字记载，现可查阅的

最早县志为明朝万历辛亥三十九年（1611年）版《大田县志》，该版卷之八记录有："货之属：……茶、茶油……；木之属：松、柏……茶……"

大田茶叶生产兴于20世纪80年代，盛于2000年以后。通过长期不懈的努力发展，大田高山茶的面积、产量、品质等均得到同步提升，在福建省内外茶叶消费者中获得较好的声誉。2010年，大田县茶叶生产区域被确认为"中国高山茶之乡""全国绿色食品茶叶标准化生产基地县""国家级茶叶标准化示范县"。

生产特点

大田县自然实体为"九山半水半分田"，山地占总面积79.4%。境内海拔千米以上的山峰有175座，立体气候明显，垂直温差显著，大部分茶园处于高山区域，常年云雾缭绕。大田县土壤土层深厚，一般可达1米以上，pH值4.8~6.1，有机质含量多在0.6%~2.5%。大田县属中亚热带季风气候，兼具大陆性和海洋性气候特点，四季分明，温暖适中，冬无严寒，夏无酷暑，降水充沛，雨热同期。

大田高山茶品种选用优质、抗性强、适应当地气候条件与茶类布局的无性系优良品种，如金观音、铁观音、悦茗香、丹桂、台茶12号等新优良种。茶叶生产的全过程包括山场选择、园地开垦、品种选择、苗木定植、田间管理、鲜叶采摘、加工制作等。施肥方面提倡以施放腐熟有机肥为主，病虫害防治以农业和物理防治为主。大田高山茶坚持采养结合的原则，根据乌龙茶和红茶的不同要求，分批、分期、分次地按标准适时采摘茶树顶部嫩芽梢。乌龙茶按照鲜叶—晒青—做青—杀青—做形—烘干的工艺流程加工；红茶按照鲜叶—萎凋—揉捻—发酵—烘干的工艺流程加工，加工时严格按各环节的技术要求精制细造。

福州福桔

登记证书编号：AGI00899

地域范围

福州福桔地域保护范围包括福建省福州市仓山区、马尾区、晋安区、福清市、长乐市、闽侯县、闽清县、罗源县、连江县、永泰县、平潭县11个县（市、区），总保护面积25万公顷，地理坐标为东经118°08′~120°31′，北纬25°15′~26°29′。

品质特色

福桔亦称红橘，分为两个品系，一是高蒂紧皮系，果实顶部明显突起形成高蒂，二是普通大叶系。福州福桔果实扁圆形，果顶微凹；果皮朱红，有光泽；皮薄，易剥离；果心小而空，果肉多汁；风味浓郁，酸甜适口，有香味，种子8~15粒。福州福桔可溶性固形物11%~13%，总糖含量8.5%~10%，总酸含量0.8%~0.95%。

人文历史

《福建通志》有"闽为古代橘柚锡贡之地"的记载。《闽游纪略》亦有"闽橘之美，达于京师"之说。明何乔远《闽书》说："唐时本地有沙橘，尝贡。"沙橘即为今福州福桔。宋韩彦直撰写的《橘录》，是世界上最早研究种植柑橘的专书之一，他说："沙橘，取细小而甘美之称。或曰种之沙洲之上，地虚且干洁，故其味特珍。"

明朝遗老陈淏子所著的一部《花镜》中指出:"福橘大而红,为诸橘之最。闽人笃爱福橘,因其成熟期恰在岁末,而福州风俗又以'红'见好,且福州方言'橘'与'吉'谐音,故有着纳福招吉,福寿吉祥之意。"福州福桔符合中国传统文化中追求吉祥的象征意义,所以福州福桔作为新春佳节家家陈列、馈赠亲友的佳品,驰名国内外,深受海外华人、华侨的喜爱。福州古时常制橘灯,寓以吉利、高升之意。著名女作家冰心曾作一篇散文《小橘灯》,寄托了对家乡的思念之情,广为流传。

生产特点

福州市地处南亚热带和中亚热带的交接处,属于亚热带海洋性季风气候,水热资源丰富,温暖湿润,降水充沛,四季常青,气候宜人。同时,福州市地处戴云山脉的东翼,倚山面海,地势由西北向东南倾斜,海岸线曲折,岛屿众多,闽江横贯其中。福州市地貌类型多种多样,而以山地、丘陵为主,其中,山地占32.41%,丘陵占40.27%。福州市红壤带占土地总面积的65.73%,土壤理化性能好,土层深厚,土壤疏松,通气排水性能好,表层有机质含量高,土壤矿质营养丰富,非常适宜福州福桔生长。

福州福桔为常绿灌木,生长适宜的土壤pH值5.5~6.5,土层深度须达1米以上,土质疏松,有机质含量在1%左右。橘园应选择在生态环境优良、水源充足、排灌方便、阳光充足的平原地或丘陵地,地下水位在1米以下。福州福桔成熟期在12月下旬至翌年1月中旬。

北苑贡茶

登记证书编号：AGI00900

地域范围

北苑贡茶产于福建省建瓯市。建瓯市位于福建省北部，闽江上游，武夷山脉东南面、鹫峰山脉西北侧，为江浙入闽咽喉要地，交通便捷。北苑贡茶地域保护范围包括建瓯市14个乡镇及4个街道，即徐墩镇、吉阳镇、房道镇、南雅镇、迪口镇、小桥镇、玉山镇、东峰镇、东游镇、小松镇、顺阳乡、川石乡、龙村乡、水源乡，以及建安街道、通济街道、瓯宁街道和芝山街道。地理坐标为东经117°58′45″~118°57′11″，北纬26°38′54″~27°20′26″。

品质特色

北苑贡茶产品以散茶为主，并有砖茶、饼茶等。千百年来，形成了一套以"清和澹静"为最高品茗境界的"四茶谛"，以"香甘重滑"为最佳品茗标准的"四茶规"。茶叶种植品种最初为建瓯水仙、矮脚乌龙，随着时代变迁和社会经济发展，拓展培育了奇兰、肉桂等10余个茶叶品种。

北苑贡茶产品外形条索紧结重实，色泽青褐油润，香气浓郁持久，具有花果香，滋味醇厚回甘，汤色清澈橙黄，叶底肥厚软亮，绿叶红镶边，内含茶多酚、咖啡因、氨基酸等物质。

人文历史

北苑贡茶产自有"千年古茶都"之美誉的福建省建瓯市，始于唐盛于宋，历经了五代闽国、宋、元、明，持续御贡458年。历

代朝廷都在建安北苑（今建瓯市）建立"龙焙"（供皇帝享用），并遣使臣督造贡茶，名冠天下。包括官焙、私焙在内，全市各乡镇均有产茶。宋徽宗赵佶在《大观茶论》里说："本朝之兴，岁修建溪之贡，龙团凤饼，名冠天下。"周绛在《补茶经》中盛赞："天下之茶建为最，建之北苑又为最。"丁谓在《北苑焙新茶》称颂"北苑龙茶著，甘鲜的是珍""作贡胜诸道，先尝只一人"；诗人陆游在《建安雪》中盛誉"建溪官茶天下绝"……从古至今，文人雅句赞美之词不胜枚举。根据《福建茶树品种志》记载，矮脚乌龙起源于建瓯，东峰桂林村对岸种植有树龄160年以上的矮脚乌龙茶园，为建瓯祖传茶树品种，是我国台湾青心乌龙茶和冻顶乌龙茶的母树。建瓯市小桥百丈村的千年建瓯水仙古茶树也依然枝繁叶茂。

生产特点

建瓯市属东南沿海低山丘陵区，地势东南高、西南低，四周环山，坡度较平缓，丘陵山地占全市土地面积的57.34%，有千米以上山峰91座，茶园位于海拔300~1 280米。茶园土壤多为红黄壤，土层深厚，表土呈棕色、黄红色或黄灰色，带砂砾，pH值5.5~6.5，土层生物积累丰富，土壤湿润，富含有机质和有益微量元素。建瓯市属中亚热带海洋性季风气候，四季分明，降水充足；春夏多雨，秋冬干燥，山区气候明显，有"一山有四季，十里不同天"之说，立体气候明显，垂直温差显著，极利于北苑贡茶生产。

北苑贡茶选用水仙、矮脚乌龙等优良品种，生产中运用测土配方施肥技术，以施用腐熟有机肥为主，病虫害防治坚持预防为主的综合防治原则。北苑贡茶采用手采或机采的方式，加工技术严格按萎凋、凉青、做青、杀青、揉捻、初焙、摊凉和复焙等工序制作。

武平西郊盘菜

登记证书编号：AGI01017

地域范围

武平西郊盘菜产于福建省龙岩市武平县，保护地域为武平县所辖的平川镇、城厢乡、中山镇、万安乡、东留乡5个乡镇，涉及56个村，保护范围81 445公顷，地理坐标为东经115°59′~116°06′，北纬25°01′~25°08′。

品质特色

武平西郊盘菜属于十字花科芸薹属芜菁品种，生长期90~100天，叶簇生，叶色深绿，叶面有绒毛。肉质根圆盘形，根顶部凹陷，平均盘径13厘米，平均盘高6.3厘米，表皮光滑、黄白色、须根少、皮薄，平均重0.62千克，肉质根组织柔嫩致密，口感清甜，回甘好，可鲜食、煮食，亦可盐渍加工。武平西郊盘菜水分含量在92%以上，可溶性总糖含量3.5%~4.7%，粗蛋白质含量0.8%~1.4%，碳水化合物含量5.5%~6.0%，粗纤维含量6.8%~8.1%，维生素C含量245~261毫克/千克。

人文历史

武平县是盘菜的传统产区，客家先民自古就有种植和食用盘菜的历史。据康熙年间（1662—1722年）《武平县志》记载，油头（盘菜）"出西郊者佳"。武平西郊盘菜是从当地盘菜品种中选育出来的优良品种,且人们在长期的栽培中形成了一套独特的栽培方式。

盘菜种植时间为晚稻收割后,盘菜从定植到采收（10月上中旬到1月上中旬）仅90天左右,充分利用了农闲地。种植盘菜时间短、效益高,武平西郊盘菜除供应本地市场外,还销往到厦门、广州等地市场。目前,盘菜种植已成为主产区农民致富主要途径之一。

生产特点

武平县处于武夷山西南端,武平西郊盘菜主产区位于武平县中西部,海拔270~500米,属低丘河谷地貌。主产区分布在平川河和中山河沿岸冲积地,

土层深厚,土壤疏松肥沃,呈微酸性,这样的土壤地貌情况非常适合盘菜肉质根的生长。武平县10月中旬到12月中旬为秋季,气候凉爽,昼夜温差大,11—12月平均气温在15~16℃（盘菜肉质根膨大生长的适温为15~18℃）,这样的天气非常适合盘菜的生长。

武平西郊盘菜产地环境须水源清洁充足,土壤疏松肥沃,土壤pH值5.5~6.5,排灌方便;品种应选择当地优良品种。在生产过程中,武平西郊盘菜以有机肥为主,增施钾肥（草木灰）;武平西郊盘菜肉质根生长喜凉爽的气候、怕水浸,忌长期干旱,宜轮作。盘菜一般在肉质根充分膨大,叶色转淡,开始变为黄绿时采收（定植后90~100天）。采收时挖出块根,削顶去叶,晾干外部水分,去掉附土,入窖贮存。

德化淮山

登记证书编号：AGI01018

地域范围

德化县位于福建省中部，大樟溪上游，泉州市北面。德化淮山农产品地理标志地域保护范围包括德化县龙浔镇、浔中镇、雷峰镇、盖德镇、三班镇、上涌镇等18个乡镇，地理坐标为东经117°55′~118°32′，北纬25°23′~25°56′。

品质特色

德化淮山块茎表皮淡褐色或淡黄色，长条圆形，龙头短，薯长50~80厘米，须根多，切口乳白色，有浓稠黏液，蒸煮易熟烂，薯味清香，口感松嫩，粒状感明显，具有"色味极珍品"的独特品质。

德化淮山蛋白质含量6.5%~6.95%，粗纤维含量0.90%~1.2%，脂肪含量0.15%~0.23%，水分含量2.6%~3.0%，淀粉含量63.0%~66.0%，浸出物10.5%~11.0%。

人文历史

德化淮山主栽品种为寸金薯，早在清朝乾隆十二年的《德化县志》已有记载："天下百薯，不如寸金薯……色味极珍品。"相传道德仙在芹峰修炼期间，在芹峰山下"道德仙水圳"附近种薯子（今称寸金薯淮山）为食。据传芹峰山下，有人患隔食（今称食道癌）久治不愈，上山向道德仙求医,得薯子、红菇煮汤服后病愈,后人称"薯子"为"仙薯"。蓝田(今称洋田)、欧山(今称英山)历代民众筛选繁育种植,育成寸金薯淮山,其品质松香、口感好、风味独特、营养丰富,具有健脾养胃、滋肾益精、益肺止咳、降低血糖、延年益寿之功效。

生产特点

德化县地势较高,地形复杂,土壤的pH值5.0~6.5,有机质含量1.5%~2.5%,富含硼等多种微量元素。淮山大部分分布于海拔500~1 200米的山间小盆地和缓坡地之间,质地为沙壤土或壤土,通透性好,适宜栽培淮山等根茎作物。德化县主要河流有大樟溪上游的产溪(浔水)、涌溪,晋江水系

的大溪、畲寮溪,常年可为淮山生长提供浇灌水源。德化县属于中亚热带海洋性季风气候,山地气候明显,夏季气候凉爽,昼夜温差较大,有利于薯块长大和淀粉累积,在特殊气候条件下长期生长,形成独特的淮山品种寸金薯。

德化淮山的生产选择具有本地品种特征特性、零余子(气生薯)数量少的品种块茎作繁殖材料。对种植时间较长、优良种性出现退化的淮山要进行提纯复壮,保持本地品种抗性强、品质优、产量高、适应性好的优良种性。生产过程中,德化淮山采用高垄定向栽培,每隔10~12厘米打一定向孔,中间放入稻草等填充料,使淮山块根能够定向垂直生长。德化淮山一般在11月上旬至12月下旬采收。

宁化米仁

登记证书编号：AGI01019

地域范围

三明市宁化县地处福建省西部，武夷山东南麓，全县辖4镇12乡。宁化米仁农产品地理标志保护区域为全县16个乡镇，地理坐标为东经116°22′~117°02′，北纬25°58′~26°40′。

品质特色

宁化米仁是禾本科作物薏苡脱壳加工后的颖果成品，因其质量优越，拥有特定的消费群体。宁化米仁色白、饱满、圆润、光滑，腹沟深宽，宽卵形，千粒重为58~68克，外观尺寸为（4~6）毫米×（3.8~5.5）毫米；质坚实，断面白色，粉性，气微淡，味微甜；煮后糯软、黏香、细腻、软滑、气馨甘爽，具有糯、甘、稠等典型特征。

米仁可药食兼用，明代医药学家李时珍在《本草纲目》中称"仁属上阳明药，能健脾益胃"。宁化米仁以其煮食汁浓无渣，食味甘甜爽滑而深受消费者喜爱。宁化米仁含粗蛋白质13%~17%，薏苡仁油2%~3%。

人文历史

米仁，又称薏苡、薏

苡仁、薏米等，因宁化客家语"薏"与"玉"同意，为便于区分，宁化将薏苡仁称米仁。米仁是我国古老的栽培作物，在宁化种植历史悠久，明崇祯版《宁化县志》中便有薏苡的记载。古时宁化人称其为"弥陀粟"。在客家祖地——宁化的传统宴席习俗中，菜式以"八大碗"最为普遍，其中最后一道压轴菜便是米仁红枣汤，几乎每宴必有，相传已有数百年之久。

2013年，宁化县获得"中国道地优质药材种植基地"称号，2014年，宁化县获得"中国薏米之乡"称号。宁化米仁产品远销广东、上海、江浙，以及福建省闽东、闽南等地，深受广大消费者青睐。

生产特点

宁化县全境属于闽赣台地抬升区的相对下陷地带，冬季可抵御北方冷空气南侵，夏季可截留热带海洋降水云团北上。境内土壤多由冲积物或坡积物熟化演变形成，绝大部分耕地土壤为潴育型乌泥田、灰泥田，土层深厚，土壤结构好，土质疏松透气，pH值4.6~6.5，有机质含量2%~3%，适宜发展薏苡生产，是福建省薏苡主要种植区域之一。境内水体发育洁净，溪流分注四方，为闽、赣、韩三江的原生态源头，地表水系水质达标率100%，均为矿化度极低的软水，适用于作物灌溉。

宁化米仁在生产中选择宁化本县农民长期自繁自育的白壳糯性种。春种薏苡于4月中下旬播种，烟后作秋薏苡于6月中旬播种，选择肥沃菜地作苗床播种育苗。移栽前施入有机肥，耕深后采用每畦双行种植。9—10月，茎叶枯黄、田间观察有80%~90%果实呈褐色且硬化充实饱满作为成熟标志，即可开镰收割。割下的薏苡植株经摊晒、人工敲打脱粒、筛去茎叶杂物、翻晒足干后，采用脱壳机械脱去总苞和种皮，即得成品米仁，出仁率50%~55%。

明溪金线莲

登记证书编号：AGI01020

地域范围

明溪县地处福建西北部，武夷山系的陇西山脉、十公芦山脉贯穿全境，海拔450~900米。明溪金线莲生产地域范围包括明溪县雪峰镇、瀚仙镇、胡坊镇、盖洋镇、夏阳乡、沙溪乡、夏坊乡、枫溪乡、城关乡9个乡镇的56个行政村，种植地域保护面积为1 200公顷，地理坐标为东经116°47′~117°35′，北纬26°08′~26°39′。

品质特色

明溪金线莲为兰科开唇植物花叶兰属多年生珍稀中草药，鲜品叶面墨绿色中有金黄脉网，叶背淡紫红色，卵圆形叶，平均单株重1.3~1.6克。烘干品平均单株重0.10~0.16克，具有该品固有的甘醇香气。明溪金线莲干品粗多糖、总黄酮含量较高，分别达81.12毫克/克和5.09毫克/克以上，具清热凉血、除湿解毒、平衡阴阳、扶正固本，生津养颜、调和气血、五脏之功效。

人文历史

从古至今，明溪人十分看重金线莲独有的药用、保健功能，将其冠以"药王""金草""神药""乌人参"等美称。明溪"路隘林深苔滑"独特的自然环境和气候条件，非常适合金线莲生长，金线莲分布遍及境内各大大小小的山涧、连绵起伏的深山老林中。

明溪金线莲在自然界的蕴藏量很稀少，1990年被福建省政府列为濒危药用植物。经过几年的努力，已突破明溪金线莲野生—组培—田间仿生规模化种植的世界性技术难题，成功开发了明溪地道金线莲珍稀药用植物的组培种苗，并进行仿生规模化种植试验，掌握了在现有气候条件下不同季节的仿生栽培技术。

生产特点

明溪县土壤以黄泥土、黑泥土为主，土层深厚，土壤结构好，土质疏松，透气性好，pH值5.0~7.0，有机质含量3.0%左右，养分含量高。明溪县属典型的山区类型，有富屯溪和沙溪两大水系。明溪植被覆盖好，森林覆盖率达81.2%，农业灌溉用水泥沙含量低、矿化度低。明溪县属中亚热带海洋性季风气候，四季分明、温暖湿润、降水充沛，优越的自然环境和气候条件，孕育保存了明溪野生金线莲等大量珍稀动植物物种资源。

明溪金线莲选用明溪的野生金线莲组培苗进行仿生栽培。明溪金线莲植株含水量高达80%，对湿度要求高，种植后应根据气候干湿情况，分季节采用各种喷灌设施做好喷雾保湿工作；同时，还应根据不同季节，做好温度及光照的调控，在大棚内铺盖遮阳网减少透光度，透光以三阳七阴为宜。明溪金线莲抗病性强，较抗猝倒病、软腐病，加上大棚设施仿生栽培有防虫网，因此病虫害少，不使用农药，采取培育壮苗及加强田间管理的农业防治措施，配合杀虫灯、黄色粘虫板等物理防治。明溪金线莲栽植生长4~5个月后，株高10厘米以上，5~6片叶即可收获，收获后用火烘干即成干品。

穆阳水蜜桃

登记证书编号：AGI01100

地域范围

福安市地处福建省东北部，三面环山，南面临海。穆阳水蜜桃地域保护范围为福安市穆阳溪流域的5个乡镇，即穆阳镇、穆云畲族乡、康厝畲族乡、溪潭镇、坂中畲族乡，保护区总面积368平方千米，地理坐标为东经119°27′00″~119°41′50″，北纬26°57′57″~27°06′11″。

品质特色

穆阳水蜜桃果实椭圆形或近圆形，单果重110~160克。果皮薄，易剥离，淡黄绿色，向阳面有大块鲜红晕，缝合线明显，果肉乳白色，果汁多，味浓甜，特别芳香。穆阳水蜜桃肉质柔软多汁，易消化，可食率87%~90%，黏核，可溶性固形物含量13%~16%，维生素C含量100~200毫克/千克。

人文历史

福安种植水蜜桃历史悠久，据明万历二十五年（1597年）版《福安县志》就有关于桃的记载，说明福安县明朝就种植桃树。清光绪十年（1884年）版《福安县志·物产卷》记载："有胭脂桃，实大味甘；又有白桃、苦桃、匾桃、银桃、合桃、山中毛桃。"说明福安清朝种植多个品种桃树。穆阳溪流域

属于畲族聚集区，整个民族发展史伴随桃树的发展。

穆阳水蜜桃为地方特色水果，具有香浓、质优的特性，深受消费者喜爱，2011年通过福建省农作物品种审定委员会品种认定。福安市近年来通过编制标准、品种选育、推广配套栽培技术、积极开展产品认证与产地认定工作，使穆阳水蜜桃成为穆阳溪流域的主导产业、农户收入的主要来源。

生产特点

穆阳溪流域地处鹫峰山脉、太姥山脉和洞宫山脉交接处，受三大山脉影响，区域小气候特殊。由于穆阳溪及其支流的长期侵蚀堆积作用，形成河谷冲积平原，土壤为沙壤土，特别疏松、肥沃、透气，适宜穆阳水蜜桃根系生长。流域环境良好，周边无矿业、工业，空气质量优良。穆阳溪流域对产地有影响的支流为世界地质公园内的冰臼溪，天然洁净、富含矿物质，引水灌溉农田3.53万亩。穆阳溪流域具有四季分明，夏长冬短，光热充足，夏季高温，昼夜温差大等特点。由于夏季果实成熟期高温、昼夜温差大，有利于穆阳水蜜桃糖、色、香等特征性品质特色的形成。

穆阳水蜜桃产地应选择在福安市穆阳溪流域的冲积洲地。穆阳水蜜桃是长期水土适应过程选育的优良品种，2011年通过福建省农作物品种认定。选择产自福安苦桃作砧木，对流域环境更为适应，可结最佳品质果实。桃果实在成熟前后正值夏季高温季节需水量多，必须及时引冰臼溪水灌溉。病虫害防控采用树干刷白、冬季清园、使用杀虫灯等方法。

福安巨峰葡萄

登记证书编号：AGI01101

地域范围

福安市地处福建省东北部，福安巨峰葡萄地域保护范围为福安市行政区域内赛江流域的赛岐镇、甘棠镇、下白石镇、溪柄镇、城阳镇、湾坞镇、松罗乡、坂中畲族乡共8个乡镇，其地理坐标为东经119°36′31″~119°46′19″，北纬26°48′13″~27°06′54″。福安巨峰葡萄产区是我国东南沿海面积最大、生产规范的优质葡萄生产基地。

品质特色

福安巨峰葡萄果穗圆锥形或长圆锥形，果穗重350~450克，果粒大，粒重10~12克，色泽紫红或黑紫色，果粉厚，肉质紧、汁多、松紧适度，酸甜适中，草莓香味浓。福安巨峰葡萄总酸含量不超过0.5%，维生素C含量200~300毫克/千

克,可溶性固形物17.5%~21%。

人文历史

福安市葡萄种植历史悠久,被誉为"南国葡萄之乡"。明万历版《福安县志》记载:"葡萄,白者为水晶。"说明在当时福安就种植多个葡萄品种。清光绪版《福安县志》亦载:"葡萄有紫、碧二种,白者为水晶。"福安市穆云乡高岭村现留存一株葡萄古藤,相传,后唐时黄巢起义,战乱百年,当地先人为逃避战乱在此建村时,就发现这里的葡萄林,历经多年砍伐仅剩这株古葡萄。

20世纪50年代,溪塔村民利用溪涧逐渐建起一条葡萄沟,被我国葡萄专家认为是全国三大葡萄沟(新疆维吾尔自治区吐鲁番葡萄沟、福建省福安市溪塔葡萄沟、河北省昌黎县葡萄沟)之一。1984年,象环村陈玉章在自家的责任田里选育出巨峰葡萄优良单株,对福安自然环境比较适应,具有优质、高产、抗病、耐湿特点,逐渐推广种植。

生产特点

福安市地处福建省东北部,葡萄保护地赛江流域三面环山,一面临海,流域长38.5千米。产区地处鹫峰山脉、太姥山脉和洞宫山脉之间,由于交溪及其支流的长期侵蚀堆积作用,形成沿江平原,耕地为冲积壤土,土壤疏松、肥沃、排灌水容易。农田、果园灌溉水都是从山泉、小溪或水渠引入的无污染、天然洁净水。福安巨峰葡萄基地生产区域环境良好,周边无矿业、工业,空气质量优良。赛江流域稳定通过10℃的年活动积温5 000~6 150℃,由于三面有高大山脉屏障,光热充足,冬夏、昼夜的温差大,夏热冬冷,昼热夜冷,适宜福安巨峰葡萄生长。

福安巨峰葡萄是福安地方特色品种,该品种为福安果农陈玉章1984年从巨峰葡萄群体中选育出的优良单株,适合福安自然条件。生产中整高畦,种大苗,及时打顶、抹芽、整穗,控制产量,使亩产保持在1 300千克左右。

漳平青仁乌豆

登记证书编号：AGI01102

地域范围

漳平市位于福建省西南部，九龙江北溪上游。漳平青仁乌豆农产品地理标志保护范围为福建省漳平市新桥镇、双洋镇、和平镇、象湖镇、吾祠乡、永福镇、桂林街道、溪南镇、芦芝乡、拱桥镇、官田乡、南洋乡、灵地乡、西园乡、赤水镇15个乡镇（街道），地理坐标为东经117°10′~117°45′，北纬24°54′~25°47′。

品质特色

漳平青仁乌豆属于直立性有限结荚秋大豆类型，外形为椭圆形，豆脐有白色小勾线，籽粒外皮黑而发亮，内仁碧绿，品质上乘，特征显著。漳平青仁乌豆营养丰

富，花青素含量 29~35 毫克/千克，粗蛋白质含量 33%~40%，可溶性糖含量 8%~10%，淀粉含量 49%~60%。

人文历史

漳平青仁乌豆在漳平市栽培历史近百年，据说在新中国成立前由漳平新桥农民从漳州某中药店买到少量种子试种繁殖培育而成，1956 年被列为全国名贵大豆良种（《漳平县志》，1990 年）。

漳平青仁乌豆蛋白质含量高、营养丰富，食用滋补保健，具有清肝明目、清热解毒等功效，故又名"清凉乌"，可入药，通常作为清凉性滋补强壮药来应用，也可制作凉茶，还是很好的食品佐料，如青仁乌豆炖猪脚是餐桌上的一道美味保健佳肴。

生产特点

漳平市地形以低山为主，为玳瑁山、戴云山、博平岭山脉之腹地，植被覆盖良好，森林覆盖率达 76.2%，境内海拔高度差异大，形成多种不同的小气候区域。漳平市土壤以红壤、紫色土和水稻土为主。漳平青仁乌豆主产于河谷冲积地，土壤疏松肥沃，阳光充足，独特的环境条件形成了漳平青仁乌豆花青素含量高的优良品质。漳平青仁乌豆种植区灌溉水均来自山泉水，不受污染。

品种选择适合本地环境条件的漳平青仁乌豆，小粒种为正宗漳平农家种，其种植历史长久，具有明显的地域特色，由于该品种食用品质好，因此境内分布较为广泛。漳平青仁乌豆秋播全生育期 105 天左右，为中熟品种。为了保证漳平青仁乌豆的品质特色，尤其要注意精选良种与种子处理，适期播种，播种后畦面用稻草或茅草覆盖，病虫害防治坚持"农业防治、物理防治、生物防治为主，化学防治为辅"的原则。当叶片全部变黄，豆荚成熟，豆粒充分硬化时，用手摇动豆秆，荚内种子发出响声时收获最合适。

清流雪薯

登记证书编号：AGI01203

地域范围

三明市清流县地处福建省西部，武夷山南侧，九龙溪上游。清流产山药，俗称雪薯，保护地域是清流县林畲乡、嵩溪镇、龙津镇、嵩口镇、温郊乡、余朋乡、沙芜乡、赖坊乡8个乡镇，涉及63个村，地理坐标为东经116°38′~117°10′，北纬25°48′~26°21′。

品质特色

清流雪薯块茎长圆柱形、较粗大、浑圆、均匀，薯体坚实，表皮黄褐色，少须根，切口少黏液，不易褐变，耐贮藏。清流雪薯营养价值高，经检测，清

流雪薯蛋白质含量8.15%~8.56%，淀粉含量56.00%~60.50%，灰分1.75%~2.25%，粗纤维含量1.06%~1.53%。

人文历史

清流县是著名的客家祖地之一，全县客家风情浓郁。清流县是福建省雪薯最大主产区，种植历史悠久。明朝修编的清流县志记载："薯蓣，俗谓之雪薯。一种生山中，极紧实，味美益人，谓之雪薯。"雪薯在当地传统节日发挥着巨大的作用，除夕夜各家普遍以鸡、雪薯或萝卜燉肉为食料，团圆过年。清流县种植雪薯的历史悠久，人们在长期的栽培中建立了一套独特的栽培方式，形成了独特的品种特性。政府出台政策鼓励农户规模化种植，有力地促进了清流雪薯的规模化生产，清流雪薯已成为当地主要的经济作物。

生产特点

清流县以丘陵山区为主，沙性好、土壤肥沃，土层深厚，有机质丰富，养分含量高，保水保肥能力强，非常适宜薯类作物的生产，特别是雪薯的种植。清流县属亚热带季风气候，且地处中高海拔，气候温和，日夜温差大，平均无霜期295天，有利于雪薯营养成分与淀粉的积累。清流县降水充沛，相对湿度多年平均为84%，四季常青，水质清澈纯净，是理想的农业用水，由于植被多，水分涵养好，在夏秋季雪薯块茎迅速膨大。

当地选择具清流雪薯特性的根茎作繁殖材料。对种植时间较长、优良种性出现退化的雪薯要进行提纯复壮，保持其抗性强、品质优、产量高、适应性好的优良特性。清流雪薯生产过程中采用小畦高垄、双排种植或与芋仔套种的优质高产栽培模式，忌连作。清流雪薯喜湿、忌旱、怕涝，土壤保持半湿半干，当地俗称浇"阴阳水"以保持薯质粉重、细腻、雪白。生产中需用小乔木搭"人"字架让藤蔓攀爬，避免蔓叶堆积生长影响光合作用。清流雪薯一般在立冬后采挖。雪薯较耐寒，必要时可以就地贮存，延迟至翌年3月上中旬采挖。

永定六月红早熟芋

登记证书编号：AGI01204

地域范围

龙岩市永定区位于福建省西南部。永定六月红早熟芋农产品地理标志保护面积 2 223 平方千米，地域范围包括永定区所辖10个镇与14个乡，地理坐标为东经116°25′~117°05′，北纬24°23′~25°05′。

品质特色

永定六月红早熟芋属多子芋类型。株高100厘米左右，全生育期总叶片数16~17叶，叶为盾形，互生，叶柄和叶缘边呈紫色，叶脉绿色，单株结芋数一般8~12个，单子芋重60克左右，子芋呈卵形，皮薄，白芽，肉乳白色。

永定六月红早熟芋独具风味，肉质细嫩、黏滑，富含维生素E，维生素E含量5.2毫克/千克以上。

人文历史

永定早熟芋栽培历史悠久，乾隆年间（1735—1796年）《永定县志》记载："芋，大者数斤，小者如卵，呼之早芋。"许多客家美食以早熟芋作原料，如芋子包、芋子粄等。

1990年在永定峰市乡泥角村发现变异株，经过多年选育试验，1995年定名六月红早熟芋。六月红早熟芋是我国最早成熟的芋子品种，是永定独具特色的地方优良品种。永定县政府十分重视永定六月红早熟芋产业，出台了相关扶持政策，加大品牌建设力度，促进了县域

经济发展，带动了农民增收。

生产特点

永定县为典型的丘陵山地，地处中亚热带向南亚热带过渡地段，属亚热带海洋性季风气候，夏无酷暑，冬无严寒。由于西北部多高山能阻挡北方寒流南下，东南部山脉可阻挡南部台风侵袭，地势由东北向西南逐步倾斜，有利于冷空气排泄和海洋暖流输入，使永定县有优越的气候条件，形成了独特农田生态，造就了永定六月红早熟芋独特的品质。永定县溪河均属山区河流，分别属于汀江水系、梅河水系、梅江水系、九龙江水系。在河谷冲积地带，土壤肥沃、疏松，比较适于永定六月红早熟芋生长。

芋田应选择土壤肥沃、透水性好的水田或者旱地。种植前种芋晒2~4天，并去除芽顶部的鳞片毛。芋出苗后在每株芽顶的膜上用小刀划开一个小口引苗伸出，并随即用泥土封严揭口。永定六月红早熟芋采用独特的水肥促控技术，5叶前保持土壤表土干，3厘米以下见湿；结芋及子芋膨大期保持畦面见黑不见白；子芋成熟期保持土壤表土见白不见黑，沟底见黑不见白。根据子芋产量及市场行情和顾客对产品的要求进行适时采收，芋叶全部变黄衰败，母芋、子芋根系枯萎是子芋成熟的标志。

武平仙草

登记证书编号：AGI01292

地域范围

武平仙草产于福建省龙岩市武平县，农产品地理标志地域保护范围是武平县所辖的平川镇、万安乡、城厢乡、东留乡、中山镇、下坝乡、民主乡、中赤乡、岩前镇、象洞乡、十方镇、武东乡12个乡镇，涉及144个村，保护范围为16.2万公顷，地理坐标是东经115°59′~116°23′，北纬24°52′~25°08′。

品质特色

武平仙草为唇形科仙草属草本植物，高可达100厘米。茎初披疏柔毛和细刚毛，稍老脱净；叶对生，阔卵形至狭卵形，叶柄长2~15毫米；总状花序长2~8厘米，顶

生。仙草干品为棕黑色、叶片多、未开花、草香味浓。武平仙草制得饮料清香爽口,味浓,色泽透亮,是生产清凉茶、仙草蜜、烧仙草、黑凉粉的优质原料。武平仙草胶质、可溶性物质、黄酮含量高,干草胶得率一般在四成左右,胶质特性显著,粗多糖含量高于20克/千克,总黄酮含量大于105克/千克。

人文历史

武平县是客家之乡,仙草在武平县有悠久的种植历史,客家人自古就有食用仙草冻(当地人称"仙水冻")的习惯。在炎热的夏天,人们用仙草为原料制作"仙水冻",当作防暑降温的佳品。早在1986年,中山乡人民政府(现武平县中山镇)就把仙草作为主要的经济作物之一。目前,武平县已成为全国产量最高、品质最优、面积最大的仙草种植基地,主栽品种为闽选仙草1号。

生产特点

武平县处于武夷山西南端,武平仙草主产区在武平县中南部,属低丘河谷地貌。土壤以红壤土、水稻土为主,呈微酸性,土层深厚,土壤肥力养分含量较高,有机质含量在3%~6%,这样的土壤地貌情况非常适合仙草生长。武平南距南海180千米,属热带海洋季风气候,温暖湿润,降水充沛,雨热同期,干湿季节明显,四季分明,夏长冬短。5月上旬,平均气温开始达22℃以上,进入夏季,历时160天。仙草喜欢在温暖湿润的条件下生长,在15~35℃生长良好,营养生长期为140~180天,武平县的气候非常适宜仙草生长。

武平仙草采用从当地野生品种中经过多年选育出来的优良品种武平一号,又叫露丰一号。武平仙草喜湿润、怕水浸,忌长期干旱,土壤培肥以有机肥为主,注意轮作。仙草在当地种植一般一年收一季,要在长花蕾前采收,最迟在农历八月十五前采收完。晒干后的仙草放在干燥阴暗处保存,仙草干草通常经一段时间储藏后可提高仙草的凝合强度和香气。仙草只要不虫蛀不发霉,储藏3~5年都不影响产品质量。

冠豸山铁皮石斛

登记证书编号：AGI01293

地域范围

福建省龙岩市连城县冠豸山为丹霞地貌结构，其地理环境特别适合野生铁皮石斛生长，因此铁皮石斛原生态种群分布广泛。冠豸山铁皮石斛地域保护范围包括：连城县辖区内的莲峰镇、北团镇、姑田镇、文亨镇、莒溪镇、朋口镇东部、新泉镇东部、庙前镇东部、林坊乡、曲溪乡、赖源乡、宣和乡东部、隔川乡、罗坊乡大部、四堡乡东南部、揭乐乡、塘前乡，共8镇9乡。保护区域面积2 100平方千米，地理坐标为东经116°32′14″~116°36′38″，北纬25°20′23″~25°52′48″。

品质特色

冠豸山铁皮石斛鲜品表皮呈褐铁色，成熟枝条具紫红色斑点，叶鞘不完全包被形成明显的环状间隙，茎略弯垂，茎基底部粗壮；花期为5—7月，萼片花瓣淡黄金色；肉质坚实，易折断，断口平整；多胶多汁，纤维少，久嚼黏滞感强，口感香甜，味微甘；质地柔软，加工枫斗色泽金黄，成品率高，规格好，咀嚼渣少，黏液丰富，气味香。

连城冠豸山铁皮石斛，是多糖型药用、食用、观赏兼具的珍稀草本植物，有清热解毒、化淤止血、提神解困、消除疲劳、清咽护嗓、提高人体免疫力、抗氧化、防癌、改善糖尿病症状、缓解风湿类风湿等功效。经上海中医药大学药物研究所检测，冠豸山野生铁皮石斛的液相图

谱与野生铁皮石斛图谱高度吻合，富含有多种微量元素，其中植物多糖含量达 54.3%，远超 25% 的国家标准，品质优异。

人文历史

连城人开发利用石斛已有 200 多年历史，清嘉庆、道光年间，连城民间已利用野生鲜石斛作凉茶退低烧、治喉痛、胃痛、止血排毒等。清朝末年，揭乐乡吕屋村的谢志濂到广西百色开药店行医，他精于用针灸和铁皮石斛悬壶济世，治病救人，更因为医德高尚被誉为神医。其时，百色地区是全国石斛集散地，市场行情极好，其弟谢静江在他店里帮忙打理业务，他们看到铁皮石斛药用价值高，销路好，想起家乡冠豸山的悬崖峭壁上此物比比皆是，谢静江遂回连城雇请药农上山采铁皮石斛，建起了连城首家家族式加工枫斗的作坊。如今，冠豸山铁皮石斛产品除了有传统的枫斗、石斛花、石斛粉，还研创了铁皮石斛叶茶、茎节茶、铁皮石斛香酥条及铁皮石斛全枝干品饮料。

生产特点

冠豸山具有典型丹霞地貌特征，山峦起伏、青山绿水、空气清新，适宜兰科植物生长，野生石斛资源丰富。冠豸山属中亚热带季风海洋性气候，夏无酷暑，冬无严寒，夏长冬短，昼夜温差、湿差大，降水充沛，雨热同期。这种气候特点为冠豸山铁皮石斛生长创造了优越的环境，年生长期达 300 天，物质积累丰富，加之丹霞地貌岩石富含硒等对人体有益的矿物质，造就了冠豸山铁皮石斛的特异性。

冠豸山铁皮石斛种植方式分为地栽、盆栽、架栽、树栽等。商品性冠豸山铁皮石斛以地栽、架栽为主，种苗繁育以组织培养、扦插繁殖为主。冠豸山铁皮石斛在每年春末植株萌芽前（11 月至翌年 2 月）采收，有采旧留新和全草采收两种方式。实行采旧留新的，采收时剪下 2 年以上的地上部分茎枝，留下嫩茎让其继续生长。铁皮石斛采收后切成 7~10 厘米的短段，放入沸水略烫，捞出晾干后放入簸箕，用炭火 60℃ 以下低温烘干至含水量 11%、表面至棕黄色即可，然后将其用手工卷曲，再用稻草秆捆扎使其卷曲紧密，不至散开，形态均匀美观。

福安芙蓉李

登记证书编号：AGI01396

地域范围

福安市地处福建省东北部，三面环山，南面临海。福安芙蓉李地域保护范围为福安市境内的潭头镇富罗坂、东昆、潭头、坑源等8个行政村，城阳乡的湖塘坂村、东口村，社口镇的沙溪村，上白石镇的财洪村，共12个行政村。保护区域总面积78.2平方千米，地理坐标为东经119°38′41″~119°44′17″，北纬27°10′15″~27°14′50″。

品质特色

福安芙蓉李果皮色泽鲜红，蜡粉厚，果大质脆，肉厚核小，不黏核、耐储存、甜酸适中，可食率80%以上，单果重50~90克，不仅可以鲜食，更是加工上乘蜜饯的原料。福安芙蓉李可溶性固形物12%~14%，总糖7%~10%，可滴定酸含量低于8克/千克。

人文历史

福安种植李果历史悠久，品种丰富，其中芙蓉李（方言称粉李，因芙蓉李果面的果粉特别多而得名）明朝时就开始栽培。清光绪十年（1884年）版《福安县志·物产卷》记载："有粉李、麦李、白李、黄蜡李、胭脂李、红腹，皆佳品。"说明福安当时种植多个品种李树。《福安农业志》记载："清道光二年（1822年）福安便有粉李、白李、黄蜡李、麦李、胭脂李等佳品。清宣统二年（1910

年）城关南湖坂已成片种植芙蓉李。"

福安芙蓉李是在长期的风土适应过程中培育出的地方优良品种，素有"李中珍品"的美称。由于芙蓉李品质优、耐粗放管理、效益好，适合山地发展，果农种植芙蓉李积极性很高，如今以潭头村为中心的福安市北部成为芙蓉李主要产区。

生产特点

福安市地处鹫峰山脉、太姥山脉和洞宫山脉交接处，南部流域由于武陵溪、交溪及其支流的长期侵蚀堆积作用，形成河谷冲积平原，为沙壤土，特别疏松、肥沃、透气，适宜福安芙蓉李根系生长。产区环境良好，周边无矿业、

工业，空气质量优良。潭头村是武陵溪、交溪汇集地，水质天然洁净、富含矿物质，引水灌溉农田1.87万亩。产区年均降水量1 554毫米，稳定通过10℃的年活动积温4 000~6 150℃。夏季受副热带高压控制，并受三大山脉影响，福安北部山区暖湿气流减弱，雨量减少，湿度偏小，造成高温干燥、日照充足、昼夜温差大，有利福安芙蓉李的糖、色、香等特征性品质的形成。

福安芙蓉李产区在武陵溪、交溪流域，选择土层深度在1米以上、有机质含量在1%以上、地下水位在1米以下、排水性好、pH值5.5~6.5的地段建园。以产自福安的苦桃作砧木，对当地环境更为适应，果实品质佳。芙蓉李果实成熟前后正值夏季高温季节，需水量多，必须及时引交溪、武陵溪水灌溉。鲜食李随熟随采，加工李干宜八成熟采收，加工蜜饯宜七成熟采摘。

福安刺葡萄

登记证书编号：AGI01397

地域范围

福安市地处福建省东北部，三面环山，南面临海。福安刺葡萄地域保护范围为福安市畲族经济开发区、穆云乡、穆阳镇、康厝乡、溪潭镇、坂中乡等乡镇（开发区），涉及溪塔、穆阳、凤阳等37个行政村，地理坐标为东经119°27′14″~119°35′56″，北纬26°09′22″~27°01′46″。

品质特色

福安刺葡萄是福安市果农经过长期栽培驯化，从野生刺葡萄中选育保存下来，宜鲜食和加工，是我国南方特有珍贵野生葡萄种类，是东亚种群中优良的酿酒品种。福安刺葡萄生长强健、抗病性强，其根系发达，枝蔓长势较巨峰葡萄强，种植后第二年即可结果，抗病虫害，耐粗放管理，适应南方高温、高湿、低酸条件。福安刺葡萄果穗圆柱形或圆锥形，有副穗，穗柄长，较松散；果粒长圆形，果皮黑紫色、厚而韧，果粉较厚，果肉黄绿色带紫红色晕，味甜，果肉较软，具肉囊，黏核；果刷粗、短，种子3~4粒/果。

福安刺葡萄平均果穗重115克，单果重2.3~3.5克，果实的白藜芦醇、原花青素的含量远高于种群内的其他种类，可

溶性固形物含量14%~16%，总糖含量12%~15%，总酸含量低于0.4%，花青素含量15~20毫克/千克，经常吃刺葡萄有助于软化心血管、保养皮肤。

人文历史

福安刺葡萄原是福安市当地的一种野生葡萄，清光绪版《福安县志》记载："葡萄有紫、碧二种，白者为水晶。"福安市穆云乡高岭村现留存一株葡萄古树，相传，后唐时黄巢起义，战乱百年，当地先人为逃避战乱在此建村时，就发现这里的葡萄林，历经多年砍伐仅剩这株古葡萄。

20世纪50年代，穆阳乡溪塔村民开始驯化栽培福安刺葡萄，利用溪涧逐渐建起一条葡萄沟，被全国葡萄专家学者认为是全国三大葡萄沟（新疆维吾尔自治区吐鲁番葡萄沟、福建省福安市溪塔葡萄沟、河北省昌黎县葡萄沟）之一。福安刺葡萄可利用溪岸、路沟旁、房前屋后边角地等各种非耕地种植，是地方特色水果。

生产特点

福安市地处闽东北部的鹫峰山、太姥山、洞宫山三大山脉之间。福安刺葡萄主要分布在海拔50~500米的丘陵，土壤为红壤，pH值4.5~6.5，有机质含量1%~3%，植被良好，植物种类繁多。

福安白云山世界地质公园内的冰臼溪，天然洁净、富含矿物质，从该溪引水灌溉农田3.53万亩；福安市年均降水量1 541毫米，水资源较丰富。福安气候属中亚热带季风性气候，年平均日照时数为1 906小时，无霜期289天，稳定通过10℃的年活动积温5 000~6 150℃，由于三面有高大山脉作屏障，光热充足，冬夏昼夜的温差大，有利于葡萄中营养物质的积累。

福安刺葡萄要选择穆阳溪流域土质疏松、土层深厚肥沃、排灌条件良好、土壤pH值4.5~6.5的园地种植。福安刺葡萄扦插成活率很低，要采用压条繁殖方法；栽植过去一般选用高压苗定植，近年突破了扦插苗繁殖技术后采用扦插苗定植，采用高大水平棚架；整形修剪采取独龙干或多主蔓（3~4条）。采收时选熟留青，分批采收。

永定红柿

登记证书编号：AGI01398

地域范围

龙岩市永定区位于福建省西南部。永定红柿农产品地理标志保护范围为永定区所辖岐岭乡、陈东乡、古竹乡、高头乡、湖坑镇、大溪乡、下洋镇、湖山乡8个乡镇，总保护面积780.2平方千米，地理坐标为东经116°25′~117°05′，北纬24°23′~25°05′。

品质特色

永定红柿已有500多年栽培历史，是我国东南部经济栽培区成熟最早的柿果。红柿树势强健、耐脊、耐寒、耐旱、寿命长、产量高、品质优，株产果500千克以上。其特征是树体高大，树形结构紧凑，枝条粗长，棕黄色；叶片大，广椭圆形，色浓绿，无毛茸，有光泽；花中小，黄白色，雌雄同株。

永定红柿果实中大，单果重120~180克，果形扁圆略方，成熟果黄绿色，带少

量红晕，后熟果果皮鲜红，有薄果粉；萼片中大4片，三角形，呈中心捏合状卷曲；果肉橙红色，肉质软，汁少，食用时不流汁，味甜，可溶性固形物含量16%~21%。

人文历史

永定红柿原为野生植物，果实细小，青黑色，客家话称它为"猴稗子"，也叫"山猴稗"，后经嫁接培育成为人工种植的果树。永定红柿是在永定特殊气候条件下，经过数十代柿农历时500余年逐步驯化栽培选育而成，如今在永定区树龄百年以上的红柿果树随处可见。

在20世纪90年代初的山地开发热潮中，永定红柿种植面积迅速扩大，成为永定县的特色果品和支柱产业。永定区政府还扶持果农自建烤房5 000余个，鼓励果农加工柿饼，实现产业链的延伸，确保果农增产增收。

生产特点

永定县属亚热带海洋性季风气候，夏无酷暑，冬无严寒。永定县植被完好，森林覆盖率达73%。植物资源种类繁多，据调查，当地有山地植物162科1 027种，栽培果树28种。在该区域气候条件下，海拔在300~800米产出的柿果品质最优，耐贮运，才能达到永定红柿的品质要求，其原因主要是昼夜温差大，有利于光合产物累积。

永定红柿以本地野生猴柿做砧木为宜，其生长势、抗逆性强，嫁接苗3年始果，7年盛产，稳产且经济寿命长。幼年树可利用外围空地套种花生、大豆等经济作物。幼年树与投产树施肥均以腐熟有机肥为主。春梢生长、开花期、果实膨大期及果实成熟期应注意防旱，若半个月未下雨，则进行浇灌，或树盘培土、稻草覆盖等。永定红柿树势偏强，为提高果实品质，同时有利于生产操作，目前生产上都采用"开天窗"矮化开心修剪技术，疏删过密分枝，使阳光通透，形成杯状的矮化开心树形。果实8月中旬至11月下旬成熟，需采后脱涩。

顺昌海鲜菇

登记证书编号：AGI01466

地域范围

南平市顺昌县位于福建省中部偏北，闽江上游金溪、富屯溪交汇处。顺昌海鲜菇地理标志保护地域为顺昌县的双溪街道、建西镇、洋口镇、元坑镇、埔上镇、大历镇、大干镇、仁寿镇、洋墩乡、郑坊乡、岚下乡、高阳乡，总保护面积1 980平方千米，地理坐标为东经117°29′~118°14′，北纬26°38′~27°121′。

品质特色

顺昌海鲜菇系白色真姬菇，子实体丛生，每丛60~80根，白色。菌柄洁白，实心，棍棒状，长度110~160毫米，直径9~16毫米；菌盖光滑呈半圆形，表面有斑纹，直径8~17毫米。

顺昌海鲜菇口感细腻，质地脆嫩、有弹性，具有明显的海鲜味。经测定，鲜海鲜菇中蛋白质含量2.0%~2.5%，粗纤维含量0.5%~1.1%。

人文历史

顺昌县是福建省食用菌主产区，据《顺昌县志》记载，1980年以后，顺昌县开始人工培育海鲜菇。2014年，全县海鲜菇产量5.4万吨，产品销往北京、上海、重庆、广东、浙江、新疆[①]、云南、福建等26个省区市的100多个大中城市，并远销到欧洲、美国、越南、中国香港等地，占全国同类产品市场份额的80%以上。近年来，顺昌县大力扶持食用菌产业及产业园建设，通过龙头企业带动，着力推动海鲜菇产业做大做强。

产品特点

顺昌县耕地土壤主要为弱酸性壤土和沙壤土，pH值5.8~6.8，有机质含量在2%以上（高者达4%），矿物营养元素含量全面，土壤肥力较好，为树木的生长提供了肥沃的养分，是各种阔叶树木、杉木生长繁衍最佳地区，为顺昌海鲜菇的生产提供了丰富的木屑原材料。顺昌县生态环境优越，森林覆盖率高达78.8%，对地下水资源起到了补给作用。顺昌海鲜菇栽培用水多采用地下水，从而形成了顺昌海鲜菇的独特品质。顺昌县属中亚热带海洋性季风气候，冬多西北风，夏多东南风，温和湿润，降水充沛，阳光充足，四季分明，冬暖夏凉，春早秋晚，气候宜人。

顺昌海鲜菇培养和栽培车间采用保温性能良好的封闭式厂房，温度、湿度、通风等参数能进行人工调控，满足适宜的培养和栽培要求。顺昌海鲜菇工厂化栽培主要原料是木屑，木屑一般使用杉木屑和阔叶树木屑，还加入少量辅料，如菌草粉、玉米芯、蔗渣、麸皮、豆粕、玉米粉等。顺昌海鲜菇的培养还结合了先进的栽培工艺，经过混合物料、装瓶（袋）、灭菌、接种、培养、搔菌（开袋）、催蕾、子实体生长等生产环节，大部分菌盖直径达到15毫米，菌柄长度达到140毫米，即可进行采收，采收时将整朵采下，剪去培养基。海鲜菇采后贮存在冷库，温度控制在3~5℃。

---

① 新疆维吾尔自治区，全书简称新疆

寿宁高山茶

登记证书编号：AGI01467

地域范围

宁德市寿宁县地处福建省东北部，位于鹫峰山系洞宫山脉东麓，地理坐标为东经119°22′~119°73′，北纬27°16′~27°65′。寿宁高山茶的农产品地理标志保护范围包括寿宁县的南阳、竹管垅、清源等14个乡镇所辖海拔500米以上的190个行政村（社区）。

品质特色

寿宁高山茶按产品质量和加工工艺分为红茶、绿茶两大类。红茶条索紧结，色泽乌润，香气鲜浓、带有花果香，汤色红亮，滋味浓醇，具有高山韵，叶底肥嫩、红亮。绿茶条索紧结，色泽绿润，锋毫显，带嫩香或栗香，汤色黄绿明亮，滋味浓爽，具有清香、清醇、清爽的高山风味。

寿宁高山茶品质优异，因为茶多酚随海拔升高而减少，而氨基酸随海拔升高而增加。寿宁高山茶绿茶水浸出物大于34%，茶多酚含量18%~36%，氨基酸总量为2%~4%，咖啡因含量2%~4%；寿宁高山茶红茶水浸出物大于30%，茶黄素含量0.5%~1.5%，茶红素含量5.5%~27%，氨基酸总量为2%-4%，咖啡因含量2%-4%。

人文历史

寿宁产茶历史悠久，明代著名的通俗文学家冯梦龙所著《寿宁待志》中记载："三甲：南门，住初垄，出细茶。"寿宁高山茶多产于洞宫山脉东麓海拔600米以上的林间隙地，高山云雾出好茶，优质原料和特有传统的加工工艺形成了寿宁高山茶独特的品质。21世纪初期，寿宁县确立了"打造闽浙边界生态新茶乡"的战略目标和"建设闽东北高山生态优质乌龙茶生产集散中心"的发展定位，突出发展具

有山区高山优势的高山茶种。2008年，寿宁决定以寿宁高山乌龙茶和高山红茶为龙头领跑全县茶产业发展。从此，寿宁茶产业日益焕发新机，发展蒸蒸日上，2012年以来，相继被评为"福建十大产茶大县""中国名茶之乡"和福建省唯一的"2013年度中国茶叶产业发展示范县"等。

生产特点

寿宁县地形为"九山半水半分田"，境内山地土壤以黄壤、红壤最多，一般土层厚度在1米以上，有机质含量2%~3%，大部分茶园pH值5.0~5.5，非常适宜茶树生长。寿宁县属中亚热带山地气候，四季分明，气候温暖，夏无酷暑，冬无严寒，降水充沛，雨热同期，无霜期230~270天，10℃以上的年活动积温4 200~5 900℃，是茶树生长的适宜区。研究表明，海拔高度对茶叶品质的影响较大，茶多酚和儿茶素含量随着山地海拔高度的提高而减少，而氨基酸含量则是增加，这就为茶叶的鲜爽甘醇提供了物质基础。云雾多，太阳漫射光较丰富，有利于含氮化合物合成和积累，成品茶内质好，适宜发展高香型茶叶生产。

寿宁高山茶选择平均海拔高于500米，自然植被丰富，空气清新，水源清洁，土壤未受污染，周围有河流、森林作为天然屏障的山场建设茶园。高海拔茶园具有相对低温、高湿和多云雾的气候特征。品种选用抗性强、适应当地气候条件与适制茶类的原生有性群体种及适宜加工寿宁高山茶的品种，如高山群体菜茶、福云品系等优良品种。寿宁高山茶红茶加工工艺特点是根据高山气候和原料特性，强调不采露水青，午青原料采取先日光萎凋、后室内萎凋，晚青原料先采用室内萎凋摊放、第二天再日光萎凋特殊方式。绿茶工艺特点是茶青原料进厂后，按照日光短时照射、室内摊放、杀青、揉捻、干燥的程序加工。

七境茶

登记证书编号：AGI01468

地域范围

福州市罗源县位于福建省东部沿海，境内三面环山，东面临海，东北部为内海三都澳，鹫峰山脉自北而南纵贯全境。罗源七境茶农产品地理标志保护区域为古时的西竹（西兰）境、程洋境、长弯境、施灞境、廷洋境、寿桥境、洪洋境，就是以现在的白塔乡、西兰乡、飞竹镇、霍口乡为核心，涵盖周边的起步镇、洪洋乡、中房镇，以及凤山镇的南门，松山镇的刘洋、上土港两村，碧里乡的西洋，鉴江镇的呈家洋，共计11个乡镇，涉及152个行政村。地理坐标为东经119°07′~119°54′，北纬26°23′~26°39′。

品质特色

七境茶素以"香高、味爽、色翠、耐泡"四绝享有盛誉。七境茶的茶树属山茶科山茶属，品种多为罗源本地菜茶，其多为中芽种，芽壮节间短，叶面隆起，叶厚、

质脆。七境茶外形条索紧结弯曲,色泽油绿稍灰、有光泽,爆点明显,香气鲜嫩持久,栗香显带花香,汤色嫩绿明亮,滋味浓厚鲜爽,叶底嫩绿软亮。

同样的品种在其他县区用同样的方法种植、加工,但所制干茶品质和风味都不及七境茶,说明在罗源县特殊的气候、地理条件下生长的鲜叶,是形成七境茶独特品质特征的基础和前提。

人文历史

七境茶明崇祯年间(1628—1644年)曾作为贡品。据《罗源县志》记载,唐建中三年(782年)当地已有榷茶,实行茶叶专卖管理和茶税征收。宋末太尉宋滨,在宋王朝倾覆后逃迁罗源西兰隐居,劝周围七境(旧地名),即程洋境、长弯境、施灞境、西竹(西兰)境、廷洋境、寿桥境、洪洋境的村民扩种茶叶。到成化二十一年(1485年)七境的村民募资筹建了"泰山庙",即坐落于七境的7个古香古色的小庙宇,群众俗称为七境堂,所生产的茶叶统称西路绿茶,简称西绿。以七境堂所产的茶叶为主,拼入部分白塔乡、飞竹镇、霍口乡的茶叶,当地称为七境茶,又称七境绿茶、七境堂绿茶等。

生产特点

罗源县境内山峦起伏,溪谷纵横,地形复杂。宜茶区域土壤均为透水性好的红壤、黄壤,土层深厚,土壤呈微酸性,有机质含量在2.1%~4.7%,土壤多有砂砾并常有泉水渗出,茶园湿润,因此所产茶叶品质更优。罗源县地处中亚热带农业气候区,属亚热带海洋性季风气候,四季分明,夏长无酷暑,冬短无严寒,气候温和,降水充沛,年平均气温15.7~19.1℃,年平均日照时数1 691.1小时,10℃以上的年活动积温6 957.8℃,昼夜温差大,有利于茶叶内含物质的积累,所产茶叶香高味纯、品质优异。

七境茶品种多为罗源本地菜茶,特有的茶树品种和良好的茶园环境是形成七境茶独特品质的前提。标准化的种植、采收及加工工艺是形成七境茶品质的关键。七境茶加工严格按工艺流程和操作工艺参数进行操作,尤其讲究干燥时高温爆炒。

泉州龙眼

登记证书编号：AGI01611

地域范围

泉州市位于福建省东南沿海，东临台湾海峡，依山面海。泉州龙眼农产品地理标志地域保护范围包括泉州市所辖南安市、惠安县、泉港区、安溪县、晋江市、洛江区、永春县、石狮市、丰泽区9个县（市、区），总保护面积8 752平方千米，地理坐标为东经118°17′11″~119°34′19″，北纬24°56′39″~25°45′25″。

品质特色

泉州龙眼品质优良、风味独特，营养价值高，单果重10.9~14.2克，果实可溶性固形物含量14.3%~23.0%，可食率62.5%~73.4%。主要种植品种为福眼、东璧、松风本等。东璧为泉州珍稀独有品种，宜鲜食，果实近圆形，果顶圆、果肩、基均平；果皮褐带灰，具有黄褐色细斑，龟状纹明显、较规则，果面放射线多，果皮稍脆；果肉乳白色，透明，渣极少；果核紫黑色，近圆形；果大，肉厚，质坚脆，浓甜且芳香，含糖量高。福眼被公认为制罐、加工最佳良种，果实扁圆形，果顶圆，果大；果肉淡白色，肉厚，透明，稍脆，清甜味淡；皮薄，果核紫黑色。松风本果实近圆形，黄褐色，龟状纹不明显，纵纹和瘤状突起明显，果中大；果肉乳白色，半透明，质地脆，味浓甜，不流汁，易离核，风味浓。

人文历史

泉州市是龙眼栽培最适宜区和发祥地,已有1 700多年的龙眼栽培历史,泉州市特产龙眼干畅销海外。1997年,泉州市的南安荣获"中国龙眼之乡"称号。目前,泉州龙眼种植面积、产量均居福建省和全国地级市前列。全市拥有万亩龙眼的乡镇

15个,百亩以上龙眼场有166个,被誉为"龙眼洋"。泉州市拥有丰富的龙眼品种资源,堪称我国"龙眼品种资源宝库",原产于泉州市的龙眼品种(或品系)计有79个,引进的品种40多个,登记在册的品种、品系多达110多个,占全国龙眼品种的1/3。

生产特点

泉州市境内山峦起伏,丘陵、河谷、盆地错落其间,西部为戴云山主体部分,山地、丘陵占土地总面积的4/5,俗称"八山一水一分田"。分布最广的土壤为红壤、砖红壤性红壤,土壤酸性较强,适宜龙眼种植,种植出的龙眼果肉淡白色,明如凝脂,晶莹润泽,肉质嫩脆。泉州市属于南亚热带海洋性季风气候,夏长无酷暑,冬短无严寒,气候温和,"四季有花常见雨,一冬无雪却闻雷"是泉州气候的写照。龙眼夏秋间生长期需要充沛的降水,泉州市全年多雨有利于龙眼果实的生长发育;冬季适宜的低温既有利于龙眼花芽分化,又无冻害;海陆间的热力差异大,东南季风带着大洋水气频频而来,润泽着温陵(泉州市的别称)山川,形成了适宜龙眼生长的得天独厚的自然气候及环境条件。

泉州龙眼在园地选择上,比较注意坡向。冬季有霜冻地区,选择南或东南向;沿海地区常有台风,选西南方向为宜。栽培品种的选择主要取决于市场的需求、品种在栽培地区的适应性和栽培技术水平等。选择适宜鲜食、制罐、焙干多用途,以及丰产优质性好、纯度一致的品种。一般在3月中旬花穗发育刚完成至开花前进行疏花;在5月下旬至6月初小果发育至黄豆大小时疏果。龙眼果实以充分成熟采收为宜,泉州龙眼采收期集中在9月上旬到10月上旬。

将乐竹荪

登记证书编号：AGI01612

地域范围

将乐县位于福建省三明市西北部。将乐竹荪保护地域是将乐县所辖万全乡、黄潭镇、南口乡、白莲镇、光明乡、高塘镇、古墉镇、水南镇、大源乡9个乡镇，涉及96个行政村，地理坐标为东经117°05′~117°40′，北纬26°26′~27°04′

品质特色

将乐竹荪菇体大，干品菌柄长度17~20厘米，直径（中部）2.0~3.3厘米，口感脆，香气浓郁，贮藏过程不易变色。碳水化合物含量10%~22%，脂肪含量0.5%~1.5%，蛋白质含量0.1%~0.8%，纤维素含量4.1%~5.2%。

人文历史

将乐竹荪系棘托竹荪。将乐人民采食野生竹荪历史悠久，20世纪80年代中期开始规模化人工栽培。1987年，将乐县在海拔四五百米的山涧竹林中人工栽培竹荪成功。以往竹荪栽培产量低，品种混杂，随着科技含量的提高和新品种的引进，将乐

竹荪栽培模式也由搭阴棚栽培向槟榔芋套种竹荪立体模式发展。

生产特点

将乐县平原面积不到全县总面积 1/10，山地面积最大，地面坡度小，多为松散堆积物组成，土壤疏松肥沃，腐殖质高。将乐县林木资源多，植被丰富。将乐县林木、毛竹资源丰富，这些林木、毛竹加工的下脚料，以及农业生产的副产物作物秸秆，都是竹荪栽培的好材料。2003 年，将乐县引进了菌草栽培技术，大面积地推广象草与皇竹草的栽培，这些菌草也是竹荪栽培的好材料。将乐县丰富的水资源为竹荪的生长提供了良好的湿度环境，因适宜的湿度环境，竹荪原基发生多、产量高、子实体肥厚、质地粗壮、菌裙长、朵大、长短均匀。将乐县气候属中亚热带季风区，四季分明，夏无酷暑，冬少严寒，干湿明显，这种气候条件下长出的竹荪菌蛋破壳快，菌裙能充分张开，子实体成熟早并且肥大，干品、鲜品竹荪香味浓。

将乐县创新采用槟榔芋—竹荪套种立体栽培技术。在槟榔芋田里种竹荪，竹荪栽培基质为槟榔芋创造了疏松、高持水量的土壤条件，槟榔芋为竹荪提供了湿润的环境，槟榔芋宽大的叶片为竹荪生长提供了三分阳七分阴的生长环境，诱发竹荪菌球的形成，竹荪菌球多、产量高。竹荪菌蕾破口之后子实体刚露出即可采收。烘干是竹荪生产管理的重要一环，烘干质量直接影响商品性。烘干时的温度控制要先高后低，一般 4 个小时即可。竹荪干品质量要求既干又白。

南平烤烟

登记证书编号：AGI01613

地域范围

南平市地处福建省北部，位于闽、浙、赣三省交界处，俗称"闽北"。南平烤烟农产品地理标志地域保护范围包括南平市所辖延平区、邵武市、建阳市、武夷山市、建瓯市、光泽县、顺昌县、浦城县、松溪县、政和县10个县（市、区），涉及121个乡镇，地理坐标为东经117°00′~119°17′，北纬26°15′~28°19′。

品质特色

南平烤烟烤后烟叶成熟度好，颜色多橘黄，色泽饱满，结构疏松，油分足、弹性强；烟叶具有典型东南清香型特征，烟气绵柔清甜、透发性强，香气质好、量足，劲头适中，杂气少，余味舒适。特征致香成分表现为棕榈酸、硬脂酸含量较高，总

体表现为碱性致香物质含量相对较低，酸性、中性致香物质含量中等，次生物碱含量低。南平烟叶具有清香、甜感、透发的感官质量特色，这一特色在各种卷烟产品中得到了很好的应用。

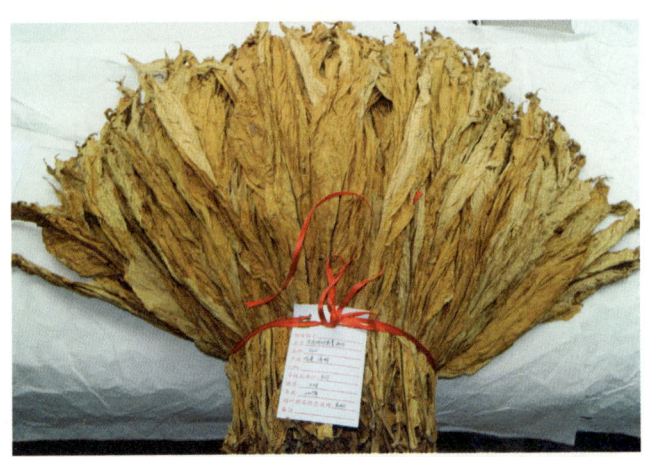

人文历史

南平市具有中国南方典型的"八山一水一分田"特征，是"国家级生态示范区"及"国家级烟叶标准化生产优秀示范区"，被认为是我国烟叶产区中最具发展潜力的优质烟区之一。南平市具有种植烟叶的悠久历史。清人陆耀《烟谱》记载："烟草，处处有之……第一数闽产，而浦城最著。其种较真，产亦独盛。非人力独勤，乃良田地气使然也。"历史上浦城县晒烟曾被列为朝廷贡品，有"贡丝"之称。

生产特点

南平市地处武夷山东侧以丹霞地貌为主的山间、盆地冲积区，生态环境优良，森林覆盖率74.7%。南平市植烟土壤主要为水稻土、红壤、黄壤和紫色土壤，土壤较肥沃，养分含量高，自然条件适合，种植的烤烟燃烧性好。南平市境内河流众多，闽江、建溪、富屯溪等流域，为种植出高品质的南平烤烟提供了水源保障。南平市属中亚热带海洋性季风气候区，冬短而无严寒，12℃以上的年积温5 500~6 600℃，无霜期300天以上，年平均降水量1 300~1 900毫米，烟草生育期的降水量400~520毫米，气候条件非常适合烟草生长。

南平烟区建立以烟为主的耕作制度，实行烟稻轮作，采取隔年轮作，以水稻、玉米、豆类等为前茬。采取高起垄、深早栽、多施有机肥等栽培措施。烟叶采收后即可分类和编烟。编烟前先按成熟度等指标进行鲜烟分类，之后采用绑烟、串烟或夹烟方式，分别进行烟叶编竿（或夹烟），同竿（夹）同质。编烟线采用麻质或棉质绳。编好的烟挂于阴凉处。烤烟调制设施为密集式烤房。按照三段式烘烤技术要求，变黄期把握充分变黄凋萎，促进淀粉的转化；定色期要求适时排湿定色；干筋期要避免高温烤红等问题。

赖坊花生

登记证书编号：AGI01682

地域范围

三明市清流县位于福建省西部，地处武夷山脉西南端东侧、沙溪上游，三面环水、一面依山，素有"山区明珠"和"内陆鼓浪屿"之美称。赖坊花生农产品地理标志地域保护范围包括清流县所辖赖坊、田源、沙芜、灵地、李家、长校、里田、嵩口、余朋9个乡镇，涉及35个村，总保护面积700平方千米，地理坐标为东经116°26′27″~117°03′01″，北纬25°26′27″~26°21′00″。

品质特色

赖坊花生属多粒型花生品种，具生育期短，分枝少，荚果串珠形，以3~4仁为主，其果壳薄，网纹清晰，果型美观，壳薄易剥，细长个小，籽粒饱满，仁大皮红，出仁率高。赖坊花生营养丰富，客家人视其为"圣果"，嚼之有甜味，脆嫩润滑，细腻无渣；煲汤香气浓郁、汤色鲜红、滋味鲜醇；湿烤花生产品香甜可口，风味好。

赖坊花生富含不饱和脂肪酸，蛋白质含量24.5%~28.5%，粗脂肪含量48%~51.2%，油亚比为1.25~1.35，由于高油亚比的特点，产品的货架期长。赖坊花生具有调和脾胃，补血养血、生发乌发等功效。

人文历史

福建省花生栽培历史悠久，距今已有500多年的历史。赖坊红衣花生是当地传统种植的珍稀特色

花生品种，该品种可追溯到400年前，相较于其他花生品种较为古老。清朝道光版《清流县志·物产篇》记载："三月栽，引蔓不甚长，俗云：花落在地，而生之土中，故名。"据《清流县志》（1994年版）记载："明嘉靖年间开始种植，主要为本地品种，因历史上赖坊及其周边种植比较普遍，赖坊花生因此得名。"2012年，赖坊花生被列入为福建省地方稀有品种保护。

赖坊花生是清流县近年强势崛起的一个特色农业项目。清流县政府十分重视赖坊红衣花生产业，出台了相关扶持政策，加大了品牌建设力度。赖坊红衣花生产业将种植、加工、生态旅游观光结合起来，大大提高了赖坊红衣花生的影响力。

生产特点

清流县境内山脉纵横，丘陵起伏，地貌较为复杂，林茂矿多，森林覆盖率82%。赖坊花生种植区域位于海拔350米的大丰山脉东麓的小盆地，土壤主要为冲积沙壤土，土壤较肥沃，养分含量高，且土壤中富含硒，对花生种子发芽率和发芽势有较好的促进作用，有助于提高叶绿素含量及脂肪酶活力，利于花生的生长发育。清流县溪河纵横，文昌溪贯穿全境，水质清澈、纯净，是理想的农业用水。赖坊花生种植区域属亚热带季风气候区，年平均气温18.5℃，无霜期295天，可满足两季花生生长的需求。由于这块小盆地所形成的独特气候，昼夜温差较大，适宜花生生长。

赖坊花生选用当地特色的农家品种——赖坊红衣花生。春花生于清明前后播种，秋花生于7月底至8月初播种，选择排水良好、土层深厚、土壤肥沃、疏松、通气好的冲积沙壤土。赖坊花生植株中下部叶片转黄脱落，多数荚果果壳硬化，种子颗粒饱满、光润、呈现品种特有的色泽时，即可开始收获。

平和白芽奇兰

登记证书编号：AGI01683

地域范围

白芽奇兰属于乌龙茶类，产于福建省漳州市平和县。平和白芽奇兰农产品地理标志地域保护范围为大芹山周边海拔500~1 200米的山区乡镇，包括平和县所辖的崎岭、九峰、长乐、秀峰、芦溪、霞寨、大溪、国强、安厚共9个乡镇，涉及91个行政村，保护面积11.1万公顷，地理坐标为东经116°53′12″~117°31′15″，北纬24°02′31″~24°35′25″。

品质特色

平和白芽奇兰外形圆结重实，色泽青褐油润，内质香气浓郁细长，品种香突出，汤色金黄明亮，滋味醇厚、鲜爽，叶底柔软明亮，红边明。白芽奇兰成品茶多酚类含量10%~30%，咖啡因含量2%~4%。

人文历史

相传清乾隆年间（1736—1795年），在平和县大芹山下的崎岭乡彭溪水井边长出一株奇特的茶树，新萌发出的芽叶呈白绿色。采摘其鲜叶制成乌龙茶，结果发现该茶具有奇特的兰花香味，因此将这株茶树取名为白芽奇兰，制成的乌龙茶也称白芽奇兰。经人们采用无性繁殖的方法扩大栽培至今，

已有250多年的历史。如今,白芽奇兰茶已是漳州茶叶栽培面积最多的品种,和铁观音、武夷岩茶、闽北水仙、永春佛手一起跻身福建五大茶叶名品行列。由于白芽奇兰茶的产地海拔高,茶树病虫害少,不使用农药,制作时采用中国传统制作工艺,既符合人们的饮茶习惯,又有利健康,因此,近年来白芽奇兰茶畅销日本及欧盟等国家和地区。

生产特点

大芹山是平和白芽奇兰的主产茶区,这里丘陵、河谷、盆地错落,山峦起伏,林竹茂密,终年云雾缭绕,溪流潺潺,土壤主要为微酸性红壤,土壤pH值4.5~5.5,土壤较肥沃,养分含量高,土壤中富含硒,独具生产优质茶叶的自然生态环境。平和县境内降水充沛,年平均降水量1 600~2 000毫米,水资源丰富,水质清澈、纯净。平和县白芽奇兰种植区域地处南亚热带季风气候的北缘地带,年平均气温17.5~21.2℃,日照和太阳辐射时间中等,无霜期300天以上。白芽奇兰种植在海拔500米以上的山地,云雾多、漫射光多、湿度大、昼夜温差大,芽叶持嫩性较强,有利于提高茶叶香气,有好的滋味和嫩度。

平和白芽奇兰是由平和县崎岭乡彭溪村坑岸边的有性群体经单株选育而成,属无性繁殖系品种。生产中以施用腐熟有机肥为主,病虫害防治以农业防治和物理防治为主,提倡施用生物源、矿质源农药。平和白芽奇兰的加工程序包括初制加工和精制加工。初制加工是指茶青经过贮青、萎凋、做青、杀青、揉捻、初烘、初包揉、复烘、复包揉、足干10道工序,加工制成毛茶;精制加工是指毛茶经过拼配、筛分、风选、拣剔、复火、摊凉、包装,制成精茶或商品茶。

石铭芋

登记证书编号：AGI01684

地域范围

石铭芋产于福建省漳州市长泰县海拔 1 119 米的良岗山脚下。石铭芋农产品地理标志保护范围为长泰县岩溪镇石铭村、甘寨村，以及坂里乡石格村、新春村、坂新村，共计 5 个行政村。总保护面积 20 000 亩，地理坐标为东经 117°38′~117°45′，北纬 24°34′~25°47′。

品质特色

石铭芋生长环境优越，母芋呈圆柱形，长度 20 厘米左右，直径 10 厘米左右，表皮棕褐色，平均单个重 1 千克左右，每株子芋 3~4 个。石铭芋可食率高，头尾部分去皮后均可食用，芋肉乳白色带紫红槟榔花纹，易煮熟，肉质细、松、软，浓香可口。石铭芋营养丰富，干物质中淀粉含量 65%~80%，蛋白质含量达 10%~15%，作粮作菜皆宜。

人文历史

石铭芋种植历史悠久，名声远播，尤被厦门、漳州一带城区居民视为难得的佳品。《长泰县志》中记载："一名土芝，有大小青黄畲散种，大着为芋魁。"相传，乾隆下江南，途经漳州，索地方美味，长泰县令携名厨带猪肘一支、石铭芋一粒，做猪肘芋头煲进献，令乾隆皇帝龙颜大悦，赞不绝口，从此石铭芋被钦定为贡品。喜庆佳

节以石铭芋为原料烹制芋泥是长泰县的传统习俗,即将芋头蒸熟捣碎,加糖,佐以橘皮、桂花等香料,温火煎熬成羹。当地还常以石铭芋为食材,制作农家菜肴芋块炖猪肘、干蒸芋块等。

生产特点

石铭芋保护区域土壤肥耕层深厚,理化性状良好,pH值5.5~6.5,耕作层厚度在25厘米以上。石铭芋保护区域主要位于长泰县第二高峰良岗山下,森林茂密,地下矿泉水潺潺涌出,水质甘醇,长年不断,据检测,水中富含16种微量元素,优质的水源造就了石铭芋优良的品质。长泰县属南亚热带海洋性气候,夏长冬短,气候湿润,降水充沛,年平均气温21℃。因石铭芋性喜高温湿润,种芋在13~15℃开始发芽,生长适温20℃以上,发育最适温27~30℃,因此该地区的气候条件非常适合其生长。此外,石铭芋栽培区年均日照2 037.4小时,无霜期328天,充足的光照条件,使得石铭芋淀粉含量较高,口感松嫩细糯。

石铭芋种植在生态条件良好、良岗山泉水能灌溉到的地方。种芋是长期留种,选择顶芽的芽尖保存完好、饱满呈圆形的种芋,个体在50~100克为宜。石铭芋种植采用水稻—芋轮作模式,11月晚季水稻收割完后整地,一年种植一季,播种时间为12月至翌年4月。种植后至清明这段时间芋头生长缓慢,主要是根部生长。培土是芋头丰产的重要措施之一,可促进发生不定根,提高抗旱能力,抑制顶芽生长,利于球茎的发育肥大。全生育期培土两次,培土必须结合除草施肥进行。石铭芋生长期长,需要肥料较多,耐肥力较强,需多次施肥,实行配方施肥,以有机肥为主,化肥为辅。石铭芋采收期为每年10月至翌年2月,过早收获会致使芋头不够成熟,香松度不够,影响质量与产量。

长泰砂仁

登记证书编号：AGI01685

地域范围

长泰砂仁农产品地理标志保护区域位于福建省漳州市长泰县东部山区，主产地为长泰县陈巷镇新吴村、吴田村、祖地村、美彭村、坂里乡高层村、正达村，以及马洋溪生态旅游区山重村、后坊村，共计8个行政村。总保护区域面积1 300公顷，地理坐标为东经117°38′~117°56′，北纬24°39′~24°47′。

品质特色

长泰砂仁系姜科植物豆蔻属阳春砂仁的果实，具有果实大、品质好、自然传粉率高、适应性广等特点。长泰砂仁蒴果椭圆形，长1.5~2.0厘米，宽1.2~2.0厘米，

成熟时呈紫红色，干果呈褐色，表面被柔刺，种子为多角形，香气浓郁，味苦辛。砂仁种子中挥发油含量为 3.15%~3.80%，乙酸龙脑酯的含量为 0.95%~1.35%。

人文历史

长泰砂仁素有"名贵南药"美称，有悠久的栽培历史，早在 1687 年刊行的《长泰县志土产药属》，以及清康熙、乾隆年间的《长泰县志》均有长泰砂仁的记载。为促进砂仁产业发展，长泰县农业局组织科研攻关，采用调控荫蔽度、施肥培土、人工授粉等新技术，有效提高了砂仁产量和效益。2014 年年末，长泰砂仁平均每公顷产鲜果 2 250~3 000 千克，最高达 4 500 千克。如今，长泰砂仁已成为地方名产，备受我国南方地区及东南亚国家消费者青睐。

生产特点

长泰县地处戴云山脉向南面的漳州平原和东南面的厦门沿海平原过渡地带，构成北高南低、向南开口的马蹄状地貌特征，同时，多为丘陵台地、山间谷盆，森林植被茂盛，土壤为砖红壤性红壤，风化层深厚，蓄水力强，土壤 pH 值 5~6，有机质含量 1%~2%，自然肥力高，疏松湿润，对于长泰砂仁生长发育十分有利。由于长泰县马蹄状地貌特征，可有效削弱冬季北方冷空气的入侵，并有利于南面的暖湿海洋气流长驱直入，形成了较为典型的南亚热带海洋性季风气候，冬无严寒，夏无酷暑，降水充沛，光照适中，温暖湿润。长泰砂仁主产区海拔多在 200~600 米，加上树林荫蔽，小气候环境气温为 23~27℃，非常适合砂仁的生长。

根据砂仁生态条件及昆虫传粉所需条件，长泰砂仁宜种植在湿度大、有水源的常绿林地和排灌方便的丘陵台地、山间谷盆、缓坡地、平地。砂仁园要调控荫蔽度，新种植砂仁未达开花结果年限之前，要求有较大荫蔽度，以保持 70%~80% 为宜；进入开花结果年限后，在花芽分化期，需要较多的阳光，保持 50%~60% 荫蔽度较适宜。荫蔽树不够的地方应注意补种荫蔽植物，短期见效的可以间种香蕉，从长远考虑要营造常绿阔叶林。

永泰绿茶

登记证书编号：AGI01752

地域范围

福建省福州市永泰县位居闽中，地处闽江支流大樟溪中上游，戴云山脉东北麓，有"福州后花园"的雅称。2014年永泰县通过国家验收，成为福州市首个生态县。永泰绿茶农产品地理标志保护地域为永泰县所辖樟城镇、城峰镇、葛岭镇、清凉镇、梧桐镇、嵩口镇、大洋镇、同安镇、长庆镇、塘前乡、丹云乡、白云乡、红星乡、盘谷乡、霞拔乡、东洋乡、盖洋乡、洑口乡、富泉乡、赤锡乡、岭路乡共21个乡镇，地理坐标为东经118°23′~119°12′，北纬25°39′~26°05′。

品质特色

永泰绿茶是在永泰县境内特定的地理环境栽培种植，并以独特的加工方式，经杀青、揉捻、做形、烘干等工艺加工而成的，外形条索紧结、匀整，色泽绿润，香气栗香显、带花香，滋味鲜醇甘爽，汤色嫩绿明亮，叶底绿亮匀齐。永泰绿茶茶多酚含量10%~30%，咖啡因含量2.5%~4.0%，采用水解法检测氨基酸总量为10%~22%。

人文历史

"藏在深闺人未识，撩开面纱惊八闽"，习近平总书记在任福州市委书记时曾这样评价永泰县。永泰县具有悠久的产茶历史，早在唐代就有生产佳茗记载。其中尤以具有800年以上历史的"姬岩茶"和300年历史的"藤山茶"驰名。

永泰茶叶生产历经几度兴衰,并逐步孕育出颇具口碑的永泰绿茶。目前,茶叶是永泰县的特色优势产业,成为永泰县农村的一大支柱产业,在调整农业产业结构、发展农村经济、增加农民收入等方面发挥着重要作用。

生产特点

永泰县区域地势高峻,云雾缭绕,平均海拔在500米以上,森林覆盖率达76.8%,使得永泰县茶树种植区域具有高海拔茶园相对低温、高湿和多云雾的特征,促使永泰茶叶优质品质的形成。永泰县主要以红壤为主,沙性好,土壤肥沃,土层深厚,有机质丰富,养分含量高,保水保肥能力强。永泰县属典型的亚热带季风气候区,温和湿润,年平均降水量1 400~2 000毫米,降水充足,生长在保护区域的茶树,由于湿度和雾珠的增多,使可见光中红黄光得到增强,有利于提高茶叶中叶绿素和氨基酸的含量,这对形成茶叶的色泽和滋味是不可或缺的。

生产永泰绿茶宜选择平均海拔高于500米,生态环境条件良好,土壤肥沃,自然植被丰富,周围有河流、森林作为天然屏障的山场,建设标准茶园。采用优良性状、生长势强、产量高、品质好、无病虫为害的茶树作为繁殖材料,对于种植时间较长、优良种性出现退化的茶树要进行提纯复壮,保持永泰县茶树品种的抗逆性强、品质优良、产量高、适应性好的优良特性,如福云系列、永泰菜茶等优良品种。永泰绿茶加工工序包括茶青验收、杀青、揉捻、做形、干燥、筛分、风选、拣剔、包装成品。

江西省

弋阳大禾谷

登记证书编号：AGI00240

地域范围

弋阳县位于江西省上饶市东北部，信江河中游。弋阳大禾谷的地域保护范围为弋阳县的16个乡镇（场），保护范围面积3 000公顷，地理坐标为东经117°13′27″~117°37′35″，北纬28°03′55″~28°46′55″。

品质特色

弋阳大禾谷株型偏紧，分蘖力中等，茎秆较粗壮，剑叶直挺，穗颈长，叶色青黄色，谷粒短圆，有褐色长芒，谷壳麻黄，并有较多绒毛，后期落色好。株高138.5厘米，每穗平均总粒数169.1粒，平均实粒数121.9粒，结实率74.2%，千粒重32.0克。大禾谷出糙率80.3%，精米率69.8%，整精米率54.7%，垩白粒率99%，垩白度32.9%，直链淀粉16.3%，胶稠度70毫米，粒长5.9毫米，粒型长宽比2.0。

人文历史

据史料考证，从唐代开始弋阳人就开始种植弋阳大禾谷，并制作加工弋阳年糕，至今已有1 200多年的历史。弋阳县现存较早的同治十年（1871年）版《弋阳县志》记载："大禾米白而又长大，以制作加工大禾米，大禾谷米白饭硬制

作多团,需三蒸二百春,弋市米为之食水多,软而适口,省恒称弋阳团子,最驰名外县,土商多远往他处做赠品。"明清时期,只有高官与富人才能享用到弋阳禾米制成的弋阳年糕(俗称弋阳大米粿、玛米粿),为历代朝廷贡品。

生产特点

弋阳县地貌南北高,中间低,形成马鞍型,土壤类型主要有红壤、红黄壤和黄壤3种,天然草地表土层40~75厘米,pH值5.7~6.5,有机质0.975%,适宜弋阳大禾谷种植。县境内有信江和乐安河两大水系,共8条支流,有效灌溉面积26.5万亩,保证灌溉面积20.76万亩,为大禾谷生产提供了重要的水源保障。弋阳县地处亚热带季风气候区,四季分明,日照充足,光能丰富,年平均降水量1 816.2毫米,无霜期平均269天,有利于大禾谷生长。

大禾谷应选择弋阳县丘陵山区土壤有机质含量丰富、地下水位较高的深脚田栽培,生产时增施暖性肥石膏粉和草木灰,有助于提高产量。品种选用棉花大禾谷或麻壳大禾谷均可,但要经科学改良,降低秆高。5月中下旬播种,栽培要点为:寸水返青,浅水分蘖,够苗晒田,有水孕穗,浅水抽穗,湿润灌浆,落干黄熟。

德兴红花茶油

登记证书编号：AGI00241

地域范围

德兴红花茶油地理标志保护地域范围为江西省德兴市新岗山镇、海口镇、皈大乡、龙头山乡、李宅乡、张村乡、泗洲镇、银城镇、花桥镇、绕二镇、万村乡11个乡镇，地理坐标为东经107°23′~108°06′，北纬28°38′~29°17′。

品质特色

德兴红花茶油的油质优于橄榄油，是当今世界优质保健食用油，被誉为油之珍品。红花茶油含不饱和脂肪酸90%以上，易于人体吸收消化，不含人体难以吸收的芥酸和山俞酸，也不含胆固醇，具有软化血管、降低血脂、滋补提神之功效。茶油耐贮藏，不易酸败，油色橙黄透明。特别是该茶油食味特佳，色美味香，是烹制食品、加工罐头、制造人造奶油的极好油料。它既有类似花生油的品位，也无黄曲霉素对人体的潜在威胁，又无一般茶油的苦涩味，可即榨即食，气味香醇，是食品、医疗、保健兼用的优质油品，开发潜力极广。

人文历史

油茶原产我国，利用、栽培历史逾2 000年，《山海经》中就提到油茶是"南方油食也"。德兴市自宋代设县伊始就开始种植油茶，茶油特别是红花茶油为民间赠送和保健之佳品，仅在逢年过节才食用。德兴红花油茶源于深山山区，经长期培育改良而推广种植。由于德兴红花茶油品质优异，近年来德兴市委、市政府把油茶产业列入全市10个重点发展产业（项目）之一，先后出台了一系列油茶产业发展优惠政策，使油茶生产规模不断扩大，栽培模式不断优化，技术水平不断提高。

生产特点

德兴市丘陵区的大部分土壤类型是红壤，产地特殊的地形地貌为德兴红花茶油特色品质的形成和保持提供了基本条件。德兴市境内水系属饶河水系，境内有大小河流87条，德兴红花茶油种植区内灌溉水均来自山泉水。德兴市属中亚热带湿润季风区，气候温暖、降水充沛、光照充足、四季分明和昼夜温差大，无霜期较长，适宜种植油茶。

德兴红花油茶为山茶科山茶属常绿乔木，自然分布于德兴市东北部十八亩段、三十里岗和中部梧风洞一带海拔400米以上山区，境内有野生资源，近年正逐步扩大人工栽培，山地缓坡都可种植，但不适宜在田间种植。红花油茶在管理得当的情况下，一般7年初花，9~10年开始结果。16~17年进入盛产期。树龄一般都在50年以上。茶果以加工茶油为主，经过烘炒、粉碎、蒸坯、压榨、水化、脱水、过滤等工艺，即可制得德兴红花茶油。

婺源绿茶

登记证书编号：AGI00242

地域范围

婺源绿茶产于江西省上饶市婺源县，农产品地理标志地域保护范围包括婺源县的段莘、溪头、江湾、秋口、大鄣山、沱川、浙源、清华、思口、紫阳、太白、中云、赋春、许村、珍珠山、镇头16个乡镇，涉及171个行政村，保护面积10 333.3公顷，地理坐标为东经117°22′~118°11′，北纬29°01′~29°35′。

品质特色

婺源绿茶外形条索紧结，色泽绿润；内质香气清香持久、滋味鲜爽润厚、汤色碧绿清澈明亮、叶底嫩绿匀整柔亮。婺源绿茶水分含量低于7.0%，总灰分低于7.0%，粉末低于1.0%，水浸出物36.0%以上。

人文历史

婺源县产茶始于汉盛于唐，"婺源绿茶，唐载《茶经》，宋称绝品，明清入贡，中外驰名"是对婺源茶叶历史和优异品质的高度概括。婺源县自古以来，一直是以生产炒青绿茶为主。茶圣陆羽所著的《茶经》中，就有"歙州（茶）生婺源山谷"的记载（当时婺源隶属歙州）。《宋史·食货志》记载："顾渚之紫笋，毗陵之阳羡，绍兴之日铸，婺源之谢源，隆兴之黄龙、双井，皆绝品也。"

明清时期,婺源县的溪头梨园茶、砚山桂花树底茶、大畈灵山茶、济溪上坦源茶被誉为四大名家茶,列为贡品。明末清初鼎盛时期,婺源绿茶就有"年产五万担、制成箱茶十万箱"的辉煌纪录。婺源绿茶自17世纪初进入国际市场,就以独特的品质被消费者认可,扬名四海。清乾隆年间(1736—1795年),婺源绿茶就远销欧美地区,外销盛极一时。

生产特点

婺源县有中山、低山、丘陵3种地貌,以低山丘陵为主。产地土壤pH值4.5~6.5,90%为红黄壤,土层深厚,养分丰富,渗透性良好。婺源县境内主要水系为乐安河,发源于鄣公山南麓,由段莘水和清华水汇合而成,同时,产区水库星罗棋布,地下水蓄量充沛,水质较好。婺源县属温暖多雨气候区中的常湿暖温气候区,冬冷夏热,春季与初夏多雨,盛夏炎热,伏秋干旱,四季分明,非常适宜茶树生长发育。

婺源绿茶选择适应性和抗逆性强、适制绿茶的无性繁育优良茶树品种进行生产,主推鄣科1号、乌牛早、龙井43、迎霜等国家级、省级茶树良种,并根据茶树的萌芽特性进行特早芽、早芽、中芽良种合理搭配。茶园宜平衡施肥,并根据茶树树龄与生长势,选用定型修剪、轻修剪、深修剪、重修剪、台刈等措施,复壮树势,培育树型,提升产品品质。

上饶白眉

登记证书编号：AGI00243

地域范围

上饶县隶属江西省上饶市，东邻上饶市信州区、玉山县、广丰县，地理坐标为东经117°41′~118°14′，北纬27°58′~28°50′。上饶白眉在上饶县大部分乡镇有生产，主要产于华坛山、五府山、董团、上泸、尊桥等乡镇。

品质特色

上饶白眉是江西省上饶县的传统特种绿茶，满披白毫，外观雪白，外形恰如老寿星的眉毛，故而得此美名。白眉茶外形壮实，条索匀直，白毫特多，色泽绿润，香气清高；汤色明亮，滋味鲜浓，叶底嫩绿。由于鲜叶嫩度不同，白眉茶分为银毫、毛尖和翠峰3个花色。各具风格，品质皆优，总称上饶白眉。尤其是银毫，外形雪白，茶叶沏泡杯中，不仅饮后回味无穷，而且朵朵芽叶在杯中雀跃。上饶白眉内在品质优良，水分含量低于6.5%，总灰分低于6%，碎末低于4%，水浸出物39%以上，粗纤维低于10%。

人文历史

上饶县产茶历史悠久。唐代诗人孟郊在《题陆鸿渐上饶新开山舍》一诗中说："惊彼武陵状，移归此岩边。开亭拟贮云，凿石先得泉。"说明茶圣陆羽曾在上饶建屋居住。据明代《广信府志》记载，陆羽的山居，就筑在上饶城北的茶山寺，其凿石开出的泉水，后人称之为陆羽泉，"以土色赤，又名胭脂井"；其所建小亭，名为"观泉亭"。在近代，"饶绿"茶一直在业界享有盛名。

20世纪60年代，上饶县的茶叶种植更是进入鼎盛时期，至今全县茶园达4万余亩，是上饶县的农业主导产业。上饶白眉是采用本地茶树良种上饶大面白制作的当地传统名茶，1995年上饶白眉在第二届中国农业博览会上获金牌奖，并被评为中国名茶。

生产特点

上饶县地形从南北两端向中部呈阶梯状递降，明显构成南北高、中部低的马鞍状地形。全县土壤

类型主要为水稻土和红黄壤，红黄壤主要分布在低山丘陵地带，质地多为中壤或重壤，土壤肥力较高，腐殖质层厚3~40厘米，有机质含量5.6%，适宜上饶白眉生产种植。上饶县境内河流年平均径流量28.62亿立方米，河流水质良好，适合城乡居民饮用水和工农业用水需要。当地属亚热带季风性湿润气候区，年平均气温17.8℃，年平均降水量2 066.1毫米，降水主要集中在6—7月，平均无霜期长达330天，适合多种作物生长，特别适合茶叶生长。

白眉茶园的种植基地有特殊要求，种植品种宜选用上饶大面白、福云六号、福鼎大白、毛蟹等。生产过程管理严格按照绿色食品茶叶标准化生产技术规程进行栽培、修剪、施肥、耕作、采收及加工。制作上饶白眉的鲜叶原料以单芽为最佳，采摘以晴天的早晨为最好，鲜叶采摘后放在篾制垫子上摊凉4小时左右即可付制。

吉安红毛鸭

登记证书编号：AGI00244

地域范围

吉安红毛鸭产于江西省中西部，赣江中游，农产品地理标志保护地域范围主要分布于吉安市105国道沿线新干县、吉水县、峡江县、永丰县、吉州区、青原区、吉安县、泰和县、遂川县和万安县10个县区。地理坐标为东经113°46′~115°56′，北纬25°58′~27°58′，主产区平均海拔876.4米，保护区域总面积19 006.53平方千米。

品质特色

吉安红毛鸭体型短圆、大小适中、紧凑、颈部粗短，毛色褚红（公鸭深、母鸭浅，开产前深于产蛋末期），肩背毛色棕红，翅、躯干羽为淡红色，部分个体颈部有白圈（颈部有白圈的毛色较淡），腹部体绒为灰白色，翅端主翼多有数根灰白色羽，公鸭喙为青黄色，母鸭喙为褐棕色，蹼橘黄色。皮板色泽白亮如玉、肉质香嫩，骨脆，肌纤维细，口感爽脆细腻，香味浓郁，既适合板鸭加工，又适合于鲜用。

人文历史

板鸭是江西省的传统加工产品,据资料记载,已有150多年加工历史。20世纪90年代末,经吉安市畜牧兽医局等几家单位提纯选育,报经江西省畜禽品种委员会审定,吉安红毛鸭得到了正式命名。2007年,吉安红毛鸭被列入《国家级畜禽遗传资源保护名录》。吉安红毛鸭因其加工板鸭"造型美观、皮板白亮如玉、皮薄肉嫩、骨脆、腊味香浓"的独特品质,是加工"南安板鸭"和"江西板鸭"的较佳鸭源,该产品畅销我国港澳地区和东南亚市场,久负盛名。

生产特点

吉安市境内多为山地、丘陵,以山丘为主,境内四周为山体环绕,土壤除少数黄壤外,大部分都是红壤。吉安市内水利资源丰富,区域内河流纵横,以赣江为中轴,28条大小支流汇入,水库、池塘星罗棋布,植被茂密,山清水秀。吉安市属亚热带季风湿润气候,气候温和,降水充沛,四季分明,冬夏长,春秋短,草木生长茂盛,青草期长达11个月以上,有利于红毛鸭生长和繁殖。

红毛鸭养殖选择觅食力强、耐粗饲、生长速度快、抗病力强的品种,同时要适应本地的气候条件,既适合圈养也适合放养。用于加工板鸭的吉安红毛鸭,毛鸭前期野外放养,80~90日龄进行圈养,强度育肥28天左右。育肥前期7~10天用板鸭专用配合料,后期20~21天用稻谷饲喂以达到体重大小适合、表皮柔韧、羽毛生长与体重同步,加工板鸭皮板色泽白亮如玉。

泰和乌鸡

登记证书编号：AGI00245

地域范围

吉安市泰和县位于江西省中南部、吉泰盆地中心，地理坐标为东经114°18′~115°20′，北纬26°28′~26°57′。泰和乌鸡农产品地理标志保护范围为泰和县所辖的16个镇、6个乡、2个场，具体包括澄江镇、碧溪镇、桥头镇、禾市镇、螺溪镇、石山乡、南溪乡、苏溪镇、马市镇、沿溪镇、塘洲镇、冠朝镇、上模乡、沙村镇、水槎乡、上圯乡、老营盘镇、中龙乡、小龙镇、灌溪镇、苑前镇、万合镇、武山垦殖场、泰和垦殖场。

品质特色

泰和乌鸡是具有特殊种质性状和经济价值的品种资源，是药、肉、蛋、观赏兼用型多用途鸡种，胆小喜静、生性活泼、群居性强、食性广杂、抱性强。泰和乌鸡

体形娇小玲珑，全身披白色丝状绒毛，皮肤为黑色，眼、喙、爪均为黑色，外貌具有"丛冠、缨头、绿耳、胡须、丝毛、五爪、毛脚、乌皮、乌肉、乌骨"十大特征。骨质及骨髓为浅黑色，骨膜漆黑发亮，舌色有深、浅两种。肉及内脏为黑色及浅黑色。

泰和乌鸡为原种丝羽乌骨鸡，其营养和药用有效成分含量丰富，高蛋白质，低脂肪，肉质细嫩，味美可口，营养丰富，粗蛋白质含量平均达52.72%，粗脂肪只占24.17%，维生素A的含量是鳗鱼的10倍，铁的含量比菠菜高10倍，锌的含量是大豆的3.3倍，同时还含有较高

的磷、钙、镁、铜、锰等。泰和乌鸡可抗诱变、抗衰老，抑制癌变基因的表达，具有益气滋阴，调节内分泌等作用。

人文历史

泰和乌鸡历史悠久，唐代陈藏器所著《本草拾遗》和唐代名医孟诜所著《食疗草本》均记载了泰和乌鸡，距今已有1 300多年。1972年长沙马王堆汉古墓出土帛书《五十二病方》中，也有泰和乌鸡的记载，距今则长达2 200多年。泰和县武山汪陂涂村的养鸡世家《涂氏族谱》中记载了他们的始祖从唐高宗甲寅年间就迁居于此地，谱述："武山北岩麓下，松林杂植，森罗左右，溪水汪汪，长年不竭，因名汪溪。地产红冠、绿耳、白毛乌骨鸡，乡人称为羊毛鸡，性最益补，巨家显宦多购求之。"明代的李时珍在《本草纲目》中写道："泰和老鸡甘平热无毒……产于江西泰和……俗传老鸡能治小儿痘疮，家家畜之……"清代《泰和县志卷四十七·杂记》载："泰和地产嘉禾，旧志曰和气所生也，故名太和，邑有酒名泰和酒，有鸡名泰和鸡……总之，旧志所称者近也。"

生产特点

泰和县位于赣中南吉泰盆地中部，井冈山脚下，河流众多，群山环抱，丘陵起伏，具有"六山一水二分田，半分道路和庄园"的江南低丘陵特色，境内地貌多样，土壤主要有红壤土、紫色土、冲积土和水稻土4种类型，富含有益营养成分。涓涓细流从山岩上顺势而下，这种矿泉水，含有泰和乌鸡生长需要的多种矿物质，有"不饮泰和水，不是泰和鸡"之说。泰和县属典型的亚热带湿润季风气候，温暖湿润，光能充足，四季分明，热量丰富，降水丰沛，季风明显，适宜乌鸡生长繁殖。

泰和乌鸡只有生长在上述特殊的气候、地貌、水土等自然环境中，才能保持其独有的特征。泰和乌鸡使用地产原种乌鸡，实行放养与圈养相结合，天然食料与配方饲料相结合，饮用的是泰和武山流下的天然矿泉水和泰和境内地下水。为保泰和乌鸡原汁原味，提倡放养，让乌鸡在大自然中觅食谷物、虫子，啄食野草、水土、瓜果等。即使圈养，其标准鸡舍也与其他鸡舍不同，由露天活动区和室内休息区两部分组成。除天然食料外，泰和乌鸡的饲料也有特殊的营养配方。

乐平花猪

登记证书编号：AGI00246

地域范围

乐平花猪产于江西省乐平市，地理坐标为东经116°53′36″~117°32′40″，北纬28°42′14″~29°23′24″，地处乐安河中上部，鄱阳湖边上。乐平花猪农产品地理标志地域保护范围包括乐平市接渡、众卜、吾口、后港、礼林、农科园5个乡镇和1个园区。

品质特色

乐平花猪的特征为"乌云盖白雪"，即毛色以黑为主，自头部沿背脊至尾根为黑色，仅额心、尾尖、四肢及下腹部为白色，头形有狮头、马脸两种。狮头品系头大、额宽、体躯高大，因其四肢下部为白色所以被称为"四蹄踏雪"，也叫"狮子头""梅花脚"。马脸品系猪头小面窄，体长腰窄，瘦肉率相对较高。

乐平花猪肉块饱满，肉色红润、皮泽油亮、皮质黏糯、肉质紧密、韧性十足；肥肉厚而如雪，瘦肉晶莹剔透，肌纤维细致直径小，在胴体成熟后大理石纹明显而且造型优雅，以细、密、匀为特点构成美丽的霜花状图案镶嵌于瘦肉中。

人文历史

乐平历史悠久，土地肥沃，物阜民丰。乐平花猪早在清同治年间（1862—1874年）就已形成，当时安徽省有人把乐平花猪大量运往徽州等地销售，促进了产区的养猪生产，农户技术成熟，在选育种猪方面积累了较为

丰富的经验，如民间流传"头大屁股齐，肚大乳七对，脚粗架档好，腰背宽又平"的选种谚语，通过长期选育，逐渐形成了现在的乐平花猪。乐平花猪加工成烤乳猪和真空包装肉销往广州等地，很受市场的欢迎。

生产特点

乐平花猪生产区域属于平原微丘区，地貌类型以低山、浅丘、平原为主。产区主要为红壤土，土壤中含有稀有的微量元素硒。乐平境内水系属长江流域鄱阳湖水系，河流众多，水库星罗棋布，地下水丰富，有利于乐平花猪生产及其特色品质的形成。乐平市属亚热带季风气候，气候温和，降水充沛，四季湿润宜人，良好的气候条件使农副产品较丰富，并有丰盛的水草，为乐平猪提供了良好的饲料。

乐平花猪从断奶到出栏，分两个阶段，20~60千克为前期，60千克至出栏为后期。采食不限量，前期每日3餐，后期2餐，吃饱为度。肉猪可以合群饲养，每栏10~20头，养殖过程中调教肉猪排便、睡觉、采食三定位。适时出栏，体重90~100千克左右出栏为宜，超过体重，会增加饲养成本，影响经济效益。

修水杭猪

登记证书编号：AGI00247

地域范围

修水杭猪产于江西省九江市修水县，地域保护范围包括西港镇、上杭乡、马坳镇、杭口镇4个乡镇，保护面积31 580公顷，地理坐标为东经113°57′41″~114°55′48″，北纬28°42′09″~29°21′36″。

品质特色

杭猪体型中等，体质疏松。头大小适中，分"狮头"和"狗头"两种，狮头猪的前额凹陷，嘴筒粗短，颜面皮皱纹多而深，群众称为"八卦脸"，颈短较粗厚，腰背较宽平，腰臀结合良好，大腿较丰满，四肢粗大，被毛稀疏；狗头猪的嘴筒长直，颈项较长，肩窄，胸狭浅，背腰部略下垂，臀略倾斜，大腿欠丰满，四肢粗有力，鬃毛发达，毛色为"乌云盖雪"，头部和背臀部呈黑色，腹部和四肢下端为白色，嘴尖呈红色，前额中央有一小撮白毛者叫"小花脸"，有一直条白毛者叫"大花脸"，耳中等大而下垂，乳头6~7对，腹大，尾尖有一硬肉刺。

人文历史

《修水县志》记载，修水杭猪的发展经历了一个漫长的过程，由产区的自然条件选择和广大农民经过长期精心培育而形成。北宋太宗年间（976—997年），修水杭口、上杭、西港、马坳一带富豪人家雇人饲养一种体格中等、性情温驯的花猪。这种花猪抗病能力强，环境适应性较强，肉质鲜美，先后被称作"赣北花猪""修水花猪""杭口花猪"等，经过上千年的选育，修水杭猪的生物特征和品种特征逐渐稳定。相传北宋时，苏东坡从杭州来到修水看望黄庭坚。在黄庭坚的家乡杭口，发现当地的猪肉很鲜嫩，于是他把红烧肉的做法稍作改良，便成为杭州一道令人垂涎的名菜——东坡肉，而杭口猪也因这道菜而闻名，成为一直流传至今的地方知名猪种——杭猪。

进入21世纪以来，当地政府加大对修水杭猪的开发和保护力度，现有杭猪养殖专业大户100户，中小型养殖户500户，带动周边2 000余户从事杭猪生产。

生产特点

　　修水杭猪产地属中低山丘陵地区，境内有修河穿境而过，水库星罗棋布，地下水蓄量充沛，水质清澈，含矿物质丰富。修水县属亚热带湿润季风气候，气候温和，四季分明，降水充沛，无霜期长，适合多种农作物生长，为修水杭猪的养殖提供了优质的饲料原料，也特别适宜修水杭猪的生长发育。

　　各生产场引进杭种猪一律只能从修水县杭猪原种场引进，对品种特征不明显的一律不得作为种用和生产杭猪。杭猪生产过程中，养殖者必须严格控制饲料，除微量元素、氨基酸、鱼粉等少量原料来自外地，主要饲料原料玉米、豆粕必须产自修水当地，全部采取干湿料饲喂，每天上午8时和下午5时定时饲喂，仔猪中午12时增加饲喂一次。肥育猪一般饲养到75千克左右出栏。

宁都黄鸡

登记证书编号：AGI00248

地域范围

宁都黄鸡产于江西省赣州市宁都县，地处江西省东南部、赣州市北部，地理坐标为东经115°40′20″~116°17′15″，北纬26°05′18″~27°08′13″。宁都黄鸡农产品地理标志保护地域范围为宁都县下辖的梅江镇、长胜镇、对坊乡、黄石镇、田头乡、赖村镇、青塘镇、竹笮乡、固村镇、固厚乡、田埠乡、会同乡、湛田乡、石上镇、安福乡、黄陂镇、小布镇、钓峰乡、洛口镇共19个乡镇。

品质特色

宁都黄鸡具有"三黄"（羽黄、胫黄、喙黄）、"五红"（冠红、髯红、脸红、耳叶红、眼圈红）、体小脚矮、母鸡尾羽呈佛手状下垂的外貌特征，并且早熟，适应性和抗逆力强，食性广杂，集群性好，外观靓丽，肉质优良，身体健壮。产蛋开产日龄135~140天，500日龄产蛋110~130枚，平均蛋重42~45克/枚。

宁都黄鸡肉质细嫩、味道鲜美、营养丰富，蛋白质含量为25.54%，7种决定鲜味和甜鲜味的氨基酸含量达10.2%，对人体健康有益的亚麻酸含量达1.11%，肌苷酸含量为43.3毫克/克，牛磺酸含量为0.65毫克/克。

人文历史

宁都黄鸡从南北朝的南宋开始至今已有1 500余年的饲养历史，宁都县目前整理出版的最早的志

书——清代道光四年（1824年）所编的《宁都直隶州记·土产记·羽类》中记载："徐铉（宋会稽人，字鼎臣，仕南唐，官至吏部尚书）曰：鸡者，稽也，能稽时也，故家住所必畜。州治及瑞（金）、石（城）产者，色不外红、白、黄、黑，重也不过四五斤，母鸡更小……贫民养鸡以为利者，乡村正复不少。"另外，《宁都直隶州志·风俗记》中又有记载，"州俗向敦淳朴，款客无逾五簋，值宴会则倍其数，复以两而杀，故有六、八、十器之语。"

生产特点

宁都县属赣南中低山丘陵区，地貌以丘陵为主，土壤肥力中等偏上，有67万亩耕地，403万亩山地，30万亩果园，为放牧饲养的宁都黄鸡提供了丰富的场地资源。宁都县境内常年性河流众多，有河流43条，水量丰富，此外水库星罗棋布，地下水蓄量充沛，水质优良。宁都县气候属于中亚热带季风湿润气候区，气候温和，四季分明，日照充足，降水充沛，夏无酷热，冬无严寒，无霜期长，特别适宜于宁都黄鸡生长。

宁都黄鸡适宜饲养于有林荫的山地、果园、竹林间，采用山地大棚散养技术放牧饲养，黄鸡能得到充足的阳光、新鲜的空气和自由运动空间，可以啄食到青草、昆虫、腐殖质和沙土，从而补充各种矿物质，饮水多为山泉水及地下水，商品鸡几乎是纯天然条件下生产出来的。扩繁场种鸡必须来自宁都黄鸡原种场，原种场种鸡应来自核心群后裔，要求种鸡群健康，外貌、体型、生产性能等均符合宁都黄鸡品种要求。在生产过程管理时，养殖户必须保持饲养环境良好，并加强种鸡与商品鸡苗选苗、饲料与饲料添加剂的配备、育雏育成鸡的饲养、种鸡饲养管理等环节，从而提升产品质量。

兴国灰鹅

登记证书编号：AGI00249

地域范围

赣州市兴国县位于雩山山区，江西省南部，地理坐标为东经115°01′~115°51′，北纬26°03′~26°41′。兴国灰鹅的原产地和主产区是兴国县辖区范围内各乡镇，中心产区为该县的潋江、长冈、埠头、高兴、古龙岗、龙口、永丰、江背、鼎龙、城岗、兴莲、方太、崇贤、隆坪、东村、均村16个乡镇，而农户家庭饲养区域遍布25个乡镇304个村。

品质特色

兴国灰鹅全身羽毛紧密呈灰色，颈前及腹下部为灰白色，背翅羽毛成波纹，嘴青，脚黄，皮肤肉黄白色，眼睛彩虹乌黑色。成年公鹅体躯较长，头较大，性成熟后额前肉瘤突起，叫声洪亮。成年母鹅体躯较短圆，后腹部较发达，性情温顺，叫声低而清亮。

成年公鹅体重达5 500克，成年母鹅体重4 800克。该品种产肉多，可食率高达66.4%，屠宰全净膛率69.12%，半净膛率83.28%，腿肌率9.25%，胸肌率11.94%，肌肉内人体必需氨基酸含量丰富，谷氨酸居多。

人文历史

兴国灰鹅饲养历史悠久，远在1 700多年前西晋时期徐铉所著的《稽神录》中，就记载了虔州平固人用鹅待客的事例；唐朝景龙年间（707—710年），"江南第一宰相"钟绍京，举荐家乡兴国饲养

的上乘群鹅作为朝廷贡品；南宋末年景炎元年（1276年），右丞相、民族英雄文天祥得"兴国灵鹅报警"打败元军；明朝初期，泰和人士陈漠来兴国郊游时亦有"桑柘即抽萌，鹅鸭尚多数"的描述。过去当地群众养鹅是继承祖业和传统家庭副业，除了食用之外，还可出售，解决家庭油、盐、酱、醋等开支。现在的兴国灰鹅饲养成活率高，产蛋量高，屠宰率高，而且肉嫩鲜美，深受广大人民的喜爱。

生产特点

兴国县地貌以低山、丘陵为主，地势由东北西边缘朝中南部倾向，形成以县城为中心的不封闭小盆地。县内河网密布，河流主要属赣江贡水支流的平固江水系。兴国县属亚热带季风湿润气候区，气候温和，降水充沛，阳光充足，四季分明，无霜期长。从整体上看，兴国县光、热、水、草资源比较丰富，有利于灰鹅的饲养和生长。

兴国县适合各种树木、野草、水草、牧草及蔬菜等的茂盛生长，尤其是群众有利用冬闲田大面积种植黑麦草的习惯，这些丰富的草资源为灰鹅特有的草食性生长条件，形成了良好的独特的生态区位地理优势。鹅群白天在户外活动和栖息的范围广，能自由觅食青草、稻谷等饲料和水土中丰富的矿物质、微量元素，气候温暖的晴天，适当放牧嬉水。

崇仁麻鸡

登记证书编号：AGI00250

地域范围

抚州市崇仁县位于江西省东部偏中，赣抚平原北端，地理坐标为东经115°49′~116°17′36″，北纬27°25′18″~27°56′20″，崇仁麻鸡农产品地理标志保护地域范围为崇仁县所辖行政区域内的7镇8乡。

品质特色

麻鸡母鸡羽毛分黄麻和黑麻两种类型，单冠、头清秀、眼有神，羽毛紧凑，冠与肉髯为红色，喙、趾呈铁青色，体型呈马鞍形，成年母鸡体重1.2~1.3千克。公鸡羽毛色彩鲜艳，雄健俊俏，羽毛棕红色，尾羽呈绿色，胸腹部羽毛红中带黑，胸部肌肉发达，头高昂，眼有神，性情活泼，单冠直立而红润，尾部高翘，喙、趾呈铁青色，体型呈菱形，成年公鸡体重1.4~1.5千克。麻鸡产蛋开产日龄150~155天，500日龄产蛋量180~200枚，平均蛋重52~53克。

麻鸡鸡肉可食部分高，人体必需的8种氨基酸含量高，维生素含量高，胆固醇含量低，肉嫩味鲜，清炖滋补，适合各个年龄段的人食用，对长精益气、健美养颜有独特的功效，有利于血液中胆固醇的降低及预防动脉粥样硬化，是儿童、老人、产妇、哺乳期妇女的滋补珍品。

人文历史

崇仁麻鸡原产于崇仁县许坊乡，又称"许坊麻鸡"。它羽毛为麻色，光滑鲜亮，酷似山中野鸡，相

传为家鸡与野鸡交配所产，迄今饲养历史逾千年。崇仁广大农户祖祖辈辈都非常喜爱饲养崇仁麻鸡，养鸡是广大农民传统家庭副业之一，除自己食用外，还出售以补贴家用。由于社会经济条件所限，崇仁人民长期以来采用放牧的方式饲养麻鸡，麻鸡白天啄食田间留下来的谷料、小虫、青菜、野草等，晚间回舍补充少许谷糠、米料等。在鸡与自然、人与鸡长期和谐共处的生态环境优选下，逐渐形成了崇仁麻鸡体小、敏捷、觅食力强、抗病力强、产蛋多、耗料少等特点。1964年，崇仁麻鸡被列入《江西省地方畜禽品种志》。

生产特点

崇仁麻鸡生产区地貌以丘陵为主，为"七山半水两分田，半分道路和庄园"，形似不完整的丘陵盆地，中南部多属海拔300米以下的中低丘陵和平原岗地，地势较缓，植被茂盛，牧草丰富，适宜麻鸡养殖。崇仁县境内主要河流有崇仁河和宜黄河，总流长达910千米，水源丰富，水质好。崇仁县属亚热带季风湿润气候，气候温和，降水充沛，光照充足，四季分明，无霜期长，年平均气温为17.5℃，年平均日照总数为1 709.4小时。崇仁县良好的气候和水土条件非常适合松树、灌木、柑橘树、茶树、桃树、李树等的栽培生长，有了这些树木和果园，加上适宜的温度、湿度、光照、水和地面覆盖的草地资源，形成了崇仁麻鸡大棚地面散养和放牧赖以生存的独特环境。

麻鸡养殖时鸡舍选址应在地势高燥、采光充足和排水良好、隔离条件好的区域，并严格执行生产区和生活区相隔离的原则，符合卫生要求，具备良好的防鼠、防兽、防虫和防鸟设施，以及良好的卫生条件。崇仁麻鸡育雏育成采用草山草坡大棚地面散养方式，种鸡采用大棚地面散养或笼养，饮水管理采用自由饮水，饮水中可以添加葡萄糖、电解质和多种维生素添加剂；饲喂管理自由采食和定期饲喂均可，种鸡育成期间限饲，饲料中可以拌入多种维生素类添加剂，进一步提升麻鸡的品质。

军山湖大闸蟹

登记证书编号：AGI00279

地域范围

军山湖大闸蟹生产范围包括江西省南昌市进贤县的军山湖、青岚湖、陈家湖等地，保护区域面积239.67平方千米。军山湖位于进贤县北部，地处东经116°11′15″~116°33′08″，北纬28°09′~28°41′；青岚湖地处东经116°11′14″~116°15′01″，北纬28°22′30″~28°25′31″；陈家湖地处东经116°20′31″~116°24′30″，北纬28°36′02″~28°40′30″。

品质特色

军山湖大闸蟹青背白肚、金爪黄毛、双螯强健、八足坚硬、蟹体厚实、反应敏捷、额齿深、第四侧齿明显、背部疣状突明显；体型肥硕，头胸甲相对较厚，肉质致密，甲壳坚硬，有光泽。母蟹有黄橙色的蟹黄，雄蟹有白玉般的脂膏；具有鲜、香、腥、肥的独特口味。

军山湖大闸蟹雄蟹内部粗蛋白质含量14%以上，粗脂肪含量5%以上，肥满度不低于0.57克/立方厘米，性腺占体重的2%以上。雌蟹粗蛋白质含量15%以上、粗脂肪含量9%以上、肥满度不低于

0.46克/立方厘米，性腺占体重的8%以上。

人文历史

军山湖出产大闸蟹至今已有300多年的历史。据清康熙十二年（1673年）的《进贤县志》记载，进贤物产中"介类"有"龟、鳖、蟹、虾、螺、蚌、鼋"，这是在进贤能找到的最早与"蟹"有关的史料。现在军山湖大闸蟹知名度不断扩大，连续多年参加全国河蟹大赛获得"蟹王""蟹后"和"金蟹"奖。

生产特点

进贤县素有"三山三水三分田，一分道路和庄园"之称，全县拥有水域总面积87.57万亩，其中可养水面达46万亩。县境内的三大湖泊面积达36万亩，是进贤县河蟹产业的主体水面。湖区远离工业区，水质良好，丰富的底栖动物和水草资源，为河蟹提供了丰富的饵料。进贤县属亚热带季风型气候，气候温和，降水充沛，日照充足，无霜期长。多年平均气温17.7℃，非常适合军山湖大闸蟹的生长。

军山湖大闸蟹良种培育采取从军山湖挑选长江水系中华绒螯蟹特征明显的雌蟹，从江苏省或安徽省水质较好的大型湖泊挑选长江水系中华绒螯蟹特征明显的雄蟹作为亲本，送到江苏省沿海军山湖大闸蟹定点蟹苗繁殖场繁殖蟹苗，投入军山湖、青岚湖、陈家湖养殖，保证了军山湖大闸蟹的品种纯正。军山湖大闸蟹实行全生态养殖模式，严格规范苗种培育、成蟹养殖、成蟹暂养和商品蟹销售各个环节，同时控制放养密度，确保大闸蟹的品质特色。

瑞昌山药

登记证书编号：AGI00280

地域范围

瑞昌山药产于江西省瑞昌市辖区内21个乡镇（场），产区海拔60~600米，紧靠北回归线。瑞昌山药农产品地理标志保护地域主要集中在瑞昌市辖区内的南阳、高丰、桂林、横立山、白杨、洪下、夏畈等乡镇，地理坐标为东经115°19′44″~115°73′82″，北纬29°42′76″~29°81′56″。保护区域面积20 000亩。

品质特色

瑞昌山药是家山药的一种，当地百姓习惯称之为"真山药"，其作为蔬菜营养丰富、美味可口，作为药材具有较高的药用价值。瑞昌山药个头适中，块茎长棒形；表皮淡黄或浅棕黄色，光泽鲜亮；上部毛孔多，须根密，多呈水平方向生长；中下部表皮光滑，毛孔较稀，须根少而短，毛孔下陷；颈部灰棕色，密生棕褐色细根；肉质洁白，组织细密，黏液多，烹调时久煮不糊。

瑞昌山药其块茎含有淀粉16%、蛋白质2.7%、脂肪0.2%、碳水化合物14%、维生素C 5毫克/100克、皂甙50微克/100克，以及消化酶、胆碱、碘、钙、多种维生素与微量元素等。

人文历史

瑞昌山药历史悠久，据明代隆庆年间（1567—1572年）的《瑞昌县志》记载，当时瑞昌山药就是本地主要物产之一，至今已有近500年的种植历史。据民间流传，瑞昌山药早在唐朝就成为了朝廷的贡

品。相传，唐明皇为给杨贵妃美容、健身丰乳，搜觅天下灵丹妙药、山珍海味。朝中群臣绞尽脑汁、费尽心机，不遗余力纷纷到民间搜觅奇药妙方。有一地方官得知瑞昌山药有滋阴益气、和胃健脾，润肤养颜、延年益寿之功效，便令速速选送数箱，写明烹调之法，报呈进贡。杨贵妃食用山药之后，肤色更加白里透红，青春焕发，精力充沛，唐明皇龙心大悦，对瑞昌山药赞不绝口，赐其雅号"南参"。从此瑞昌山药便列为皇家贡品，享誉皇家，名扬天下，成为当地的传统名优特产。

生产特点

瑞昌市地貌主要为丘陵、低山，地势高燥，地下水位低，土层深厚达80毫米以上，土壤为棕色石灰土和红色石灰土，富含有机质，呈中性或弱碱性，盐基饱和度大，耕作层疏松呈粒状结构，适宜山药栽植。瑞昌市位于长江南岸，境内河网密布，水系完整，水土保持良好，水资源丰富。瑞昌市属中亚热带北缘的湿润性季风气候区，热量丰富，日照充足，四季分明，降水充沛，无霜期长，适宜于瑞昌山药各阶段的生长。

瑞昌山药适应性强、品质优、耐贮存。留种山药块茎应选萎缩、中上部具有隐芽的块茎，2月中旬至3月上旬播种，穴播，苗高30厘米时要及时割茅覆盖、立架。瑞昌山药耐旱力强，一般降水即可满足其生长的需求，生产中要合理施肥。在霜降时期，选择晴天收获，采收时，利用山药挖掘机或采收专用机械，获得完整的山药块茎。

三湖红桔

登记证书编号：AGI00281

地域范围

三湖红桔原产于江西省吉安市新干县，赣江两岸冲积性平原地带，地理坐标为东经115°14′48″~115°43′54″，北纬27°30′09″~27°57′50″。三湖红桔农产品地理标志保护范围包括三湖镇所辖全部行政村，荷浦乡巷口村、南头村、莒洲村、玉堆村、古巷村、侯府村，界埠乡湖东村、坑口村、界埠村、莲塘村、上好村、郑家村、湖田村，大洋洲镇程家村、杨家村、新市村，溧江乡王山村、石口村，桃溪乡板埠村，保护面积2 150公顷。

品质特色

按植物分类学，三湖红桔属宽皮橘类。三湖红桔果形扁圆，色朱红或橘红，纵径3.4~4.0厘米，横径4.5~6.5厘米，单果平均重55克左右，果皮薄，光滑，易剥。果实手感紧实、皮肉紧贴。每果囊瓣7~8瓣，汁液多，可溶性固形物含量11%~12%，柠檬酸含量1.04%，果汁中维生素C含量38.73毫克/100毫升，可食部分达75%，肉质细嫩，甜酸适度，营养丰富，美味可口，风味浓郁。

人文历史

三湖红桔是江西省的著名特产，三湖镇为其主要产区。三湖红桔栽培的起始年代，可追溯到公元3世纪的西晋时代，迄今至少有1 700余年的历史。西晋张华所著《博物志》

记载："橘柚类甚多，柑、橙、枳皆是，豫章郡出其真者。"按晋代行政地理区划，豫章郡辖16县，县中除新淦（新淦县就是现在的新干县）、清江（赣江故道，今袁河以东部分晋代亦属新淦）之外尚未见种植柑橘、橙的记载。据清道光三年（1823年）《新淦县志》载："新淦土宜柑橘，不减洞庭，亦以近水植者为佳。陈藏器云，柑有朱柑、黄柑、乳柑、石柑、沙柑，橘有朱橘、乳橘、塌橘、山橘、黄淡子，此南方之果，闽广温台苏抚荆州为盛。"

生产特点

新干县位于江西中部，地貌以低山丘陵岗地为主，适宜三湖红桔生长发育的土壤有潮土、红壤土、水稻土、紫色土，老产区多为潮土，新产区以红壤土为主，土层深厚，通气性良好，具有夜潮性，供肥性能好，有机质分解快，氮磷含量稍高。境内河道纵横交错，水库星罗棋布，农田得到自流灌溉，地下水蓄量充沛，水质良好。新干县属亚热带湿润气候，夏季最长，日照较充足，年平均气温17.6℃，无霜期276天，年平均降水量1 571.8毫米，有利于三湖红桔生长。

三湖红桔主要栽培品种为九月黄。三湖红桔良好品质的形成是各种气候因素和农艺技术共同作用、相互制约、综合体现的结果。在气候条件相同的情况下，土壤肥水管理到位是决定三湖红桔品质好坏的关键因素。朴实勤劳的新干人民善于精耕细作，在树体管理上形成了独特的修剪技术，在肥水管理上，三湖红桔一直沿用施用豆饼肥、菜饼肥和腐熟人畜粪尿等有机肥的传统，从而保证了三湖红桔的品质地道和优良。

井冈红米

登记证书编号：AGI00312

地域范围

井冈红米产于江西省井冈山市，地理坐标为东经114°15′08″~114°19′48″，北纬26°40′46″~26°42′01″。井冈红米的地域保护范围包括小通村、拿山村、南岸村、贵溪村、沟边村、江边村、北岸村、胜利村、口前山村、沉塘村、菖蒲村、复兴村、厦坪村共13个村。

品质特色

井冈红米表皮红色，生嚼味香，腹白细小，生育期较长，生长在气温、水温相对较低的山区（山泉水），因此米质较好、品质优，营养丰富。

井冈红米含有丰富的淀粉与植物蛋白质，红米色素是一种天然的色素，没有毒性。此外，井冈红米还富含铁、磷、维生素A、B族维生素、泛酸、维生素E、谷胱甘胺酸、黄酮类化合物等营养物质。近年来，通过动物实验和临床试验，初步证明红米具有清除自由基、延缓衰老、改善缺铁性贫血以及免疫调节等多种生理功能。

人文历史

井冈红米在当地生产已有300多年的历史。据史料记载，井冈山种植红米的历史始于唐代，宋元明清等各个时代都有种植。中国工农红军在井冈山坚持斗争时期，红米的种植面积已达全市1/3，革命歌谣"井冈山好地方，红米饭南瓜汤，餐餐吃得精打光,天天打胜仗",使井冈红米名扬中外。为推动产业发展,现当地已开发研制出了红米酒、红米饮料、红米八宝粥等食品。

生产特点

井冈红米生产区域远离城镇、村庄、工业区及交通要道,产地三面环山,环境无污染,90%的土地为沙壤土,pH值4.0~5.7,有机含量高。产区农田灌溉用水全部为经过森林净化的山林榨水,水质纯净。井冈红米产地属亚热带湿润季风气候区,气候温和,四季分明,降水充沛,适合井冈红米生长。

生产井冈红米通常选用的品种为赣晚籼33、华南红米、软红米。水稻田实行"水稻—绿肥"两季耕制作,冷浸田、积水田实行"水稻—冬翻"耕作制。生产模式实行"猪—沼—稻"模式,确保有机肥源。井冈红米各个时期的灌水原则是"带水插秧,浅水返青,浅显分蘖,够蘖晒田,中水护胎,有水抽穗,寸水扬花,浅湿灌浆,湿润壮籽,黄熟落干,干田收割"。能灌能排的稻田冬前要全部播种红花草,翻耕时,有多的红花草可收获用作饲料或撒到其他田块。农作物秸秆(稻草、豆秸、油菜秸等)不丢弃,实行过腹还田、入沼还田或堆沤还田,本田秸秆也可直接覆盖还田。

萍乡红鲫

登记证书编号：AGI00313

地域范围

萍乡红鲫产于江西省萍乡市，萍乡市位于江西省西部，地理坐标为东经111°36′~114°26′，北纬27°31′~28°00′。萍乡红鲫地域范围包括萍乡市下辖的老关镇、下埠镇、湘东镇、青山镇、安源镇、福田镇、赤山镇、芦溪镇、上埠镇、新泉乡、省级萍乡红鲫良种场、福田镇萍乡红鲫养殖示范区，共10个乡镇、1个良种场和1个示范区。

品质特色

萍乡红鲫通体呈红色，鳃盖、鳞片透明。萍乡红鲫肌肉中氨基酸含量丰富，其中人体必需的8种氨基酸占氨基酸总量的39.55%，此外，还有适量的钾、钙、钠、

磷、锌、铁等。

人文历史

据《萍乡地方志》记载，萍乡红鲫属鲫的一个变异类型，是萍乡独特的地方品种，已有300多年的养殖历史。萍乡红鲫是萍乡独有的水产种质资源，1999—2005年，经7年6代的选育，品种具有生长速度加快、抗逆抗变力增强、体色纯度达98%的特点。其独特的遗传机理，为鱼类遗传育种和水生生物工程提供了一个较好的应用素材。2008年1月，该品种通过了国家良种委员会的品种审定，并正式命名为萍乡红鲫。

生产特点

萍乡地形以丘陵为主，有山地、丘陵、河谷、平川交错分布，境内有4条主要内陆河流，水资源丰富，水质优良。萍乡属典型的亚热带气候类型，四季分明，年平均光照时间为1 581小时，年平均气温17.2℃，无霜期270天，年平均降水量为1 576.7毫米，4—6月为雨季，适宜萍乡红鲫的生长和发育。

萍乡红鲫由于长期的地理隔绝和环境因素作用，在萍乡市存活和养殖已有300多年，萍乡地区的地形地貌、水文气候以及较为封闭的萍水水系，为萍乡红鲫的生存和变异提供了特殊的生态环境。萍乡红鲫鱼种放养池塘严禁混入鲤鱼和其他品种鲫鱼。萍乡红鲫属底层鱼类，生产中必须进行驯食，使鱼上浮集中摄食，此外还要经常巡塘，观察池鱼动态，并适时补充新水，更换老水，调节水质，以利鲫鱼生长。

南丰蜜橘

登记证书编号：AGI00332

地域范围

南丰蜜橘原产和主产于江西省抚州市南丰县，地理坐标为东经116°09′~116°45′，北纬26°51′~27°21′，保护地域包括琴城镇、白舍镇、太和镇、桑田镇、洽湾镇、市山镇、紫霄镇、莱溪乡、太源乡、三溪乡、付坊乡、东坪乡和长红垦殖场，共7个镇5个乡1个垦殖场，辖176个村，保护面积1 920平方千米。

品质特色

南丰蜜橘风味独特，品质优良，香气醇厚，具"圆润秀小、色泽金黄、皮薄多汁、酸甜适口、少核化渣、清香独特、营养丰富"的独特品质。南丰蜜橘果实小，单果重25~50克，果形扁圆，果皮薄，平均果皮厚0.11厘米，橙黄色有光泽，油胞小而密，平生或微凸，囊衣薄，汁胞橙黄色，柔软多汁，风味浓甜，香气醇厚，种子1~2粒或无核，品质优良。

南丰蜜橘营养丰富，富含有人体所需的还原糖、柠檬酸、蛋白质、无机盐、胡萝卜素，以及维生素A、B族维生素、维生素C、维生素E、维生素P等多种维生素。南丰蜜橘还具有一定的药用价值，橘肉、橘皮、橘络、橘核、橘叶皆可利用，具健胃、解毒、润肺、化痰等良好的医疗功效。

人文历史

南丰蜜橘在唐开元年间（713—741年）即有栽培，且被作为贡品进贡皇室，因而又称为贡橘，自唐伊始，宋、元、明、清各朝均将其列为贡品。南丰蜜橘古称乳橘，因其味甜如蜜，所以被人们

称为蜜橘,销往外地,冠以地名,即称为南丰蜜橘。据我国柑橘界泰斗章文才先生考证,唐朝中期进贡给唐明皇宠妃杨贵妃享用的乳橘即南丰蜜橘。近千年来,历史上文人墨客留下了许多关于南丰蜜橘的千古佳句,曾巩、陈三立、田汉等就为南丰蜜橘写下了不朽的诗篇。

生产特点

南丰县属中低山丘陵地区,种植土壤主要为红壤土、沙质壤土、冲积土、紫色土和水稻土,产地土壤 pH 值 4.5~6.5,适宜南丰蜜橘栽植。南丰境内有盱江穿境而过,有潭湖水库和车么岭水库两大水库及众多的小水库,地下水蓄量充沛,灌溉水水质为软水,水质清澈,含丰富矿物质。南丰县属中亚热带季风气候区,四季分明,降水充沛,干湿十分明显,日照充沛,4—6月多雨,有利于培育高品质的南丰蜜橘。

南丰蜜橘生产选优良的枳壳砧种,枳壳高10厘米左右移栽。凡生长发育充实的春、夏、秋梢,均可用作接穗,接穗从成年母树上采集,嫁接方法常采用切接法、芽接法、腹接法。苗木出圃后栽植,因地制宜,实行计划密植和宽敞行密株栽植,同时加强土肥水管理,根据苗木生长情况进行整形修剪。

奉新大米

登记证书编号：AGI00422

地域范围

奉新大米种植区域为江西省宜春市奉新县所辖的赤岸镇、赤田镇、宋埠镇、干洲镇、澡下镇、会埠镇、罗市镇、上富镇、冯川镇、澡溪乡、仰山乡、甘坊镇、柳溪乡、石溪街道、百丈山风景名胜区、干垦场、东垦场、农牧场，共18个乡镇（场、街道、区），地理坐标为东经114°45′~115°33′，北纬28°34′~28°52′。

品质特色

奉新大米外观呈青白色或精白色，具有光泽，呈透明或半透明状，米粒大小均匀，坚实丰满，粒面光滑、完整，很少有碎米、爆腰、腹白，不含杂质；加水煮沸

后味佳、有清香、微甜，米饭冷后不回生。奉新大米垩白粒率6%~13%，垩白度4%~7%，直链淀粉含量15%~17%，胶稠度70~100毫米，粒长6~8毫米，粒型长宽比3.0~3.6，蛋白质含量6.1%~7.5%。

人文历史

奉新县素以"贡米产地"和"优质米之乡"而闻名，奉新县种植大米历史悠久，早在《宋史》和《天工开物》中就有记载。据《奉新县志》记载，明朝时奉新柳条红米就进贡到朝廷，成为朝廷御用大米。奉新县是首批国家商品粮基地县，奉新大米远销北京、上海、厦门等全国30多个大中城市。

生产特点

奉新县水稻土是紫红色泥页岩母质发育的土壤，土壤有机质中等偏高，属半山区半丘陵地貌，呈"七山半水二分田，半分道路和庄园"的布局。奉新县境内河网密布，河流以贯穿县中心的南潦河和东北隅的北潦河为主，呈羽状覆盖，并有大中小型水库122座，山塘399座，引水工程286座，提水工程66座，布局合理，有效灌溉面积达31万亩。奉新气候条件适宜，属亚热带湿润气候，四季分明，气候温和，日照充足，降水充沛，非常有利于水稻生长。

奉新大米早稻一般在3月下旬播种，中稻一般在5月中下旬播种，晚稻安排在6月中下旬播种。双季早稻和一季稻一般采用塑盘育秧，双季晚稻一般采用湿润育秧，秧龄控制在20~25天。大田移栽培（抛栽）之后，施肥坚持有机肥为主、化肥为辅的原则，并按照水稻的生长情况及时灌溉，确保大米产量和品质。

生米藠头

登记证书编号：AGI00423

地域范围

生米藠头产于江西省南昌市新建县生米镇，产区位于生米大桥西桥头，地域范围包括璜溪村、东城村、夏宇村、胜利村、南路村、安丰村、中堡村、文青村、相里村、郡塘村、长岗、富乡村、铁路村、青岚村、摄溪村、南星村、生米村、黄佩村、山图村、朱岗村、感里村、曾港村、斗门村、渔业村24个行政村，以及石埠乡、西山镇、石岗镇、流湖乡、厚田乡，地理坐标为东经115°31′~116°25′，北纬28°20′~29°10′。

品质特色

生米藠头成株叶浓绿色，细长管状，三角形截面，叶鞘抱合成假茎，基部形成

粗的鳞茎（即藠头），鳞茎球形。藠头呈白色或黄白色，表面润泽光亮，外形饱满丰润，呈现坚挺脆润状态，口感脆甜、香味浓郁、细嫩无渣。

生米藠头营养价值高，富含蛋白质、胡萝卜素、碳水化合物、维生素、粗纤维和矿物质等。

人文历史

藠头系新建县生米镇生产的独特品种。当地人在接待远方最尊贵的客人时，惯以擂茶加藠头相待，有诗曰："束比青刍色，圆齐玉箸头。衰年关膈冷，味暖并无忧。"可见其美名之广。

生米藠头人工种植有100多年的历史。1985年开始，当地政府与省市科研部门合作，经过10年的努力，培育出优良的藠头品种，并逐渐打响了生米藠头的品牌。生米镇于2004年被评为"中国藠头之乡"。2007年，生米藠头获名优农产品（上海）展销会银奖；2008年，生米藠头获中国绿色食品博览会金奖。

生产特点

新建县境内4/5面积为丘陵，1/5面积属滨湖地区，产区土壤90%为壤土或黏壤土，pH值6.5~7.5。境内有赣江支流星罗棋布，田地得到自流灌溉，地下水充沛，水质为软水。生米藠头产地属内陆亚热带湿润季风气候，气候温和，四季分明，降水充沛，无霜期长，适合生米藠头生长。

生米藠头产地环境质量必须良好，品种通常选用抗病虫、抗寒、耐热、分株力强、外观和内在品质佳的大叶藠本地品种为主，并引进优良品种长柄藠和新建一号藠2个品种，通过种植从而筛选出优质、高产、高效的适合生米镇种植的藠头主推品种和搭配品种。

南城麻姑仙枣

登记证书编号：AGI00424

地域范围

南城麻姑仙枣农产品地理标志地域保护范围包括江西省抚州市南城县境内地区，盱江沿岸里塔镇、建昌镇、万坊镇、株良镇、新丰街镇、上唐镇、天井源乡、洪门镇、龙湖镇、沙洲镇、徐家乡等乡镇，地理坐标为东经116°24′~116°57′，北纬27°18′~27°47′。

品质特色

南城麻姑仙枣果形近圆形或椭圆形，果形端正，果皮油亮，甜度适中，口感脆爽，水分充足，皮薄肉脆，啖食无渣。南城麻姑仙枣单果平均重14.9克，果实横径为28.4~35.1毫米，含糖量为15%~25%，总酸含量为0.21%~0.42%，维生素C含量75毫克/100克以上，被人们称为"活维生素C丸""青春果"。另外，南城麻姑仙枣中还富含一种叫做环磷酸腺苷的物质，临床证明这种物质

对冠心病、心肌梗死、心源性休克等疾病有疗效。

人文历史

南城建县于汉高祖五年（公元前202年），距今已有2 200多年的历史，是江西省最早建县的18个古县之一。枣不仅是南城县农民从古到今栽植的果树品种，而且也成为南城县的丰富文化积淀。据1991年版的《南城县志》记载，南城县沙洲镇的黄狮村、临坊村等地为枣的老产区。自古以来，南城的农民家家户户都有在房前屋后种植枣树的习惯，

品种有蜜枣、半边红等，其中，半边红与现在的南城麻姑仙枣形态相近、品味相当。1960年，南城县农业局技术人员在麻姑山下一片果园里找到一株果实成熟早、水分充足、果面光亮、口感脆爽的鲜枣树，第二年嫁接了20余棵苗，种植在株良镇、里塔镇等地，后又在上唐镇、天井源乡、建昌镇、徐家乡等地种植，从此开始规模种植南城麻姑仙枣。

生产特点

南城县地处武夷山西翼地带，为典型的丘陵低山区，土壤以红壤和紫色土为主，土层深厚，土壤平均有机质含量为1.2%。南城县有大小河流73条，地表水源丰富，水质保持良好。南城县属中亚热带季风湿润气候区，气候温和，热量丰富，降水充沛，光照充足，四季分明，无霜期长，对枣类生产十分有利。

南城麻姑仙枣生产过程中，生产者应注意移栽定植后的麻姑仙枣应在4年以后进行环剥或环割，并及时拔除杂草，根系周围禁止锄草，以防损伤根系。7月末至8月中旬，果实全部进入白熟期并且有部分转红为适时采收期，用手工采收，而且不可用水洗。

黎川茶树菇

登记证书编号：AGI00425

地域范围

黎川茶树菇农产品地理标志地域保护范围为江西省抚州市黎川县境内，地理坐标为东经116°42′~117°10′，北纬26°59′~27°35′，保护区域总面积1 728.56平方千米。

品质特色

茶树菇菌盖颜色多为茶褐色，具有特有的香味。菌盖初生，后逐平展，中浅褐色，边缘较淡。菌肉白色、肥厚。菌褶与菌柄成直生或不明显隔生，初褐色，后浅褐色。菌柄中实，长4~12厘米，淡黄褐色。菌环白色，膜质，上位着生。孢子卵形至椭圆形。

茶树菇蛋白质含量高达19.55%，含有人体必需的8种氨基酸，并且有丰富的B

族维生素，以及钾、钠、钙、镁、铁、锌等矿物质元素。茶树菇性甘温、无毒，有健脾止泻之功效，并且有抗衰老、降低胆固醇、防癌和抗癌的特殊作用。

人文历史

20世纪末，黎川县在原有茶树菇栽培技术的基础上与南昌大学、北京同仁堂制药公司等单位开展技术合作攻关。黎川茶树菇先后获得第三届中国乡（镇）企业出口商品展览会金奖、北京国际发明博览会金奖、国际名牌食品奖；黎川茶树菇被原国家科委列入"全国万村致富项目"，被原国家经贸委列入"国家重点工业试验项目"，被江西省列入"科技开发重点项目"。在1995年泰国曼谷亚太交流会上，黎川茶树菇被列为"亚太国际投资大陆重点项目"。

生产特点

黎川地属侵蚀丘陵，全境平均海拔400米左右，主要土壤为红壤，多为弱酸性。境内主要有黎滩河、资福河及龙安河三条水系，三河均汇入南城县境内的洪门水库，水量丰富，水质良好。全县年平均气温17~18℃，全年无霜期300天以上，四季更替分明，热量丰富，雨量充沛，4—6月降雨较为集中，有利于茶树菇的生长发育。

茶树菇生产主要采用室内栽培方式。茶树菇是一种对木质素、纤维素分解能力较弱的木腐菌，野生茶树菇仅着生于油茶树上，经人工驯化后，可利用油桐、枫树、柳树、栎树、白杨等阔叶树作栽培材料，但以材质较疏松、含单宁成分较少的杂木屑较适应茶树菇生长，并可充分利用麸皮、米糠、饼肥、蔗渣、稻草、棉籽壳、菌草等作为氮源与碳源。茶树菇属中温型食用菌，好气，喜弱酸性环境，子实体具有趋光生长特性，适宜的漫射光是完成正常生活史的必要条件。茶树菇不仅菌盖可食，且菌柄也十分脆嫩，应在子实体长出后，菌盖尚内卷、孢子还未大量发生时连盖带柄一起采收。

东乡绿壳蛋鸡

登记证书编号：AGI00426

地域范围

东乡绿壳蛋鸡产于江西省抚州市东乡县，地理标志地域范围包括孝岗镇、虎圩乡、小璜镇、红星垦殖场、圩上桥、占圩乡、邓家乡、王桥乡、杨桥殿镇，地理坐标为东经116°25′~116°45′，北纬28°10′~28°25′。

品质特色

东乡绿壳蛋鸡体躯菱形，羽毛分黑羽、黄羽、麻羽、白羽和芦花等羽色，羽毛为片状紧凑，喙、冠、皮、肉、骨、趾均为乌黑色和白色两种。母鸡单冠直立，冠齿5~6个，眼大有神，大部分耳叶呈浅绿色，肉垂深而薄，胫细而短，成年体重1.2~1.4千克；公鸡雄健，鸣叫有力，单冠直立、暗紫色，冠齿7~8个，肉重深而大，自叶紫红色，颈羽、尾羽泛绿光且上翘，体重1.4~1.6千克，体型呈"V"形。

东乡绿壳蛋鸡均产绿壳蛋，其蛋壳颜色深绿，胆固醇含量449~512毫克/100克，蛋白质含量13.4%~13.7%，富含人体必需的8种氨基酸，维生素B_1含量0.125~0.129毫克/100克，维生素B_2含量0.421~0.428毫克/100克。

人文历史

东乡绿壳蛋鸡以产绿壳蛋而得名,曾荣获国家星火计划项目一等奖、国家丰收一等奖,并被列入《江西省省级畜禽遗传资源保护名录》。

生产特点

东乡县土壤按利用属性划分为农业土壤和自然土壤两大类。农业土壤即耕作土壤,境内分布最广;自然土壤又称山地土壤,分为红壤和红壤性土。东乡县境内有北港、南港、铁山港、瑶河、跳石港等河流,水量丰富,水质良好。东乡县属亚热湿润气候区,四季分明,气候温和,日照充沛,非常适宜农作物、经济作物的生长和家禽繁殖,是东乡绿壳蛋鸡养殖的理想环境。

东乡绿壳蛋鸡生产场地选择在地势较高的阳坡。东乡绿壳蛋鸡易受惊吓、易应激,因此要求养殖场地较大,人事活动较少。生产中避免与其他的鸡种混养,尤其是其他品种的公鸡,以免影响下代的品种纯度。该品种鸡群集力强,饲养多少要根据视场地大小而定,密度大易造成损失。喂料时因根据鸡的阶段选择全价料,给料要照顾一些弱小的鸡。

兴国红鲤

登记证书编号：AGI00427

地域范围

兴国红鲤地理标志登记的位置为江西省赣州市兴国县行政区划范围内的所有水域范围，包括兴国县所辖的潋江、长冈、鼎龙、城岗、枫边、良村、崇贤、方太、高兴、茶园、均村、永丰、隆坪、埠头、龙口、社富、杰村、江背、东村、兴莲、樟木、古龙岗、梅窖、兴江、南坑25个乡镇所属范围的全部水域，地理坐标为东经115°01′~115°51′，北纬26°03′~26°41′。

品质特色

兴国红鲤头、背部及身体两侧呈鲜红色或橘红色，腹部为乳白色或金黄色，全身无黑点或其他杂斑，体色鲜红、色彩艳丽、游姿优美、活泼可爱、惹人喜欢。其个体长大，呈纺锤形，体长与体高之比为2.65~3.80，平均值为3.30，体长与体宽之比为4.65~5.10，体长与头长之比为3.10~4.80，体长与尾柄长之比为5.70~6.30。兴国红鲤肉质鲜嫩，味美可口，营养丰富，品味独特，其蛋白质和脂肪含量均比普通鲤鱼高，不但有健脑补脑、滋阴降火、理气补血、强体健身的作用，而且孕妇在怀孕前期食用还有安胎补胎的效用。

人文历史

兴国红鲤至今已有1 300余年的养殖历史。据《兴国县志》记载，唐高宗咸亨至永淳年间，唐朝名人钟绍京（后来因勤王功

绩显著官拜中书令越国公，再升为户部尚书兼太子詹事、太子太傅等职）在兴国县东放生红鲤鱼。兴国红鲤定名前曾被称为"铜环鲤""金狮鲤""兴国的红鲤鱼"，直到1975年才正式定名为兴国红鲤。兴国县有许多以鲤鱼为名的地名保留至今，如"鲤公寨""鲤婆寨""鲤形岭""鲤鱼岭下""鲤鱼氹"等。为促进红鲤产业发展，当地建有"国家级兴国红鲤良种场"。

生产特点

兴国县位于罗霄山脉以东，武夷山以西的雩山山区，以低山、丘陵为主，局部有中山分布。兴国境内水源发达，属赣江支流的有平固江、梅江、孤江、良口河、云亭河等水系，河网密布，流域面积10平方千米以上的河流有53条，雨水充沛，径流丰富。兴国县属亚热带季风湿润气候带，四季分明，气候温和，年平均日照时数为1 929.3小时，多年平均降水量为1 525毫米，有利于鲤鱼的生长和繁殖。

兴国红鲤具有体色全红、色彩艳丽、生长迅速、抗逆性强、食性广杂、易繁易育、少病好养、贪食集群等优良特性，是常规淡水养殖、网箱养鱼、工厂化等现代集约化养殖的理想对象，也是点缀庭院、衬托景观、美化环境、旅游观光、休闲垂钓的首选品种。亲鱼投喂配合饲料、菜饼、豆饼等富含蛋白质的饵料；鱼苗下塘后投喂蛋黄、豆浆、米糠或麦麸粉等饲料。养殖中可搭配一定数量的草、鲢、鳙、鳊、鲂，当年可养成单尾重300克左右的个体。

彭泽鲫

登记证书编号：AGI00428

地域范围

彭泽鲫产于江西省九江市彭泽的彭泽湖，地理标志地域范围包括太泊湖农业综合开发区、太泊湖水产养殖场、彭泽县水产养殖场、芙蓉农场、彭泽鲫良种场、浩山乡、芙蓉墩镇、定山镇、马当镇、龙城镇，共10个养殖单位。地理坐标为东经116°40′40″~116°46′44″，北纬29°55′00″~29°58′20″。

品质特色

彭泽鲫鱼背部呈深灰黑色，腹部灰白色，各鳍条呈青黑色，奇鳍颜色较偶鳍更深，体形长，头短小，吻钝，唇较厚，眼中等大，无须，尾柄高。彭泽鲫营养价值高，含人体所需的8种必需氨基酸，蛋白质含量18.28%~20.1%，脂肪含量1.20%~2.24%，灰分1.06%~1.33%。

人文历史

《彭泽县志》记载，彭泽鲫是江西省水产科学研究所和九江市水产科学研究所于1983年开始，历时6年7代定向选育得来的地方名优产品，1993年被农业部推选为淡水优良养

殖品种，2005年彭泽县获得"中国鲫鱼之乡"称号。

生产特点

彭泽县位于长江下游，西北部为滨江湖平湖，间杂低丘岗地，东南部为低山陵彭泽，能排能灌。彭泽县内主要有长江、太泊湖、芳湖等天然水域，水质较好，水域纵横交叉，天然水系和优质地下水源为彭泽鲫养殖提供了有利条件。彭泽鲫的养殖过程适应亚热带季风湿润气候，降水丰沛，日照充足，四季分明，无霜期长，20℃以上的鱼类生长旺季达6个月左右，非常适宜彭泽鲫天然养殖。

彭泽鲫的苗种培育分为鱼苗到夏花和夏花到冬片两个阶段，并根据各阶段鱼的习性和食性不同，需采用相应的管理措施。日常管理过程中，投饵很关键，夏花下塘1~2天后，就可进行驯化养殖，人站在栈桥上，敲打饲料桶或敲打栈桥几分钟后开始投一点饵料，让鱼习惯于听到某一种声音后就知道是投饵时间，形成条件反射。驯化前期阶段，每次投饵时间在1小时左右，之后每天投喂2~3次，做到早开食，晚停食，投饵过程贯彻慢一快一慢的原则。当年彭泽鲫可长到250克左右的商品鱼，成活率90%以上。

广丰白耳黄鸡

登记证书编号：AGI00429

地域范围

广丰白耳黄鸡农产品地理标志保护地域为江西省上饶市广丰县行政区划内，分别是永丰街道、芦林街道、丰溪街道、下溪镇、洋口镇、霞峰镇、枧底镇、湖丰镇、壶峤镇、大南镇、排山镇、吴村镇、东阳乡、五都镇、大石乡、泉波镇、毛村镇、嵩峰乡、桐畈镇、沙田镇、横山镇、少阳乡、铜钹山镇23个乡镇（街道），保护区域面积1 377.79平方千米，地理坐标为东经118°01′18″~118°29′15″，北纬28°31′30″~28°37′23″。

品质特色

广丰白耳黄鸡属小型蛋鸡品种，具有体型小，产蛋量多，蛋较大，性情活泼好动，觅食能力强，能很好地适应农村放牧饲养条件等优良特性，是小型蛋鸡和优质肉鸡的宝贵品种资源。其体型较小，躯体长，羽毛紧凑，三黄（毛黄、眼黄、脚黄），白耳，单冠，虹彩枯黄色，肉垂红色，外观优美。成年公鸡体重1.3~1.4千克，母鸡1.1~1.2千克，白耳为本品种特有显性性状。广丰白耳黄鸡开产日龄145~150天，500日龄产蛋量200~220枚，500日龄个体蛋重52~55克。

人文历史

广丰白耳黄鸡饲养历史悠久，广丰流传有"黄鸡补、麻鸡苦、白鸡只能当豆腐""吃了炖黄鸡不食参茸芪"之说，当地农民有偏爱饲养白耳黄毛鸡习惯，认为其外表美观协调，肉质优良，这种特殊的爱好是白耳黄鸡这个优良地方品种形成的主要原因。

《广丰县志》记载,北宋靖康元年（1126年）,集味堂名医占白银用白耳黄鸡为抗金名将祝叔夜大军治病。元朝大德四年（1300年）,在信州永丰（今广丰）县尹王祯著的《农书·畜养篇》中写道:"鸡鹅取一岁再伏者为种,六年以上老,不复生伏矣,宜去之。"1960年,白耳黄鸡被收录入《江西省畜禽品种志》。

生产特点

广丰县属半山地半丘陵地区,土壤类型比较复杂,以红壤、水稻土、紫土居多,土质肥沃,并含有丰富的矿物质和各种微量元素,适宜水稻、高粱和豆科作物。广丰县境内主要河流为丰溪河,有10条支流汇入,另建有中型水库3座,小型水库134座,地下水同样丰富,水质较好。广丰县属中亚热带季风湿润气候,光、热、水资源丰富,气候温和,湿度适宜,降水充沛,无霜期长,四季分明,既适合农作物生长,也很适宜白耳黄鸡的生长和繁殖。

广丰白耳黄鸡是小型蛋用鸡种,提高产蛋性能就是白耳黄鸡的主要选育目标。白耳黄鸡从7周龄开始转入大棚散养,可以自由觅食青草、昆虫和沙土等,一般在20周龄左右开始产蛋。白耳黄鸡育雏期应供给较高水平的蛋白质和丰富的营养,育成期的营养水平可适当降低,产蛋期的饲料除了应提高蛋白质水平外,还应增加钙的供应水平。

广昌白莲

登记证书编号：AGI00430

地域范围

广昌县位于江西省东部、抚州市南端，地理坐标为东经116°06′~116°34′，北纬26°30′~26°59′，白莲种植几乎遍及全县11个乡镇的129个村，主要分布在驿前、赤水、头陂、水南、甘竹、盱江、千善、长桥、尖峰、塘坊等乡镇，保护面积达8万亩以上。

品质特色

广昌白莲是赣莲的典型代表，具有香、甘、烂、绵的独特地方特色。广昌白莲的外观形状及色泽用感观直接分辨，外形有圆形、卵圆形，颜色呈淡黄色至微黄色。经传统工艺加工的莲子散发出其本身特有的芳香气息。

广昌白莲煮而不糊，入口即化，营养价值丰富，具有高蛋白质、低脂肪的特点，其蛋白质含量不低于18%，总糖含量不低于16%，淀粉含量不低于45%，含水量不超过11%，同时富含烟酸、维生素C、维生素B_1、维生素B_2、维生素B_6，以及铜、

锰、钛、钙、磷、铁、锌等。广昌白莲还具有广泛的药用价值，通芯白莲有强胃健脾、润肺养心，滋阴补血，固精益肾的功能。

人文历史

广昌白莲有1 300多年的种植历史。广昌白莲种植的传统品种有两个，一个是广昌白花莲，另一个是广昌百叶莲。广昌白花莲为粉红色单瓣花，广昌百叶莲为红色半重瓣花。按照我国著名荷花专家王其超的荷花品种进化学说，以及我国现存的几种野生莲的形态特征比较，广昌白花莲接近野生莲花形态特征，可能是古人移栽野生莲后逐渐进化而来。广昌百叶莲为红色重瓣花，可能是古人从基因突变的变异单株中经人工选育而成。《广昌白莲志》中记载有"后数载又变为碧"，清同治《广昌县志》记载："白莲池在县西南五十里，唐仪凤年间，居人曾延种红莲，其中数载变为白，于白莲中得金范观音像，后一年，白莲又变为碧。"这里描述的即为白莲品种的变异。

生产特点

广昌县境内群山环抱，丘陵起伏，通芯白莲种植的土壤主要有水稻土、紫色土、潮土、红壤土，其中水稻土数量最多。盱江河自南向北流贯广昌县全境，并有一级支流6条，水资源丰富。广昌县属中亚热带季风气候区，四季分明，作物生育期长，积温高，热量资源丰富，在白莲大量开长、结实的6—8月，光照时数比邻县多80~120小时，有利于白莲品质的形成。

广昌白莲采用以无性繁殖技术为主的方式，选择上年产量高、品质好的藕作种源，品种选择能体现广昌白莲传统特色的选育品种太空莲1号、太空莲2号、太空莲3号、太空莲36号和京广1号，在通风透光、水源条件好的莲田于清明前后移栽。莲田灌水坚持"浅—深—浅"的原则，根据白莲长势确定莲田的水量，平衡施肥，当莲鞭抽生立叶时开始中耕除草。7月初至9月下旬，当莲子八九成熟、莲壳由青绿色转为浅灰褐色时，即可采收。

广丰马家柚

登记证书编号：AGI00431

地域范围

广丰马家柚原产于江西省上饶市广丰区，农产品地理标志保护范围涉及广丰县永丰、芦林、丰溪、湖丰、大南、壶峤、下溪、吴村、排山、东阳、大石、五都、泉波、毛村、嵩峰、沙田、桐畈、横山、铜钹、少阳、霞峰、枧底、洋口23个乡镇，地理坐标为东经118°01′18″~118°29′15″，北纬28°03′30″~28°37′23″。

品质特色

广丰马家柚果形端庄，呈梨形或扁圆形，果皮黄绿色，油胞大而凸，皮厚2.4厘米，果形大，果重一般1 500~2 500克，脐小微凹，果肉红色，水分充足，汁浓甜脆，肉质细嫩，酸甜适口，瓤瓣13~15瓣，瓤壁厚易剥离，瓤瓣完整封闭，无裂瓣，种子饱满，一般单果种子数80~120粒。

广丰马家柚营养价值高，富含蛋白质、糖分、维生素和矿物质，马家柚果汁中维生素C含量为64~68毫克/100克，总糖含量7~11克，可溶性固形物9%~11%，总酸含量0.6%~0.8%，固酸比14~15，可食率63%~68%。

人文历史

广丰种柚的历史久远。据《广丰县志》记载，元朝大德四年（1300年）信州永丰（今广丰县）县尹王祯腊月嫁女（其女嫁至广丰大南马家），在嫁妆中放了6个柚子，以示女儿婚后生活红红火火，多子多福。一家人将陪嫁的柚子吃后，其婿随手将柚种子扔在房前菜园空地上，年后开春房前菜园空地上竟长出20多棵绿油油的柚树苗，春分时节，其婿选茁壮幼树移栽在房前、屋后，经5年培育耕耘，柚树挂果了，柚肉紫红，幽香扑鼻，汁多味甜，人们奔走相告，邻村百姓遂讨种子培育，一时间，相邻数村百姓在房前屋后都种上了柚子，通过几十代人对马家柚的培育与改良，形成了我国优良的地方柚种——广丰马家柚。

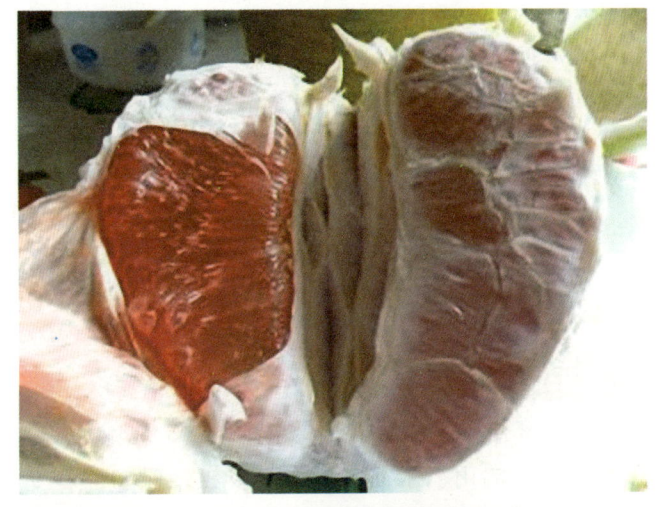

生产特点

广丰县属江南丘陵地区，全县丘陵山地面积145万亩，土壤以红壤、水稻土、紫土居多，有机质含量在1.8%~4.2%。广

丰境内河流纵横，水利资源相当丰富，全县有2条主要河流，3座中型水库。广丰县属中亚热带季风性湿润气候，四季分明，全年气候温和，降水充沛，光照充足，生长季长，降水量最多的是4—6月，非常有利于马家柚糖分的积累和优良品质的形成。

广丰马家柚的种植范围广泛，浅山区的菜园地、坡耕地、30°以下的山坡地，以及河边、溪边冲积地带等排灌方便的地方，皆可建园种植。马家柚以枳作砧木较好，嫁接方法有腹接法和枝接法，苗木以独干苗较好。马家柚栽后一两年生长缓慢，第三年后开始迅速生长，故可在前期进行合理间作，间种作物以豆类、花生、绿肥为宜。结果树栽培要加强合理施肥与灌水、保花保果、疏果、合理修剪。一般马家柚成熟期在10月上中旬，在果皮转黄、果肉甜脆时即可采摘。

新余蜜桔

登记证书编号：AGI00432

地域范围

新余蜜桔产于江西省新余市渝水区，地域范围内包括姚圩、南安、罗坊、新溪、人和、鹄山、水北、下村等乡镇，保护面积5 667公顷，地理坐标为东经114°44′~115°24′，北纬27°35′~28°05′。

品质特色

新余蜜桔果形端庄整齐，平均单果重70克左右，果实纵径4.19厘米，横径5.61厘米，果形指数0.75；果皮极薄，色泽靓丽，果皮橙黄色，着色均匀，果皮平均厚度0.187厘米；肉质细嫩化渣，汁多少核，酸甜可口，有微香，风味浓郁，品质极优。

新余蜜桔固形物含量高，营养丰富，富含人体所必需的维生素及还原糖。果肉除鲜食外还可制作橘瓣罐头、果酱、果汁、果酒及提取柠檬酸。新余蜜桔还具有较高的药用价值，种子富含维生素E，果皮富含维生素A、B族维生素，维生素P也较果肉高1~3倍，是制药的好原料。

人文历史

新余蜜桔是新余市科技工作者1977年从本地早群体中选育的优良品种，通过20多年的筛选和培育，于1997年、2003年先后通过了江西省科技厅新品种和科技成果鉴定，2004年12月获农业部果品质检中心"优质果品"

证书。2012年，新余市获"中国蜜桔之乡"称号。近年来，渝水区大力发展新余蜜桔产业，实行集团（公司）＋农户的架构，推行统一生产流程，统一技术规范，统一质量指标和统一商标标识的"四统一"管理模式，形成产供销、贸工农一体化的产业化的新格局。

生产特点

新余蜜桔产区为低丘陵地带，种植地90%为红壤土，土层深厚，土层及地下水位均深达1米以上，pH值5.5~6.5，土壤富含磷、钾等微量元素，通透性好，能排能灌，有机质易于分解。新余市境内降水量充沛，地表水和地下水都较丰富，库、塘、湖泊星罗棋布，河溪、渠道纵横交错，其中河流渠道47 952亩，库塘湖泊99 067亩，水质均为软水。新余蜜桔产地属亚热带湿润气候，四季分明，气候温和，阳光充足，降水量充沛，无霜期长，独特的气候条件适合各种农作物生产，更适合新余蜜桔的生长。

新余蜜桔生产时定植通常采用稀植的栽培方法，严格实行免耕法栽培，在果园行间套种大豆、花生、百喜草等，既减少了水土流失，有利天敌益虫的栖息，又调节了果园的温度和湿度，有利于提高果品的质量。鲜销果在11月上中旬果实正常成熟方可采收，贮藏果比鲜销果宜提早5~10天（10月下旬）采收。

浮梁茶

登记证书编号：AGI00464

地域范围

浮梁茶农产品地理标志保护范围为江西省景德镇市浮梁县下辖的瑶里镇、鹅湖镇、庄湾乡、王港乡、湘湖镇、西湖乡、勒功乡、江村乡、经公桥镇、峙滩乡、兴田乡、蛟潭镇、黄坛乡13个乡镇，保护规模为5 500公顷，地理坐标为东经117°01′~117°42′，北纬29°09′~29°56′。

品质特色

浮梁茶外形紧、细、圆、直，色泽干湿翠绿，湿显金黄，有板栗、兰花之香，溢味醇爽，回厚，叶底明亮。浮梁茶成品水分不低于6.5%，总灰分不低于6.5%，水浸出物不大于38.0%。

人文历史

浮梁县产茶历史悠久，汉代即有僧人种植和采集茶叶。至唐代，茶叶加工和贸易开始兴盛，唐王敷《敦煌变文集》中记述："浮梁，万国来求。"中唐元和年间，浮梁已是赣北、皖南茶叶的主要集散地。《元和郡县志》记载，唐元和八年（813年），浮梁"每岁出茶七百万驮，税十五余万贯"。唐朝著名诗人白居易在《琵琶行》中就有"商人重利亲

离别,前月浮梁买茶去"的描写。清道光年间(1821—1850年),红茶制作工艺传入浮梁,给浮梁茶叶生产带来了技术性的革命。浮梁工夫红茶以其"外形美观、汤色红艳、滋味醇厚、回味隽永"闻名,远销欧美市场。1915年浮梁茶获得巴拿马太平洋国际博览会金奖。浮梁县1997年被农业部命名为"中国红茶之乡",2007年被农业部列为"国家级茶叶标准化示范县"建设单位。

生产特点

浮梁县地形以山地丘陵为主,土壤多为红壤和黄壤,水、热、生物资源丰富,山地林木生长茂盛,森林覆盖率79.4%,自然土壤中有机质含量高达14.5%,pH值4.3~5.5,适宜建立茶园。浮梁县境内昌江河、东河、西河横贯全境,水资源丰富。浮梁属中亚热带季风气候,年平均气温14~17℃,日照率45%,年均降水量1 700~1 900毫米,相对湿度79%,无霜期247天,有利于高品质的茶叶形成。

浮梁茶的种植应根据当地的气候条件和适制茶类栽种3~4个茶树良种,并按一定比例进行品种搭配。生产者每年春茶前和夏茶前进行茶园行间锄草,秋季进行一次深挖施基肥。茶树覆盖度大的茶园可实行免耕或减耕,在茶行间铺草培养蚯蚓等有益生物。幼龄茶园视品种不同进行定型修剪,培养丰产树冠面,成年茶园每年至少进行一次轻修剪,每3年进行一次深修剪。

三清山白茶

登记证书编号：AGI00549

地域范围

上饶市玉山县位于江西省东北边缘、信江上游，三清山白茶主要分布于玉山县行政区内世界自然遗产三清山所在的三清乡，以及紫湖镇、怀玉乡、下塘乡、横街镇、南山乡等乡镇，地理坐标为东经117°52′~118°25′，北纬28°30′~28°59′，地域范围保护面积1 200公顷。

品质特色

三清山白茶形如凤羽，色如翠玉，内质香气鲜爽馥郁，甘醇生津，汤色清黄明亮。三清山白茶总灰分含量4.78%~5.25%，水浸出物40.2%~41.6%，粗纤维含量6.11%~6.53%，氨基酸含量4.9%~5.1%，茶多酚含量13.2%~15.6%。

人文历史

玉山县是唐宋八大名茶产地之一，种植茶叶历史悠久。同治年间（1862—1874

年)《玉山县志》记载:"茶以三清山产者,味特清洌。前志称:西坑茶与灵山并重,然不及三清远甚。"三清山白茶始于唐,盛于宋,至清末产量居江西省首位,称之为"玉绿区"。2011年,三清山白茶荣获"中茶杯"全国名优茶评比特等奖;2011—2012年,连续两届荣获江西省名优茶评比金奖;2012年,荣获中国上海国际茶叶博览会"中国名茶"评比金奖。

生产特点

　　玉山县属于丘陵、半山区,整个地形为"五山、四丘、一平原",境内以红土壤、黄壤土、水稻土、紫色土居多,土地有机质丰富。玉山县地处信江源头,信江三大源流金沙溪、沧溪、玉琊溪均在玉山县境内,水源丰富。三清山白茶产地属亚热带季风性湿润气候,四季分明,日照充足,无霜期长,非常适合三清山白茶的生长。

　　三清山白茶选用抗病虫、抗寒、耐热、发芽早、生长快、外观和内在品质好的白茶玉品种为主。三清山白茶生产过程中,生产者应加强土肥水管理,并实行茶园铺草,铺草材料因地制宜,豆秸、绿肥、杂草、落叶、茶材等都可选用。

上饶山茶油

登记证书编号：AGI00550

地域范围

上饶县位于江西省上饶市、信江上游，自古有"富饶之洲、信美之郡"美称。上饶山茶油地理标志地域包括田墩镇、上泸镇、华坛山镇、茶亭镇、皂头镇、四十八镇、枫岭头镇、煌固镇、花厅镇、五府山镇、郑坊镇、望仙乡、石人乡、清水乡、石狮乡、湖村乡、董团乡、尊桥乡、应家乡、黄沙岭乡、铁山乡21个乡镇，地理坐标为东经117°41′~118°14′，北纬27°58′~28°50′，保护区域面积76.5万亩。

品质特色

上饶山茶油的加工原料山茶果，果形有圆形、桃形、橘形，色泽光亮、果实饱满；山茶籽果仁较多、有光泽、质密含油量高；成品油色泽金黄色、晶莹透亮、营养丰富、口感极佳。上饶山茶油含油酸78%~82%，亚油酸7%~11%，亚麻酸0.8%~1.6%，硬脂酸1.5%~3.5%，软脂酸8%~10%。

人文历史

上饶县曾被国家林业局授予"中国油茶之乡"称号,其生产山茶油的历史有数千年。传说唐天宝年间(742—755年),茶圣陆羽慕灵山,特往游玩,偶遇一奇树,其叶似茶,结青果,花果连枝,甚是好看,陆羽观此树,误以为是茶树同类,陆羽好奇,便取其种子回去栽种,结果栽培出来并非茶树。取其果实,压榨其汁,其汁清香怡人,色泽金黄,以之烹饪食物,味道鲜美,唇齿留香。陆羽得此树,广传于上饶境内,有人问陆羽此树名称,陆羽笑答:"其叶若茶,花连青果,就叫山茶树吧。"上饶山茶油也被列为贡品,被历代皇家宫廷作为御膳用油。

生产特点

上饶县内崇山峻岭、山清水秀、气候宜人,地形实为"八山一水一分田",森林覆盖率达69.8%,光照、温度、湿度、地形地貌皆非常适合油茶生长。上饶县位于信江流经的中部,水系发达,境内河流纵横,水源丰富。上饶县属中亚热带湿润气候,气候温暖,降水量丰沛,日照充足,四季分明,年降水量1 748.1~2 098.6毫米,年日照时数1 731~2 098小时,10℃以上年积温5 226~5 810℃,无霜期251~274天,有利于形成高品质的上饶山油茶。

油茶树的生产品种选择抗逆性强、抗病虫害、优质产量高的油茶品种,培育两年无性系油茶或两年生芽嫁接苗上山造林。油茶树是一个相对封闭的营养循环体系,不需要特殊肥料投入,每年秋天通过割除山上的杂草就地覆盖,任其腐烂,作为肥料。油茶均生长在山上,不需另行排水措施,可采用挖竹节沟的方法保护水土。茶籽每年霜降前后采摘并摊开日晒,储存1~2个月后复晒1~2天再榨油,这样出油率高,茶油质量好。

德兴覆盆子

登记证书编号：AGI00551

地域范围

德兴覆盆子地理标志保护范围包括江西省德兴市的新岗山镇、海口镇、皈大乡、龙头山乡、李宅乡、张村乡、泗洲镇、银城镇、花桥镇、绕二镇、万村乡、黄柏乡12个乡镇。地理坐标为东经107°23′~108°06′，北纬28°38′~29°17′，保护面积20 800公顷。

品质特色

德兴覆盆子为聚合果，由多数小核果聚合而成，呈圆锥形或扁圆锥形，高0.8~1.5厘米，直径0.6~1.4厘米，果实个体较大。表面灰绿色，具灰白色茸毛，顶端钝圆，基部中心凹入。宿萼棕褐色，下有果梗痕，但无叶梗。小果易剥落，每个小果呈半月形，背面密被灰白色茸毛，两侧有明显的网纹，腹部有突起的棱线。体轻，质硬。气微，味微酸涩。

德兴覆盆子具有个大、饱满、粒整、结实的特性。德兴覆盆子食用、药用价值高，可食率97%~99%，富含葡萄糖、果糖、维生素C、维生素E、氨基酸、黄酮、矿物质等多种成分。

人文历史

德兴覆盆子人文历史悠久，据民

国八年（1919年）版《德兴县志》记载："葛仙翁坛，在妙元观前，为仙翁修炼之所，覆盆子源于此。"德兴覆盆子从20世纪70年代开始大量供应市场。

生产特点

德兴位于赣东北、怀玉山支脉，形成东南部山岳重叠、西北部丘陵起伏的地势。丘陵区的土壤类型是山地红壤、山地黄壤，土层厚度在30厘米以上，富含腐殖质，通透性较好，保水保肥力强，土壤呈微酸性或酸性。德兴属饶河水系，境内有5千米以上的大小河流87条，水资源十分丰富。德兴属中亚热带湿润季风区，气候温暖、降水充沛、光照充足、四季分明、昼夜温差大，无霜期较长，有利于覆盆子生长。

德兴覆盆子生产过程中应重点加强土肥水管理。掌叶覆盆子枝条柔软，常因果实重压向下垂到地面、弄脏果实，下垂枝条彼此遮蔽，还会造成通风透光不良，因此，应设立支架，把枝条绑缚在支柱上，整形修剪结合搭架引缚时进行。5月初果实已饱满，可以开始手工采摘，5月下旬可全部采收完。

南城淮山

登记证书编号：AGI00552

地域范围

南城淮山农产品地理标志地域保护范围包括江西省抚州市南城县境内，盱江沿岸里塔镇、建昌镇、万坊镇、株良镇、新丰街镇、上唐镇、天井源乡、洪门镇、龙湖镇、沙洲镇、徐家乡，地理坐标为东经116°24′~116°57′，北纬27°18′~27°47′。

品质特色

南城淮山块状呈圆柱形，一般长50~60厘米，重600~800克，淡褐色，着生细根，无异斑，质地硬，断层雪白，带黏液且黏液多。南城淮山营养丰富，富含淀粉，并含蛋白质、脂肪、多种维生素、18种氨基酸，以及钙、锌、铁、碘、铜、锰等。

作蔬菜食用，南城淮山嫩滑爽口，风味独特。

人文历史

南城淮山栽培历史悠久。据《南城县志》记载，南城淮山栽培始于唐代，迄今已有1 300多年历史，到清代乾隆年间（1736—1795年）广为栽培。南城淮山加工史有几百年，淮山光条和中药饮片为南城"建昌帮"中药体系中的当家品种，业内称"药不到樟树不齐，药不过建昌不灵"，"建昌帮"为中国四大药帮之一，其加工的淮山饮片有"白如雪，薄如纸"之美誉，深受中药厂商青睐，产品远销中国台湾、中国香港及东南亚地区。

生产特点

南城县地处武夷山西翼地带，为典型的丘陵低山区，全县共有适宜淮山种植的潮沙土面积5万余亩，土壤熟化程度较高，土层深厚，疏松透气，土壤平均有机质含量为1.2%。南城县内有盱江、黎河、芦河3条主要河流，并有18条支流及56条小溪，水库星罗棋布，地表水源丰富，生态条件良好，水质清洁。当地气候上属中亚热带季风湿润气候区，气候温和，热量丰富，降水充沛，光照充足，四季分明，无霜期长，是淮山理想的生长环境。

南城淮山品种选用优质、高产、抗逆性强、适应性广、商品性好的品种进行生产。南城淮山生产过程中注意施足基肥、疏苗引蔓，以促进根茎生长。淮山收获期很长，从10月上旬开始持续至翌年春季，收获后在地窖或室内贮藏，只要不受低温冻害即可。

临川虎奶菇

登记证书编号：AGI00553

地域范围

临川虎奶菇产于江西省抚州市临川区，地理坐标为东经116°04′~116°37′，北纬27°31′~28°14′。临川虎奶菇地理标志保护的具体地域包括临川区的罗针镇、云山镇、罗湖镇、孝桥镇、湖南乡、太阳镇、七里岗乡、桐源乡、大岗镇、抚北镇10个乡镇，保护面积520公顷。

品质特色

临川虎奶菇鲜菇颜色为浅黄到浅白色，菌盖6~18厘米，菌柄长6~10厘米，菇厚而肉实，耐煮，富弹性，外形饱满丰润，食之脆嫩鲜香，不留残渣，可食率达90%；干品浅黑至黄灰色，汤料琥珀色，食之满口留香，奇香无比，适于红烧及煲制各种汤料，入口富弹性，嚼后不留残渣。临川虎奶菇富含蛋白质、真菌多糖、纤

维素和矿物质等营养成分。

人文历史

临川区栽培临川虎奶菇的历史有 200 多年,《临川地方志》对临川区栽培临川虎奶菇的历史多有记载。20 世纪 90 年代开始，临川区政府部门、东华理工大学、临川金山食用菌专业合作社利用当地的野生菇联合攻关，经过 8 年的努力，培育出可供人工栽培、优质高产的新品种。

生产特点

临川虎奶菇产地为底丘岗地和平原两种地貌，产地土壤 pH 值 6.2~7.1，能排能灌、土质以细沙性黏土和含有机质丰富的菜园土为佳，这是保证临川虎奶菇品质优良的独特土

壤条件。产地境内有抚河及支流多条河流，水库、湖泊、池塘星罗棋布，灌溉用水为清洁的地下井水，地下水蓄量充沛且甘凉优质。临川虎奶菇产地属亚热带湿润季节气候，四季分明，年平均气温 17.8℃，年降水量为 1 698 毫米，无霜期达 275 天，相对湿度达 83%，适合临川虎奶菇生长。

临川虎奶菇产地选择适宜种植于能排能灌细沙黏土和含腐基酸丰富的红壤菜园土。品种选用人工从野生虎奶菇中选育出来并经过提纯复壮而得到的虎奶 1 号，该品种均具有抗高温、抗病虫害、高产、品质优良等特点。生产管理做到统一供种、统一采用生产原辅材料、统一栽培技术规程，采用制种发菌技术，栽培料配方统一。商品种菇长到八成熟时为最佳采收时间，具体为菇体浅黄至灰白色，菇盖厚实，无白边，菌褶还留有少许菌膜为宜。

金溪蜜梨

登记证书编号：AGI00554

地域范围

金溪蜜梨农产品地理标志地域保护范围包括江西省抚州市金溪县的秀谷镇、琅琚镇、对桥乡、陆坊乡、陈坊积乡、合市镇、双塘镇共7个乡镇。金溪蜜梨保护区域面积1 200公顷，地理坐标为东经116°27′~117°02′，北纬27°41′~28°06′。

品质特色

金溪蜜梨具有香、甜、脆、嫩的独特风味。果皮黄绿色或黄色，果形端正，圆形或近圆形，果实横径70~90毫米，平均单个果重250~350克，果面平滑有光泽，果心小，果肉细嫩，质地松脆，风味浓甜，爽口无渣、有香味、果汁多。金溪蜜梨内含可溶性固形物不低于14%，固酸比285.7，营养丰富，具有清热润肺健脾之功效。

人文历史

据《金溪县志》记载，金溪蜜梨是金溪县名优农产品。1989年世界银行红壤项目实施时，金溪县发展了1 000多亩黄花、新世纪、杭表、金水2号、三水等南方优质早熟梨，其中以黄花为主栽品种。金溪蜜梨香甜爽口，风味独特，品质特优，深受消费者的喜爱。2009年10月，金溪蜜梨在第二届中

国农博会上被评为"华东十大精品水果"之一。

生产特点

金溪县土壤类型多样，有效土层厚至100厘米以上，土层深厚，土质肥沃透气、保水保肥，有机质含量高，富含硅、钾、钙、镁、铁等有益元素。金溪县境内有抚河、高坊河、琅琚河、芦河、双陈河、何源河6条主要河流贯穿全县，大中小型水库星罗棋布，地下水蓄量充沛，水质为软水，常年水温维持在17℃左右。金溪蜜梨产地属亚热带湿润气候，四季分明，气候温和，降水充沛，光照充足，但受季风影响，温度和降水变幅较大，干湿比较明显，为金溪蜜梨生长及特色品质的形成提供了独特的条件。

金溪蜜梨主栽品种为翠冠、黄花，清香、脆绿等为授粉品种，主栽品种与授粉品种搭配种植。1~5年梨树以营养生长为主，6年以后年产量每公顷30吨。生产中主要技术措施，一是大力扩穴改土，提高土壤有机质，增强树体抗性；二是整形修剪扩大树冠提高提高产量；三是坚持综合防治病虫害，提高好果率；四是因树定果，疏果套袋提高好果率，逐步提升产品的产量和品质。

乐安竹笋

登记证书编号：AGI00619

地域范围

乐安县位于江西省中部、抚州市西南部，乐安竹笋主要分布在乐安县南村乡、谷岗乡、招携镇、敖溪镇、公溪镇、湖溪乡、金竹乡7个乡镇，地理坐标为东经115°36′~116°10′，北纬26°50′~27°45′。

品质特色

乐安竹笋笋体外形完整，呈金字塔状，多为空心，长度6~25厘米，大小一致，色泽自然；笋肉呈乳白色或金黄色，口感鲜嫩爽口，具有自然清香滋味，可食率高。乐安竹笋蛋白质含量2.37%~3.58%，粗纤维含量0.71%~0.84%，脂肪含量0.20%~0.82%，并富含多种维生素及微量元素。

人文历史

乐安县自古就有食用竹笋的传统。早在宋徽宗时期（1100—1126年），乐安县谷岗、招携、金竹、南村等山区群众就掌握了盐渍笋和压榨笋干的加工方法，至明清时，包括盐渍笋、小竹笋、压榨笋干等各种加工竹笋技术不断提高，加工竹笋的作坊随处可见；特别是谷岗登仙桥一带因盛产竹笋，家家户户加工竹笋，当地村民已经到了"逢餐必有竹，无竹不成席"的地步。

《徐霞客游记》记载,登仙桥村"瀹菌煨笋而餐之""适有土人取笋归古鼎""辄以村醪,山笋为供",从此,乐安竹笋声名远播。相传宋高宗时期(1127—1162年),乐安流坑第八世孙董德元在53岁时高中恩科状元,后官至参知政事,深得宋高宗赏识。在京城为官期间,虽有美味佳肴,但董德元仍酷爱吃家乡的竹笋,经常吩咐家人从家乡捎来竹笋,并将竹笋敬献给宋高宗品尝。

生产特点

乐安县境内群山环抱,丘陵起伏,大小山岭星罗棋布,乐安竹笋主要分布在东南部山区,其土壤多为红壤和黄壤,偏酸性,适宜毛竹的生长。乐安县属亚热带湿润季风气候区,气候温暖、日照充足、降水充沛、无霜期长,四季分明,有助于高品质竹笋的形成。

乐安竹笋种植在湿润的红壤和黄壤林地,通常选用春笋、冬笋、小竹笋3个品种,以小竹笋为宜,当地多选择生长健壮的优良母竹在林地移竹种植。乐安竹笋是以产自乐安县的新鲜野生竹笋为原料,采用传统加工方法和现代先进生产工艺,经漂洗、预煮、注汤、封口、杀菌、包装等10多道工序精制而成。乐安竹笋在生产加工过程中特别注重保持竹笋纯天然清香鲜嫩爽口的滋味和口感。

铁山杨梅

登记证书编号：AGI00620

地域范围

上饶县位于江西省上饶市。铁山杨梅产于上饶县铁山乡，包括西岩村、铁山村、洪水村、九狮村、大溪村、小溪村，以及邻近的五府山镇塘里村、揭家村，涉及8个村，地理坐标为东经118°03′~118°07′，北纬28°10′~28°15′，保护面积4 940公顷。

品质特色

铁山杨梅果实中大、果形正扁圆、核小、色泽艳丽、成熟果实呈紫红色。果肉细软、肉厚汁多，鲜食口感风味佳，味香甜，带微酸。铁山杨梅内部可溶性固形物含量11%~13%，糖含量9.3%~10.8%，酸含量0.89%~1%，可食率92%~95%。

人文历史

上饶县铁山乡杨梅种植已有 200 多年的历史。到 20 世纪 60 年代，铁山乡的杨梅种植进入鼎盛时期，至今在铁山乡与邻近五府山镇杨梅种植面积达 18 000 亩，是铁山乡农民的主要经济作物。每年的 6 月中上旬，一颗小小的杨梅使铁山这个偏远乡镇人流如织，铁山人民总结了 4 句朴实的语言："一棵杨梅保餐费，二棵杨梅保学费，五棵杨梅嫁娜倪（女儿），十棵杨梅娶媳妇。"铁山人民家家户户都自制杨梅酒，作为夏天避暑解暑的药品。

生产特点

铁山杨梅主产地铁山乡，位于武夷山脉五府岗北面，海拔约 300~400 米，植被茂盛，生态环境优美，水质良好，土壤肥沃，非常有利杨梅生长。铁山属亚热带季风性湿润气候区，降水主要集中在 6~7 月，由于受小气候影响，夏季近乎每天有雨，且大部多在午后；在杨梅果实生长季节，昼夜温差大，降水充沛，相对湿度大，从而形成了铁山杨梅独特的优良品质。

铁山杨梅宜在山坡地栽培，选择土层深厚、排水良好的红壤或黄壤地块。铁山杨梅多采用春植，一般在 2 月上旬至 3 月中旬栽植。在生长期，根据杨梅长势修剪整形，通常可整形为自然开心圆头形、疏散分层形，除挂果期外，都可进行修剪。铁山杨梅成熟期一般在 6 月上中旬，同一树果熟先后不一，要分期分批手工采摘，摘熟留"青"。

井冈竹笋

登记证书编号：AGI00778

地域范围

井冈山市位于江西省西南部，地处湘赣两省交界的罗霄山脉中段、万洋山的中部。井冈竹笋主要分布在厦坪镇、鹅岭乡、柏路乡、长坪乡、下七乡、茨坪街道、茅坪乡、黄坳乡，保护范围位于东经114°10′53″~114°23′41″，北纬26°05′03″~26°46′01″。

品质特色

井冈竹笋为禾本植物毛竹等多种竹的幼苗，笋体肥壮，呈圆筒状宝塔形、上尖下圆、中间有节、节短而粗，根部"痣红"。井冈竹笋分为春笋、冬笋两类。春笋为竹子春季生长的嫩笋，外壳淡黄带点粉红，笋肉色白、质嫩、味美；冬笋为竹子冬季生长于地下的嫩茎，外壳色泽黄，笋肉色洁白，肉质细腻，味道鲜美。井冈竹笋蛋白质含量2.40%~3.58%，总糖含量3.15%~3.89%，粗纤维含量0.79%~0.90%，脂肪含量0.25%~0.82%，并富含多种维生素及微量元素。

人文历史

据1986年的拿山乡古墓挖掘考证，东汉年间已有人开始在井冈山生活居住。井冈竹笋在古代多为野生。新中国成立后，当地政府对井冈竹笋开始进行科学采伐，集约经营，井冈竹笋产业得到了迅猛的发展。现在井冈山的森林覆盖率达86%，山林面积189.7万亩,其中竹林16.3万亩,毛竹积蓄量达3 551.8万余根,且种类齐全,在中国的250多种竹品种中,井冈山就有108种之多。

生产特点

井冈山山高林密,沟壑纵横,层峦叠嶂,山环水绕,山间盆地众多,成土条件和水土保持条件均好。井冈竹笋产于井冈山偏南部,土层深度在50厘米以上,地下水位约为50厘米,土壤为沙质土或沙质壤土,偏酸性,土质肥沃湿润,排水和透气性能良好。井冈山市属亚热带季风气候,四季分明,降水充沛,区内山涧溪流密布,峡谷瀑布众多,水资源较为丰富,井冈山独特的气候环境非常适合井冈竹笋的生长。

井冈竹笋生产基地选择在海拔800~1 000米的高山上,井冈竹笋分春笋、冬笋,通过加工、包装制成笋尖、笋片、熏笋、笋罐头等,其中以笋尖、熏笋为主。井冈竹笋生产必须严格按照标准流程进行种植,在种植过程不使用化肥、农药等化学物质,只施加经无害化处理的有机肥,在病虫害防治上只采用物理和生物防治方法,从而确保井冈竹笋的品质。

上饶青丝豆

登记证书编号：AGI00779

地域范围

上饶县位于江西省东北部，信江上游，北靠怀玉山脉，南屏武夷山脉，中跨灵山，地处赣、浙、闽、皖4省要冲，地理坐标为东经117°41′~118°14′，北纬27°58′~28°50′。上饶青丝豆主要产于上饶县所辖的上泸镇、华坛山镇、茶亭镇、皂头镇、四十八镇、煌固镇、五府山镇、郑坊镇、石人乡、清水乡、湖村乡、尊桥乡、应家乡、黄沙岭乡14个乡镇。

品质特色

上饶青丝豆为上饶县地方良种，植株高60~80厘米，熟荚黄褐色，种皮青色，粒饱满、卵圆，脐色黑，百粒重23~24.5克。上饶青丝豆蛋白质含量39.5%~40.5%，脂肪含量16%~16.5%，粗纤维含量3.50%~3.55%。

人文历史

据《上饶市农业志》记载,淳化四年(993年)江南等诸州长吏,劝民益种诸谷,民乏粟、豆、黍、麦者,于淮北州郡给之。南宋辛弃疾闲居上饶时,作《清平乐·村居词》,有"大儿锄豆溪东"之句。民国二十六年(1937年),上饶县种植上饶青丝豆2.5万亩;1950—1953年,上饶青丝豆种植面积已达到10万亩。

生产特点

上饶县属亚热带季风性湿润气候区,年平均气温17.8℃,相对湿度87.7%,年平均降水量2 066.1毫米,年降水量分布不均,主要集中在6—7月,月平均日照时数142.6小时,平均无霜期长达274天,适合上饶青丝豆生长。产区内海拔54~1 891.4米,立体气候明显,境内森林覆盖率达71.41%以上。上饶县独特的自然生态环境,形成了上饶青丝豆独特的优良品质。

上饶青丝豆产地选择排灌方便的沙壤土,土质较好,土层深厚,透气性强的地块。上饶青丝豆在4月中旬至5月初夏播,7月下旬至8月初秋播,露地直接育苗,5月中下旬、8月中下旬分别进行夏播和秋播移栽,并根据青丝豆的长势及水肥条件,施足底肥,及时追肥,施肥以有机肥为主。在黄熟期,叶黄达到90%以上时人工收割。

登龙粉芋

登记证书编号：AGI00780

地域范围

江西省吉安市吉安县登龙乡地处吉泰盆地，西有罗霄山脉，东部和南部为雩山山脉，北部侧为玉华山等小山峰和丘陵。登龙粉芋地域保护范围包括清江村、茎口村、栋头村、庙前村、龙江村、郭家村、田心村、牡塘村、泮塘村、朗石村、高源村、泗塘村、青山村、黄陂村、塘边村共15个行政村，地理坐标为东经114°42′~114°46′，北纬27°03′~29°59′，保护规模200公顷。

品质特色

登龙粉芋属天南星科，多年生块茎植物，株高100厘米左右，叶片碧绿，叶柄红色。根系发达较粗，芋子呈莲花状生长在母芋周围，母芋单个较小，芋子较多，芋子稍小，大小均匀，偏圆形。芋芽红色，表面润泽光亮，具有红白相间花纹。内质白而细嫩，口感润滑、细腻。

登龙粉芋的蛋白质含量2.05%~2.18%，较其他芋头偏高；淀粉含量为12.3%~15.4%，较其他芋头偏低；果糖含量0.31%~0.38%，葡萄糖含量0.68%~0.81%，蔗糖含量1.05%~1.21%。

人文历史

《吉安县志》记载："登龙乡有种植芋头的习俗"。清咸丰年间（1851—1861年）登龙粉芋被选作贡品进入宫廷，成为宫廷进贡菜，美其名曰"登龙粉芋"，诗曰"登龙粉芋天下无，

肉如鹅毛汤如镜"。民间百姓也流传着不少赞誉登龙粉芋的诗名,例如,"粉芋极品在清江,羊脂凝雪碧玉常;入口滑嫩不胜嚼,八月十五登雅堂""登龙缘何载誉多,沸汤翻滚沉底层,出水粉芋色未改,滋身健体传金科"。

生产特点

吉安县登龙乡境内为低山、浅丘、平原3种地貌,属江堰自流灌溉区,能排能灌,土壤90%为黏壤土,富含矿物质。登龙乡境内有3座水库,总库容达10万立方米,农田得到自流灌溉。当地地下水蓄量充沛,水质为软水,常年水温维持在16℃左右。登龙粉芋产地属内陆亚热带湿润季风气候,气候温和,四季分明,无霜期长,年平均气温16.8℃,年平均日照时数为1 246.5小时,相对湿度89.4%,适合登龙粉芋生长。

登龙粉芋选用抗病虫、抗寒耐热、产子芋能力强、外观美的红芽粉芋做芋种。登龙粉芋田块要求隔年播种,以防止上一年的地下害虫没完全灭杀咬坏芋芽造成减产。生产过程中,施肥主要为农家肥和火土灰,田水管理前期以半干半湿为主,后期以满行满水为主。当登龙粉芋达到商品芋标准后,因冬季当地气温偏干燥,一般将粉芋留在田地里保持其鲜亮外观和内质脆甜,销售时再从田里挖出。

临湖大蒜

登记证书编号：AGI00781

地域范围

临湖大蒜产于江西省上饶市玉山县西北 30~40 千米处临湖镇境内，地处东经 117°51′~118°25′，北纬 28°30′~28°56′。农产品地理标志保护范围为临湖镇的临江湖村、上坂村、院边村、仓坞村、藻溪村、横溪村、杨宅村、坊头村、四甲村、塘西村、叶桥村、岭山村、竹园村、竹岭村、茗坑村 15 个行政村，保护面积 1 260 亩。

品质特色

临湖大蒜植株高 50~60 厘米，茎粗 1~1.5 厘米，蒜头扁圆形，8~10 个瓣，瓣形整齐，外皮呈淡紫红色，肉白色，蒜头重 40~50 克，性脆、芳香、辛辣味较浓。临湖大蒜蛋白质含量 6.7%~7.10%，脂肪含量 0.70%~0.75%，富含维生素，以及钠、钙、铁等。

人文历史

据《玉山县志》记载，临湖具有 2 000 多年种植大蒜历史。相传，早在汉代，汉

使张骞出使西域，通过"丝绸之路"将大蒜引入陕西关中地区，而后传至江西省。乾隆下江南路经信州府（今上饶市）时得疟疾，随行御医医治难奏效，寻访村野郎中，告知用临湖大蒜煮食和捣汁饮，不两日乾隆病体痊愈，龙颜大悦，命信州府岁岁上贡临湖大蒜。

生产特点

临湖镇山清水秀，土壤以林地粉红土为主，次为山地黄壤，土壤耕作层较厚，土质结构好，有机质含量高，pH值5.5~6.5，排灌良好。临境内水利资源丰富，主要河流黄家溪和饶北河都是信江的源头，产地特有的优良水质培育出临湖大蒜脆、香、辣的特点。临湖镇属中亚热带湿润季风区，年平均气温17.6℃，气候凉爽，降水量中等，光照充足，有利于临湖大蒜的生长。

临湖大蒜须避免与大葱、洋葱、韭菜等作物连作。一般9月下旬至10月中旬播种。幼苗期施腐熟人畜杂肥2 000千克，铺上蕨草500千克，既可控制杂草生长，又可冬保暖夏保湿。花茎伸长期与鳞茎肥大期合理追肥。一般在蒜薹采收后25天左右就可采收蒜头，收获的鲜蒜要晒3~5天再贮存。

余干辣椒

登记证书编号：AGI00782

地域范围

余干县位于江西省上饶市，信江下游。余干辣椒产于余干县境内，地域范围包括洪家咀乡、玉亭镇、黄埠镇、杨埠乡、白马乡、古埠镇、东塘乡、石口镇、乌泥镇、社庚乡、九龙乡、大溪乡、梅港乡、枫港乡、江埠乡、三塘乡、大塘乡、瑞洪镇、康山乡、鹭鸶港乡20个乡镇，地理坐标为东经116°13′28″~116°54′24″，北纬28°21′36″~29°03′24″。

品质特色

余干辣椒植株长势中等、株型紧凑、早熟。叶片绿色、茎节紫色，青熟果绿色、老熟果红色、果面光滑、羊角果、平均单果重5克左右、单株坐果90~110个，果实辣味适中、皮薄、肉质细嫩，口感风味好。

余干辣椒偏辣，含有多种微量元素，营养丰富，干物质含量9.0%~9.9%，维生素C含量1 050~1 070毫克/千克，粗纤维含量2.4%~2.6%，蛋白质含量1.6%~1.8%，可溶性糖（以葡萄糖计）含量

1.9%~2.2%。

人文历史

余干辣椒有600多年的种植历史,在明清时期,余干县种辣椒就非常普及。据《余干县志》记载,余干的辣椒味道纯正,长期为朝廷贡品,且四方客商纷纷前来采购,当然,辣椒也成为余干人常年必不可少的佳肴。

生产特点

余干县地貌基本上由低丘和滨湖平原所组成,生态环境优越,土壤多为肥沃的沙质土,pH值6.0~6.5,有机质含量平均为2.4%~3.0%。境内有多条河流,地表水及地下水资源十分丰富,水质优良,为理想的农业用水。余干县属亚热带湿润性季风气候,气候温和,光照充足,降水充沛,四季分明,季风明显,无霜期长,优越的气候条件有利于余干辣椒生产。

余干辣椒的传统栽培季节是3月播种,6月开始收获。近年来,随着设施栽培的推广,基本上可做到排开播种、周年供应。栽培方式主要有早春辣椒、晚辣椒、秋辣椒、秋延后辣椒。余干辣椒以幼嫩果食用风味极佳,青果过老采收则口感辣味重、无鲜味,因此当果实长至4~5厘米长时及时采收。余干辣椒果实较小,结果多,一般每2~3天采收一次。

修水宁红茶

登记证书编号：AGI00783

地域范围

修水县隶属江西省九江市，地处幕阜与九岭山脉之间、修河上游。修水宁红茶地域保护范围包括白岭镇、全丰镇、黄龙乡、路口乡、古市镇、水源乡、大桥镇、上衫乡、余段乡、渣津镇、石坳乡、东港乡、马坳镇、杭口镇、西港镇、上杭乡、新湾乡、溪口镇、大椿乡、港口镇、布甲乡、竹坪乡、征村乡、山口镇、漫江乡、复原乡、庙岭乡、黄沙镇、黄港镇、何市镇、上奉镇、黄坳乡、太阳升镇、四都镇、宁州镇、程坊库区36个乡镇（库区），地理坐标为东经113°57′~114°56′，北纬28°47′~29°22′，保护面积1万公顷。

品质特色

修水宁红茶外形紧结，苗锋修长，色泽乌润，汤色红亮，甜香高长，滋味甜醇，叶底浅红。茶叶水分含量3%~6%，水浸出物36%~40%，多酚类化合物含量16.5%~25.0%，咖啡因含量3.0%~4.5%，氨基酸含量5%~7%，茶黄素含量1.0%~1.5%，茶红素含量0.7%~2.0%，水溶性多糖类含量2.5%~3.5%。

人文历史

修水县产茶始于唐而盛于清。据《修水县志》记载，宋建炎年间（1127—1130年）有茶叶产量18 240万担（912万吨），清光绪十八年（1892年）红茶产量已达到20万

担（1万吨），是茶叶主产区和红茶出口的主要基地。修水宁红茶是我国最早的工夫红茶。因修水在明代称为"宁州"，所以把宁州工夫红茶简称为宁红茶。宁红茶在国内外业界多次获得奖项，是我国传统名茶。修水县亦被中国茶叶学会授予"中国名茶之乡"和"全国重点产茶县"称号。

生产特点

修水县地势周高中低、西高东低，海拔最高点1 715.5米，境内群山起伏，成为外界与修水的天然屏障，森林覆盖率达67.6%；土壤的pH值4.5~6.5，90%为红壤、黄壤，土层深厚，养分丰富，渗透性良好；修水县属亚热带湿润季风气候，春夏秋冬四季分明，气候温和，降水充沛，受地貌形态影响，形成复杂多变、差异甚大的垂直山地气候，常年日照偏少，云雾偏多，空气清新，形成了修水宁红茶生产的独特自然生态环境。

修水宁红茶适宜偏酸性土壤，产地常规划在坡度25°以下的山地、丘陵、河谷及经土壤改良后的旱田。宁州种为当家品种。鲜叶采用单手或双手提采法，大宗茶提倡机采。鲜叶采收后，自然萎凋辅以加温萎凋5~12小时，按照"轻—重—轻"的原则揉捻60~90分钟，置于温度24~25℃、相对湿度95%以上的发酵室发酵，最后采用烘笼干燥和烘干机干燥。

洪门鳙鱼

登记证书编号：AGI00784

地域范围

洪门鳙鱼的产地位于江西省抚州市南城县，地理标志保护范围为东经116°24′~116°57′，北纬27°18′~27°47′，具体地域范围包括建昌镇、上唐镇、洪门镇、龙湖镇、徐家乡5个乡镇，保护规模506.6公顷。

品质特色

洪门鳙鱼头大身体修长，体态均匀、侧扁，体表色泽鲜明，鳞片紧密，黏液透明；体侧上部黑色，散面深色斑点；腹部较狭窄，呈银白色；鳃丝清晰、较长；口大，下唇内侧有黑色斑块；眼球饱满，角膜透明；肉质细嫩，味道鲜美。洪门鳙鱼营养丰富，富含蛋白质、脂肪酸、维生素，以及人体所需的钙、锌、铁、镁、磷等。

人文历史

据《南城县志》记载，洪门鳙鱼养殖始于唐代。宋代周密所著的《癸辛杂识别集》记载，"江州等处水滨，产鱼苗，地主至于夏皆取之出售，以此为利，贩子辏集，多至建昌硝石，次之福建、衢婺……"江州即今九江，九江多数鱼苗经数百里贩运至建昌硝石销售，足见远在宋代当地养鱼业已相当发达。相传1632年秋天，徐

霞客游览硝石醉仙岩时，因受风寒，胃寒体弱，吃了鳙鱼头炖汤后，胃暖精神振，称洪门鳙鱼可谓世上名鱼。如今，洪门鳙鱼已经不只是药用，因它肉质细嫩，味道鲜美，已成为百姓餐桌上的一道美味佳肴。

生产特点

南城县位于武夷山西翼地带，为典型的丘陵低山区，境内有盱江、黎河、芦河3条主要河流，有18条支流及56条小溪，形成天然水溪，水库星罗棋布，水质澄清。南城县属中亚热带季风湿润气候区，气候温和，热量丰富，降水充沛，光照充足，四季分明，空气新鲜，无霜期长，适宜多种作物生长发育，更有利于洪门鳙鱼的天然养殖。

洪门鳙鱼生产基地主要选择在洪门水库及其河流、溪流中，其天然饵料丰富，大气、水质无污染。鳙鱼鱼种都是来自野生，采用自然纳苗的方式把天然野生鱼苗引进库区进行养殖管理。洪门鳙鱼采取天然养殖，人放天养，不投饲料，不用鱼药，洪门鳙鱼摄吸的是天然饵料——浮游动物，自然生长。收获时主要采用袋网，自然诱洪门鳙鱼进网捕获，捕捞量不超过生态系统的可持续性生产量。

广昌泽泻

登记证书编号：AGI00785

地域范围

广昌县位于江西省东部、抚州市南端，地理坐标为东经116°06′~116°34′，北纬26°30′~26°59′。广昌泽泻主要种植于广昌县的驿前、杨溪2个乡镇，保护面积1.6万亩。

品质特色

广昌泽泻植株叶片绿色，高70~80厘米，个大独茎，根系发达；块茎呈球状或椭圆形，干品直径3~6厘米，色黄白，无异味，粉性足，质地紧密，切片平整光滑，可用作中药材。

广昌泽泻性味甘寒，含蛋白质22%~24%，淀粉41%~42.2%，果糖1.60%~1.70%，钾810~830毫克/千克，此外还含有钙、镁、泽泻醇B23-乙酸酯等成分。

人文历史

据《广昌县志》记载，清道光年间（1821—1850年），泽泻由福建建瓯县传入广昌，起初在驿前种植，渐次扩展至高虎脑、杨溪与白水（今广昌县赤水镇）。清同治年间（1862—1874年），泽泻就成为上述地区重要商品。据清光绪三十一年（1905年）《江西农工商矿纪要》

记载，广昌"东南二乡，向产泽泻"；1942年《指导通讯》（该刊主要刊载农村市场概况）记载，莲子、泽泻为"广昌著名特产"。

生产特点

广昌县境内群山环抱，丘陵起伏，泽泻产区的土壤类型为水稻土，土壤pH值5.2~5.8，肥力较好，氮、磷、钾含量较高。广昌县主要河流为抚河，自南向北流贯全境，并有一级支流6条，地表水、地下水水质优良。广昌县属中亚热带季风气候区，降水充沛，干湿十分明显，具有冬短、冬暖、春早、秋迟、积温高、热量资源丰富等特点，十分有利于泽泻生长。

广昌泽泻产地要求土壤土质疏松肥沃，有一定厚度的耕作层，品种选择能体现广昌泽泻传统特色

的优良品种长路。泽泻是用上年繁殖的种子播种育苗，分别进行种子生产和大田栽培（商品生产），大田栽培的泽泻不能让其开花、结籽，更不能留作种用。种子繁育比大田栽培提前2个月播种，不摘苔，让其开花结籽。泽泻整个生育期为120~130天。泽泻块茎收获后须晾晒2~3天，然后在泽泻专用烤床上用无烟火烘烤3天。

怀玉山马铃薯

登记证书编号：AGI01103

地域范围

怀玉山马铃薯产于江西省上饶市玉山县西北60千米处怀玉乡境内，与三清山对峙相望，处于东经117°56′30″~117°58′13″，北纬28°53′01″~28°53′17″，平均海拔1 000米。怀玉山马铃薯农产品地理标志保护范围为怀玉乡的玉峰村、洋塘村、金坪村、陇首村及关口村5个行政村，保护面积124公顷。

品质特色

怀玉山马铃薯块茎卵圆或长圆形。薯皮极为粗糙，颜色为黄色，较普通马铃薯有明显区别，薯肉为白色。怀玉山马铃薯淀粉含量10.3%~14.4%，蛋白质含量2.56%~2.60%，干物质含量16.8%~18.0%，维生素C含量131~133毫克/千克。

人文历史

怀玉山马铃薯为当地主要农作物。据考证，怀玉山马铃薯于19世纪末由美国北长老会传教士Dr. Tooker带到怀玉山，在当地的寺庙种植，在长期的马铃薯种植实践过程中，劳动人民积累了丰富的种植和繁育经验，经过多年的种植，逐步形成了具有高山代

表性的马铃薯品种。

生产特点

怀玉山地貌类型主要有山地、丘陵、河谷川道三大类型，土壤以红壤为主，耕作层较厚，土壤结构好，有机质含量高，排灌良好。境内水利资源丰富，是信江与乐安河水系的源头。怀玉山属中亚热带湿润季风区，气候凉爽，降水量中等，光照充足，温度变率大，四季气候各有特色，独特的气候条件有利于怀玉山马铃薯的生长。

怀玉山马铃薯产地选择土质较轻、土层深厚肥沃、通透性好的地块种植。怀玉山马铃薯在11月下旬至翌年1月上旬播种，幼芽出土后带薯移栽，通常利用高垄双行种植。马铃薯在整个生长期中需水量大，遇到干旱要及时浇水，生产中适时中耕、及时追肥，收获前一周杀秧，收获的鲜薯先要充分摊晾使得薯皮木栓化。

黄岗山玉绿

登记证书编号：AGI01104

地域范围

上饶市铅山县地处江西东北部，华东第一峰——黄岗山穿界而过，北临信江，东近浙江。黄岗山玉绿地理标志保护范围包括铅山县武夷山镇、英将乡、鹅湖镇鹅湖村、太源乡、篁碧乡、天柱山乡6个乡镇。地理坐标为东经117°44′33″~117°47′31″，北纬27°48′19″~28°17′16″，保护面积1 333公顷。

品质特色

黄岗山玉绿外形细紧微卷，绿润显毫；汤色嫩绿明亮，香味清香持久，滋味鲜醇

甘爽；叶底嫩绿、显芽匀整。黄岗山玉绿内部水分含量2.5%~6.6%，水浸出物43%~47%，总灰分5%~6%，水溶性灰分3%~4%，茶多酚含量17.5%~20.8%，儿茶素总量15.2%~17.1%，咖啡因含量3.4%~4.3%，粗纤维含量8.2%~10.2%。

人文历史

《铅山县志》记载："茶叶为铅山县特产之一……早在宋代铅山就出产周山茶、白水团茶、小龙凤团茶……明代宣德、正德年，铅山又有小种红茶、玉绿、特贡、贡玉、花香等名茶。"《上饶市农业志》记载："史称铅山物产，纸外唯茶……清光绪年间，河红年产约4万~5万箱（每箱25千克），玉绿2万~3万箱……1953年上饶成立茶叶改制委员会，进行河红改制绿茶。"

生产特点

黄岗山为华东最高峰，地势高低悬殊，自然土壤以红壤、黄红壤、黄棕壤为主，其表层有枯枝落叶层，向下有一个几厘米至几十厘米的腐殖质层，有机质含量高达16%左右，pH值4.8~5.5，土层深厚。当地属华中亚热带湿润区，具有明显山地气候特点，山下云雾充满山间，群峰犹如雾海中的群岛，年均日照时间只有1 694.5小时，年降水量2 173.2毫米，空气湿度达83%，气候条件较为适宜种植茶叶。

黄岗山玉绿品种选用产量稳定、持嫩性强的群体种。茶园管理中，1~3年生幼龄茶园在行间合理间作绿肥；熟龄茶园冬季增施有机肥，有机肥主要以经过腐熟的土杂肥、饼肥、栏肥等为主，施肥和中耕松土相结合。鲜叶在天气晴朗的早上采用单手或双手提采法采摘，鲜叶用竹制器具盛装。黄岗山玉绿主要产品有云毫、云芽、云针、云雾、云玉、云翠、云片7个等级。

铅山河红茶

登记证书编号：AGI01105

地域范围

上饶市铅山县地处江西东北部，华东第一峰——黄岗山穿界而过，北临信江，东近浙江。铅山河红茶农产品地理标志保护范围包括天柱山乡、篁碧乡、太源乡、湖坊镇、葛仙山乡、英将乡、武夷山镇7个乡镇，地理坐标为东经117°44′03″~117°70′41″，北纬27°48′19″~28°31′77″，保护面积1 200公顷。

品质特色

铅山河红茶外形金毫披露、条索紧实、匀整、色泽乌润；汤色红浓、清澈、甜香高长；滋味醇厚、回甘快。铅山河红茶内含水分2.3%~4.5%，水浸出物35.6%~45.5%，茶红素含量2.3%~3.7%，咖啡因含量3.1%~4.6%，茶多酚含量7.1%~8.9%，氨基酸含量2.2%~3.6%，总糖含量2.8%~4.1%。

人文历史

铅山制茶历史悠久，早在宋代铅山茶就成为贡品。《铅山县志》中记载："早在宋代铅山就出产周山茶、白水团茶、小龙凤团茶。明代宣德、正德年间，铅山又有小种河红、玉绿、特贡、贡毫、贡玉、花香等名茶。"自明嘉靖年间（1522—1566年）起，铅山县河口即逐步成为南方内陆水运中心和茶叶加工、转运的贸易大市场(《中国通史》),河红茶也由此跻身全国乃至世界贸易大宗。明万历版《信州府志》载:"河红茶乃为国内最著名之红茶,且为华夏首次问世之华茶。"《铅山县志》记载:"至万历间,河红茶名声远播,外地商人纷纷来河口、石塘、陈坊等地订购。"

生产特点

铅山县境内四面环山,森林覆盖率达74%,自然土壤以红壤、黄红壤、黄棕壤为主,土层深厚,有机质含量非常丰富。受武夷山脉影响主产区气候特点显著,云雾多,气候温暖湿润,降水充沛,日照时数少,年均雾日数达188.1天,满足了茶树喜欢散射光和阴湿的习性,促

进了茶树叶片内氨基酸和芳香物质形成;当地年均温度偏低,霜期为每年11月14日前后至翌年3月10日左右,早春升温速度慢,茶叶持嫩性好,品质优;昼夜温差大,积累大于消耗,促使茶叶内含物质更加丰富。

铅山河红茶品种可选择群体种、水仙、老枞、菜茶、105及其培育出的系列品种进行生产。为了保证铅山河红茶的品质特色,生产者应加强茶园培肥管理,茶园冬季增施有机肥,有机肥主要以经过腐熟的土杂肥、饼肥、栏肥等为主,施肥和中耕松土相结合。铅山河红茶清明前后采芽,农历四月以后采叶,以小开面一芽两叶为最优。鲜叶经萎凋、揉捻、发酵、烘焙、毛拣、筛分、复焙等工艺加工成铅山河红茶成品。

玉山黑猪

登记证书编号：AGI01106

地域范围

玉山县位于江西省上饶市、信江上游。玉山黑猪地域保护范围包括岩瑞镇、冰溪镇、下镇镇、仙岩镇、文成镇、必姆镇、横街镇、四股桥乡、双明镇、紫湖镇、怀玉乡、樟村镇、临湖镇、南山乡、下塘乡、六都乡16个乡镇，地理坐标为东经117°51′15″~118°25′41″，北纬28°29′48″~29°01′08″，保护面积1 731.2平方千米。

品质特色

玉山黑猪体形矮小，全身浑圆，背微凹、腹大，嘴唇短，额前具深皱褶，两耳下披略向前翘，被毛黑色，皮肤较松弛，乳头排列整齐，一般为6~7对。其生长周期较长，肉质优，肌内脂肪含量丰富，嫩而多汁，肥而不腻，肉鲜味美。猪肉水分含量73.1%~78.6%，蛋白质含量20.1%~24.3%，肌内脂肪含量2.01%~3.61%，肌苷酸含量1 010~1 369毫克/千克。

人文历史

玉山黑猪养殖距今已有2 000多年的历史。据《江西畜禽品种志》记载,产区出土汉墓的陶猪和陶猪圈证实,早在2 000年以前当地养猪已有相当水平。为了更好地保存玉山黑猪这一优良的地方品种资源,玉山县政府于1954年成立了县农场畜牧队,专门负责玉山黑猪的培育、繁殖和推广工作。1996年,玉山黑猪被江西省农业厅列为省级重点保护地方猪种,2006年被农业部列为第一批国家级畜禽遗传资源保护品种。

生产特点

玉山县属于丘陵、半山区,全县山地、丘陵面积占总面积的90%以上,红壤土、水稻土、紫色土居多,土地肥沃,青粗饲料丰富。玉山县地处信江源头,信江三大源流金沙溪、沧溪、玉琊溪均在玉山县境内,其中金沙溪更是起源于风景秀丽的世界自然遗产地——三清山东北麓,另有6条支流遍布全县,水源丰富,水质优良。玉山县属中亚热带季风湿润气候,县域内气候温和湿润,降水充沛,无霜期长,季风明显,光照充足,非常适合玉山黑猪的繁衍生息。

玉山黑猪产地环境要求地势高燥、排水良好,具有绿色隔离带,品种选择体型大、增重快、瘦肉率高的纯种玉山黑猪进行繁育。小猪(指断奶后至体重25千克)用豆腐渣、玉米粥或红薯粥加青菜喂养;体重25千克至出栏的猪,用90%青粗饲料加适量配合饲料喂养,并保持有充足的饮水。

上饶蜂蜜

登记证书编号：AGI01107

地域范围

上饶县位于江西省东北部，信江上游，北靠怀玉山脉，南屏武夷山脉，中跨灵山，地理坐标为东经117°41′18″~118°14′23″，北纬27°58′58″~28°50′15″。上饶蜂蜜主要产于上饶县五府山镇、华坛山镇、上泸镇、四十八镇、石人乡、清水乡、湖村乡、黄沙岭乡、铁山乡、望仙乡、花厅镇11个乡镇，保护1 500平方千米。

品质特色

上饶蜂蜜是中蜂在深山中采集的百花之蜜，因蜜源植物不同，色泽呈黄色、褐色、白色、青色等。口感细腻，香甜味浓，黏稠度高，可药食两用。上饶蜂蜜含有丰富的有机酸、蛋白质、维生素、酶和生物活性物质。其蜜质纯度好，波美度为40°~42°，水分含量18.5%~19%，果糖含量40.5%~41.5%，葡萄糖含量38%~39%。

人文历史

元代王祯编著的《农书》中记载，上饶县在元代就有人工收集野生蜂群，山区农户于山野古窖中取蜜蜂饲养，留冬月可食蜜脾，余下割取作蜜蜡。明代就有人置蜂桶到山中石岩树下，收蜂回家，悬桶于檐端饲养取蜜；清代上饶县就有蜜、蜡物产。经中国养蜂学会专家组实地考察和评议，上饶县获得

"中华蜜蜂之乡"和"中华蜜蜂种质资源保护和利用基地"称号。

生产特点

上饶属亚热带季风性湿润气候区,年平均气温17.8℃,相对湿度87.7%,年平均降水量2 066.1毫米,无霜期达274天,适合多种作物生长。区域内立体气候明显,境内生态植被良好,森林覆盖率达71.41%以上。中蜂主要栖息地——五府山属于国家级森林公园,群山怀抱,有茂密的大森林和部分原始森林,具有天然的屏障和隔离条件,蜜源植物丰富,为蜜蜂的栖息和繁衍提供了得天独厚的条件,所以孕育出了具有特殊形态指标、良好的生物学特性和较强的生产性能的上饶县地方蜂种——上饶中蜂,也孕育了品质优良的上饶蜂蜜。

上饶蜂蜜是由原生蜂种中蜂采集本土百花而成的蜜,蜂场一般选择在生态环境良好、蜜源植物丰富的山林里。中蜂养殖全部属生态养殖,主要是采用传统立式蜂桶或蜂箱饲养,固定放养在山谷里,石岩下,树丛中,房楼上。在蜜蜂得不到食物面临饥饿困境的情况下,允许饲喂蜂蜜、花粉、水等,饲喂只能在蜂蜜收获季节结束后到下一次流蜜期开始前15天之间进行。上饶蜂蜜的加工过程不添加任何淀粉类、糖类、代糖类物质,以及防腐剂、澄清剂、增稠剂等,保持其纯天然的特性。

抚州西瓜

登记证书编号：AGI01108

地域范围

抚州市临川县地处江西省东部、抚河中游，抚州西瓜农产品地理标志保护范围包括临川区湖南乡、七里岗乡、太阳镇、云山镇、唱凯镇、罗针镇、罗湖镇、孝桥镇、抚北镇、展坪乡、上顿渡镇11个乡镇。保护范围为东经116°12′31″~116°29′46″，北纬27°52′17″~28°14′52″，保护面积2 000公顷。

品质特色

抚州西瓜长圆形，个大，一般单瓜重15~20千克，瓜皮大多为淡绿色，有纵条纹；瓜皮与瓜肉交界处有金黄色晕圈，瓜瓤黄色，汁多，脆沙爽口，纤维少，味淡微甜，具特有清香味；瓜皮厚2厘米左右，耐贮藏，可为菜，味脆微甜。

人文历史

临川区种植抚州西瓜历史悠久，宋诗赞曰："冷比霜雪甜比蜜，一片加口沉疴

痉。"《临川县志》记载:"抚州西瓜,又名抚州雪瓜。宋已引入种植,因瓜瓤爽口,纤维少,曾与河南开封瓜、安徽凤阳瓜、浙江平湖瓜齐名。"民国二十九年(1940年)《江西农书》记载:"抚州西瓜,久负盛名,主产地为县之东边,绵亘百十个村庄,面积1 733亩。"

生产特点

临川县属东亚热带季风型气候区,四季分明,降水充沛,光照充足,气候温和,4—6月降水相对集中。抚州西瓜产地以河滩冲积平原和红壤低丘岗地为主,土壤类型为沙壤、红壤。土壤昼夜温差较大,pH值6.0~7.5,且涝能排旱能灌。临川县境内有抚河、东乡河、宜黄河、崇仁河、梦江河,其间水库、池塘星罗棋布,地下水蓄量充沛,水资源丰富,形成了适合抚州西瓜生长的独特自然环境。

种植抚州西瓜应选择地势高、排灌方便、土壤耕层深厚、土质疏松肥沃的沙质壤土,忌用花生、豆类和西瓜作前茬。抚州西瓜为自交授粉品种,选种时应选取具有抚州西瓜典型性状的单瓜留种,采用嫁接栽培时选用葫瓜品种、南瓜品种做砧木。如果采用非嫁接栽培时,旱地需轮作5~6年,水田需轮作3~4年方可再种西瓜。每年7月底8月初根据市场情况采收。

上饶早梨

登记证书编号：AGI01109

地域范围

上饶市位于江西省东北部，信江上游，上饶早梨农产品地理标志地域保护范围包括上饶市的花厅镇、田墩镇、五府山镇、四十八镇、应家乡、尊桥乡、皂头镇、枫岭头镇、华坛山镇、石人乡、清水乡共11个乡镇，地理坐标为东经117°41′18″~118°14′23″，北纬27°58′58″~28°50′15″，保护面积1 200公顷。

品质特色

上饶早梨果大端正，果形圆形或近圆形；果皮青绿光滑；肉质细嫩，汁多渣少，甜酸适中，酥脆可口。上饶早梨内含可溶性固形物15.5%~16.6%，总糖含量8.56%~9.24%，总酸含量0.10%~0.12%，固酸比142~151，粗纤维含量

0.41%~0.46%，维生素C含量81~92毫克/千克。

人文历史

上饶早梨具有悠久的栽培历史。《上饶县志》记载："县人栽梨已有300多年历史……上饶早梨可与宣城和玉山消梨相媲美。"清同治十二年（1873年）编修的《广信府志》物产篇略载："梨为玉山青消，颇称甘脆，近来上饶早梨亦佳。"《上饶市农业志》记载："光绪年间上饶早梨列为贡品……民国二十六年（1937年），江西省第六行政区农业推广处举行梨果竞赛会，上饶早梨评定特等奖。"

生产特点

上饶市境内中山、低山、丘陵与河谷平原从南北两端向中部呈阶梯状递降，大致平行于信江对称分布。山地丘陵旱地土壤多属黄红壤，pH值5.5~6.5，土质肥沃、保水保肥，有机质含量高，富含硅、钾、钙、镁、铁等大量的有益元素。当地有大小河流15条贯穿全境，大中小型水库星罗棋布，地下水蓄量充沛。上饶市属亚热带季风性湿润气候，四季分明，降水充沛，光照充足，但受季风影响，温度和降水变化幅较大，干湿比较明显，形成了适宜上饶早梨生产的独特自然环境。

上饶早梨（又称六月雪）为当地主栽品种，按照比例搭配的授粉品种有甫梨、平头青。定植生长5年的梨树达到高2.5米左右，冠直径3.5~4.0米。上饶早梨定植后采用拉枝、轻剪、缓放等方法修剪，花果期须疏花、疏果、套袋，提高好果率。

铅山红芽芋

登记证书编号：AGI01110

地域范围

上饶市铅山县地处江西东北部，武夷山脉北麓，明清时期有"八省通衢"之称。铅山红芽芋农产品地理标志保护范围包括铅山县的武夷山镇、紫溪乡、英将乡、石塘镇、永平镇、葛仙山乡、稼轩乡、鹅湖镇、虹桥乡、河口镇、新滩乡、汪二镇、湖坊镇、陈坊乡、太源乡、篁碧乡、天柱山乡17个乡镇，地理坐标为东经117°68′79″~117°84′41″，北纬27°93′00″~28°32′60″，保护面积6 800公顷。

品质特色

铅山红芽芋呈卵圆形，单芋重50~100克；脑芽和叶芽均为粉红色，芋表皮暗红，有少量须毛；肉质细嫩白色，有黏液；煮熟后口感细腻松滑、糯香可

口。铅山红芽芋蛋白质含量1.61%~2.64%，总糖含量1.53%~2.95%，粗纤维含量0.46%~1.75%，支链淀粉含量8.03%~11.83%。

人文历史

铅山红芽芋种植历史可追溯至明万历年间（1573—1620年），明万历年间《铅书》记载："斋菜有苋、茄、莴苣、芋、莲、姜、萝卜，三者能散秽去积。"《上饶市农业志》记载："红芽芋产于铅山县紫溪乡，因其芋叶下面靠近芋头的芽色泽呈红色而得名。此芋品质好，淀粉多香味浓，容易煮烂，个头大小均匀，形状规则，含多种矿物质元素和多种氨基酸，是芋类中的珍品。"

生产特点

铅山县属中亚热带湿润气候区，四季分明，气候温和，光照充足，无霜期长，降水充沛。武夷山脉绵亘于铅山县南缘，主峰黄岗山海拔2 157.7米，森林覆盖率达74%。当地河流众多，流域面积大于50平方千米的河流有7条，各种类型的水利水电工程3 176座，水资源丰富。耕地土壤类型以潴育型鳝泥田、黄泥田为主，土层深厚，土质疏松肥沃，pH值4.8~6.0，有机质含量2%以上，形成了适宜铅山红芽芋生长的独特自然环境。

铅山红芽芋产地为地势平坦、排灌方便、土壤耕层深厚、近3年内未种过芋头的沙壤土或壤土田块。种植品种选用铅山红芽芋本地品种或脱毒种。一般在每年2月中旬播种，栽后覆园土盖地膜，重施基肥，适施催苗肥和球茎膨大肥。每年7月中旬根据市场情况采收。

上高紫皮大蒜

登记证书编号：AGI01111

地域范围

上高县位于江西省宜春市，锦江中游。上高紫皮大蒜农产品地理标志保护范围包括塔下乡、蒙山乡、芦洲乡、南港镇、翰堂镇、上甘山林场6个乡镇（场），地理坐标为东经114°48′46″~115°00′00″，北纬28°07′30″~28°07′32″，保护面积2 000公顷。

品质特色

上高紫皮大蒜鳞茎呈扁圆形或短圆锥形，球茎3厘米左右。外面有紫红色膜质鳞皮，剥去鳞叶，内有6~10个蒜瓣，蒜瓣紧凑，叶肉肥厚，纤维少，汁液黏滑，味香

浓郁,口感爽脆,辛辣而不刺舌。上高紫皮大蒜粗纤维含量0.56%~0.60%,蛋白质含量6.2%~6.8%,维生素C含量6.95~7.15毫克/100克,磷含量0.11%~0.15%,钾含量0.38%~0.44%。

人文历史

上高紫皮大蒜是上高传统的优良地方品种,种植历史悠久,清康熙年间(1662—1722年)《上高县志》中就有大蒜种植的记载。早在清同治四年(1865年),上高县就开始从事商品大蒜生产,所生产的大蒜主要由新余、樟树、丰城、高安等地客户

上门采购。1937年《江西农业统计》记载:"上高种植大蒜500亩,总产蒜头7 500担。"1985年,上高紫皮大蒜生产面积已达到了644公顷,总产大蒜头1 620吨。

生产特点

上高地区位于幕阜山脉的分支,地形复杂,森林覆盖率达76%,土壤类型以壤土为主,土层深厚,土质疏松肥沃,有机质含量2%以上。境内有多条河流构成上高县的地表水系,年径流量达11.7亿立方米,有效灌溉面积8 913公顷。上高属中亚热带湿润气候区,四季分明,气候温和,光照充足,无霜期长,适宜上高紫皮大蒜的生长。

上高紫皮大蒜生产选择土壤肥沃、排水条件好、近两年未种过大蒜的壤土地块,同时选用本地大蒜种生产。每年10月下旬至11月中旬播种,蒜薹收获后10天左右即4月底5月初,鳞茎膨大成熟,蒜头外籽衣呈紫色时拔蒜,摊排晾晒。

安义瓦灰鸡

登记证书编号：AGI01112

地域范围

安义县隶属江西省南昌市，地处赣西北潦河中下游。安义瓦灰鸡农产品地理标志保护范围包括龙津镇、鼎湖镇、万埠镇、石鼻镇、东阳镇、长埠镇、黄洲镇、乔乐乡、长均乡、新民乡、国营万埠综合垦殖场11个乡镇（场），地理坐标为东经115°28′08″~115°44′57″，北纬28°33′24″~29°00′16″。

品质特色

安义瓦灰鸡羽毛呈灰色，同时有灰（毛）脚、灰喙特征，体形较小，羽毛紧贴身躯、光亮，外形美观，体态良好。肉质口感细嫩润滑，汁鲜、味美。

安义瓦灰鸡富含人体必需氨基酸，维生素 E 含量 2.2~2.6 毫克/千克，牛磺酸含量 0.33~0.35 克/千克，肌苷酸含量 1.71~1.76 毫克/克。

人文历史

安义瓦灰鸡是安义县的地方特色品种。据民国二十五年（1936 年）的《安义县志·物产志》记载："家禽本地所产，毛色不一，以黄、瓦灰为主。"《安义年鉴》记载："2009 年 6 月，安义瓦灰鸡遗传资源通过国家畜禽遗传资源委员会鉴定；10 月，经过国家畜禽遗传资源委员会审定通过，列入国家畜禽资源库。"《安义瓦灰鸡早期生长规律研究》（原载

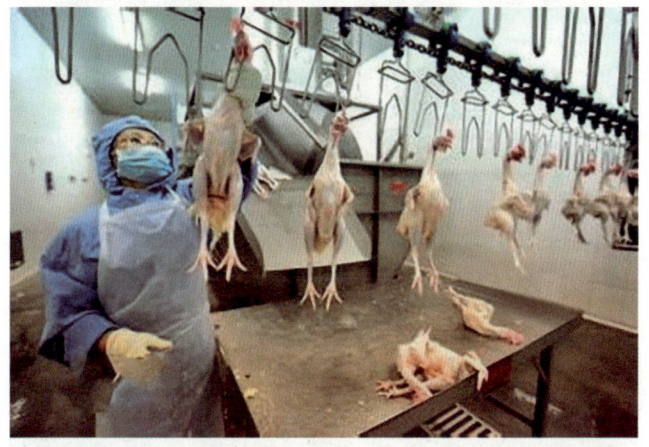

于《中国家禽》2012 年 34 卷第 7 期）介绍："安义瓦灰鸡是我国唯一以'瓦灰羽色'为特征的珍稀地方鸡种，具有'灰羽、灰喙、灰脚'特征和耐粗饲、适应性广、抗逆及抗病性强等特点。"

生产特点

安义属亚热带气候区，温暖湿润，四季分明，光照充足，降水充沛；土壤类型大多为红壤土，植被生长环境优越，适合各类植物生长，森林覆盖率 42.8%；水源丰富，潦河两分支贯穿境内。独特的自然生态环境孕育了独具特殊品质的安义瓦灰鸡。

养殖户应选择纯种安义瓦灰鸡进行繁育。雏鸡养殖过程中要控制好育雏温度；7~18 周龄成为育成鸡，须做好由育雏期向育成期的过渡；20 周龄左右形成产蛋鸡，应选择质地良好的多品种饲料配合日粮饲养。

三清山山茶油

登记证书编号：AGI01113

地域范围

三清山地处江西东北部的上饶市玉山县境内，三清山山茶油地域保护范围包括南山乡、紫湖镇、怀玉乡、四股桥乡、双明镇、岩瑞镇、下镇镇、仙岩镇、群力乡、六都乡、文成镇、横街乡、必姆镇、樟村镇、下塘乡、临湖镇16个乡镇，地理坐标为东经117°51′15″~118°25′41″，北纬28°30′01″~28°59′12″，保护面积27 333公顷。

品质特色

三清山山茶油果实较大，蒴果圆形、桃形、橘形等，成苞背开裂。油茶籽三角形，茶褐色或黑色，有光泽，果仁较多。油质澄清，无杂质，气味香醇。三清山山茶油内含油酸74%~87%，亚油酸7%~10%，亚麻酸0.8%~1.1%。

人文历史

玉山县种植油茶的历史有1 000多年。据《玉

山县志》记载，明清两朝，玉山的茶油便远销多省，并屡屡被选为皇家贡品。21世纪初开始，玉山县和华南理工大学、江西农业大学等单位合作，精心选育和培植油茶优良品种，并不断扩大油茶的种植面积。同时，玉山县也大力推动公司和农户合作，提高产品质量，提升三清山山茶油的知名度。

生产特点

玉山县是半山区、半丘陵地区，"七山一水一分田"，土壤类型为红壤、黄壤、黄红壤，丘陵、岗地土层深厚，平均为70~80厘米。玉山县境内有金沙溪、玉琊溪两大信江源流，水库、池塘星罗棋布，地下水蓄量充沛，水资源丰富。玉山县属中亚热带季风气候区，气候温和，降水充沛、光照充足。三清山独特的自然环境适合山茶油生长。

种植三清山山茶油品种采取"赣无"系列优良无性系为主的油茶良种。油茶籽每年10月采收，经翻晒自然开裂，晒至全干后压榨加工。油茶籽经过剥壳、粉碎、软化、扎胚、蒸炒、压榨、毛油、沉淀排渣、水洗、脱水、脱色、过滤、冷冻脱脂、过滤、成品油、灌装等工艺流程，加工成三清山山茶油。

余干鄱阳湖藜蒿

登记证书编号：AGI01205

地域范围

余干县位于江西省上饶市，信江下游，余干鄱阳湖藜蒿地理标志保护范围包括鄱阳湖边缘余干县的康山乡、康山垦殖场、瑞洪镇、石口镇、信丰垦殖场、大塘乡、洪家咀乡、玉亭镇、东塘乡、乌泥镇、鹭鸶港乡、三塘乡、江埠乡、枫港乡、古埠镇15个乡镇（场），地理坐标东经116°24′06″~116°47′00″，北纬28°35′11″~28°52′03″，保护面积2万公顷。

品质特色

余干鄱阳湖藜蒿为菊科蒿属，多年生草本植物，植株具清香气味，高20~40厘米；根状茎，直立或斜向上，茎稍粗，直径为2~7毫米；茎初时绿褐色，后为紫红色，光滑无毛；嫩茎可炒食，香气浓郁，肉质脆嫩爽口。

余干鄱阳湖藜蒿含干物质5.47%~5.67%，维生素C含量57.5~59.5毫克/千克，粗纤维含量1.15%~1.35%，蛋白质含量0.87%~1.07%，可溶性糖（以葡萄糖计）含量0.30%~0.50%，脂肪含量0.23%~0.43%，此外，还含有钙、磷、铁等。

人文历史

藜蒿也称蒌蒿，《余干县志》记载，"蒌（藜蒿），

草也,可以烹鱼"。每到江南3月,鄱阳湖的湖面上,便会飘满这种名叫藜蒿的野草。在江西有句话人们耳熟能详——"鄱阳湖的草,南昌人的宝"。

唐《食疗本草》称蒌蒿"香美可食,生蒸皆宜"。宋代大诗人苏轼在《惠崇春江晚景》中也提到蒌蒿的食用价值,"竹外桃花三两枝,春江水暖鸭先知。蒌蒿满地芦芽短,正是河豚欲上时"。相传,藜蒿之名出自朱元璋之口。时值干旱季节蔬菜脱供,御厨从乡间寻来新鲜蒌蒿烧腊肉,朱元璋食后说:"这新鲜味道好似藜杖蒿草,就叫它藜蒿吧。"

生产特点

余干县地貌以低丘和滨湖平原所组成,土壤多为肥沃的潮土和草甸土,有机质含量高。境内有6条主要河流,水资源十分丰富,地表水及地下水水质优良,为理想的农业用水。余干气候属亚热带湿润性季风气候,气候温和,光照充足,降水充沛,无霜期长,优越的气候条件有利于余干鄱阳湖藜蒿生长。

余干鄱阳湖藜蒿产地选择排灌方便、土质肥沃的沙质土壤。每年4月底至5月初,可在余干鄱阳湖草洲挖取藜蒿地上茎,剪成插条扦插育苗。6月底至7月初多雨,是插扦移栽的好时节,大田扦插定植后加强水肥管理。藜蒿一般无病虫害为害。10月下旬至翌年2月,即可采收上市。

宜丰竹笋

登记证书编号：AGI01294

地域范围

宜丰县地处赣西北九岭山脉南麓。宜丰竹笋农产品地理标志地域保护范围为宜丰县黄岗镇、石花尖垦殖场、车上林场、芳溪镇、双峰林场、黄岗山垦殖场、潭山镇、天宝乡、同安乡、花桥乡、澄塘镇、新昌镇、桥西乡13个乡镇（场）的117个村（分场），地理坐标为东经114°30′26″~115°04′13″，北纬28°18′17″~28°40′38″，保护面积56 000公顷，毛竹蓄积量达1.2亿株。

品质特色

宜丰竹笋为毛竹的幼芽，笋体肥壮，中间有节，节短而粗，分为冬笋和春笋。冬笋为冬季采收的嫩茎，纺锤形，箨舌坚硬、亮黄，箨叶色泽金黄，肉紧实、无空隙，米白色，肉质肥厚，质地细腻，可食率高。春笋为春季生长的嫩芽，呈宝塔形，箨舌厚长、青绿，箨叶密被褐色茸毛，肉白色，肉质肥厚，质嫩多汁。

宜丰竹笋氨基酸总量18.5~34.0克/千克，总糖含量1.80%~2.62%，粗纤维含量0.80%~1.20%，脂肪含量0.65%~1.40%，维生素C含量85.0~145.2毫克/千克，并富含钙、磷、硒、钾、铁等。

人文历史

宜丰县是"竹子之乡"，地形地貌复杂，气候类型多样，生态条件优越，竹类资源丰富。竹子与宜丰县人民的生活息息相关，

冬笋是宜丰的名菜炒八扎的主要原料,餐桌上的"三笋"(冬笋、春笋、笋干)、河里的竹筏、肩上的扁担、手中的竹扇,处处都是竹的身影。元朝时李璐诗《新昌山源》云:"山围疑路断,忽转又人烟。家家池沤竹,处处枧分泉。"

南京林业大学收藏的全国最大的竹类标本,就是1982年采自宜丰的活竹;1972年全国农业展览馆展出的三棵大毛竹也选自宜丰。宜丰竹笋已成为当地农民致富奔小康的一大支柱产业。

生产特点

宜丰县地势自西北向东南逐渐倾斜,地形复杂,沟壑纵横,素有"七山半水分半田,一分道路和庄园"之称,竹林资源丰富,山环水绕,水土保持好,水源充足。宜丰竹笋多产于宜丰山区乡镇(场),山地土壤多属红壤,土壤pH值4.9~7.2,土层深厚,保水保肥能力强,有机质含量丰富。宜丰县属中亚热带温暖湿润气候,气候温和,四季分明,降水充沛,非常适合宜丰竹笋的生长。

宜丰竹笋种植品种可分为春笋和冬笋,加工制成笋尖、笋片、熏笋、笋罐头、笋干等产品。宜丰竹笋种植过程中只施入经无害化处理的有机肥,在病虫害防治上则采用物理和生物防治方法。产品的加工采用传统的加工方法和现代先进生产工艺,经去壳、清洗、预煮、蒸煮、漂洗、烘焙、冷却、杀菌、包装等10余道工序精制而成。

洪门鸡蛋

登记证书编号：AGI01295

地域范围

洪门镇是江西省抚州市南城县下辖的一个镇，位于武夷山西翼地带，为典型的丘陵低山区。洪门鸡蛋农产品地理标志地域保护范围为南城县的建昌镇、万坊镇、洪门镇、里塔镇4个镇，地理坐标为东经116°24′51″~116°57′41″，北纬27°18′00″~27°47′60″。

品质特色

洪门鸡蛋蛋壳质硬，呈浅褐色，光泽鲜亮；灯光透视时，整个蛋呈橙红色，蛋黄不见阴影，打开后蛋黄凸起、完整，有韧性，蛋白澄清、透明、稀稠分明。洪门鸡蛋中，蛋白质含量13.0%~14.1%，脂肪含量7.61%~7.91%，胆固醇含量289~393毫克/100克。

人文历史

洪门鸡蛋起源于南城县洪门镇，据《南城县志》记载："洪门鸡蛋起源于宋代，兴于明、清，盛于革命战争时期……最早的洪蛋制作起源于民间办喜事时，为图吉利将鸡蛋用红色染红蛋壳。"洪门鸡蛋闻名于闽、赣、粤等南方各地，至今还有"建昌府内米满仓，彭家府第蛋溢香""一双红蛋骨肉亲，牵手再拜求观音"之说。《徐霞客游记》记载，旅途疲惫的徐霞客饱餐了用洪门鸡

蛋做的蛋羹后，酣然入睡，次日觉顿觉精神气爽。红军反"围剿"时期，彭德怀指挥红三军团进行了著名的黄狮渡战役，洪门镇彭家村全村村民以洪门鸡蛋慰劳红军，红军战士称之为"红军蛋"。解放战争时，洪门鸡蛋传人彭辉旺等人以洪门鸡蛋慰劳解放军，洪门鸡蛋也被称为"人民解放军的营养品"。

生产特点

洪门镇属中亚热带季风湿润气候区，四季分明，气候温和，降水充沛，光照充足，无霜期长。自然水文条件良好，土壤疏松，有机质含量1%，含氮0.01%左右。洪门镇有黎滩河、芦河两条主要河流、11条支流及56条小溪，著名的洪门水库和廖坊水库水质良好，富含多种矿物质和微量元素，不经任何处理即达洪门蛋鸡饮用水标准。如此优越的自然生态环境，形成了洪门鸡蛋独特的品质。

养殖鸡棚宜建在洪门水库、廖坊水库旁边，蛋鸡选择当地特有的优良品种——洪门麻鸡。在育雏期把好温度关，严格控制雏鸡的鸡棚温度；在育成期把好饲料关，随着蛋鸡日龄的增长使用不同配方的饲料；在产蛋期严把防疫关，蛋鸡全程饲喂微生物制剂——益生素，以抑制有害菌的生长，提高机体免疫力。

上高蒙山猪

登记证书编号：AGI01296

地域范围

上高县隶属江西省宜春市，位于江西省西北部、锦江中游。上高蒙山猪农产品地理标志地域保护范围包括蒙山乡、南港镇、翰堂镇、徐家渡镇、芦州乡、锦江镇、新界埠镇、敖山镇、上甘山林场、塔下乡、敖阳街道、野市乡、泗溪镇13个乡镇，地理坐标为东经114°28′13″~115°10′28″，北纬28°02′00″~28°25′16″。

品质特色

上高蒙山猪头颈部和臀部为黑色，其余部分均为白色，身躯黑白交界处有2~3厘米宽的黑皮着生白色，"晕带"明显，少数躯干出现1~2块黑斑，额中央、尾尖有白点，耳薄下垂，乳头数6~8对，排列整齐；皮薄骨细，肉色鲜红，肌间脂肪丰富，大理石纹理分布均匀清晰，肉质鲜美。上高蒙山猪猪肉水分含量63%~75%，蛋白质

含量18.5%~25.3%，肌内脂肪含量7.80%~9.10%。

人文历史

从对当地的陶猪和陶猪圈的考证中发现，早在1 600年前，上高县一带已有农户从事养猪业。宋元祐年间（1086—1094年），瑞州商贾如云，尤以西市街为甚，所售之肉，称之为"蒙山猪"，其皮薄细骨，精多膘少，肉质鲜美，市井趋之若鹜。《上高县志》中有明万历二十六年（1598年）"猪行税银四钱五分㤚"的记述；明末清初史料中亦有"蒙山猪"的记载。

生产特点

上高县山岭纵横，田丘相间，稀密相宜，土壤多为红壤土，土地肥沃，青粗饲料丰富。上高县有锦江河穿境而过，坪溪水、耶溪、罗河、江口水、水口水、蒙水、漳河等多条支流呈叶脉状分布，大小水库星罗棋布，地下水资源蕴藏丰富，水质优良。上高县属中亚热带湿润季风气候，降水充沛，无霜期长，空气清新，阳光充足，特别适合上高蒙山猪的繁衍生息。

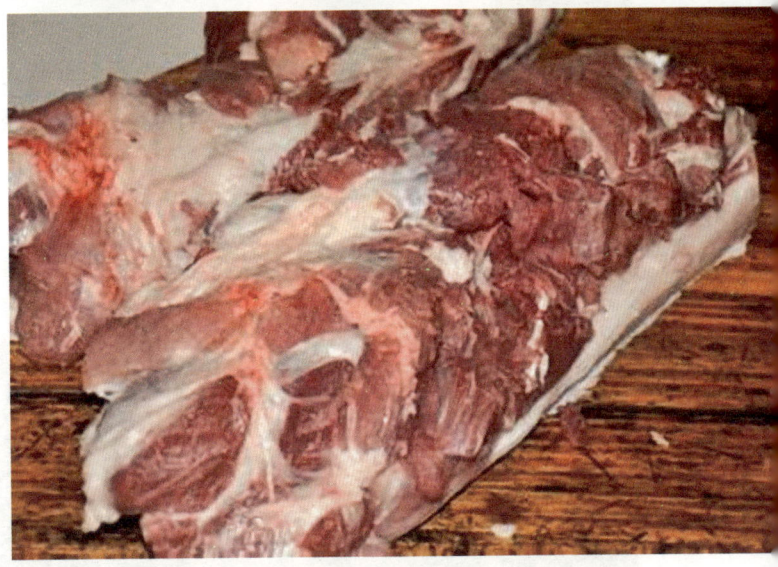

上高蒙山猪养殖选种应选择体型大、增重快、瘦肉率高的纯种蒙山猪繁育。小猪（指断奶后至体重25千克）用豆腐渣、玉米粥或红薯粥加青菜喂养；体重25千克至出栏，用90%的青粗饲料加适量配合饲料喂养，同时保持有充足的饮水。

黎川香榧

登记证书编号：AGI01399

地域范围

抚州市黎川县地处江西省中部偏东，黎川香榧农产品地理标志地域保护范围为宏村镇、樟溪乡、西城乡、厚村乡、洵口镇、社苹乡、湖坊乡、熊村镇、德胜镇9个乡镇，地理坐标为东经116°42′42″~117°10′14″，北纬26°59′06″~27°33′58″，保护面积为2 000公顷。

品质特色

黎川香榧呈长卵形或椭圆形，果壳为黄褐色或紫褐色，种核长卵圆形，呈黄白色。顶端尖末端细长，脐点微突，壳薄质脆，种仁饱满，富含油脂，气味清香。多数鲜果重为15~18克/颗，多数干果重为4~6克/颗。

黎川香榧蛋白质含量为7.7%~10.5%，总黄酮含量0.3~0.5克/千克，亚油酸含量42%~48%，亚麻酸含量0.3%~0.7%，并富含钙、镁、锌、钾、铁等。

人文历史

黎川香榧种植历史悠久。《黎川县志》记载:"麦溪洲附近保存近400年生的大树近1 000株,其中胸径1米以上的便有30余株,为国家珍贵树种。"相传,明朝万历年间(1573—1620年)黎川有许多读书人都登科中举,其中有个叫孔太守的读书人考中了进士,衣锦还乡,有人问他:为何有这么多读书人登科中举,他说:"都是吉祥榧树的灵气,带来的文运。"此话传开,黎川香榧便被称为"举人树"。这个传说表明了古人对香榧树的喜爱。明代黎川文学家邓文锡曾赋《赞黎川香榧树》:"铁骨铮铮立险峰,狼来虎去自从容。秋来结籽黄于锦,立地千年万古名。"

生产特点

黎川县属中亚热带湿润气候,气候温和,四季分明,光照充足。黎川地属侵蚀丘陵,平均海拔400米左右,主要土壤为红壤。黎川县境内主要有黎滩河、资福河及龙安河3条水系,为抚河的源头之一,农业灌溉用水清洁。如此优越的自然生态环境,非常适合黎川香榧的生长。

黎川香榧品种选用黎川本地细榧和芝麻榧嫁接培育的优良品种。黎川香榧生产管理采取香榧与茶叶套种的种植方式,并加强各环节的生产控制,春秋增施有机肥,主要以生态养殖牛、羊、鸡而产生的天然有机肥为主。果实成熟时人工采摘,并用二次堆沤法后熟。香榧经清洗暴晒、浸泡、炒制,炒到种仁成米黄时即可食用。

乐安花猪

登记证书编号：AGI01400

地域范围

乐安县位于江西省中部，抚州市西南部。乐安花猪农产品地理标志地域保护范围包括招携镇、金竹畲族乡、增田镇、湖坪乡、万崇镇、罗陂乡、牛田镇、戴坊镇、龚坊镇、山砀镇、鳌溪镇、南村乡、谷岗乡、大马头垦殖场14个乡镇（场），地理坐标为东经115°36′17″~116°10′54″，北纬26°50′03″~27°45′42″，保护面积214 782公顷。

品质特色

乐安花猪毛色以"三花"为主，除头、尾为黑色外，其他部位黑白相间，并在黑白相间处有大小不等的"晕"带。头型以粗短、有皱为主，额顶有白色斑带，四肢粗壮，腰微凹，腹下垂，乳头多为7对。肉色呈玫瑰红，脂肪洁白，肉质鲜甜，肉汁清澈。猪肉水分含量62.3%~67.6%，蛋白质含量18.3%~22.5%，肌内脂肪含量10.2%~12.8%。

人文历史

乐安花猪以其肉质鲜甜声名远扬，有口皆碑，"临川才子金溪书，宜黄戏子乐

安猪"的说法在抚州民间代代相传。据《乐安县志》记载:"乐安花猪是全省著名的地方良种之一,耐粗饲,抗病力强,肉质好。"新中国成立后,省、地、县各级有关部门先后多次对乐安花猪调查、选育、提纯复壮。乐安花猪1956年就被列入江西省地方家畜品种名录,是赣中南花猪之中的独特类群。

生产特点

乐安县处雩山山地丘陵,南部多山,北部以丘陵为主,海拔高度100~1 370米,土壤以山地红壤为主,多为弱酸性,pH值5.7~7.0。乐安境内主要河流有抚河水系的公溪水、谷岗水,以及乌江水系的牛田水、万崇水,地表水、地下水资源丰富,水质优良,水利资源丰富。乐安县属亚热带湿润季风气候,气候湿润,降水充沛,光热充足,四季分明,是乐安花猪生产的理想环境。

乐安花猪养殖场所要求地势高燥、排水良好、具有绿色隔离带。品种选择体型大、增重快、瘦肉率高的纯种乐安花猪繁育。养殖过程中,保育仔猪用膨化料,少放勤添、多餐制饲喂;生长肥育猪饲养管理以现代与传统相结合,实施生喂舍饲,日粮的基本组成以配合饲料为主,用瓜菜草蔓及碎米粗糠等青粗饲料补充营养需求。

临川金银花

登记证书编号：AGI01469

地域范围

抚州市临川区地处江西省东部、抚河中游，临川金银花农产品地理标志地域保护范围为临川区嵩湖乡、高坪镇2个乡镇，地理坐标为东经115°35′30″~117°18′30″，北纬26°29′28″~28°30′26″，保护面积1 400公顷。

品质特色

临川金银花呈长棒状，略弯曲，长2.0~3.5厘米，上部较粗，直径1.5~3.0毫米。外表黄绿色或黄褐色，微被短柔毛，基部有绿色细小的花萼，5裂，裂片三角形，无毛。花冠唇形，可见雄蕊5枚及雌蕊1枚。气芳香，味微苦。临川金银花绿原酸含量达到4.0%~5.1%，木犀草苷含量达到0.06%~0.08%。

人文历史

临川金银花历史悠久,早在明清数百年前,乡间农人就用当地野生金银花制作成金银花茶。《临川区志》记载:"临川金银花种植有50多年历史,亩产干花50~60千克,1987年临川嵩湖乡种植面积1 923亩,总产干花96吨。1991—1995年市场出现波动,农民种花的积极性受到影响,种植面积有所减少。1996年,临川区发展经济作物生产,推广金银花种植,全区金银花种植面积达3 256亩,总产干花195吨。1997年,临川召开金银花种植会议,会上把金银花种植作为嵩湖、大岗、高坪等乡镇农民增收重要门路,政府再次组织农民大规模种植金银花,当年金银花种植面积大幅度上升,到2000年,种植面积4 867亩,2005年种植达5 798亩,总产300吨。"

生产特点

临川区以河滩冲积平原和红壤低丘岗地为主,土壤类型为冲积层沙壤,昼夜温差较大,pH值6.0~7.5,且涝能排旱能灌。临川区境内有多条河流,水库、池塘星罗棋布,地下水蓄量充沛,水利资源丰富,灌溉用水干净甘凉,十分有利于临川金银花的生产。临川属东亚热带季风性气候区,四季分明,降水充沛,光照充足,气候温和,年平均气温17.8℃,年降水量为1 698毫米,无霜期275天左右,适合金银花生长。

临川金银花主栽品种为苍源一号和苍源二号,冬季增施有机肥,有机肥主要以生态养殖牛、羊、鸡产生的天然有机肥为主,施肥和中耕松土相结合。在花蕾尚未开放之前,即花蕾由绿变白、上部膨大、下部为青色时,称"二白期"时采摘为宜。临川金银花加工工艺流程为杀青、干燥、风选、紫外灭菌(提香)。

高安大米

登记证书编号：AGI01470

地域范围

高安市隶属江西省南昌市。高安大米农产品地理标志地域保护范围包括高安市所辖的大城镇、祥符镇、村前镇、华林镇、杨圩镇、龙潭镇、石脑镇、田南镇、建山镇、相城镇、灰埠镇、新街镇、伍桥镇、太阳镇、八景镇、独城镇、荷岭镇、黄沙岗镇、蓝坊镇、汪家圩乡、上湖乡21个乡镇，地理坐标为东经115°00′12″~115°34′56″，北纬28°02′44″~28°38′29″，保护面积4.7万公顷。

品质特色

高安大米粒整齐匀称，粒面光滑，外观晶莹剔透，色泽洁白鲜亮，加水煮沸时香味浓；饭粒完整，结构紧密；米饭洁白，适口性好，入口后清爽，少粘连、少

黏口，不腻，软硬适中；咀嚼时有甜味，味道纯正、持久；冷却后硬度适中，不回生。高安大米米粒长6~8毫米，粒型长宽比3.0~3.6，胶稠度70~100毫米，蛋白质含量6.1%~7.5%。

人文历史

高安市是江南鱼米之乡，素有"农业上县"之誉。农作物以种植水稻为主，盛产稻谷、大豆、花生、油菜和棉花。据清同治十年（1871年）《高安县志》记载，唐武德七年（624年）米岭（今汪家圩乡米岭行政村）因盛产香米改州名为米州，可见高安早在唐代就以出产香米闻名京都，至今高安县仍保留有一条米州路。

生产特点

高安县低山丘陵与河谷平原相间，呈"四山一水三分田，二分道路和庄园"，土壤是沙土与沙壤土，土耕性良好，宜种性广，肥力水平较高，pH值5.3~6.0，适合水稻生产。境内河网密布，河流以锦河、肖江、潦河、袁河4个流域为主，并有大中小型水库313座，上游水库灌溉面积达25万余亩，水利资源丰富。高安市属亚热带湿润气候，四季分明，气候温和，日照充足，降水充沛。独特的自然生态环境孕育了高安大米独特的品质。

高安大米目前的当家品种主要有黄华粘、蓉优5号、鄂优27及春光一号等。生产严格按照规范操作，在穗黄、叶落、成熟度达到85%~90%时进行收获，收获时尽量用木制的脱粒器械脱粒，确保高安大米的品质特色。

东乡白花蛇舌草

登记证书编号：AGI01524

地域范围

东乡县位于江西省抚州市，东乡白花蛇舌草农产品地理标志地域保护范围为东乡县杨桥殿镇、红光垦殖场，地理坐标为东经116°31′17″~116°40′06″、北纬28°16′36″~28°29′46″，以及东经116°48′55″~116°51′51″、北纬28°04′04″~28°04′47″，保护面积为3 200公顷。

品质特色

东乡白花蛇舌草为传统中药材，呈缠结成团状，灰绿色、灰褐色或灰棕色。主根单一，直径约0.2厘米；须根纤细。茎圆柱状，具纵棱，质脆，易折断，断面中央有白色髓或中空。叶对生，无柄，多破碎，完整叶片展平后呈线形或条状披针形，

有托叶。花、果单生或对生于叶腋，具短柄。蒴果扁球形，两侧各有一条纵沟，宿存萼顶端4齿裂。气微，味淡。东乡白花蛇舌草水分含量68%~87%，醇溶性浸出物含量4%以上，灰分2.1%~2.6%，多糖含量0.3%以上，熊果酸含量0.03%以上，齐墩果酸含量0.008 5%~0.015%以上。

人文历史

白花蛇舌草在东乡县的药用和种植历史悠久，《东乡县志》（江西人民出版社，1989年版）记载："东乡县植物资源丰富，可入药的植物数以百计。农民素有种植、利用中药材的传统，尤以白花蛇舌草栽培面积最多，栽培历史最长，闻名全国，素有'东乡白花蛇舌草'之称。"东乡白花蛇舌草因其有效成分含量高、无污染等优良品质，在全国中医药行业享有盛誉。因东乡白花蛇舌草市场需求量大，早在20世纪50年代，便出现了人工种植。《东乡县志》记载："1960年以来，在县医药公司的扶助下，先后在杨桥的宋塘、岗上积的水南和愉怡的李家建立中药材生产基地，总面积300~400亩。种植的品种有白花蛇舌草、黄栀子、玄阳、菊花、枳壳、留兰香、薄荷等。"因其种植面积较大，东乡白花蛇舌草是当时收购的少数中药品种之一。

生产特点

东乡县地处赣东丘陵与鄱阳湖平原过渡地带，地势平坦，农业土壤以潴育型水稻土为主，疏松肥沃，pH值6.5~7.0。东乡县属亚热带湿润季风气候，整体气候温和，降水丰沛、热量丰富、光照充足、四季分明，地下水蓄量充沛，水质优良，非常适合白花蛇舌草的生长。

东乡白花蛇舌草主栽品种为江西省润邦农业开发集团与东乡县白花蛇舌草行业协会经多年提纯复壮的东乡白花蛇舌草地方野生种。东乡白花蛇舌草喜温暖潮湿环境，喜阳光充足，喜平坦地况，不耐干旱和积水，以疏松肥活土壤为佳。一年可播种与收获两次。春播于3月上中旬播种，收获期在8月中下旬，齐地面割取地上部分；秋播于8月中下旬播种，收获期在11月上中旬，在果实成熟时，收取整个植株。

庐山云雾茶

登记证书编号：AGI01686

地域范围

江西省九江市位于长江中下游结合部的南岸，庐山云雾茶农产品地理标志地域保护范围为庐山、鄱阳湖（九江管辖范围）、庐山西海及周边区域，涉及海会镇、岷山乡、赛阳镇等185个乡镇（街道），地理坐标为东经113°56′30″~116°54′01″，北纬28°41′12″~30°04′29″，保护面积60 000公顷。

品质特色

庐山云雾茶外形显锋苗，色泽翠绿，显毫，匀整洁净；汤色嫩绿明亮，香气清香持久，滋味鲜醇回甘，叶底嫩绿鲜活、匀整。庐山云雾茶产品水分含量4.5%~7.0%，

粗纤维含量6.5%~9%，茶多酚含量11%~26%，氨基酸含量2.8%~5.2%，咖啡因含量2.8%~4.8%，儿茶素总量13.7%~18.8%。

人文历史

庐山云雾茶系我国十大名茶之一，始产于汉代，具有独特内在品质和浓郁文化内涵。据《庐山志》记载，东汉时期，庐山佛教兴盛，僧侣们在修行之余也栽种茶树，采制茶叶。宋代庐山云雾茶系列为"贡茶"。由于原产地终年云雾弥漫，使得茶叶碧绿明亮，叶底嫩绿匀齐。庐山云雾茶在历届茶叶评比中多次获得殊荣。

生产特点

九江市为典型的山地丘陵，土壤为黏壤土，pH值4.8~5.0，土层覆盖厚度达45厘米，土壤普遍呈酸性，其有机质含量极为丰富。境内有庐山、幕阜山、长江、鄱阳湖和庐山西海，其间水库、山塘星罗棋布，水资源丰富。九江市属中亚热带季风性气候区，四季分明，气候温暖，降水充沛，日照充足，无霜期长，相对湿度80%左右，形成了适合庐山云雾茶生长的独特自然生态环境。

庐山云雾茶种植品种以庐山本地群体种为主，搭配白毫早、茗丰、碧香早、乌牛早等品种。1~3年生幼龄茶园在行间合理间作绿肥；熟龄茶园冬季增施有机肥，有机肥主要以经过腐熟的土杂肥、饼肥、栏肥等为主，施肥和中耕松土相结合。根据制茶等级按标准采茶，鲜叶采摘用单手或双手提采法。茶叶经摊青、杀青、揉捻、理条、烘干等工艺加工而成。

奉新猕猴桃

登记证书编号：AGI01687

地域范围

奉新县隶属江西省宜春市，奉新猕猴桃农产品地理标志地域保护范围为赤岸镇、澡下镇、会埠镇、罗市镇、上富镇、澡溪乡、仰山乡、甘坊镇、柳溪乡、石溪街道、百丈山管委会、东垦场共12个乡镇（街道、管委会、场），地理坐标为东经114°45′28″~115°33′55″，北纬28°34′45″~28°52′16″，保护面积5 000公顷。

品质特色

奉新猕猴桃果实中等大小，单果重80~110克，果面茸毛少，果皮浅褐至褐色，果实椭圆形至圆柱形，果肉色泽浅黄至金黄、质地细嫩、柔软多汁、风味浓郁清香，富含维生素C、胡萝卜素等营养成分。猕猴桃果肉可溶性固形物17%~21%，总酸量低于1.3%，粗纤维含量0.4%~0.7%，维生素C含量900~1 600毫克/千克。

人文历史

奉新县野生猕猴桃资源十分丰富,据《奉新县志》记载:"猕猴桃,本县俗称'羊桃梨',在西塔、甘坊、七里、石溪、澡溪等山区大量野生分布。"奉新县是中国最早开始猕猴桃人工驯化和商业栽培的地方之一,据《宜春地区农牧渔业志》记载,猕猴桃"(20世纪)70年代前为野生,70年代中期选育成熟早鲜、魁蜜、金丰3个早中晚熟品种,被列为全国第一批推广的水果品种之一,有30多个县引种栽培"。1989年,奉新县被列为全国猕猴桃开发的重点县,加入中华猕猴桃联合体;2005年,奉新县被国家林业局评为"中国猕猴桃之乡"。

生产特点

奉新县为典型的丘陵山区,土壤为沙性红壤(俗称紫砂土、麻枯土),pH值5.0~6.5,耕层深厚,通透性好。奉新县境内有南潦河和北潦河,水库、山塘星罗棋布,地下水蓄量充沛,水资源丰富。奉新县属中亚热带湿润气候,四季分明,气候温暖,降水充沛,日照充足,无霜期长,年相对湿度平均为79%,形成了适合奉新猕猴桃生长的独特自然生态环境。

奉新猕猴桃产地宜选择坡度在25°以下丘陵山地建园,建园宜集中连片,地下水位在1米以下,有可靠的灌溉水源,排水设施良好。品种选择抗病力强、品质好、商品性好的当地品种。生产中加强定植、施肥、搭架、整形修剪、花果管理等各个环节管理,果实可溶性固形物平均含量达7.2%时即可采收。

抚州水蕹

登记证书编号：AGI01688

地域范围

抚州市临川区地处江西东部、抚河中游，抚州水蕹农产品地理标志地域保护范围包括临川区湖南乡、孝桥镇、罗针镇、罗湖镇、唱凯镇、温泉镇、高坪镇、桐源乡8个乡镇，地理坐标为东经116°04′54″~116°24′56″，北纬27°51′14″~28°09′18″，保护面积1 000公顷。

品质特色

抚州水蕹植株匍匐生长，分枝力强；茎蔓生，长1~3米，横径1.5厘米左右，中空有节，节上易生不定根；茎壁较厚，绿色；叶互生，叶片绿色，全缘，长卵圆

形，基部心形，先端渐尖，叶长10~12厘米，叶宽6~8厘米，叶柄长8~12厘米；口感鲜嫩，嫩茎质脆，风味独特。

抚州水蕹干物质含量9.10%~11.10%，粗蛋白质含量2.28%~2.80%，总糖含量1.20%~1.46%，粗纤维含量1.26%~1.54%，维生素C含量390.6~477.4毫克/千克。

人文历史

临川区种植抚州水蕹历史悠久。《抚州市农业志》记载："宋元时期，人工种植蔬菜种类明显增多。清同治《建昌府志》记有韭菜、薤、葱、圆叶芥白菜、山药、薯蓣、君达、蕹菜、芹菜等葱蒜和叶菜类蔬菜形态特征及食用价值。"《江西蔬菜品种志》记载："抚州水蕹为农家品种，栽培历史悠久，抚州市（主栽，南昌、临川、进贤、南城等县均有分布。"

生产特点

抚州市临川区地形以河滩冲积平原和红壤低丘岗地为主，土壤类型为沙壤和红壤，土壤昼夜温差较大，pH值6.0~7.5。临川区境内有抚河、东乡河、宜黄河、崇仁河、梦港河，水库、池塘星罗棋布，地下水蓄量充沛，水资源丰富。临川区属东亚热带季风性气候，四季分明，降水充沛，光照充足，气候温和，年均相对湿度83%，形成了适合抚州水蕹生长的独特的自然环境。

抚州水蕹喜温暖湿润，耐热，适应性强，以含有机质丰富的壤土栽培为宜，品种选用当地抚州水蕹品种。6月下旬至7月初从大田选择健壮的茎蔓进行种藤培育，通常霜降前后种藤入窖贮藏。翌年的2—3月开窖提取种藤，温室大棚或露地育苗。当苗长40厘米时开始大田生产，5—7月陆续栽植，水蕹可从6月供应到11月中旬。

宜春苎麻

登记证书编号：AGI01689

地域范围

宜春苎麻农产品地理标志地域保护范围包括江西省宜春市袁州区的18镇4乡，万载县的9镇7乡，上高县的9镇5乡，以及宜丰县的石市镇，共53个乡镇，地理坐标为东经113°53′04″~115°02′14″，北纬27°48′38″~28°06′03″，保护面积5 000公顷。

品质特色

宜春苎麻属多年生，丛生型，株高150~250厘米，茎粗0.8~1.3厘米，鲜皮厚0.75~0.90毫米；茎秆有绒毛、富弹性、抗倒性强、工艺成熟期茎秆黄褐色，麻骨绿白色；叶片近圆形，绿色，叶背有白色毡毛。鲜麻淡清香、果绿色。原麻刮制质量上乘，青白色，手感柔软且富有弹性，不皱不缩，斑疵少，锈脚短，无麻骨麻壳附着。宜春苎麻原麻纤维支数1 900~2 450米/克，单纤维强力28~30厘牛，含胶率26%~32%。

人文历史

宜春苎麻的栽种有2 600多年的历史。据《宜春地区农牧渔业志》记载，宜春苎麻生产利用历史悠久，上古扬州就有苎麻生产；东汉明帝时（公元58年）万载地区已生产夏布；东晋时期，相传万载人蔺思源用苎麻纤维编制帷帐，以驱避蚊虫，经数代人逐渐改进，演变成造夏布，再缝纫蚊

帐;明万历年间(1573—1620年)部分闽粤农民流入宜春赁山种麻,"剥麻如山,如贾客,名埠商贾争相购""非宜产不中选,价倍他邑";清朝年间,袁州府属各县农民广种苎麻,遍及各乡村的山谷、园圃。《宜春县志》记载:"宜春素不讲求桑蚕,妇女惟绩麻,麻之原料产于本地,农民均种植之,足供本地之用。"2013年10月,中国麻纺行业协会授予宜春市"中国苎麻汗青名城"称号。

生产特点

宜春苎麻产区具有"六山一水二分田,一分道路和庄园"的地理布局。宜春苎麻主要分布在赣西低丘山区的丘陵缓坡地,耕作层发育良好,土层深厚,土壤pH值5.9左右。境内水资源丰富,降水充沛,年平均降雨量1 720毫米,水域面积63 944公顷,境内有袁河、锦江贯穿袁州、万载、宜丰、上高等苎麻产区。宜春属亚热带湿润气候,四季分明,气候温和,降水充沛,十分有利于苎麻获得高产和优良品质的形成。

宜春苎麻种植品种选用产量高、抗性好、纤维品质优的品种,目前的当家品种主要是赣苎3号。宜春苎麻生产严格采用无性繁殖育苗,新植麻第一年早管促全苗苋壮;从第二年开始抓三季麻平衡增产,以肥、水、管、收为中心采取优质配套技术。宜春苎麻一年收获3次(季),适宜手工绩纱织夏布,以及苎麻脱胶、纺纱织布等深加工用麻。